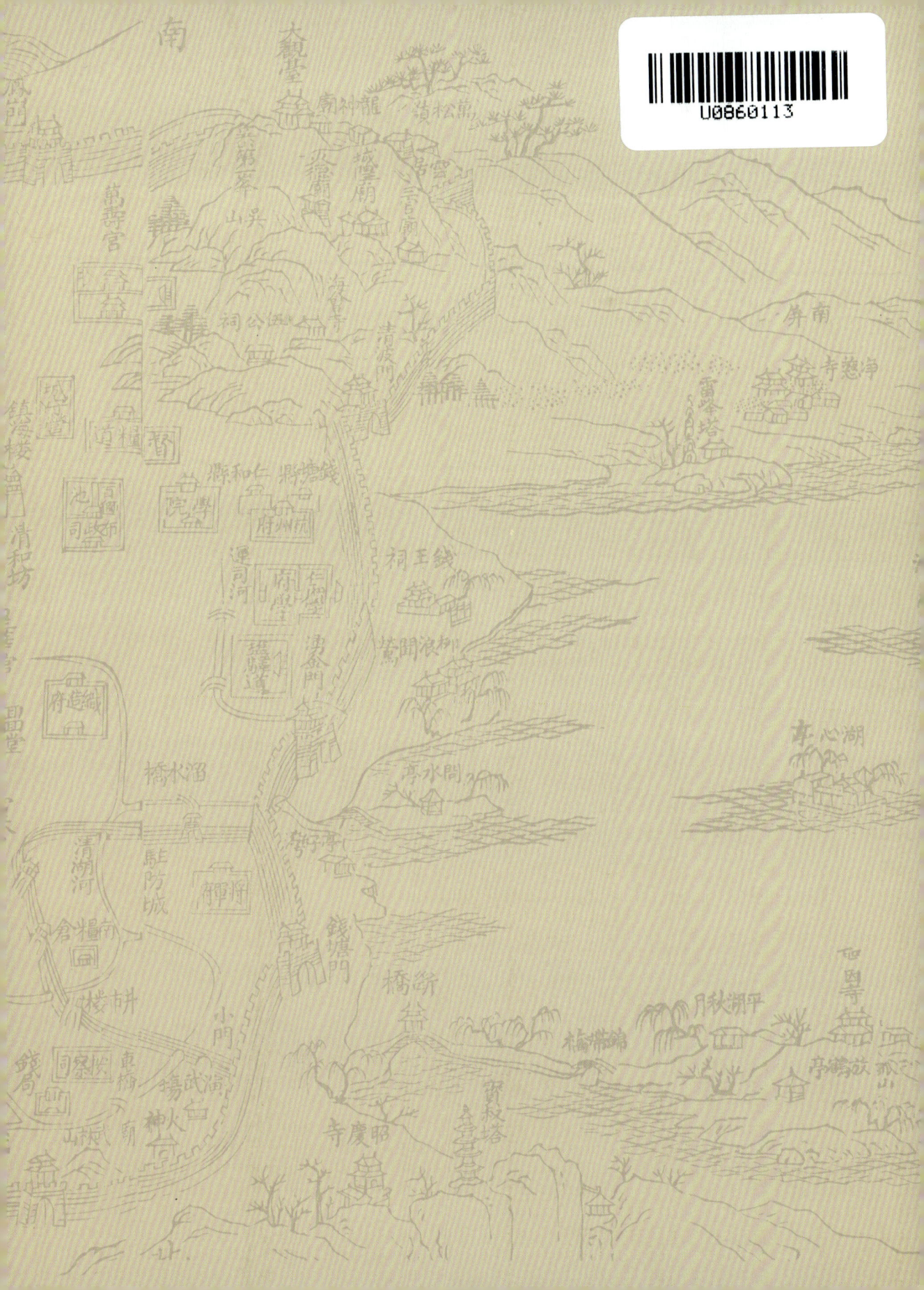

城市史与人文遗产研究丛书

跨学科背景下的城市人文遗产研究与保护论集

马学强　邹　怡　主编

沈小榆　副主编

商务印书馆

2018年·北京

图书在版编目（CIP）数据

跨学科背景下的城市人文遗产研究与保护论集／马学强，邹怡主编.—北京：商务印书馆，2018
（城市史与人文遗产研究丛书）
ISBN 978－7－100－16441－2

Ⅰ.①跨… Ⅱ.①马… ②邹… Ⅲ.①城市文化—文化遗产—保护—中国—文集 Ⅳ.① C912.81-53

中国版本图书馆 CIP 数据核字（2018）第172592号

权利保留，侵权必究。

跨学科背景下的城市人文遗产研究与保护论集

马学强　邹怡　主编
沈小榆　副主编

商 务 印 书 馆 出 版
（北京王府井大街36号 邮政编码 100710）
商 务 印 书 馆 发 行
山东临沂新华印刷物流
集团有限责任公司印刷
ISBN 978－7－100－16441－2

2018年9月第1版　　开本 787×1092　1/16
2018年9月第1次印刷　印张 22 插页 8 字数 400千
定价：98.00元

《跨学科背景下的城市人文遗产研究与保护论集》编委会

主　编：马学强　邹　怡
副主编：沈小榆

编委会成员：

熊月之　马学强　杨海生

叶　丹　邹　怡　鲍静静

万　勇　褚晓琦　汪　珉

何方昱　牟振宇　陆　烨

本论集的出版获得上海社会科学院创新工程项目的资助

图 1　与会学者合影

图 2　研讨会开幕式

图3 专题片《人民的上海》在开幕式上首播

图4 开幕式嘉宾致辞一（左：熊月之 右：伍江）

图 5 开幕式嘉宾致辞二（杜丽）

图 6 研讨会报告场景一

图 7　研讨会报告场景二

图 8　研讨会报告场景三

图 9　与会学者参观复兴中路上的思南公馆

图 10 与会学者参观汉口路上的工部局大楼旧址(中华人民共和国初期为上海市政府大厦)

目 录

多学科的基础研究

列肆招牌，灿若云锦
　　——清代前期苏州城的工商铺店　　　　　　　　　　　　　范金民 / 003

人文遗产与历史记忆：鼓浪屿历史建筑里的移民身影
　　——红砖厝与闽南移民　　　　　　　　　　　　　　　　戴一峰 / 034

赍安与维赛合在上海的艺术装饰风格建筑　　　　　　　　［比］拉格朗日 / 049

亚洲历史城市与聚落之区位、形态的类型化考察
　　——基于卫片、地形数据的分析　　　　　　　　　　［日］小方登 / 067

中国的达林顿勋爵府邸
　　——赵家花园往事　　　　　　　　　　　　　　　　　　宋钻友 / 077

清代徽商与扬州的园林名胜
　　——以《江南园林胜景》图册为例　　　　　　　　　　　王振忠 / 082

测绘石库门
　　——以上海东斯文里街区为案例的考察　　　　　　刘　源　马学强 / 100

上海丝绸之路的起点
　　——青龙镇　　　　　　　　　　　　　　　　　　　　　何继英 / 124

追寻"上海源"
　　——江南聚落形态发生学背景下的老城厢长期演化分析　　钟　翀 / 144

吴淞江治理的实证
　　——志丹苑水闸遗址　　　　　　　　　　　　　　　　　陈　凌 / 161

近代上海苏州河南岸地区的里弄街区形成与特色研究
　　——以今静安区若干里弄样本为例　　　　　　　　　　　胡　端 / 175

跨学科的现场实践

横滨所见历史建筑的保护方法		
——传统工法"曳家"的引入	[日]内田青藏	201
石库门情结：一个世纪的政治与市场的文化归宿	[美]卢汉超	212
媒介、影像档案与城市记忆的建构	苏宏元	224
图画与影像：城市人文遗产的呈现与解读	胡 波	229
地图编制和杭州城市演进简析	洪 钧 杜浩强	243
标志性图像与（人造）废墟之间：		
上海四行仓库和"二战"的视觉性在现代中国	潘 律	253
历史音像在上海城市人文遗产保护中的特殊价值研究		
——以上海音像资料馆专业化路径与产品化尝试为视角	沈小榆	282
苏州河镜像：中外影像资料解读	汪 珉 施依娜 李东鹏	290
苏河湾北岸的金融功能与历史遗产	张秀莉	313
保护城市人文遗产要彰显多元化和多样性	汤 亮	324
城市史研究能为旧城更新做什么？	邹 怡	328

会议综述

"跨学科背景下的城市人文遗产研究与保护"国际学术研讨会综述	邹 怡	339

后　记　/　349

多学科的基础研究

列肆招牌，灿若云锦

——清代前期苏州城的工商铺店

范金民[*]

清代前期特别是康乾时期，中国城市发展进入了最为繁荣的时期，铺店林立，百业兴盛，标志商店类型、特色和标榜名品名店的字号招牌争奇斗艳。乾隆中后期，朝鲜使者朴趾源、洪大容、李商凤、赵焕、景炫等，都对北京市肆有形象描述。国人的《燕京杂记》更说，"招牌至有高三丈者"。南京全城"一路招牌蠹天"，气象万千，绸缎铺"汪天然家清水包头"八大字，尤为招摇。广东手工业城市佛山，"冲天招牌，较京师尤大，万家灯火，百货充盈"。按照乾隆时上海青浦人王有光的说法，江南"一切生理皆有招牌"，店肆招牌成为商业繁盛的反映，也成为商家宣传品牌招揽生意的必要手段。

号称天下"四聚"之一的苏州，更是全国最为著名的工商业城市，呈现出一派繁盛景象。乾隆二十二年（1757）皇帝南巡抵达苏州，两年后，号称宫廷"画画人"，苏州人徐扬绘下了一幅《盛世滋生图》（俗称《姑苏繁华图》），以标榜"国家治化昌明"，图中"商贾云屯，市廛鳞列"，出现了可以辨认的铺店市招260余家。同时期的日本人，从中国商人口中了解到苏州商业发展的盛况，记录下了乾隆第二次南巡时苏州的部分铺店。[1] 乾隆、道光时的苏州地方文献，也记录了不少苏州的铺店及其著名商品的名称，并注意到了各种铺店的特色。清代苏州的碑刻资料，更具列了各种工商铺店的名称，一定程度上展示了苏州工商业发展的程度。所有这些，为我们探讨其时苏州工商铺店的实态提供了可能。本文以这些记录为

---

[*] 范金民，南京大学历史学院教授。
[1] 《江南省苏州府街道开店总目》收录于宫崎成身编集《视听草》续三集第七，转引自［日］松浦章：《乾隆南巡と唐船风说书》，《明清时代の法と社会》编集委员会编：《明清时代の法と社会：和田博德教授古稀记念》，東京：汲古書院，1993年。

基本依据，拟对清代前期苏州工商铺店空间布局、名店名品、品牌特色、经营理念以及经营者为维护字号招牌的种种举措做些探讨[1]，以期能为正在兴起的铺店字号研究添砖加瓦，也希望能够深化和推进已经取得丰硕成果的苏州工商业史研究。

一　铺店空间分布

明后期，人称"凡四方难得之货，靡所不有……天下财货莫不盛于苏州"。[2] 乾隆《吴县志》自诩："吾吴虽云一邑，而四方万里海外异域珍奇怪伟希世难得之货，罔不毕集，诚宇宙间一大都会也。"[3]

苏州城至迟在明代就形成了东西半城不同的工商格局，东半城是手工业生产区，西半城是商业市肆商品流通区。

在西半城商业区中，又形成胥门至阊门之间、南濠大街和枫桥一带三个市场区，而尤以阊、胥之间最为繁盛热闹。嘉靖初年的《吴邑志》载："阊门北马头抵胥门馆驿，长五六里，东西两岸居民栉比，而西岸尤盛。……凡此河中，荆襄川蜀大船多于东泊，盐艘商贾则于西泊，官舻钲鼓，昼夜不绝，绮罗箫管，游泛无禁。盖西阊之盛，自唐以来为然。自此过钓桥，水北流，由南濠至枫桥将十里，人烟相续，而枫桥为盛，凡上江、江北所到菽麦、棉花大贸易咸聚焉。此皆属吴县界也。"[4] 又称："大率吴民不置田亩，而居货招商，阊、阛之间，望如锦绣，丰筵华服，竞侈相高而角利锱铢，不偿所费。"[5] 崇祯《吴县志》载："城中与长洲东西分治，西较东为喧闹，居民大半工技。金、阊一带，比户贸易，负郭则牙侩辏集，胥、盘之内密迩府县治，多衙役厮养，而诗书之族聚庐错处，近阊尤多。"[6] 城中月城市，为"两京各省商贾所集之处"；上塘、南濠则"为市尤繁盛"，当地人称阊门"错绣连云，肩摩毂击，枫江之舳舻衔尾，南濠之货物如山"。[7] 入清后，基本格局一如明代。康熙时地方文献描

1　关于清代苏州铺店的类别与名目，请参见拙文《清代苏州城市工商繁华的写照——〈姑苏繁华图〉》，《史林》2003年第5期。
2　（明）郑若曾：《枫桥险要说》，（康熙）《吴县志》卷二六《兵防》。
3　（乾隆）《吴县志》卷二三《物产》。
4　（嘉靖）《吴邑志》卷一二《水·城外河渠》。
5　（嘉靖）《吴邑志·吴邑城郭图说》。
6　（崇祯）《吴县志》卷一〇《风俗·民业》。
7　（崇祯）《吴县志》王心一序。

写道:"货物店肆充溢,金阊贸易镪至辐辏,然倚市门者称贷鬻财,多负子母钱,远方贾人挟资以牟厚利。若枫桥之米豆,南濠之鱼盐、药材,东西汇之木簰,云委山积,而奸牙市侩巧为干没,亦时有之。"[1] 阊、胥之间,南濠山塘一路,市肆更加繁盛。康熙末年,翰林院检讨孙嘉淦一路南游,唯独对阊门市肆留下了深刻印象,称颂道:"阊门内外,居货山积,行人水流,列肆招牌,灿若云锦,语其繁华,都门不逮。"[2] 乾隆时,地方志书称,苏州为"水陆四达之衢,山海百物之聚,附郭市廛阛阓之际,四方巨商富贾鳞集之区,灿若锦城,纷如海市";"金阊市肆,绸缎与布皆列字号,而布业最巨;枫桥以西,市多米豆;南濠则川广海外之货萃焉,参苓药物亦聚于是";"阊胥地多阛阓,四方百货之所集";[3] 纳兰常安更对南濠的商品之多感叹道:"南廒在苏城阊门外,为水陆冲要之区,凡南北舟车,外洋商贩,莫不毕集于此。居民稠密,街弄逼隘,客货一到,行人几不能掉臂。"[4] 苏州既是商品生产中心,又是全国商品,特别是江南各地商品的集中地。

由乾隆地方志书所述,苏州最突出的两类大宗商铺绸缎与棉布字号,就坐落在阊、胥之间。单说棉布字号。清代江南棉布字号基本上集中在苏州,其分布地主要在阊门外上塘街、下塘街,所谓"苏布名称四方,习是业者阊门外上下塘居多,谓之字号,自漂布、染布及看布、行布各有其人,一字号常数十家赖以举火,惟富人乃能办此。近来本重而利微,折阅者多,亦外强而中干矣"[5]。早在明末,休宁人金声描述,万历末年,休宁人号仰山公的金姓,家道正盛,"自阊以外列肆者皆榜公名于户以召致诸商,虽不尽公家,公家大端居半",后来金声在崇祯后期至苏州,见仰山公之后"能绳公武以特立于阊者,虽不乏人而幼含为最著"[6],其事业得到了完全继承。此位金姓,所业大概即棉布字号。自康熙九年(1670)至乾隆六十年(1795),苏州府、县官府前后八次应字号呼请而刻立的禁止踹匠把持碑就竖立在阊门外广济桥堍,道光年间的两块禁止踹匠垄断把持碑也竖立在阊门外上塘街的新安会馆。康熙三十八年(1699)由徽州休宁人陈士策开设,后来直到徐扬绘图时仍应存在的万孚字号,就在阊门外上津桥。[7] 因此《盛世滋生图》中"本客自置布匹"的招子就高扬在阊门外

---

1 (康熙)《苏州府志》卷二一《风俗》。
2 (清)孙嘉淦:《南游记》,《小方壶斋舆地丛钞》第五帙。
3 (乾隆)《长洲县志》卷一一《风俗》;(乾隆)《吴县志》卷二四《风俗》;(乾隆)《元和县志》卷一〇《风俗》。
4 (清)纳兰常安:《宦游笔记》卷一八《江南三》,台北:广文书局影印本,1971年。
5 (乾隆)《元和县志》卷一〇《风俗》。
6 (明)金声:《题伯翁仰山公像》,氏著《金忠节公文集》卷八,光绪十四年(1888)刻本。
7 《康熙五十九年休宁陈士策阄书》,转引自章有义:《明清及近代农业史论集》,北京:中国农业出版社,1997年,第310—316页。

上塘街的二层楼上。

苏州丝织业以纱缎业最为出名，而其生产集中于城之东北部。地方文献称："郡城之东皆习机业，织文曰缎，方空曰纱。工匠各有专能，匠有常主，计日受值，有他故则唤无主之匠代之，曰'唤找'。无主者，黎明立桥以待，缎工立花桥，纱工立广化寺桥，以车纺丝者曰'车匠'，立濂溪坊，什佰为群，延颈而望，如流民相聚，粥后散归。若机房工作减，此辈衣食无所矣。每桥有行头分遣，今织造府禁革，以其左右为利也。"[1] 每日黎明，花缎织工群集于花桥，素缎织工聚白蚬桥，纱缎织工聚广化寺桥，锦缎织工聚金狮子桥，名曰"立桥"，以便延唤，谓之"叫找"。[2] 原来粥后散归的工匠，到乾隆时延晚到"日高始散"。[3] 丝织机匠也常以元妙观为活动中心，展开与纱缎主的斗争。

竹木簰筏集中在河面开阔的齐门一带东西两汇，众多木业牙行设于该地。康熙元年（1662），有木商方君安等7人、木牙近10人呈文长洲县，请求严禁漕船占泊齐门两汇扰害木商。康熙十九年（1680），苏州府衙禁革差役白取木料科累行户，碑后具名的有汪质文等木商42人、牙行宋周等6人。康熙二十二年（1683），苏州府制定采办木植定例，列名的木商有叶大千、汪质文等38人、木牙潘功先等11人。康熙二十七年（1688），长洲县应木行呼吁，禁止行头名色，列名的木商有王永瑞等132人、木牙褚元之等9人。乾隆三年（1738），木商木牙禀文长洲县毋许漕船越界停泊，列名者木商94人、木牙5人。乾隆四十六年（1781），长洲县禁革木簰小甲滋事需索，列名的贩木商人有吴昭文、俞永昌等5人。太平天国战争前，木商就在西汇设有大兴会馆，战后，木商同仁会和杨丰记等50家铺户捐款，于同治四年（1865）恢复了会馆。[4]

生活设施、文化用品及相应店铺分布在全城各地。如米业晨集茶肆，通交易，名茶会。娄齐各行在迎春坊，葑门行在望汛桥，阊门行在白姆桥及铁岭关。澡堂，当地称"混堂"，六城门左近各有一处，此外饮马桥石家湾、府治东首、北寺前和天库前，各有一处。[5] 冰窖在葑门外，专供海鲜保鲜之用。油坊，分布在娄门、葑门。每到春夏间，堆贮菜籽，用以压油。

书坊书铺则分布在西城胥门一带和东城元妙观周围。苏州书坊，明代起即集中于西城阊

---

1 （康熙）《苏州府志》卷二一《风俗》。
2 （清）顾震涛：《吴门表隐》卷二，南京：江苏古籍出版社，1986年，第22页。
3 （乾隆）《长洲县志》卷一一《风俗》。
4 苏州博物馆等编：《明清苏州工商业碑刻集》，南京：江苏人民出版社，1981年，第110—120页；江苏省博物馆编：《江苏省明清以来碑刻资料选集》，北京：生活·读书·新知 三联书店，1959年，第98—100页。
5 （清）顾震涛：《吴门表隐》附集，第347页；卷一，第7页。

门一带。明后期,苏州的37家书坊,几乎全部分布在阊门附近。[1] 清代,阊、胥之间仍为书坊集中之地外,东城元庙观书坊也多。按照嘉庆、道光时苏州黄丕烈的说法,苏州"东城多故家,故家多古书,古书时有散出者。东城之坊间为易收,亦为东城之人所易得,盖搜访便也"[2]。黄丕烈因而时时遍游胥江书铺和东城书坊。

与此相应,"各省大贾自为居停"的客籍商人会馆大多开设于城西,万年桥大街、胥门到阊门的南濠大街、胥门外大街、阊门到枫桥的上塘街(所谓十里枫桥塘)和阊门外的七里山塘街的商业繁盛区最为集中[3],商业娱乐场所及一应活动也大多在那一带。

阊、胥两门之间的外城河西侧的万年桥堍,福州商人于万历年间建立了三山会馆,道光十年(1830)大修。捐款者有干果帮生记号,青果帮同发号,丝帮宋协成,花帮王合利,紫竹帮大利号等,共计81家商号。[4] 在阊门内仓桥北堍官宰弄,太平天国前江宁府绸商建有元宁会馆,兵燹被毁,同治十三年(1874)重建。[5] 后来光绪十二年(1886)建立的河南武安会馆,也在阊门内大库前。湖州绉绸业吴兴会馆,于乾隆五十四年(1789)创立,在吴县贞四图阊门内中市大街下岸。

南濠街,康熙、乾隆年间,福建、浙江商人先后在此建立漳州会馆、邵武会馆、浙宁会馆、金华会馆、浙南公所等,诚如纳兰常安所谓"各省大贾,自为居停"。金华会馆,建于乾隆十七年(1752)。浙东商人的浙南公所,在南濠大街谈家巷,太平天国前建,毁于兵燹。同治十一年(1872)重建,捐款者有45家商号。[6]

枣市街有嘉应会馆,广东嘉应府商人嘉庆十四年(1809)建,落成于嘉庆十八年(1813)。会馆隔枣市街临胥江,沿河砌有船埠踏步,东西两侧立照壁。嘉应会馆,在胥门外枣市街。

在上塘街,上津桥之东,康熙五十七年(1718)由上杭六串纸帮集资创建了汀州会馆。阊五图广济桥堍,乾隆三十五年(1770),经办其事者的徽州布商和涝油帮、蜜枣帮、皮纸帮的汪乾一、詹元升等23人,创设了徽郡会馆。[7] 道光十二年(1832),会馆重修。潮州会

---

1 参见张秀民:《中国印刷史》,上海:上海人民出版社,1989年,第369—372页。
2 (清)黄丕烈:《士礼居藏书题跋记》卷六《萨天锡诗集十卷》,《续修四库全书》第923册,第832页。
3 (清)顾禄《吴趋风土录》谓:"吴城五方杂处,人烟稠密,贸易之盛甲于天下,他省商贾各建关帝祠于城西,主客公议规条之所,栋宇壮丽,号为会馆。"
4 《明清苏州工商业碑刻集》,第352—354页。
5 《江苏省明清以来碑刻资料选集》,第404—405页。
6 《明清苏州工商业碑刻集》,第362—363页。
7 《江苏省明清以来碑刻资料选集》,第377—380页。

馆，清初建于北濠，康熙四十七年（1708）也移至上塘通衢，后来不断添置产业。江西会馆，在留园，康熙四十九年（1710）建，嘉庆元年（1796）重修，捐款者除了各业众商外，还有恒裕号、贸大号等一百余家[1]，后来移到阊门下塘。[2]

在山塘街，有会馆弄。在山塘桥西，广州商人在明代万历年间就建了岭南会馆，会馆于康熙五年重修，雍正元年（1723）再修，到雍正七年（1729），捐款者至少有锦昌号、彩昌号一百余号。[3] 宝安会馆，在岭南会馆东，康熙十六年（1677）东莞商人建。冈州会馆在宝安会馆东，康熙十七年（1678）义宁商人建。陕西会馆在毛家桥西，乾隆六年（1741），西安商人邓廷试、刘辉扬倡建，乾隆二十六年（1761）建成，乾隆三十二年（1767）袁伦、桑畹徵、王正池、李政和等重修。陕西会馆之西，顺治年间山东胶、青、登商始建东齐会馆，乾隆十三年（1748）基本完工。乾隆四十二年（1777）重修时，捐款者多达292人。[4] 全晋会馆在半塘桥，始建于乾隆三十一年（1766），十余年间，捐款者有日章号、三立号等近百号。另有归属于定阳公利钱行的众商，捐款者有李日升、宋泰福等74家。[5] 花商公所，在山塘街。创始于乾隆年间，道光四年（1824）扩建。到道光十二年（1832），捐款者有三山花帮、长乐花帮、景隆号、宝元宝号、珊茂堂及67人。[6]

清廷的办铜官局嘉惠局，也设在商人集中之地的山塘街。郑光祖《一斑录·杂述》卷一"漂泊异域"条谓："虎丘山塘，有嘉惠（会）局，管日本铜务，往来凡六舟，泊乍浦上下。"[7]

手工业公所主要分布在吴趋坊一带，全城其他地方各有分布。七襄公所在文弄里，道光十九年（1839）纱缎绸绫同业呈官公建。性善公所在斑竹巷，阊府漆作公建，并筹恤同业孤寡殡葬。道光十七年（1837），呈官创建。

宁吴会馆，即铜锡公所在宝城桥街西侧的尚义桥巷内，同治元年（1862）宁吴两地铜、铁、锡手工业者共建。鲁班庙在憩桥巷，祀公输子。嘉庆年间小木匠工同业呈官公建。嘉凝公所在合村坊巷，道光十四年（1834）金线同业呈官公建。承善公所在郡庙神道街，道光

---

1 《明清苏州工商业碑刻集》，第345—349页。
2 （清）顾震涛：《吴门表隐》卷一，第10页。
3 《明清苏州工商业碑刻集》，第327—330页。
4 《江苏省明清以来碑刻资料选集》，第368—372页。
5 《明清苏州工商业碑刻集》，第333—337页；《江苏省明清以来碑刻资料选集》，第372—374页。
6 《江苏省明清以来碑刻资料选集》，第418—419页。
7 查中国书店影印《海王邨古籍丛刊》本并无此内容。然依时人说法，办铜官局确实在山塘，参见王振忠：《唐土门簿与海洋来往活套——佚存日本的苏州徽商资料及相关问题研究》，收入《98'国际徽学学术讨论会论文集》，合肥：安徽大学出版社，2000年。

十七年装修置器同业呈官公建，筹恤工匠茕独无告者。咏勤公所在萧家园，嘉庆时洋货同业呈官公建金祖师庙在双林巷，嘉庆时金箔同业呈官公建。玉祖师庙在石塔头宝珠庵，嘉庆二十五年（1820），琢玉同业呈官公建。主要由南京籍人经营的钟表业，嘉庆二十一年（1816）唐明远等倡率在元和县廿三图北四图建有义冢。[1] 庖人公所在宫巷中，嘉庆时庖厨同业呈官公建。茶礼公所在社坛巷，道光十七年（1837）掌礼同业呈官公建。永和公所在盘门城桥北下岸，道光二十年（1840）木柴同业呈官公建。镇抚司前有喜神庙，乾隆初移建至此，即伶人公所。酒仙庙在横金镇，酿酒同业祀奉香火。[2]

二　名店名品

清代前期，苏州工商铺店林立，就中崛起了诸多驰名店铺，涌现出诸多全国有名的品牌，形成字号、地望、节令等方面的特色。

明后期开始出现的商品品牌现象，今人已经予以注意，如巫仁恕指出："江南在十七世纪时似乎已看到类似商标与品牌的现象，就像苏州府嘉定县有著名的竹器创始人朱鹤（1522—1572），号松邻，明清时期妇人常戴的发髻上刻有'朱松邻'者，即是以他的名号来命名的一种商标。"[3] 现在我们依据《姑苏繁华图》和《江南省苏州府街道开店总目》以及苏州地方文献、工商碑刻所载，可知清代前期苏州铺店的具体风貌，更可揭示出其一些引人注目的特点。

其时正是苏州城市各业铺店，各种驰名商店、著名商品或有名品牌争相斗艳大展丰采之时代。乾隆《吴县志》已注意到这一变化，总计称，吴中食物有因时而名者，有因地而名者，有因人而名者。因人而名者，如野鸭，以蒋姓著，谓之"蒋野鸭"；熏蹄以陈姓著，谓之"陈蹄"。"熏腊之业，今则以陆高荐出名，而陈不复著矣。近来陆高荐之熏腊，京师亦盛行。盖此项熏烧之物，海内未有能如吴地者。"[4] 陆高荐，俗又作"陆稿荐"。道光时苏州人顾震涛更在乾隆《吴县志》的基础上，特意标出道："业有招牌著名者，悦来斋茶食，安雅堂酏酪，有益斋藕粉，紫阳馆茶干，仰苏楼花露，步蟾斋膏药，丹桂轩白玉膏，天奇斋钮

1　《江苏省明清以来碑刻资料选集》，第417—418页。
2　参见（清）顾震涛：《吴门表隐》卷六、卷九，第68、122—123页。
3　巫仁恕：《晚明文士的消费文化——以家俱为个案的考察》，《浙江学刊》2005年第6期。
4　（乾隆）《吴县志》卷二三《物产》。

扣,青莲室书笺,世春堂油鞋,天宝楼首饰,锦芳斋荷包,青云室领头,茂芳轩面饼,方大房羊脯,三珠堂扇袋。业有地名著名者,温将军庙前乳腐,野味场野鸟,鼓楼坊馄饨,南马路桥馒头,周哑子巷饼饺,小邾弄内钉头糕,善耕桥铁豆,百狮子桥瓜子,马医科烧饼,锦驾桥汤团,干将坊消息子,新桥塉线香,甪直水绿豆糕,黄埭月饼,徐家弄口腐干。业有人名著名者,孙春阳南货,高遵五葵扇,曹素功墨局,钱葆初、沈望云笔,褚三山眼镜,金餐霞烟筒,张汉祥帽子,朱可文香饰,雷允上药材,吴龙山香粉,王素川刻扇,穆大展刻字,谭松坡镌石,黄国本手巾,项天成捏像,程凤翔织补,汪益美布匹,李正茂帽纬,黄宏成绸缎,王东文铜锡,王信益珠宝。业有混名著名者,野荸荠饼饺,小枣子橄榄,曹箍桶芋艿,陆稿荐蹄子,家堂里花生,小青龙蜜饯,周马鞍首乌粉。"[1] 顾震涛还提道:"以业名地者,削箸墩,木梳巷,铜勺浜,饭箩村,笼箒巷,栈条巷,冶坊浜,葱菜河,做篮浜,算盘巷,做伞桥,斛扒漤,网巾浜,枕头巷。"实际上有些地名也是因铺店集中或某业出名而形成,一定程度上反映了当时当地铺店的特色。在这里,顾震涛将苏州铺店分为以招牌著名、以地名著名、以人名著名和以混名著名四种类型,以招牌著名者有悦来斋茶食等16种,包含药品、食品、鞋帽、首饰、书笺、百货等;以地名著名者有温将军庙前乳腐等15种,其中除了线香一种,都是点心小吃和小菜;以人名著名者有孙春阳南货等22种,包含南货、百货、文化用品、药材、绸缎布匹、铜锡器、珠宝首饰、刻石工艺等;以混名著名者有野荸荠饼饺等7种,均是食品或果品。这四种类型,实际上已涵盖了其时商品成为名品的基本成因。

除上所列,老字号或名牌店铺还有不少。以地名著名者,有虎丘蓑衣饼。以人著名者:有戈制半夏;钱氏药店,在圆妙观东,若有不治之症,刮柜木煎服可瘥;俞氏道巾店,在小日晖桥北,俞氏世业,各种巾多达7种;顾皮蛋,在仁孝里,明末诸生顾嗣芳得秘制,有佳味,花纹透入蛋内,世传其法,治手足麻痹及四肢肿痛如神;滕痔药,在西美巷,宋时滕伯祥创立,治痔甚验,直到道光时其子孙仍世守其业。僧道斛食糕馒店在醋坊桥西,沈氏世业;轴头店在周哑子巷,马氏世业;面朴店在新街桥,囗姓世业,剪纸为之;面饼袋店,王洗马巷夏氏世业。肺露在庙堂桥北,张氏三和堂世传法制。[2] 以姓著者,有方羊肉、袁小菜之类,"不可胜记"。[3] 采芝斋、稻香村、东阳号、老万源等糖食店,还于光绪三十年(1904)专门成立了糖食公所。[4] 元妙观前松鹤楼面馆,"生涯之盛,素推巨擘"。光绪年间有顾启庭

---

[1] (清)顾震涛:《吴门表隐》附集,第346—347页。
[2] 参见(清)顾震涛《吴门表隐》卷一、五、六。
[3] (清)钱思元著,朱琴点校:《吴门补乘》卷二《物产补》,上海:上海古籍出版社,2015年,第92—93页。
[4] 《江苏省明清以来碑刻资料选集》,第196—197页。

者，冒用松鹤楼之名开店，元妙观前松鹤楼面馆徐锦如即禀控至官府。[1]

凡此名店名品，尤为突出者，稍举其例。

1. 孙春阳南货

店在阊门内皋桥西，由明代万历初年宁波生员孙姓所开，明后期即已闻名于世。据说苏州美男子张魁，混迹秦淮，出入平康，自称"茶非惠泉水不可沾唇，饭非四糙冬春米不可入口，夜非孙春阳通宵橡烛不可开眼"。[2]乾隆后期，钱塘人袁枚在南京写下他的饮食经验《随园食单》，也曾多次提到孙春阳店。如小菜玉兰片，以冬笋烘片而成，"苏州孙春阳家有盐、甜两种，以盐者为佳"；小菜熏鱼子，"出苏州孙春阳家，愈新愈妙，陈则味变而油枯"。[3]清后期金安清等记："火腿以金华为最，而孙春阳茶腿尤胜之。所谓茶腿者，以其不待烹调，以之佐茗，亦香美适口也。此外各蜜饯无不佳，即瓜子一项，无一粒不平正者，皆精选而秘制，故所物皆驰名。惟其价无二，故其店伙不能作他项生理耳。"[4]道光中期，顾震涛称该店为苏州同类店铺之冠，并有宫廷用货。直到民国初年，该店还兴旺不衰，如此则前后至少存在了340余年。道光时人郑光祖描写常熟老透云陆店线香时，说府城孙春阳、朱东阳名店，皆来贩取。[5]清末苏州人袁学澜也称，孙春阳店鲐子鱼，与陆稿荐熟蹄，皆为吴中有名食味。[6]看来孙春阳南货店，其小菜也十分有名。直到民国初年，"孙春阳"火腿，仍被列入《苏州总商会同会录》。

2. 汪益美布匹

清代笔记所载益美字号的著名事例，人们多喜引用："新安汪氏，设'益美'字号于吴阊，巧为居奇，密嘱衣工，有以本号机头缴者，给银二分。缝人贪得小利，遂群誉布美，用者竞市，计一年销布，约以百万匹。论匹赢利百文，如派机头多二万两，而增息二十万贯矣。十年富甲诸商，而布更遍行天下。嗣汪以宦游辍业，属其戚程，程后复归于汪。二百年

---

[1]《金阊客述》，《申报》1898年7月5日。
[2]（清）余怀：《板桥杂记》，收入张潮：《虞初新志》卷二十，石家庄：河北人民出版社，1985年，第423页。
[3]（清）袁枚：《随园食单·小菜单》，《随园三十种》本。
[4]（清）金安清：《水窗春呓》卷下，"孙春阳茶腿"条，北京：中华书局，1984年，第78页。
[5]（清）郑光祖：《一斑录·杂述》卷四，"常昭土产"条，第24页，《海王邨古籍丛刊》，北京：中国书店影印本，1990年。
[6]（清）袁学澜：《竹枝词》，苏州市文化局编：《姑苏竹枝词》，上海：百家出版社，2002年，第107页。

间,滇南漠北,无地不以'益美'为美也。"[1]这个在笔记中被描写为先由汪氏,后改程氏,复归汪氏,以字号垄断居奇的"益美"字号,人们常常引用,但多省略其前后归属的一段文字。而细读数件碑文,恰恰反映了这一情节。这个字号,在康熙三十二年(1693)和四十年(1701)的碑文中,以"程益美"字样出现,在道光十二年(1832)的碑文中又以"汪益美"字样出现。[2]碑文正好印证了笔记内容,可见作者所言确有所据。民国《吴县志》卷二六《文庙·十五》记,乾嘉时期著名藏书家汪士钟,其父汪文琛,字厚斋,原籍徽州,后为江苏长洲人,在山塘街开益美布号,饶于资。对照许仲元的笔记,汪文琛只是经营过益美字号,而非益美字号的始创者。由作者许仲元笔记时的道光初年前推二百年,则益美字号当开设于明末,由"汪以宦游辍业,属其戚程",则清初大概已改属汪氏的亲戚程氏,程氏至少经营了五六十年,又复归汪氏。一个字号能够前后至少维持二百年,这在徽商布业甚至整个商业行业中是很难见到的,其被顾震涛《吴门表隐》列为"著名者",确实名实相副。

在江南棉布业中,有"布店好开,牌子难打"的说法。[3]这个在苏州开设了至少二百年的棉布字号,采用的就是特别出名的品牌战略。即以实笃笃的利益诱导衣工,凡是以"益美"的标牌缴还者,每匹可获银2分,衣工就交口称誉"益美牌"布匹。"益美"业主将收购来的布匹贴上"益美"牌号,益美字号每年派出标牌费2万两,销售额由100万匹增加到200万匹,每匹获利100文,每年盈利达20万两。这样一来,益美字号自身加工的布匹数量没有增加,但因为揽纳了广大散户的布匹,发售布匹的总体规模增加了一倍,布匹的质量也未必就此提高,但利用人们崇尚名牌的心理,在市场竞争中就抢了先机,因而盈利额大增。益美字号每年以2万两的费用,投入宣传,类似今日之广告费用,从而造就了一个滇南漠北无地不以"益美"字号为美的驰名品牌,"益美"也成了该字号的利润所在。益美仅此一项,每年要多投入相当于营业额百分之十的宣传费,是至今仅见的同时期棉布字号的品牌宣传的典型。

这个益美字号,在康熙三十二年(1693)的81家牌记的字号中,列名第八;在康熙四十年(1701)的69家字号中,列名第八;在道光十二年(1832)的28家牌记的字号中,列名第十一。每次出现都较为靠前;又在道光八年(1828)领衔苏州的棉布字号向江苏布政

---

[1] (清)许仲元:《三异笔谈》卷三《布利》,重庆:重庆出版社,1996年,第81页。
[2] 散见于《明清苏州工商业碑刻集》《江苏省明清以来碑刻资料选集》中之相关碑文。
[3] 徐新吾主编:《江南土布史》,上海:上海社会科学院出版社,1992年,第365—366页。

司陈情，述说苏州布业自乾隆四十四年（1779）以来承担官布办解而赔贴之苦[1]，可见其始终是苏州布业的翘楚，而且到清中期似为最显赫的布业字号。益美字号实行如此的品牌战略，其他实力相当棉布字号，当也采取，殆无疑义。品牌策略，毫无疑问是当时棉布字号竞争获利的一个重要途径。

《三异笔谈》还提道："后新安朱泰元、金陵李宏升，均折阅而去，盖逆知布业之将衰矣。货殖之才，诚能亿中。异哉！"[2]朱泰元和李宏升字号，曾出现在乾隆元年（1736）的《松江府为禁苏郡布商冒立字号招牌告示碑》中，分别排名第一和第三[3]，但后来因经营折阅闭歇，布业竞争激烈，大概这两家字号未能在维持品牌方面有所作为，从另一个侧面反映出当时棉布市场竞争激烈的程度，更凸显出品牌在字号存在和发展中的重要意义。

3. 褚三山眼镜

苏州眼镜制造，起于明代万历年间，到康熙初年以孙云球最为出名。孙精于测量、算指、几何之法，又吸收杭州诸昇、桐溪俞天枢、西泠高逸上、钱塘陈天衢众人之所长，以及传教士制法之妙，制成远视、近视、老花眼镜，多达72种，"量人年岁，目力广隘，随目配镜，不爽高发"。[4]其时苏州、杭州等地眼镜制造已相当普遍，价格甚贱。[5]褚三山眼镜，则是苏州眼镜业中后来居上者。地方文献还注明，眼镜作在郊区新郭。[6]清前期，江南眼镜不但国内闻名，而且还是远销日本的出口货。眼镜在明末即输向日本，后来不断增多。据日本学者永积洋子统计，1644年54艘唐船中载有鼻眼镜1 620个；1652至1653年载有眼镜等物（原资料未记具体数量）；1657年载有中国眼镜300个；1659年载有眼镜4 061个；1661至1662年载有眼镜9 745个；1662至1663年载有鼻眼镜2 700个；1665年载有鼻眼镜2 045个；1679至1680年载有眼镜300个；1682至1683年载有眼镜450个。又据永积洋子所列唐船历年商品可知，1657年安海船载中国眼镜150个；1662年船6艘船载眼镜1 600个；1663

---

1 （清）陶澍：《陶云汀先生奏疏》卷二二《苏省派办布匹逾额恳请酌减折子》，《陶澍全集》第2册，长沙：岳麓书社，2010年，第86页。

2 （清）许仲元：《三异笔谈》卷三《布利》，第81页。

3 《松江府为禁苏郡布商冒立字号招牌告示碑》，上海博物馆编：《上海碑刻资料选辑》，上海：上海人民出版社，1980年，第85—87页。

4 （清）张若羲：《孙文玉眼镜法序》，（清）陆肇域、任兆麟：《虎阜志》，苏州：古吴轩出版社，1995年，第396页。

5 （清）叶梦珠：《阅世编》卷七《食货六》谓："顺治以后，其价渐贱，每副值银不过五六钱。近来苏杭人多制造之，遍地贩卖，人人可得，每副值银最贵者不过七八分，甚而四五分，直有二三分一副者，皆堪明目，一般用也。"（上海：上海古籍出版社，1981年，第163页）

6 （清）钱思元著，朱琴点校：《吴门补乘》卷二《物产补》，第93页。

年安海船载有鼻眼镜700个;1746年七号南京船载眼镜3 480个;1754年二十六号南京船载眼镜300个,二十八号乍浦船载扩大镜3 350个;1755年一号乍浦船载望远镜100个;1756年四号宁波船载眼镜2 560个;1768年三号乍浦船载眼镜1 000个,七号乍浦船载眼镜600个,八号南京船载眼镜10 000个,十号乍浦船载眼镜110个,十一号南京船载眼镜650个,十二号乍浦船载眼镜300个、将军注文品眼镜39个;1769年十四号乍浦船载眼镜3 850个;1773年九号乍浦船载眼镜90个;1777年九号乍浦船载眼镜10个;1778年八号乍浦船载眼镜4个;1781年九号乍浦船载眼镜1 000个;1787至1788年十一号船载眼镜30个;1795至1796年间,三号船载眼镜550个;1800至1801年七号船载眼镜24个;1803至1804年四号船载水晶眼镜15个;1804至1805年九号船载眼镜24个。[1] 由上可知,眼镜畅销日本是乾隆中期。这些眼镜自然未必就来自江南,更未必来自褚三山眼镜店,但苏州是眼镜制造负重望之地,褚三山眼镜店既闻名于时,从上海、乍浦、宁波等地出发的中国商船必定会从该店采办眼镜。

4. 戈制半夏

乾隆初年,祖居苏州郊区枫桥镇凤凰桥西的张氏,开张戈老二房裕庆堂,制造半夏出售。戈制半夏是一种止咳祛痰药,到光绪时一百多年间,四远驰名。道光时人顾禄称,忠烈祠及文恪公祠皆有陈皮、半夏招牌。朱昆玉《咏吴中食物》诗云:"酸甜滋味自分明,橘瓣刚来新会城。等是韩康笼内物,戈家半夏许齐名。"顾禄出注:"吴郡戈氏秘制半夏,为时所尚。"[2] 因为市场上屡有冒牌,戈氏族人为维护专利,向官府控诉不断。光绪十一年(1885),该店伙友窃取了店中仿帖,在汉口镇混销欺骗,次年二月,戈制半夏在仿帖上加盖"旌善之家"玉章作为记号,以杜假冒。[3] 光绪时,名臣张佩纶为治病,屡屡汇款托吴卓人在苏州购买戈制半夏。一次,寄银元40元,"请代买戈制半夏四两(前买乃留云真者,照单廿八千,不知有无折扣,洋价如何算法)。请五钱一盒,分作八盒寄下,以内有友人所托者,省得分别不清,祈速即寄来为祷"。又一次,致信吴卓人,称:"戈半夏价大贵,惟所寄药资,系弟及亲友分买者。请再代致戈留云堂半夏一两(祈分作两匣,五钱一匣可也),尚余七元半,酌买宋半夏(不知价,据云甚廉)及贵族所制之半夏(多少请酌)。以近日为医药所困,需

---

1 散见于[日]永積洋子:《唐船輸出入品数量一覧 1637—1833年 復元唐船貨物改帳·帰帆荷物買渡帳》,東京:創文社,1987年。
2 (清)顾禄:《桐桥倚棹录》卷一〇《市廛》,上海:上海古籍出版社,1980年,第147页。
3 《吴县严止奸徒假称戈制半夏在乡镇分铺发兑朦混渔利碑》,《江苏省明清以来碑刻资料选集》,第224—225页。

用戈半夏，又需宋半夏。贵族之品，只能代戈，不能代宋也。以速为妙（此间之法半夏，均煮熟，而非漂制者，不能用）。弟亦痰多，拟日服戈夏，今即以尊处所制代之（能赐其方否？不知其方，即戈半夏弟亦未敢自服也）。并祈不靳秘方，弟决不又制张半夏，以冒吴半夏也，一笑。"[1] 由此信札，可知其时戈制半夏十分紧俏，价格昂贵，颇负盛誉。

5. 雷允上药材

雷允上开设的药铺即雷诵芬。咸丰四年（1854），为禁止各色人多在端午节向各药材铺强讨苍术白芷等药，雷诵芬与阮乾元、程乾德等14家药铺向苏州府呈文，呼吁保护。咸丰九年（1859），苏州药铺业在养育巷柳巷内置房建造太和公所。太平天国战火将公所毁坏后，雷诵芬等同业又于同治、光绪年间在元和县正一图旧学前重建公所。[2] 直到民国初年，坐落西中市的雷诵芬还名列《苏州总商会同会录》的饮片业中。

6. 仰苏楼花露

仰苏楼，在天王殿东，相传为东坡楼旧址，明嘉靖年间知府胡缵宗建，东有小吴轩，西有虎丘云岩寺天王殿，前为关帝殿，为虎丘"一山最胜处"。[3] 乾隆二十七年（1762）第三次南巡，曾巡游十八景，其中就有"仰苏楼"。仰苏楼不但景致绝胜，也以制作消痰止咳、清凉解毒的花露闻名。顾禄记道："花露，以沙甀蒸者为贵。吴市多以锡甀。虎丘仰苏楼、静月轩，多释氏制卖，驰名四远。开瓶香洌，为当世所艳称。其所卖诸露，治肝、胃气则有玫瑰花露；疏肝、牙痛，早桂花露；痢疾、香肌，茉莉花露；祛惊豁痰，野蔷薇露；宽中噎膈，鲜佛手露；气胀心痛，木香花露；固精补虚，白莲须露；散结消瘿，夏枯草露；霍乱、辟邪，佩兰叶露；悦颜利发，芙蓉花露；惊风鼻衄，马兰根露；通鼻利窍，玉兰花露；补阴凉血，侧柏叶露；稀痘解毒，绿萼梅花露；专消诸毒，金银花露；清心止血，白荷花露；消痰止嗽，枇杷叶露；骨蒸内热，地骨皮露；头眩眼昏，杭菊花露；清肝明目，霜桑叶露；发散风寒，苏薄荷露；搜风透骨，稀莶草露；解闷除黄，海棠花露；行瘀利血，益母草露；吐衄烦渴，白茅根露；顺气消痰，广橘红露；清心降火，栀子花露；痰嗽劳热，十大功劳露；饱胀散闷，香橼露；和中养胃，糯谷露；鱼毒漆疮，橄榄露；霍乱吐泻，藿香露；凉血泻

---

1 《张佩纶致吴卓人二通》，《清代名人书札》编辑组编：《清代名人书札》，北京：北京师范大学出版社，2009年，第1188、1190页。
2 《江苏省明清以来碑刻资料选集》，第223—224页。
3 （清）陆肇域、任兆麟：《虎阜志》卷二《名迹二》，第138页。

火,生地黄露;解湿热,鲜生地露;胸闷不舒,鲜金柑露;盗汗久疟,青蒿露;乳患、肺痈,橘叶露;祛风头症,荷叶露;和脾舒筋,木瓜露;生津和胃,建兰叶露;润肺生津,麦门冬露。"[1]品名多达41种,专以各品治各种症状。嘉庆时,有人说仰苏楼花露,同宋公祠法制半夏陈皮、孙春阳橼烛、惠泉水烹茶、四糙冬春米饭,"皆他处不能效"。[2]直到民国年间,仰苏楼花露仍然最为有名。

7. 丹桂轩白玉膏

即沈丹桂堂膏药。沈立芳之祖世安遗制白玉膏丹,称"沈丹桂堂",有招牌图记,先后在临顿路、小日晖桥开张发卖,专治裙疯臁疮一切肿毒等症,十分应验,远近驰名。道光九年(1829),沈立芳发觉有人假冒"沈丹桂堂"牌记,"或换字同音,混似射利",于是粘呈牌记,向元和县呈文,请求出示严禁。元和县为此出示道:"仰该店及诸色人等悉:自示之后,如有棍徒敢于假冒沈丹桂堂图记,以及换字同音混卖者,许即指名禀县,以凭提究。各宜凛遵毋违。"[3]

8. 穆大展刻字

乾隆间人穆近文,字大展,隐居苏州,设穆大展局,躬自刻字,人比之为宋临安睦亲坊陈起一类人物。子君度,世承其业,仍称吴门穆大展局。[4]乾隆时吴门所刻金石文,往往谋请其镌刻。有人曾见其摩勒镌刻于摄山寺大殿中的《摄山赋》,"钩勒精采,日星辉耀",非他手所能及。穆大展视刻字为艺术创作,非徒为谋利,其手下聚集了众多高手刻工,穆充分发挥各人特长,良工"先酬其直,缓责其成,于是远近翕然相应"。其子士华,年幼即能传其父业,曾刻《三希堂法帖》四箴,"波磔纵横,摩勒有法"。

9. 曹素功墨局

曹为徽州歙县岩寺镇人,原名孺昌,后易名圣臣,字昌言,号素功,继明后期制墨名手

---

1 (清)顾禄:《桐桥倚棹录》卷一〇《市廛》,第146—147页。
2 (清)箇中生著,王稼句点校:《吴门画舫续录·纪事》:《苏州文献丛钞初编》,苏州:古吴轩出版社,2005年,第794页。
3 《元和县示禁保护沈丹桂堂碑》,王国平、唐力行主编:《明清以来苏州社会史碑刻集》,苏州:苏州大学出版社,1998年,第575页。
4 张秀民:《中国印刷史》,第554页。

程君房、方于鲁而兴起于康熙朝。康熙帝南巡时，江宁官府进呈其所制墨，皇帝赐以"紫玉光"三字，自后充为贡品。其墨有双龙文衔珠，皆扁方形，周围贴金，无边廓，阴文楷书，填蓝款则阳文，重五钱。墨背有阳刻楷书"紫玉光"钤印和落款。落款有"古歙曹素功珍藏""艺粟斋主人仿古清墨""天都曹素功制""新安曹素功鉴定"等字样。其墨通体漱金，色黑如漆，质地细腻，坚硬致密。乾隆时，在苏州南濠信心巷口开设店铺。[1] 到咸丰十年（1860），"历有二百余年，货真价实，天下闻名"。太平军占领苏州后，迁立上海小东门外内察院西首。该店出售"贡品徽墨、歙砚、湖笔、朱锭、按度罗经、朱砂印色，发兑客商"[2]。嘉庆、道光时，休宁另一制墨高手汪近圣后来居上。清朝前期，正是曹素功墨局老店兴盛时期。

三 成功与经营之道

清代苏州市肆昌盛，名店林立，品牌繁夥，富有特色。名店名品，从创立新品到维持声誉，精雕细作，极为讲究，论其成功之道，大约有如下数端。

一是大师创意，引领潮流。万历时南昌人章潢称："且夫吴者，四方之所观赴也。吴有服而华，四方慕而服之，非是则以为弗文也；吴有器而美，四方慕而御之，非是则以为弗珍也。服之用弥博而吴益工于服，器之用弥广而吴益精于器。"[3] 杭州人张瀚也说："吴制服而华，以为非是弗文也；吴制器而美，以为非是弗珍也。四方重吴服而吴益工于服，四方贵吴器而吴益工于器。"[4] 细绎其语，意思非常清楚，苏州因为服食器用领先全国各地，从而引领了全国服食器用好尚的潮流；因为全国各地追随模仿苏州的服食器用之风，使得苏州器服生产更加精益求精，更加发达领先。王士性总结原因道："姑苏人聪慧好古……又善操海内上下进退之权，苏人以为雅者，则四方随而雅之，俗者，则随而俗之。其赏识品第本精，故物莫能违。又如斋头清玩、几案、床榻，近皆以紫檀、花梨为尚，尚古朴不尚雕镂，即物有雕镂，亦皆商周、秦、汉之式，海内僻远皆效尤之，此亦嘉、隆、万三朝为盛。"[5] 说得很清楚，

---

1 （清）徐康：《前尘梦影录》卷上，《续修四库全书》第1186册，第727、730页；王俪、苏强：《明清徽墨研究》，上海：上海古籍出版社，2007年，第116页。
2 转引自周绍良《蓄墨小言》上册，"七二鸳鸯吟社墨"条，北京：北京燕山出版社，1999年，第330页。
3 （明）章潢：《图书编》卷三六《三吴风俗》，《景印文渊阁四库全书》第969册，第741页。
4 （明）张瀚：《松窗梦语》卷四《百工纪》，上海：上海古籍出版社，1986年，第70页。
5 （明）王士性：《广志绎》卷二《两都》，北京：中华书局，1981年，第33页。

最根本的是苏州人掌握了生活和时尚领域的话语权，站在了时代的制高点上。无论服饰样式、丝竹爱好、收藏古玩，还是一般生活方式，在时人看来，均有雅俗之分。而雅俗的衡量和裁定标准，却是由苏州人制定的。

清中期，纳兰常安称，苏州制造百物，"凡金银琉璃绮彩锦绣之属，无不极其精巧，概之曰'苏作'。广东匠役，亦以巧驰名，是以有'广东匠，苏州样'之谚，凡其所制，亦概之曰'广作'。然苏人善开生面，以逞新奇，粤人为其所役使，设令舍旧式而创一格，不能也，故苏之巧甲于天下。但所造之物，只求观美，不尽坚牢，且多虚假，以图网利。此又积习之薄，风气使然耳。"[1]清代广东人善于创新制作，但较之苏州人而言，似乎尚稍逊一筹，真正善开生面、自创新样的是苏州，广东只是精心制作，设计发创在苏州，广东只是按样制作而已，形成"广东匠，苏州样"的局面。苏州在转移时尚方面领了风气之先，产品设计融入了文化、理念、时尚，从而能够别开生面，不断推陈出新，在商品生产方面能够居于主动和领先的地位，形成一个个著名品牌。

二是工匠精神，匠心独运。明时，苏州器具制作之精巧，绝对天下第一。正德《姑苏志》卷十四列有"工作之属十一"。这些"工作之属"，非仅苏州当地人自夸，万历时起也逐步获得了全国各地的认可。明中期起，随着物力增强，文化鉴赏水平的提高，苏州一带崛起一批批工艺美术大师，能工巧匠辈出，几乎在工艺制造的各个领域各个行当均涌现出众多一流的行家里手。嘉靖、万历时人王士贞说："画当重宋，而三十年来忽重元人，乃至倪元镇，以逮明沈周，价骤增十倍。窑器当重哥、汝，而十五年忽重宣德，以至永乐、成化，价亦骤增十倍。大抵吴人滥觞，而徽人导之。今吾吴中陆子冈之治玉，鲍天成之治犀，朱碧山之治银，赵良璧之治锡，马勋之治扇，周治治商嵌，及歙吕爱山治金，王小溪治玛瑙，蒋抱云治铜，皆比常价再倍，而其人至有与缙绅坐者。"[2]按照王世贞的说法，宫廷崇尚苏州工艺品，明后期已有此势头了。万历时曾任过吴县令的湖广公安人袁宏道论述："古今好尚不同，薄技小器，皆得著名。……近日小技著名者尤多，然皆吴人。瓦瓶如龚春、时大彬，价至二三千钱，龚春尤称难得，黄质而腻，光华若玉。铜炉称胡四，苏、松人有效铸者，皆不能及。扇面称何得之。锡器称赵良璧，一瓶可值千钱，敲之作金石声，一时好事家争购之，如恐不及。其事皆始于吴中狙子，转相售受，以欺富人公子，动得重货，浸淫至士大夫间，遂

---

[1]（清）纳兰常安：《宦游笔记》卷一八《江南三·匠役之巧》，台北：广文书局影印本，1971年，第947—948页。
[2]（明）王世贞：《觚不觚录》，《文渊阁四库全书》第1041册，第440页。

以成风。"[1] 稍晚时湖广京山人李维桢也说，在苏州，"若乃棋客琴师，酒人博徒，临模装潢，剞劂刺绣，雕几设色之工，几可捆载，奇技淫巧，日盛一日，一巾一履，一笺一箑，递出新制，海内靡然仿效矣"[2]。因此明末人宋应星说："良工虽集京师，工巧则推苏郡。"[3] 明末清初人张岱感慨地说："吴中绝技，陆子冈之治玉，鲍天成之治犀，周柱之治嵌镶，赵良璧之治梳，朱碧山之治金银，马勋、荷叶李之治扇，张寄修之治琴，范昆白之治三弦子，俱可上下百年保无敌手。但其良工苦心，亦技艺之能事。至其厚薄深浅，浓淡疏密，适与后世赏鉴家之心力目力，自找苦针芥相对，是岂工匠之所能办乎？盖技亦进乎道矣。"[4] 是说良工之治艺要入赏鉴家之法眼，其治技显然是在迎合市场，与当时苏州一带兴起的赏鉴之风文人追捧紧密相关。

进入清代，苏州艺事之精，其风未艾，能工巧匠传承不绝。吴伟业《望江南》词谓："江南好，巧技棘为猴。髹漆湘筠香垫几，戗金螺钿酒承舟，鈒镂匠心搜。"[5] 乾隆《元和县志》也概括苏州手工业的发达情形道："吴中男子多工艺事，各有专家，虽寻常器物，出其手制，精工必倍于他所。女子善操作，织纴刺绣，工巧百出，他处效之者莫能及也。"[6] 其时所谓"奇技淫巧"之物，苏州更加日出日新。清前期苏州制扇及文具茶具之类的刘文辉，制羊皮灯的赵浒，传刻丝法的吴煦，"自得天巧，信一时之绝艺也"，而孙云球的眼镜，钱葆初的制笔，项天成的捏像，也均有名。[7] 吴伟业所说的"匠心"，上引纳兰常安所释"无不极其精巧"的"苏作"，均清楚地诠释了苏州工商业以至社会各界的工匠精神的职业境界。

三是品牌意识，珍视无形资产。苏州店铺形成的名品名牌，充分体现出所有者和经营者浓厚的专利与知识产权意识。上述褚三山眼镜、雷允上药材、仰苏楼花露、戈制半夏、丹桂轩白玉膏和熏腊业陆高荐（俗又作"陆稿荐"）等，多是以招牌和人名著名者，均是如此。陆高荐后来在各地有"陆稿荐""老陆稿荐""正宗陆稿荐""真正老陆稿荐""真正正宗陆稿荐"等名称，都意在标榜正宗，邀取声誉。乾隆《吴县志》总结陆高荐在京城也享有盛名的原因时认为，熏腊之物之所以海内未有能如苏州者，"盖其积年之汁，祖孙相继，实有秘传。

---

1 （明）袁宏道著，钱伯城笺校：《袁宏道集》卷二〇《瓶花斋集之八·杂录·时尚》，上海：上海古籍出版社，2008年，第730—731页。
2 （明）李维桢：《大泌山人集》卷四八《赠陈昌期序》，《四库全书存目丛书》集部第151册，第518页。
3 （明）宋应星著，潘吉星译注：《天工开物》卷下《珠玉第十八·玉》，上海：上海古籍出版社，1993年，第314页。
4 （明）张岱：《陶庵梦忆》卷一，"吴中绝技"条，北京：中华书局，2007年，第20—21页。
5 （明）吴伟业：《吴梅村全集》卷二一《诗后集十三·望江南》，上海：上海古籍出版社，1990年，第537页。
6 （乾隆）《元和县志》卷一〇《风俗》。
7 （道光）《苏州府志》卷一四九《杂志五》。

分析之时,亦必先分析此汁也"[1]。苏州熏腊业,其积年之汁就是秘方,祖孙相继,如果分家析产,乃作为遗产来分。既享受祖上创造知识产权之无穷利源,又能保证产品质量。熏腊业如此,其他各业大多如此。清代苏州,棉布是交易量最大的商品,也是品牌最多的行业,同业的品牌意识极为强烈。直到同治时,湖北按察使嘉定人王文韶记,"见布铺招牌有'苏松勘著'四字,勘著言经用也,为江南俗语,招牌用之或未必尽无所据也"[2]。苏松布业除了字号标明牌子外,日常凡布匹包装袋等,均标有牌号。诸多珍视无形资产的行为,除了前述益美字号的"机头"广告效应,康熙年间万孚字号的自染布匹、染整布匹顶真等事例外,随处可见。如清初吴元绅,号养心公,在苏州经营布业,"辨百物之情,征贵贱之数,是崇是务,此外更无他好",其父将一应业务全部委诸其兄弟二人,各地出产之棉花,美恶参差不齐,元绅"一一品其等第,编成字号,辨别精微,但逾半载,则载所评品鬻于樵李,见者无不啧啧叹服,藻鉴之精,一至于此。初犹见货始成贾,后但云吴养心则无庸视,直据字号成交易耳。且乐观时变,或居或化,悉中窍会,更无有不获息者",而其弟"惟按成规,遵时宜,稽利弊,以收自然之息"。[3] 为了维护独有的声誉和地位,戈制半夏品牌的持有人往往不惜工本、竭尽全力展开对冒牌行为的斗争。

四是货真价实,一丝不苟。著名的孙春阳南货店,直到乾隆、嘉庆时,其经营者孙绪燮,对诈伪失信极为反感,说:"信义人所弃,自我得之,则富贵也。"凭借良好的信誉,"人争爱慕之,交易者不重千金,而重翁一言",生意持续红火。[4] 其最为闻名的茶腿,"以其不待烹调,以之佐茗,亦香美适口也。此外各蜜饯无不佳,即瓜子一项,无一粒不平正者,皆精选而秘制,故所物皆驰名"[5]。又如药店雷允上,其药丸之所以远近驰名,盖因其"讲求采药之道地,考博炮制之精良,勿苟且而欺心,毋作伪而造孽,尽心尽力,利物利人"[6]。前述曹素功墨局,之所以二百年间天下闻名,也全在于其"货真价实"而已。

五是管理严格,精益求精。这方面可以孙春阳为例以概其余。孙春阳南货店之所以能够擅名商界数百年不衰,与其在万历时期创办之初就制定出了较为完备的会计制度和严格细密

---

1 (乾隆)《吴县志》卷二三《物产》。
2 (清)王文韶著,袁英光等整理:《王文韶日记》,同治六年正月二十六日(1867年3月2日),北京:中华书局,2014年,第7页。
3 《新安商山吴氏宗祠谱传·二十二世叔父易二十九养心公传》,第52页,康熙刻本。
4 《四明章溪孙氏宗谱》卷七《介庵孙翁传》,转引自张守广:《宁波帮志·历史卷》,北京:中国社会科学出版社,2009年,第85页。
5 (清)金安清:《水窗春呓》卷下,"孙春阳茶腿"条,第78页。
6 《江苏省明清以来碑刻资料选集》,第223—224页。

的店规大有关系。道光初年无锡人钱泳记道："其为铺也，如州县署，亦有六房，曰南北货房、海货房、腌腊房、酱货房、蜜饯房、蜡烛房。售者由柜上给钱取一票，自往各房发货，而管总者掌其纲，一日一小结，一年一大结。自明至今已二百三四十年，子孙尚食其利，无他姓顶代者。"钱泳认为孙春阳成功之处正在于此："吴中五方杂处，为东南一大都会，群货聚集，何啻数十万家，惟孙春阳为前明旧业，其店规之严，选制之精，合郡无有也。"[1] 近人金安清也称，苏州之孙春阳，与扬州之戴春木、嘉善之吴鼎盛、京城之王麻子、杭州之张小泉等老店一样，"皆天下所知，货真价实，来售者童叟无欺，不准还价者，乱后皆歇绝矣。同一货也，何以一家独擅，非有秘授之法，特格外认真耳。在他人皆求速化，不欲费心力于一二十年后，故终于无成。然此各家，得名之始亦只循'诚理'二字为之，遂食其报于一二百年。子孙亦世守其法，莫敢懈忽"[2]。而且孙春阳店最初制定的店规为历世所沿袭，其后裔就标榜，凡"会计之术严密，条约之精详，其规模筹划，为后世所遵行者，虽区区廛肆之谋，类皆寻常意计所不到"[3]。可见，布局合理、店规严格、选制精到、待客诚信，是孙春阳南货店成功的基本法则。以质量取胜，这是商号维持或扩大销路、传之久远的根本途径。而店规之严，孙春阳将州县衙署分设专房的行政措置引入商店管理，又将收款与发货分开，互不掺和，制度设计上事先杜绝店员作弊可能，又便于事后考核对账，而且一日一小结，一年一大结，随时反映营业额状况。

苏州铺店各业除了严把质量关口，动用广告宣传，严格内部管理，强调知识产权，更大力讲究经营之道。单就饮食业的酒楼茶坊来说，即在如下几方面精心讲求。

一是选择坐落位置。如清初的山景园、乾隆时的三山馆和嘉庆二年（1797）的李家馆，择地虎丘之南，地址与塔影相连，点缀溪山景致，佳景宜人，又地当孔道，鼎足而峙，春秋时节游客，驻足品酒十分便利。虎丘山寺后碑亭后的一同馆，虽然修葺并不讲究，而"轩窗爽垲，凭栏远眺，吴城烟树，历历在目"[4]。在这样的酒楼用餐宴饮，真正是赏心悦目，秀色可餐。山塘茶楼则大多"筑危楼杰阁，妆点书画，以迎游客"。斟酌桥东情园，春秋花市及端午竞渡时，"裙屐争集，湖光山色，逐人眉宇"，木樨香开时，"香满楼中，尤令人流连忘返"。这种风景优美的茶室与闹市中的茶肆不同，主要为游客服务，或临河筑室，或依山而设，顾客品茗赏画观景，既纳凉，又览湖光山色。

---

1 （清）钱泳：《履园丛话》丛话二十四《杂记下》，北京：中华书局，1979年，第640—641页。
2 （清）金安清：《水窗春呓》卷下，"四远驰名"条，第61页。
3 《四明章溪孙氏宗谱》卷七《曾祖春阳公传》，转引自张守广：《宁波帮志·历史卷》，第85页。
4 （清）顾禄：《桐桥倚棹录》卷一〇《市廛》，第146页。

二是讲究美酒佳肴珍具，山景园美酒佳肴珍具最孚重望，而且客人进门，则先奉上佳茗，这种做法"开吴市酒楼之先"，而三山馆也以烹饪之技为时所称，山塘酒楼将苏州食不厌精的名声发扬到了极致。

三是注重环境，力求高雅。如三山馆，改置凉亭、暖阁，这样一来，"游者多聚饮于其家"。山景园酒楼，更在环境的高雅上做足文章，疏泉叠石，颇具林亭之胜，亭称"坐花醉月"，堂额"勺水卷石之堂"，上有飞阁，接翠流丹，额为"留仙"，阁联为"莺花几纳屐，虾菜一扁舟"。柱联则书"竹外山影，花间水香"。都是书家吴云手笔。左楼三楹，匾额"一楼山向酒人清"，由名流程振甲书；右楼额"涵翠""笔峰""白雪阳春阁"[1]，颇有书翰气息。

四是分层分类，吸纳对象各有重点。山景园、聚景园专门招接游客和市肆会集，以旅游旺季为主。三山馆则一年四季开张，主要承接虎丘山前后居民婚丧宴会之事。

五是菜肴或以繁复见长，或以特色著名。如三山馆，菜品之多，令人目不暇接。

六是在店名上下足功夫。山塘李家馆，大概因为店名太过普通，道光初年改为聚景馆，门口停歇花舫，地址又近花丘名园，大为山塘风光增彩。

七是别出心裁，以"活招牌"吸引客源。乾隆时的苏州茶室，多以女子迎候招揽生意，时人称为"活招牌"。康熙后期，章法《竹枝词·艳苏州》有谓："珠明寺畔著家排，漆水鲜明字又佳。底事不能邀顾盼，不如肆馆活招牌"，"天付吴人闲岁月，黄昏再去闯茶坊，为有活招牌故也。"[2] 后来苏州人王有光也称，当地"一切生理，皆有招牌，字迹端好，金漆装潢，非不声光活现，顾未必其招之即来。惟货真价实，技术奏效，不误主顾，乃得生动。……活招牌者，非茶坊酒肆以好娘行作标之谓，须理会得之"[3]。字招与佳丽，成为吸引顾客的有效手段。以靓丽女子在门口迎候，是现今稍上档次的店家的通行做法，而这种光景在三百多年前的苏州已能见到了。

四　维护招牌声誉之举措——以棉布字号为中心

字号是店名、牌号，是靠店家信誉、商品质量创出来的，既是识认商品的标志[4]，即今人

1　（清）顾禄：《桐桥倚棹录》卷一〇《市廛》，第143—144页。
2　苏州市文化局编：《姑苏竹枝词》，第39页。
3　（清）王有光：《吴下谚联》卷一，"活招牌"条，北京：中华书局，1982年，第9页。
4　光绪三十年（1904）《商标注册试办章程》对"商标"的解释是："商标者，以特别显著之图形、文字、记号或三者俱备，或制成一二，是为商标之要义。"（商务印书馆编译所编：《大清光绪新法令》第十类《实业·注册》，上海：商务印书馆，1909年铅印本）传统的工商"字号"具备这些特征，故将"字号"视为"商标"予以讨论。

所谓商标,更是店家声誉所在和无形资产。光绪三十年(1904),成立仅仅一年的商部,作为保商之政,"采择各国通例,参协中外之宜",制定《商标注册试办章程》28条,规定此后"遇有侵害商标事件,一经告发,由各该管衙门照办,以示保护"[1],从此,是否属于"商标",有章可循,如果假冒或侵害商标,则有法可依。然而在清代的前此时期,专利意识不强,专利保护缺乏切实有效机制,有关商标字号的假冒及其理处又是如何的呢?至今很少见人探讨。

清代店名招牌往往声明或标榜正宗,如各地的"陆稿荐",有"老陆稿荐""正宗陆稿荐""真正老陆稿荐""真正正宗陆稿荐"等名称。清后期南京的膏药店,名为"老膏粘除",城南即有数家,称"真正老膏粘除",或称"老膏粘除老店",或称"只此一家,并无子孙在外开设分店",或称"假冒本号商标者,男盗女娼"。[2] 名目繁多,不一而足。从字号的五花八门,即可看出其时假冒字号在各行各业的严重程度。

一般来说,诈骗、诬告、勒索等是传统商事纠纷中的常见纠纷形式,常常给商业交往中的另一方造成直接的利益损失,然而另一种欺诈性行为并未导致直接的利益损失,而只是在客观上给对方造成了巨大的隐性影响,最突出的就是假冒商标牌号。创立字号招牌不易,名店名品销路广阔,冒充或仿造现成的字号,不在创立品牌上下功夫,以减低前期投入降低生产成本,占得更多的市场份额。这类现象随时随地存在,相当严重,可以说,围绕假冒字号商标发生的纠纷以及随之而来的诉讼,构成了清代商业诉讼的重要内容。清代苏州名店林立,名牌繁夥,冒牌之事也层出不穷。如道光九年(1829)假冒沈丹桂堂牌记案,清代后期广及长江中下游流域的戈制半夏假案,光绪年间冒用松鹤楼牌号案,光绪末年的染业隐戤牌号,宣统年间吴桂堂隐戤复新昌牌号,王阿东隐戤同丰仁自立牌号万茂,汪阿桂隐戤公和永牌号自立牌号同丰永福记,华富堂隐戤祥茂牌号,宋茂堂隐戤同昶牌号自用聚源祥牌号,陈仲翔隐戤源兴线染坊牌号等,都属此类。

"牌子"直接影响到商品销路,"牌子"意识在江南棉布产区相当浓厚,光绪中叶宝山人张人镜就曾说:"吾里以纱布为大宗,乡民皆赖以为生。现在牌子已坏,苟有人做出牌子,使布得有销路,功德无量。"[3] 棉布销路浩大,在全国最大的棉布生产基地江南,主要由徽商控制的棉布加工业各字号之间,业内一直在试图创立牌子,因而围绕着维护字号与假冒字号

---

1 《商标注册试办章程》,商务印书馆编译所编:《大清光绪新法令》第十类《实业·注册》。
2 卢前:《冶城话旧》卷一,"两膏粘除"条,《南京文献》第4号,第2册,第81页,上海:上海书店出版社,1991年。
3 (光绪)《月浦志》卷十《轶事》。

的竞争比其他任何行业都要激烈，长期存在。在法律规章缺失、商业竞争日趋激烈、专利意识不强的社会大背景下，在形形色色的牌号假冒案中，棉布字号的冒牌最为普遍，情节最为严重。

顺治十六年（1659），苏州布牙沈青臣利用字号"布店在松，发卖在苏"这种加工与发卖异地的情形，假冒"金三阳"字号，"或以字音相同，或以音同字异"的手段，"垄断居奇，私翻摹刻，以伪乱真，丑布射利"。当时棉布字号大多尚在松江，而布匹销售中心是在苏州，棉布牙人沈青臣利用产地与售地的地域差，在牌号上做手脚。金三阳是当时的著名棉布字号，自然不能容忍这种侵权行为，于是联合苏松地区其他字号布商共37家向官府控告。江宁巡抚为此饬令苏州府立即捉提违规者，限三日内连人解报。后来又有苏、松两府布商字号朱嘉义、朱金兰、查弘义等联名禀控，江宁巡抚饬令苏州府严究速解。苏州府将一干人犯拘提到官，研审明确，具立招详。发现沈青臣勾同别的商人，假冒了历年已久的老牌字号"金三阳"。苏州知府判令将假冒的布匹归还金三阳字号，但不深究，同时立碑告示，"不许再行混冒"。松江府布商字号朱嘉义、朱金兰、金三阳等也要求苏州府移文松江府，一并公示勒石永禁。为此，苏、松两府立碑告示谓："今后商牙，各守各业。如有奸牙地棍觊觎字号，串同客贾，复行假冒，起衅生端，上误国课，下病商民，许即指名报府，以凭立拿，究解抚院，正法施行，决不轻贷！"[1]

康熙四十二年（1703），苏州又有人假冒"□元"字号牟利，被官府查禁。

乾隆元年（1736），经过30多年，日久禁弛，又有假冒字号招牌之事发生。这次假冒字号售伪者，由上海县告示，可知是苏州府长洲县的黄友龙。[2] 棉布字号朱泰元、李洪升、朱永振等向长洲县呈控，要求布政司饬禁，禀文一直报至两江总督，总督赵宏恩檄行查禁。布政司奉总督饬令后，同时又接到松江府、长洲县的申请碑禁的呈文，转饬勒石永禁，要求将遵依具结文送查，听候巡抚衙门批示。署理巡抚顾琮批示："查苏、松布商假冒字号，历经前院批饬碑禁有案，何得因事隔远年，复萌故智，窃号混行，藐抗殊甚！仰即严饬各布商，仍遵碑禁，各立字号，如敢故违，许即鸣官详究，毋庸再行勒石。"巡抚认为事实已经非常清楚，不必再行勒石，后来又批，称既有总督批饬勒石，那就照办。布政司当即要求苏松两府，"查照宪批，即将布商窃冒字号，遵照宪行，勒石永禁"。不久松江府娄县详称，已转饬各家布商"遵照宪行开出现用图记，并取遵依勒石申禁"。又据字号商人朱泰元等禀称，松

---

[1]《苏松两府为禁布牙假冒布号告示碑》，《上海碑刻资料选辑》，第84—85页。
[2]《上海县出示晓谕》，转引自徐新吾主编：《江南土布史》，第365页。

江原来开设棉布字号数十家,后来迁移到苏州等地,一向谨守祖遗店名图记,"价平货实,远商心服,从无假冒诸弊,历岁虽久,始终如一。但远商相信,全在布记确切为凭"。现在法久禁弛,又有假冒字号招牌之事,按照宪示,理应将各字号分别开呈,并出具遵依结送核。"第思奸徒假冒,恐本地易于□查,往往在他处暗行窃冒",因此吁请据情详送府衙,在府署前汇立一碑,通行申禁,"俾八邑奸民,咸知儆惕,并开各店布记各具并无雷同假冒遵依在卷"。在松江府西门外开张富有字号的徽商吴舆璠首先禀称,并无重号窃冒情弊,理合粘具遵依,附卷立案。松江府为此颁示道:远商"所以取信者,全在字号图记,毋许假窃混冒",现在奉督、抚、藩宪之令,与苏州府一起,立碑禁示,并要求所有字号开呈布匹图记,各具并无雷同假冒遵依结,"嗣后各字号图记招牌店名,不得假窃混冒,如敢故违,许即鸣官详究"。朱泰元布记、李洪升布记等22家字号同时开列了图记。[1]

嘉庆十九年(1814)杨绍宸、杨宗宪在上海县开张公和布号,又立大成副号,与林尚宾的父亲早就开设的大成布庄同地同名,将"丑布"冒用"生美"号,影响了林家布庄的生意。先是同业之间要杨氏改号,杨氏不允。林氏将杨氏控至上海县衙,杨绍宸假称生病,派遣儿子的同伙出庭,严审之下,供认私设大成副号。县衙勒令其停业改号,杨阳奉阴违,又被林家禀控。上海县即押令杨绍宸、杨宗宪等改立字号开张,出具遵结,免予提讯。同时出示晓谕,让布商周知,如杨等敢再故违滋讼,定予究办。[2]

光绪后期,更"有人暗中假冒他人牌号,其打包之时,内间用冒牌,外面包布借用客商字号,发往他处,无非图利巧取,非但损碍他人牌号,更为欺诈恶习"。上海县出示:以后如有人再敢窃冒他人牌号,一经查出,应由布业公所看明属实,提布充公,送案究办。[3]

光绪末年,上海县奚晓耕顶租许姓鼎茂牌号,即添加包装银5两,"而又暗蚀每匹五丈(文),以致各行庄意外亏折,纷纷倒闭",业主许氏兄弟请求收回原牌,县令裁断准请。[4]这是利用租来的牌号,采取不正当竞争手段,或明加,或暗亏,挤垮同业的卑劣行径。

上述形形色色的假冒事例,其基本情节就是光绪三十年(1904)《商部奏拟订商标注册试办折》中所总结的"此商牌号有为彼商冒用者,真货牌号有为伪货掺杂者"的流弊。[5]

字号假冒大体上有五种形式。一是以同音字或近音字、近体字翻刻已有名气销路正旺的

---

[1] 《松江府为禁苏郡布商冒立字号招牌告示碑》,上海博物馆编:《上海碑刻资料选辑》,上海:上海人民出版社,1980年,第85—86页。
[2] 《上海县出示晓谕》,转引自徐新吾主编:《江南土布史》,第365页。
[3] 光绪二十四年四月廿九日(1898年5月22日)松江府上海县正堂黄《告示》,转引自《江南土布史》,第361页。
[4] 《时事汇录》,《汇报》第11年第2期,转引自徐新吾主编:《江南土布史》,第365页。
[5] 《商部奏拟订商标注册试办折》,《大清光绪新法令》第十类《实业·注册》。

字号，以假乱真。顺治后期和康熙四十二年（1703）江南棉布加工业中的字号假冒案，实际就是这种形式。

二是直接起名与已负盛名的字号相同，让人莫辨新旧真伪。乾隆元年（1736）苏州布商黄友龙的假冒事件，被原告和官府称为"重号窃冒"，看来是直接盗用了他人的同名字号。嘉庆十九年（1814）杨绍㝱、杨宗宪开设同名布店营业，情节相类。

三是利用他人字号做手脚。光绪年间上海布业的两起案件，即属此类。这实际上采取的是偷梁换柱的手法，手法更为恶劣，隐蔽性、危害性更大。

四是直接盗用已负盛名的字号。如顺治年间松江一带"奸牙地棍觊觎字号，串同客贾，复行假冒"，直接假冒布店字号。

五是隐戤牌号。所谓隐戤牌号，或冒戤牌号，即盗用他人现成牌号或商标以谋利。它不外乎两种形式，在各个行业中几乎不同程度地存在。一种是起音同而字异的店名，或是以大房二房为别，以假乱真。另一种是隐去原店的牌号，另立牌号，而利用原店的良好声誉牟利。嘉庆十九年（1814）杨绍㝱、杨宗宪在上海县开张的公和布号，又立大成副号，与他人的大成布庄同地同名，即属此类。

上述各类情形，无论何种情形，都是在品牌宣传上毫不投入前期成本，明目张胆以图渔利的胆大妄为之勾当。形形色色的假冒手法，程度不同地侵犯了正品名品持有者的权益，影响了正品的生意和声誉。

商标牌号的意义，无论侵权者和被侵者，在当时均有足够认识。假冒商标牌号不同于一般的商业卷逃等诈骗行为，表面上行为一方并未直接侵及对方的经济利益，也并未对对方实施欺诈，但是实施这种行为的目的不外乎两种，一是借以扩大自己商品的销路，招徕顾客，这实际上就造成了对被假冒者应得利益的分流；二是借以销售自己所生产的质量低劣的商品以牟取暴利，这不仅会造成被假冒一方应得利益的削减，同时也会对其名誉造成巨大损害，所带来的危害较之前者更大。由此可以看出，假冒商标牌号的行为乃是基于对购买者的故意欺诈所实施的行为，同样也极大侵害了被假冒一方的利益。有鉴于此，字号同业为了防止和杜绝各种假冒牌号行为，采取了各种应对措施。其通常采用的措施大体有如下几种。

一是在生产过程中提倡正当竞争，有序竞争，提高产品质量。在棉布加工业中，大致有两种正当竞争的途径。一种是加强管理，把好看布、收布、漂染等各个环节，确保或提高布匹的质量。如康熙年间徽州休宁人陈万策在苏州开设万孚字号，原来布匹外发染色，因"颜色不佳，布卖不行"，于是"自开各染，不惜工本，务期精工"，踹布也请"良友加价，令其重水踹干"，临到分家，还谆谆告诫子孙，"配布不苟颜色，踹石顶真"，"不可懈怠苟就"，坚信"每布之精者必行，客肯守候"。[1] 恒乾仁布号后人溯述："窃商号系祖传世业，于前清同治初年开设在上海英租界北京路，牌号恒乾仁，迄今数十年，并未变更。创立时基本金一万元。……惟念商号所在，设庄剔选，并在川沙县等处，自行设坊漂染。"[2] 以质量取胜，这是字号维持或扩大销路传之久远的根本途径。另一种是以品牌效应，占有更多的市场份额。前述自明后期到清前期二百年间布匹畅行天下的"益美"字号，其制胜之法就是如此。这些正当竞争的措施，实际上就是规范不正当竞争的措施，一定程度上也起了限制和防止假冒的作用。

二是在案发前由同业订立约束章程。假冒字号，损害同行利益，自然遭到同业的反对，也为官府所严禁。传统各业，多有行规，但对字号假冒做出的同业规则尚属罕见，目前所知，只有在影响全国的江南棉布加工业中，布业同行订有牌谱，即登录全体字号牌名，用以约束同业。新创业者需要备案，不准字音相同，或音同字异。字号成为招牌，成了无形资产，因而可以出租、转让，也可以歇而复开，但名字不得相同，店名不得假冒，业内自有规矩。至迟明代起，江南棉布业字号即严禁假冒雷同。所谓"从前盛行之字号，可以租价顶售，□□□偿招牌，即成资本"，但"苏松两府字号布记，不许假冒雷同，着有成案"。[3] 从碑记所录名称来看，字号绝无同名者，用字发音较为明显。但间有姓不同而名相同者，如程益隆与金益隆，郑元贞与程元贞之类，偶尔也有音近字异如金万盛与金万成之类。

嘉庆十九年（1814），苏松两府字号同业公议，遵照成案，"新号毋许同名"，立碑周知。道光五年（1825）十一月，上海布业重整规条，重为校刊，再订牌谱，严定规约，或称为"牌禁"。同时规定挨号收捐以济公用，以得月楼图章为凭，以前的绮藻堂印废弃不用。道光十一年（1831）正月，上海布业同行又在得月楼重整牌名簿，增录布业新号。

道光二十四年（1844）正月，上海绮藻堂布业公所《邑关庄牌簿》载有上海土布号周益大、郁森盛、唐恒美、林大成、倪德成、德大号、王永盛、协美号、周益文、萃昌号、顺昌号等85户89家商号的名单。牌簿说明其原委道：

> 窃惟阖邑布业，首重招牌，关广售布，凭牌名以定价值，由来久矣。而业中近有无耻之徒，弊生影射，睏各号牌子价昂者，以低布混冲，假冒牌名而牟利，致使牌子遭其

---

[1]《康熙五十九年陈姓阄书》，转引自章有义：《明清及近代农业史论集》，第310—316页。
[2]《恒乾仁申请江苏实业厅注册函稿》，上海市工商联档案室，全宗号其232-目录号1-卷号22，转引自徐新吾主编：《江南土布史》，第62页。
[3]《松江府为禁苏郡布商冒立字号招牌告示碑》，《上海碑刻资料选辑》，第86页。

卖低，侵害不已。甚至一家而叠冒数名，狡计百出。牌名上二字，音画俱同，以改取字形仿佛者，以为混计，如改翟为瞿，改李为季者。无如欲盖弥彰，万商切齿。为此，邀集同人于绮藻堂公议，将各号牌名开列于簿，其中间有重叠，或紫白套不同，或南北路互异，或同名异记，显然不符，均出无心，且各创已久，无庸更改。但自议之后，各号增添牌子，及新创业者，均须去簿查阅，毋得同名，瓜李名避。倘不遵议，委系有心影射，当鸣鼓共攻，或即事出无心，亦显违成议，从重议罚，用以充公。各毋徇情，以垂永久。所有各号牌名，开列于后。自道光五年十一月重整规条，公议凭号挨月收捐，以济公用。另□得月楼图章为凭，前有绮藻堂印废弃不用矣。前十一年正月，邀集同业于得月楼，重整牌名簿。各宝号新增者，请登于上，庶无混淆。特白。[1]

这一牌簿，道光二十六年（1846）秋，由布业同行重新抄立，并将各号名排列出来。牌簿先阐明，布牌是无形资产，交易时凭牌名以定布价，因此业中不良之徒冒牌影射，假冒牌名以牟利。继而列举冒牌手法，主要在发音和字画上做手脚。最后说明同业公议的规则，各号牌子均开列于簿，如果违背公议，从重议罚。如前所述，苏松地区布业冒牌之事，清初以来一直存在，因此牌簿中所说近有冒牌之事，只是泛称，自然不确。

光绪十五年（1889），绮藻堂土布公所重编《同业牌号簿》时，全业户数已减为40户，其中有32户均系新设或经改组更名的字号。[2] 上海布业同行后来至少在光绪二十二年（1896）和宣统三年（1911）屡次会议，重修牌谱。

1916年上海土布业公所修整的"丙辰牌律"[3]，沿用了以前历次牌禁，富有参考价值。今摘录如下。

布牌注册：

甲　入所各号行销各路布牌，除已经注册由本公所保护外，……其未曾注册之牌号，本公所不任保护之责。

丁　如遇布牌号出售者，应由得主失主出立推据收据，双方持至本所，会同司月三家以上，以凭过户……

1　《邑关庄牌簿》，上海市档案馆藏，登录号：S231-1-3（全154页），转引自［日］松浦章：《近代東アジア海域の人と船——経済交流と文化交渉》，大阪：関西大学出版部，2014年，第28页。
2　徐新吾主编：《江南土布史》，第321页。
3　上海市工商联档案，转引自徐新吾主编：《江南土布史》，第367—368页。

  戊 凡布牌出租或抵押所订之合同，呈报本公所备案，原牌东及租户受户，双方到所，会同司月三家以上，在档案上签字。该合同由本公所加盖图章，而昭核实……

  以上丁、戊两种契约合同，未经本所过户备案，不生效力。

冒牌罚则：

  甲 同业如有顶冒他号已经注册之同路同货牌号，经本所查明，或被本牌呈报，查有实据者，将冒牌之货尽数充公。如有掮客经手，必须追查姓名，由公所通告各号，以后永不准该掮客再掮布。如号家徇情私相授受，亦须处罚。

  乙 已经售与他人之牌号，而前牌东私做者，以冒牌论，同律治之。

  丙 已经出租之牌号，订立合同年限未满，原牌东如有特别理由，邀同本公所各议董公断。倘原牌东违背合同公约，私做或二租，经原租户申请，本所查照合同契约履行，以偿租户损失。该牌东不履行之前，禁止营业，一经入讼，本所照章申诉司法执行。租户如无特殊原因，违背合同契约而中止者，照契约履行，以偿牌东损失，当初订立合同契约，必须呈报，倘未经本所同意，概不置理。

  丁 同业中如有不遵守章程，或侵犯同业及其他不规则之事，经大会决议，轻则罚款，重则迫令出所。其以前捐款，概不发还。

绮藻堂土布公所监修董事全体同启
丙辰（1916年）二月

  这一"丙辰牌律"，规定了布业公所公议的范围，布牌出售和出租的要求；冒牌的处罚规则，适用范围和处罚程度。这是同业商定和必须为同业遵守的业内约束。如不遵约束，同业公议予以惩罚，轻则罚款，重则勒令出所，如果同业公议不能奏效，就要诉之于官，通过司法途径解决。这种同业公议，由江南棉布加工业处理假冒的事例来看，至迟嘉庆年间就已存在了，但由于其时布业还未有公所，同业规章当没有晚清时期那么完善。

  棉布加工业"牌谱"等所反映出来的有关防止和惩处假冒商标的条款，与光绪末年《商标注册试办章程》的内容诸多方面已经有着共同的特征，可见在商标法产生之前，中国的工商行业就以同行约束的形式，在防止和打击商标侵权方面不断做出努力。

  三是权益遭到侵害后，经营者采取应对措施，维护自身权益。这大体上又有四种形式。一种是完善商标标识，加大防伪和宣传力度，立足于预防。通常的做法是公告消费者，认清本家牌号，以防以假冒真。清后期，江南一带专门有"店家发票"的套式，即为此类。其文谓：" 本店精选上号顶色□物，远近驰名，货真价实。近有无耻小人窃冒名色，镶充低货，以致真假混淆，是非莫辨。四方就顾者，须认公议招牌印记，庶无差误。"[1] 消费者认准了牌号，其利益有所保障，经营者的根本利益也就得到了维护。

另一种是被侵权一方动用自身力量直接打假。如光绪十二年（1886）戈制半夏仿帖被窃后，业主戈日梁在登报声明的同时，即前往冒牌品的销售地汉口根究。光绪二十四年（1898）戈氏业主发现上海有人假冒戈老二房牌号售药，即由戈氏司账邵士棠前往理论。直接打假的做法，大多发生在非大宗商品经营或同行约束力较小的行业中。显然，在全社会商标意识不强和法律缺失的情形下，个体打假的难度和成本都是很高的。

第三种是通过业内公议力求解决问题，这是最为常见的一种形式。在全社会商标意识不强和法律缺失的情形下，个体打假的难度和成本都是很高的，因而棉布字号联合打假，并通过获得政府支持，以刻石竖碑的形式，将打假成果公诸社会，同时约束同行遵守。

后来商会成立后，同业一般均呈请商会理处，业内公议要获得商会认可。商会章程中就有理处假冒的相应条款。商会第8章第54条权利章程明确指出：如遇假冒牌号混淆市面，诬坏名誉扰害营业，本商因此而致有吃亏之处，告知本会，查明确被累被诬，应公同议赔议罚以保商业。[2]《苏商总会试办章程》第54条也规定："如遇假冒牌号，混淆市面，诬坏名誉，扰害营业，本商因此而致有吃亏之处者，告知本会查明，确系被累被诬，应公同议罚议赔，以保商业。" 在此定章下，商会通常尊重或遵照同业公议的办法予以允准，向官府移文或呈请准理。清代各业尤其是江南棉布加工反假冒的实践表明，同业约束始终是存在的，但效力有限，最后纠纷通过官司解决者一直不断。

最后是同业不能解决，约章不能奏效的情况，被侵权一方即向官府呈控。大量字号假冒案，实际上就是先由同行公议，未能奏效才禀控到官府的。被侵权一方在禀控时，一般均会提出明确的利益主张或具体要求，声明对假冒保留司法追究的权利。为维护字号的信誉和市场的秩序，官府总是站在被侵权或实际受害者的一边，通过赔偿损失，勒令终止假冒，要求字号具结保证，立碑周示等措施和方式，维护字号的合法权益。从这个意义上说，官府是维护市场合法经营、有序竞争的有效力量。在江南棉布加工业和丝织业中围绕假冒字号发生的诉讼，实际上是商人群体对付个别假冒者，法理依据、经济实力和活动能量都有利于原告一方，官府从基层到地方最高机构都会尊重业内规例，做出满足原告的判决，被告从而无一胜

---

1 《契式辑要》卷一三"店家发票"条，抄本1册。此书由太仓市图书馆提供，深致谢意。
2 苏州市档案馆等编：《苏州商会档案丛编》第一辑（1905—1911年），上海：华东师范大学出版社，1991年，第28页。

诉。官府为防止类似事例发生，往往要求所有字号开呈图记，出具并无雷同假冒遵依结。苏松两府乾隆年间处理棉布字号假冒案就是如此。所有棉布字号也均遵照执行。

　　上述几种措施，从事前防范，到经营规范，到事后惩处，立此存照，经营者依靠自身的力量、同业的约束和官府的权威，在应对字号商标的假冒方面，做了种种努力。从实践来看，字号同业和官府的通力合作，对于打击假冒、杜绝冒牌、净化经营环境，是起了相当作用的。江南棉布字号通常营业十数年、几十年，就是同业与官府努力维持的结果。[1] 但在不得把持垄断的规定下，字号同业对冒牌者并没有约定不得另开牌号，官府也仅断以偿还冒牌所得收入而缺乏严厉的惩罚措施，冒牌者风险很低；一旦成功，即获厚利，如被发觉，只是勒令停止假冒，实际并无损失；字号可以顶租转让更为套牌假冒增加了操作上的可能。即使布业成立公所后，公所保护和惩罚的对象都只是加入公所的字号，而未入公所和因犯规被逐出公所的字号就不受公所条规的约束。因此，假冒字号之事屡禁不止，始终未曾绝迹，一直是棉布市场上一个较为严重的问题。在棉布业市场竞争日趋激烈而假冒伪劣殊少风险的社会大背景下，一个颇负盛名的字号，可能在创出品牌的前期投入和维护品牌、打击冒牌的后续投入方面成本均相当高昂。在假冒猖獗、冒牌远远超过正宗的情形下，要想维护一个正宗品牌的市场声誉，显然成本极为高昂。在只认品牌的市场环境下，生产者和贩卖者，不是通过正当竞争的方式，提高质量另创新品，而是采用极不正当的假冒盗用的手法去恶性竞争，其结果必然是市场环境恶化，劣品驱逐名品，名品退出市场。

　　光绪末年商会成立后，打击假冒字号的力度有所加大，在发生冒用商标案时，商人也多会诉诸商会以求保护。但是较之以前盗用字号商标案的处理，商会并没有切实有效的措施，商会产生并加入这类纠纷诉讼的理处后，侵犯商标字号的恶性竞争情形没有任何好转。当然这并不仅仅取决于商会的行为，但商会的作用相当有限，殆无疑义。作为具有裁决权的官府，认定是否冒牌的办法与清代前期一样，仍是辨认图记确据，处理结果同商会成立前也一样，仍是由官府颁出告示严禁。从上述假冒商标字号的理处来看，官府裁断缺乏基本准则，全社会商标意识淡薄，保护商标不力。一部《大清律》，并没有对字号商标假冒做出任何规定。官府受理禀控，只是凭成案和经验，凭借商业同行的公议或建议，对案情做出判决。这种状况，直到清政府颁布《商标注册试办章程》后才有所改观，全社会商标意识也更加明确，对于是否是冒牌，认定也较为慎重，侵害商标的认定和打击冒牌的措施才进入了新阶段。

1　关于棉布字号的开设年数，请参见拙文《清代江南棉布字号探析》，《历史研究》2002年第1期。

五　结　语

综上所述，乾隆二十四年（1759）苏州人徐扬以写实手法绘录下来的《盛世滋生图》《江南省苏州府街道开店总目》和大量碑刻资料的记录，将清代前期苏州城工商铺店的名称全面地展示了出来。其时苏州城的工商铺店，数量特别繁多，形成了富有特色的各种铺店，在长期运营和竞争中，产生了诸多名品商店和驰名商品，从各个角度和各个方面反映出了当时苏州工商发达的实况，在国内外商品市场上具有极为重要的影响。

清代苏州工商业的驰名商品和老字号店铺，可能在全国城市中最为突出，数量也最多。这些著名商店和驰名品牌，有因时而名者，有因地而名者，有因人而名者，或以招牌著名，或以地名著名，或以人名著名，或以混名著名。苏州之所以能形成如许多驰名商品和著名品牌，关键在于苏州工商业界矢志大师创意，引领潮流；奉行工匠精神，匠心独运；品牌意识强烈，珍视无形资产；秉承货真价实理念，经营一丝不苟；内部管理严格，精善至上。苏州的工商铺店各业，还采取各种方式大力讲求经营之道，单就饮食业的酒楼茶坊来说，就通过选择坐落位置，讲究美酒佳肴珍具，注重环境，力求高雅，分层分类吸纳顾客，菜肴或以繁复见长，或以特色著名，在店名上下足功夫，甚至别出心裁，以"活招牌"吸引客源等。

至于铺店字号的空间分布，则延续了明代以来的格局，东半城是手工业生产区，西半城是商品流通区，最突出的两类大宗商铺绸缎与棉布字号，就坐落在城西部的阊、胥两门之间。与此相应，各个地域商帮的乡邦组织会馆则大多开设于城西，以万年桥大街、胥门到阊门的南濠大街、胥门外大街、阊门到枫桥的上塘街（所谓十里枫桥塘）和阊门外的七里山塘街的商业繁盛区最为集中，商业娱乐场所及一应活动也大多在那一带；发达的丝织业生产，则集中在城之东北部；竹木簰筏集中在河面开阔的齐门一带东西两汇，众多木业牙行设于该地；生活设施、文化用品及相应店铺则因应便民需要，分布在了全城各地，书坊书铺则尤其分布在西城胥门一带和东城元妙观周围。

就具体经营者来说，苏州当地人主要集中在丝绸、书籍、纸张印刷、铜铁器、金银器、小木器加工、工艺生产等行业，多为生产兼销售的店铺，而各地地域商人则在大规模的商品流通方面做出了贡献。丝绸是由浙江的杭州和湖州商人、福建商人、山陕商人和后来的河南商人，与苏州附近的洞庭商人一起贩销的；棉布加工业、木材贩运业、典当业是由徽州商人垄断的；钱庄业由山西商人居于主导地位；纸张贩运业是由江西商人担当主角；药材主要由江西和河南商人贩销到苏州；粮食字号主要由徽商、洞庭商、山东商人开设；洋货、南方水果品店以闽粤商人为主体；烟叶靠安徽宁国商人、福建商人和河南商人等经营；贩卖皮毛、玉石、梨枣、杂粮、药材等北货的行商，主要是山陕商人和河南商人。三省客商到苏城办货，将南濠定为北货码头，同治九年（1870）列碑者，山西商号有恒升泰、永泰清等25家，陕西有聚信恭、永新和等13家，河南有祥顺公、贾双盛等40家。[1] 总体而言，贩卖商品原料，批发大宗商品，经营长程贸易的铺店，大多由客籍商人开设，他们在清前期的苏州铺店中居于主导地位，在商品流通中发挥了极为重要的作用。

铺店字号为了维护招牌声誉，不断强化专利意识，创立名品精品，打造驰名品牌，尽力规范约束同行行为，为防止和杜绝各种假冒行为，联合一致采取各种应对措施，在生产过程中提倡正当竞争、有序竞争，提高产品质量；在假冒之事出现之前即由同业订立约束章程；在假冒发生后权益受害者采取完善商标标识、加大防伪和宣传力度的方式，通过业内公议力求解决问题，或者直接向官府呈控，甚至动用自身力量直接打假，以维护自身权益。从事前防范，到经营规范，到事后惩处，字号所有者依靠自身的力量、同业的约束和官府的权威，在应对字号商标的假冒方面，做了种种努力，起了相当作用。

---

[1]《山西陕西河南寓货苏运货南濠北货马头碑记》，《江苏省明清以来碑刻资料选集》，第246—247页。

人文遗产与历史记忆：鼓浪屿历史建筑里的移民身影
——红砖厝与闽南移民

戴一峰*

一 导 论

任何特定的城市文化遗产总是与人类社会特定的历史时空紧密相连。它们在人类流淌不息的历史长河中形成，并在其形成过程中嵌入许多铭刻着历史烙印、涂染着文化色彩的故事，积淀和保存了种类繁多、色彩斑斓的历史记忆。当我们驻足这些人文遗产前，屏息聆听，仿佛可以听见它们正在柔声细语地诉说着一段又一段精彩纷呈的历史故事。它们是会说话的实在，鼓浪屿历史风貌建筑就是这样一份弥足珍贵的文化遗产。

鼓浪屿是地处中国东南沿海福建省南部（简称闽南）九龙江出海口厦门湾里的一座海岛，面积约1.88平方公里，与厦门岛隔着600余米宽的鹭江海峡，遥遥相望，行政上隶属于福建省厦门市。它地处亚热带海洋性季风气候圈，四季温暖潮湿，雨水充沛，植被茂盛；岛上散布着7座花岗岩小山，以及众多洞壑和井泉；环岛四周，白色的沙滩与多姿的礁石群交替散布，构成厦门湾万顷碧波上一道靓丽的风景线，素有"海上花园"之美誉。

然而，选择鼓浪屿作为研究样本，并非出于对它秀丽风光的迷恋，而是因为鼓浪屿独特而又充满魅力的历史进程。在步入近代之前的数百年间，这座中国边陲海疆的小岛，经由闽南地区移民世世代代的辛劳开发，成了浸透着闽南人重商务实、冒险进取的文化内涵，散发着浓郁闽南乡土气息的一处新家园；步入近代之后，由于厦门被辟为通商口岸，这里逐渐成为由西方传教士、商人和官员及其亲属组成的多国侨民所青睐的一处居留地，成为西方文明

---

* 戴一峰，厦门大学历史系教授。

传播的一个窗口；进入20世纪，作为公共租界，这里又成为以返乡的海外闽南移民为主体的华人精英群体展示其新鲜活力的处所，并最终演化为一处带有浓郁的多元文化气息、传统与现代并存、中式与西式融合、特色鲜明的城市社区，由此构成了鼓浪屿前近代、近代前期和近代后期三个历史阶段。正是这样奇特的经历，使鼓浪屿在全球化进程提速、东西方交通全面展开、东西方文明碰撞交流的新时期被推上时代的风口浪尖，被形塑成多元文化交流、融合的窗口和样本；使鼓浪屿在中国沉重的大门被新兴资本主义列强的炮舰轰开，古老的帝国经受一波又一波西学浪潮的冲击，开始进入社会转型，步履蹒跚地迈向现代化的特殊历史阶段，成为一群以闽南返乡移民商人为主体的社会精英，自觉吸收西方现代文明精华、融合多国文化精髓而建成的一处现代化城市社区。正是这样曲折丰满的历史进程，使鼓浪屿为后人留下了内涵丰富多彩的文化遗产，也留下许许多多值得深入探究的历史启示。

在鼓浪屿这个小岛上，三个前后交错却又特点可辨的历史时期，三个相互联系却又身份有别的移民社会群体——早期闽南地区移民、外国侨民和返乡闽南籍海外移民，构成了探究其独具特色历史进程的基本要素，也构成了我们拟深入考察的基本对象。令人深感兴趣的是，三个不同移民群体在鼓浪屿演绎的各种活动，如此清晰地凝结在鼓浪屿弥足珍贵的有形文化遗产——形态各异的历史建筑里，以至于鼓浪屿素有"万国建筑博览馆"之美誉。这些历史建筑嵌入了三个不同历史时期的记忆，形塑成不同的历史符号。透过它们，或许我们可以从一个侧面，深化对全球化进程中多元文化交流呈现的错综复杂历史景观的透视，也深化对中国历史，尤其是中国东南沿海近代历史的理解与认知。

二　闽南地区移民与鼓浪屿的早期开发

历史上，中国东南沿海地区居民对沿海岛屿的开发，与其海洋经略活动密切相连。鼓浪屿的早期开发也不例外。是故，考察鼓浪屿早期开发的历史进程，就必须将视野扩展到鼓浪屿所处的闽南地区。

世居在背山面海的闽南地区的居民，与海洋有着天然的因缘关系。"以海为田"形象地描绘出农耕时代的闽南人与海洋密切无间的依存关系。始自远古时期，闽南先民就扬帆远航，驰骋于辽阔的南中国海，从事远洋贸易及其他海上活动。隋唐以降，闽南地区海上贸易的发展逐渐提速。至宋元时期，闽南地区的海外贸易步入兴盛时期，是为中国古代海外贸易第一个高潮的重要组成部分。是时，闽南海商的足迹不仅遍布中国海，尤其是南中国海的菲律宾群岛、南洋群岛和中南半岛，而且远至非洲。地处闽南泉州府的泉州港也一跃成为马可波罗眼中的"世界最大的港口之一。"[1] 时人描绘此时闽南地区的海外贸易盛景称："泉，七闽之都会也，番货远物、异宝珍玩之所渊薮，殊方别域、富商巨贾之所窟宅，号为天下最。"[2]

鼓浪屿地处闽南地区九龙江出海口，与厦门隔水相望，闽南人频繁的海上活动自然会在鼓浪屿留下痕迹。尽管唐宋时期的鼓浪屿或许尚未开发，但渔民、海商或海盗的偶然造访还是不可避免。20世纪90年代初在鼓浪屿西南角滨海处出土的一批汉代至宋代（公元前2世纪至13世纪）的50多种古钱币，便是一个明证。[3] 不管埋藏者为何人，这表明宋代的鼓浪屿已经不是一个无人问津的荒岛了。至于鼓浪屿开发的起始时间，目前尚未有史料确证。就现存官私史料观之，将鼓浪屿最早有定居聚落的时间定在元代较为可靠。据刊行于明弘治庚戌（1490），由镇守太监陈道监修、黄仲昭编纂的首部福建省志《八闽通志》记载：

> 古浪屿在嘉禾里二十四都，居民二千余家，洪武间尝徙其居民，成化六年仍复其旧。[4]

这是我们至今见到的对鼓浪屿最早的史籍记载。由此可知，其时鼓浪屿称为"古浪屿"，属同安嘉禾里二十四都。由此还可以推定，在明王朝建立之前，鼓浪屿已有早期的居民聚落[5]，只是由于明初厉行海禁政策，明王朝强令沿海居民内迁，鼓浪屿一度荒芜。这一推测也得到地方族谱的印证。根据《鼓浪屿黄氏廷枫派谱牒》记载，祖籍闽南同安黄氏家族廷枫房的黄清波（1298—1347）于元初入住鼓浪屿，传衍开发，成为廷枫派在鼓浪屿的开基祖。黄

---

1 ［意］马可波罗口述：《马可波罗游记》第82章"泉州港"，福州：福建人民出版社，1981年。
2 （元）吴澄：《草庐吴文正公集》卷十六，清乾隆二十一年（1756）刻本。
3 郑东：《鼓浪屿首次出土宋窖藏古钱》，郑惠生、江韵兰主编：《鼓浪屿文史资料》上册，厦门：鼓浪屿申报世界文化遗产系列丛书编委会，2010年，第115页。
4 福建省地方志编纂委员会主编：《八闽通志》上册，福州：福建人民出版社，2006年，第132页。
5 由上述引文还可知，当时鼓浪屿岛上有居民2 000余家。但这一数据甚为可疑，恐不足采信。首先，《八闽通志》始修于明成化乙巳（1485），成于弘治己酉（1489）。按上述引文所载，明朝政府是在成化六年，也就是1470年，开始允许居民迁居鼓浪屿的。由此到黄仲昭修志年份，其间不足20年，岛上便有2 000家，即大约10 000人，平均每年大约500人迁入鼓浪屿岛，这显然是不可能的。其次，以鼓浪屿不足2平方公里的面积（明代估计只有1.5平方公里），加上岛上山丘遍布，以农耕为生，恐很难维持10 000人的生存。再次，细读《八闽通志》该段文字，黄仲昭是将"古浪屿"与"嘉禾屿""丙洲屿"并列，且均称"居民二千余家"。然嘉禾屿即厦门岛之古称，新石器时代晚期已有古闽越人居住，在唐代业已有南下汉人上岛开发，且该岛面积有鼓浪屿数十倍之大。其时两个岛屿均为大致相等的居民数，实属不可能。故此后的文献均未见采纳此说。

清波卒于元至正七年（1347），墓葬于鼓浪屿的陆驼山。[1] 这是鼓浪屿第一位有文字记载的居住者。由此可以推知，鼓浪屿元初已有居民。另据载，元末有闽南海澄县三都贞庵村的李姓渔民，因避风浪而在岛上搭茅屋，开垦田园，逐渐成为半渔半农的村落，时人称其为"李厝澳"，因方言"李""内"音近，后又名"内厝澳"。明洪武二十年（1387），因海禁令，李氏家族迁回嵩屿。[2]

15世纪末以来的地理大发现和新航路的开辟，开始了人类历史的新纪元，被中外学术界公认为全球化的开端。它不仅拓展和加速了东西方文明的交汇、碰撞与交融。而且深刻影响和不断改变着世界政治与经济格局。因应着这一时代的大变局，作为东方文明古国，中国明清的这两个庞大帝国，也在悄然发生着变化。西方商业势力的东渐，给富有海外贸易传统的东南沿海商民发展私人海上贸易的机缘。闽南地区商民则成了这一时期私人海上贸易的主力军。闽南地区不但从事海上贸易的人数众多，规模庞大，而且形成一批颇具实力的海商集团。闻名遐迩的郑氏海商集团就来自闽南安海的郑氏家族。依托繁盛的私人海上贸易先后崛起的漳州月港和厦门港，则不仅为私人海上贸易的扩展提供种种便利和推力，而且促发和推进了港口及其周边地区的社会发展与文化变迁。正是在这样的背景下，鼓浪屿进入了其早期开发的重要阶段。

据明朝著名史家、闽南人何乔远在成书于明万历四十四年（1616）的《闽书》中记载道：

> 鼓浪屿，在嘉禾海中，民居之。洪武二十年，与大嶝、小嶝具内徙。成化间复旧。上有大石壁立，刻"鼓浪洞天"四大字。傍有岩，名日光。[3]

这是史籍中首次出现"鼓浪屿"一名。明末清初著名地理学家顾祖禹在其花费30余年心血编撰的《读史方舆纪要》中亦称：

> 鼓浪屿及夹屿，旧皆有民居。洪武二十年悉迁入内地。成化以后渐复旧土。[4]

18世纪中叶，当厦门岛面对鼓浪屿的西南部成为一处繁华的城区时，鼓浪屿也成了闽

---

[1] 陈全忠：《黄姓与鼓浪屿的开发》，郑惠生、江韵兰主编：《鼓浪屿文史资料》下册，第6页。
[2] 同上书，第195页。
[3] （明）何乔远：《闽书》第1册，福州：福建人民出版社，1994年，第272页。
[4] （清）顾祖禹：《读史方舆纪要》卷九十九《福建五》，北京：中华书局，2005年，第4527页。

南人相继迁入定居之处。薛起凤在成书于乾隆三十一年（1766）的《鹭江志》中就称："鼓浪屿在海中，长里许，上有小山，田园、村舍，无所不备。"地方文人更是视鼓浪屿为乐土，有诗为证："纵横四里环沧海，石洞开时别一天，鸡犬桃花云水外，更从何处问神仙。"[1]

当然，鼓浪屿并非世外桃源。虽然移居岛上的闽南移民大多仍以农耕和捕鱼维持生计。但鼓浪屿是一座由花岗岩构成的小岛，方圆仅不足2平方公里，岛上还纵横交错地散布着许多小山，耕地有限，加上土壤贫瘠，单靠农耕恐难以维持生计。史料表明，早在明代，鼓浪屿上就盛行采石。明末地方名人就曾在诗作中指称，闽南人在鼓浪屿开采岩石用于制作石碑和建造石屋已历经数百年。[2] 直到清乾隆年间，方志中仍然记载："漳泉用石多采于此。"[3]

正是在这一时期，闽南地区的居民陆续移民鼓浪屿，其中以鼓浪屿隶属的同安县居民为最，并以黄姓、洪姓和陈姓为主[4]，透露出闽南人乡族式、连锁式移民的基本特征。随着闽南移民的不断迁入，鼓浪屿早期的三个主要聚落片区——内厝澳、岩仔脚和鹿耳礁——也渐次形成。随着鼓浪屿闽南移民聚落片区的渐次形成，显示聚落渐趋稳定和成熟的闽南传统文化标识——包括"大夫第""四落大厝"等现今依然留存的闽南代表性民居建筑，祭拜祖先的"黄氏大宗祠"（即"莲桂堂"）、"黄氏小宗"、"景贤堂"、"垂裕堂"、"四美堂"等祠堂和祭祀神灵的"种德宫""兴贤宫"等寺庙也相继出现。这表明鼓浪屿已经融入闽南文化中，深深打上闽南文化的烙印。

总之，在步入近代之前，鼓浪屿已发展了一些具有闽南乡村特色的小片居民区，人口大约有3 000人[5]，从事农业和渔业，行政区划上隶属于厦门。据方志所载，清康熙二十四年（1685）重建厦门城后，"通厦烟户，市镇设福山、和凤、怀德、附寨四社，乡村设廿一都、廿二都、廿三都、廿四都。编立保甲，令各保长督同甲头，互相稽查奸究，各造烟户缴查，计共烟户一万六千一百余户"[6]。市镇所设4社共辖12保，乡村所设4都则各领2图，共辖28保。[7] 鼓浪屿归属附寨社，称鼓浪屿保。至鸦片战争前的道光年间，鼓浪屿改为归属和凤前后社。[8] 此外，为加强船舶的管理和保护港口的安全，清政府在厦门港内外海域及各岛屿要

---

1 （清）薛起凤主纂，江林宣、李熙泰整理：《鹭江志》，厦门：鹭江出版社，1998年，第40页。
2 （明）池显方：《晃岩集》，厦门：厦门大学出版社，2009年，第22、99页。
3 （乾隆）《泉州府志》卷八《山川三》，泉州：泉州志编纂委员会办公室，1984年影印本。
4 鼓浪屿民间素有"黄山黄海"或"黄山洪海"之传说。
5 [英]翟理斯：《鼓浪屿简史》，何丙仲辑译：《近代西人眼中的鼓浪屿》，厦门：厦门大学出版社，2010年，第171页。
6 （清）薛起凤主纂，江林宣、李熙泰整理：《鹭江志》卷之一《保甲》，第47页。
7 同上书卷之一《四社》《四都》，第47页、48页。
8 （清）周凯：《厦门志》卷二《分域略》，厦门：鹭江出版社，1996年，第29—30页。

害处设五营汛地,其中鼓浪屿也是五营汛地之一。[1]

至此,当鼓浪屿站在步入近代大门的门口时,呈现在世人面前的是这样一座海岛:它是闽南地区通往外界海洋通道上的一座海岛;它是闽南移民世代辛劳开发的一处新家园;它浸透着闽南人重商务实、冒险进取、开放求新、灵活兼容的文化内涵,散发着浓郁的闽南乡土气息。

三 鼓浪屿的闽南传统民居——红砖厝

作为闽南移民移居开发的鼓浪屿,至今尚存的传统建筑大致包括以下三类:一是以"大夫第"(图1)和"四落大厝"(图2)为代表的民居建筑;二是以"黄氏小宗"(图3)为代表的祠堂建筑;三是以"日光岩寺"(图4)、"种德宫"(图5)为代表的寺庙建筑。[2]其中,以传统民居最具特色。

大夫第和四落大厝坐落在鼓浪屿中部日光岩山脚下俗称"岩仔脚"的片区内,遵循着中国传统的风水理念,背靠日光岩山坡,面向厦门方向的鹭江海峡。前者在今天的海坛路58号,后者在今天的中华路23、25号和海坛路35、37、39号。它们都是典型的闽南传统民居——红砖厝。在闽南语系中,"厝"的基本语义是房屋。[3]由于闽南地区的民居建筑喜用红砖红瓦,俗称"红料",故其民宅素有"红砖厝"之俗称。红砖厝是闽南地区特有的民居建筑形态,以致闽南地区有"红砖文化区"之称。随着闽南移民的流动,这一红砖文化也在邻近地区,例如同为闽南方言区的金门、台湾和潮汕,以及福建中部沿海的莆(田)仙(游)地区传播。明清时期移居鼓浪屿的闽南居民自然将这种建筑文化带入,形成鼓浪屿的红砖厝。红砖厝外观形态多姿,色彩艳丽,易于给人留下强烈的印象。1842年,跟随中英鸦片战争中占领鼓浪屿的英军,居住在鼓浪屿的海军医院的舰队督察官约翰·威尔逊博士在《在华行医记》一文中称:

> 在英军攻陷并有条件地占据鼓浪屿之前,岛上密布着房屋和精致的小别墅,据说居

---

1 (清)周凯:《厦门志》卷四《防海略》,第77页。
2 本文图片凡未加特别说明者,均引自中华人民共和国国家文物局编:《鼓浪屿申报世界文化遗产公约》(未刊稿),2015年9月。
3 关瑞明、陈力:《泉州官式大厝的词源及读音释义辨析》,《福建建筑》2006年第1期。

图 1　大夫第

图 2　四落大厝

图 3　黄氏小宗

图 4　日光岩寺

图 5　种德宫

民有 3 000 人……鼓浪屿人住的房子既好看又有利于健康，不会拥挤不堪，也不会挡住新鲜空气和自然景观。这些房子的位置总是令人称心如意，通常坐落于浪漫的自然美景中。有的是在峭壁之下，四周都是巨大的石头；有的是在小小的谷地里，常常点缀着开花的灌木丛。[1]

引文中当年威尔逊所称道的鼓浪屿传统民居，应当就是红砖厝。我们从外国侨民拍摄于 19 世纪 80 年代的照片也一窥其貌（图 6）。[2]

图 6　外国侨民拍摄的红砖厝

大夫第建于清嘉庆年间（1796—1820），业主为同安人黄旭斋。其父黄有山于乾隆年间迁居鼓浪屿，是鼓浪屿"草埔黄"之始祖。相传黄旭斋原本只是一名船工，后经营海上贸易，因偶遇并救济一时落难的海盗蔡牵，受蔡牵关照，逐渐发迹，于是在位于鼓浪屿腹地中心的"草埔仔"建造民房，聚族而居。因其子黄昆石官拜中宪大夫，故大宅门前得以悬挂书写"大夫第"的匾额。后因家族人丁兴旺，遂在大夫第右侧兴建了四落大厝。

闽南传统红砖文化与闽南的移民文化、海洋文化密切相关。它在汨汨流淌的历史长河中形成了红砖厝这一别具一格的建筑风貌。因此，我们必须将其置于闽南移民历史和闽南海外贸易历史的大背景下考察，才能深刻地解读它。

地处中国东南沿海的闽南地区包括今日的厦门市、泉州市和漳州市，在明清时期则为泉

1　[英]翟理斯：《鼓浪屿简史》，何丙仲辑译：《近代西人眼中的鼓浪屿》，第 171 页。
2　原件藏美国康奈尔大学图书馆（http://lunaprod.library.cornell.edu:8280/luna/servlet/detail）。

州、漳州两府所在。它背山面水，三面环绕着武夷山脉延伸的山地丘陵，东南面向南中国海。域内的两条河流——九龙江和晋江由西北向东南穿行，注入台湾海峡，形成两片面积不大的三角洲平原——漳州平原和泉州平原。除平原地带外，域内多为赤土黄沙，不宜农耕，自然环境严酷。在这片土地上生息繁衍的早期土著居民为熟悉水性、民风强悍的闽越人。秦王朝建立后，在福建设立闽中郡，但并未实施有效的郡县管治。汉武帝时期，因顾忌闽越人的强悍反叛，将闽越贵族、军吏等上层精英强制迁徙到江淮间，即现在的浙江北部和安徽、江西境内等处。一般闽越民众也相继逃入山谷。闽南地区闽越人口锐减，自东汉开始，中原汉人陆续迁居闽南地区。西晋以降，由于中原板荡，持续动乱，大量汉人南迁，移居闽南地区。此后，历经因战乱导致的数次较大规模的北方汉人南迁，迁居闽南地区的汉人数量不断增长，逐渐形成具有浓厚移民色彩的闽南人族群。

与此同时，迁居闽南地区的汉人并未停止迁徙的脚步，开始由大陆迁徙转入海外迁移。尤其是唐宋以降，随着人口压力的增大，海外商贸的展开，闽南地区汉人向海外移民的数量渐增。在南中国海海域，其移民取向大致分为两支：一支前往就近的台湾，属于国内移民；一支前往远方的东南亚，属于国际移民。向台湾的移民在明末清初达到高潮。其间，有百余万闽南人移居台湾。向东南亚的移民高潮则出现在近代，其间有近 200 万闽南人移居东南亚各地。

显而易见，一部闽南地区开发史实际上就是一部闽南人的移民史，而且其海外移民又是与上述闽南地区自唐宋以来的海外贸易交织在一起，由此深刻影响了闽南红砖民居建筑文化的形成及其样貌。闽南地区民居建筑的红砖文化也就是在这一大背景下，以开放、兼容的心态，吸收、融合多元文化要素，逐渐形成自己的特色。

首先，在建筑布局上，典型的闽南传统红砖民居传承了中国北方的合院式建筑模式，即主要由主厝、护厝和外部围墙构成一个以纵向中轴对称的院式闭合空间。这显然是闽南移民从中原南迁时带来的中原汉民的传统建筑文化。由于有来自中国传统文化的依据中轴左右对称的观念，红砖民居主厝横向均为奇数开间，大多为三开间（三间张）或五开间（五间张），纵向则多为两落（前落、后落）。两落三开间的平面布局是闽南地区最常见的红砖厝单元体形制，它以居中的天井、厅堂为纵向中轴线，两边是厢房，构成主厝，主厝左右两边是护厝，由此组合成一个基本的建筑单元体。如果将若干单元体做更大规模的平面组合，就形成了一个具有内在联系的建筑群体。大夫第就是一座两落三开间的红砖民居，主厝居中，两侧护厝朝向主厝，辟有天井，另有雨廊通道相连（图7）。四落大厝则是四座红砖厝院落组合的建筑群体，分别是靠东北的中华路25号，靠东南的中华路23号，靠西南的海坛路35至39号，靠西北的海坛路33号。

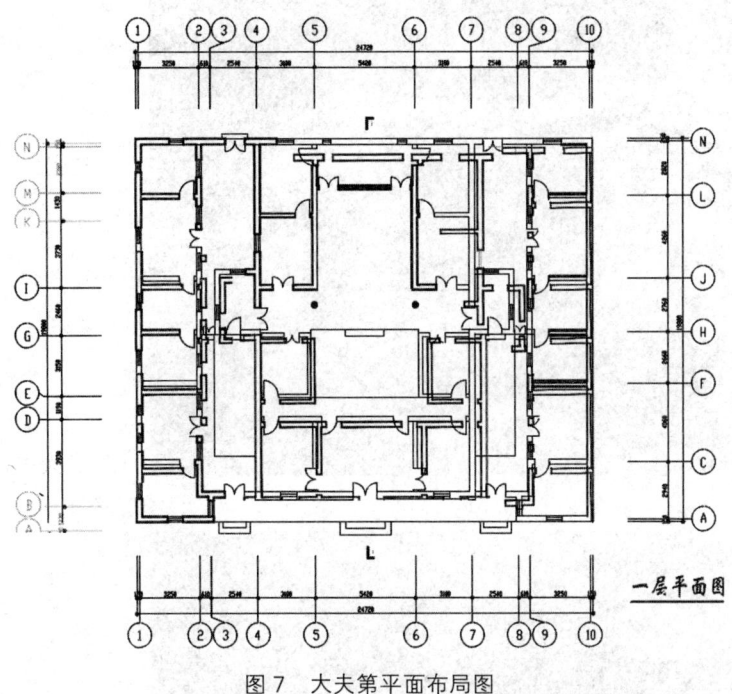

图 7 大夫第平面布局图

其次，在建筑材料上，"白石红砖"是闽南红砖厝的突出特点。所谓白石，指的是由于闽南盛产花岗岩，闽南传统民居因地制宜，大量使用石材。闽南红砖厝的台基、阶石、柱石、门框，甚至裙墙（当地称为壁脚）都广泛使用白色的花岗岩石材。至于红砖则指的是闽南红砖厝喜用红砖红瓦砌墙盖顶，这与中国各地民居建筑多用青砖青瓦不同。闽南居民何以喜用红砖红瓦建造房屋，红砖厝起源于何时？又是因何故形成？对此，以往流行的说法归因于闽南的土质，认为是源于闽南红壤土。然近年来随着研究的深入，这一流行观点受到质疑，因为青砖青瓦和红砖红瓦并非取决于土壤的不同，而是取决于烧制方式的差异：前者是闭窑式烧制，后者则为开窑式烧制。另据考古发掘，闽南人早在晋代就掌握烧制红砖的工艺，但红砖仅用于造墓或修庙，未曾用于建造民居。直到明朝中后期，闽南地区才开始出现红砖民居。因此，据学者考证推测，这与历史上闽南人的海外贸易、海外移民等海上经略活动密切相关，是闽南人受西班牙人在菲律宾殖民地建造红砖建筑的影响而流行起来的。[1] 白石红砖，构成了红砖厝外墙立面特有的醒目的感官刺激效果。大夫第和四落大厝的建筑用料就都是以白石红砖为主（图8至图10）

---

[1] 王治君：《基于陆路文明与海洋文化双重影响下的闽南红砖厝：红砖之源考》，《建筑师》2008年第1期；萧春雷：《追寻闽南红砖大厝的起源》，《中国国家地理》2009年5月号。

图 8　大夫第院落之一

图 9　大夫第院落之二

图 10　四落大厝庭院

再次，在建筑造型和装饰上，闽南传统红砖厝特别讲究造型与装饰。其屋顶大多采用双曲面形式的两坡屋顶，屋脊或为马鞍形（即单弧形山墙，其马鞍形曲线也被称为"马背"），或为燕尾状（即燕尾脊、翘脊，也被称为"双燕归脊"）。其燕尾脊两端探出翘起，恰如双燕齐飞，在高空中画出轻盈灵动的优美曲线，加上图饰和色彩，显得分外诱人。其外墙立面则由于采用闽南地区特有的红砖，并借助"空斗组砌""出砖入石"[1]等建筑技法，以及各种装饰纹图，呈现出特有的视觉张力。此外，闽南传统红砖厝民居还注重局部细节装饰，在民居的门窗、台阶、梁柱、斗拱、吊檐、山墙和屋脊等各处，均喜好借助线雕、浮雕、透雕、圆雕、嵌雕、贴雕等多种雕刻工艺，在石料、砖料和木料等各种材质上，精雕细刻出各式各样的图案构件，或涂上彩绘或彩漆，形体耀眼，色彩艳丽，呈现出闽南传统民居特有的装饰风格，体现了闽南居民的审美偏好。有学者通过比较推定，闽南建筑砌筑红砖的构造做法，如交替出现的砖行、"出砖入石"等，以及装饰细部手法，如碎瓷雕的装饰技法和几何图案等，似乎可以窥见宋元时期闽南地区与阿拉伯地区海上贸易的文化交流所带来的影响。[2] 大夫第的屋顶为两坡燕尾脊，四落大厝中，坐落于中华路23号的红砖厝屋顶也同样为燕尾脊（图11、图12），而坐落于中华路25号和海坛路33号的两座两落三开间右侧带护厝的院落，屋顶则为单弧形山墙的马鞍脊。其外墙立面系以花岗岩石条做墙基，以釉面红砖砌成各种几何图形为墙身；砌砖、石作、木作及彩绘等工艺制作精良，门窗、隔扇、梁枋、斗拱、雀替、吊柱垂花等局部细节美不胜收（图13、图14），充分体现了闽南红砖厝具有的文化底蕴，美感十足。

四 结 语

在鼓浪屿岛上留存至今的数百座历史风貌建筑中，数量众多、形制多样的洋楼光彩夺目，吸引人们的眼球，以致带有浓烈的闽南乡土风味的传统民居红砖厝时常为人们尤其是游客所忽视。实际上，作为鼓浪屿历史文化遗产的重要组成部分，以大夫第和四落大厝为代表的鼓浪屿红砖厝，蕴藏着极其丰富的人文信息，举凡闽南地区社会变迁、经贸发展、聚落演化、人口流动、文化交融，以及社会风尚、审美情趣的建构等历史记忆，无一不带给我们许

---

[1] 所谓"出砖入石"指的是闽南地区流行的一种砖石搭配的装饰技术，在闽南地区又被称为"金包银"。
[2] 王治君：《基于陆路文明与海洋文化双重影响下的闽南红砖厝——红砖之源考》。

图 11 四落大厝燕尾脊屋顶之一

图 13 四落大厝的装饰之一

图 12 四落大厝燕尾脊屋顶之二

图 14 四落大厝的装饰之二

多思索和启迪。

显而易见，一部闽南地区开发史实际上就是一部闽南人的移民史，由此积淀形成了独具特色的闽南移民文化。鼓浪屿大夫第和四落大厝所展示的闽南红砖文化无疑是闽南移民文化的一个重要组成，是闽南地区地方性知识的一个重要构件。闽南移民文化的特色可归纳为以下两点。

其一，重商务实，冒险进取。早在宋代以前，面对严酷的生存环境，闽南人一面围垦造田，经营农作，一面则以海为田，经营海上贸易。宋代以降，由于闽南地区地少人多生存压力的剧增，加上宋王朝实行鼓励海外贸易政策，闽南人的海外贸易更为发展。正所谓"州南有海浩无穷，每岁造舟通异域"。身为移民具有的强烈生存意识，以及迁徙途中练就的进取精神，使闽南人敢于面对变幻莫测、危机四伏的海洋环境，冒险求利。这孕育了闽南人重商务实、冒险进取的精神，也给闽南人的移民文化染上浓厚的海洋文化色彩。明清时期，虽然朝廷在大多数时间厉行禁海闭关，严禁私自出海贸易，但闽南地区居民冒着被充军甚至处死的风险，"尚犹结党成风，造船出海，私相贸易，恬无畏忌"[1]，促成了私人海上贸易的繁盛景象，也更加固了闽南人重商务实、冒险进取的文化基因。

其二，开放求新、灵活兼容。中国传统文化原本就具有一定的开放性和包容性。闽南人从中国传统文化根基深厚的中原迁徙到闽南地区，进而移民台湾和东南亚。其间，他们不但消解了中原汉人因"安土重迁"形成的一定程度的保守心态，而且为了在不断变化的生态环境中寻求生存资源而进一步增强了开放和兼容的心态，孕育了灵活求新的精神。尤其在进入东南亚这样一个全新的生存环境后，他们唯有开放兼容才能获得生存，唯有灵活求新才能获得发展。这更增长、加强了他们开放求新、灵活兼容的文化心态。

若我们以布罗代尔提倡的长时段历史视野回望闽南地区的历史长河，不难发现，千百年来，闽南商民在海洋经略活动中早已与各种异质文化有过许许多多的交流和交融。不仅那些跨洋越海的海外移民在海外与各种异质文化有过碰撞和交流，即便是在闽南地区本土，闽南人也与来自世界各地的商人、传教士和旅行者有过异质文化间的碰撞、交流与交融。研究表明，在宋元时期，各种外来宗教曾在闽南地区的泉州传播、流行，包括伊斯兰教、印度教、佛教、摩尼教、犹太教和基督教（景教）等，以至于泉州有"世界宗教博物馆"之美誉[2]，犹如今天的鼓浪屿有"世界建筑博物馆"之美誉一样，从中足见闽南文化"海纳百川"的开放

---

[1] （明）冯璋：《通番舶议》，（明）陈子龙辑：《明经世文编》卷二八〇，北京：中华书局，1962年。
[2] 关于宋元时期泉州地区多元宗教文化交错、融合的景况，可由保存至今的许多宗教石刻佐证，参见吴文良原著，吴幼雄增订：《泉州宗教石刻》，北京：科学出版社，2005年。

与宽容。

　　闽南文化及其作为这一文化的外显形式——闽南商民在环南中国海海域建构的跨国跨域社会网络，构成了该地区最引人注目的重要地方性资源，同时也是该地区社会变迁所嵌入的结构化环境的一个重要组成部分。闽南商民建构跨国跨域网络可以追溯到数百年前，多年前名噪一时的美国学者阿布-卢格霍德的名著《欧洲霸权之前：1250—1350年的世界体系》就指出，在1250年至1350年之间，即在现代世界体系尚未形成之前，曾经有过以中国为中心的世界体系。[1] 而这正是闽南地区的泉州成为当时世界最大的都市之一，呈现"市井十洲人""涨海声中万国商"的盛景，成为联通世界70多个国家、地区的"世界第一大港"的时期。而在15世纪以来的东西方大交通中，闽南地区的漳州月港又成为中国东南沿海"海舶鳞集，商贾成聚"的对外贸易大港，与40多个国家和地区建立了贸易往来关系，为闽南地区商民跨国跨界网络的建构提供地方性资源。

　　正是数百年来不断演化的闽南商民对跨国跨域网络的建构，塑造了该地区早期现代化进程的若干基本特征。承载着这一文化基因的闽南移民，正是植根于这一地方性资源所提供的历史可能性，带着开放、兼容、求新和务实的文化心态，积极吸取来自世界各地的多元文化新要素，在鼓浪屿的近代化历程中发挥了重要作用，留下了宝贵的文化遗产。

　　是故，我们只有仔细审视和深切解读出鼓浪屿红砖厝蕴藏的历史记忆，全面了解和准确理解红砖厝居民（闽南移民）所拥有的，鼓浪屿在迈入近代门槛之前已经形成的地方性文化资源，才能准确解读鼓浪屿在步入近代，外国侨民移居鼓浪屿并带来西洋建筑文化之后，鼓浪屿建筑文化的一系列演化，进而准确解读在近代后期，返乡闽南籍海外移民移居鼓浪屿之后，多元建筑文化的进一步交融，从而完整解读鼓浪屿历史风貌建筑这份珍贵文化遗产所蕴藏的历史记忆。[2]

1　［美］珍妮特·L.阿布-卢格霍德：《欧洲霸权之前：1250—1350年的世界体系》，杜宪兵、何美兰、武逸天译，北京：商务印书馆，2015年。
2　一个有趣的现象不妨提前披露。四落大厝中坐落于海坛路35至39号的红砖厝是一座第一落（前屋）三开间、第二落（后屋）五开间、两侧带护厝的院落。除第一落外，该红砖厝其他各部分都在近代经过洋楼化的"叠楼"改造，其中第二落改为两层的"叠楼"，朝向背后，设置了五开间的梁柱式外廊，左侧的护厝在东北角朝向海坛路33号房前的窄厝埕，设置了八角形平面突出的带圆弧拱券的两层"叠楼"，与海坛路33号红砖厝的传统立面形成鲜明的对比。这是近代经改造的红砖厝的珍贵实例，是近代西式建筑文化进入鼓浪屿之后，多元建筑文化进一步交融的一个现象。

赉安与维赛合在上海的艺术装饰风格建筑

Léonard & Veysseyre Architects: The Art Deco Masters in Shanghai

［比］拉格朗日 *

Introduction

What is it to be a master? It means to excel beyond the works of others in a defined and popular area. Paul Veysseyre fits this definition, as he and his fellow architect Alexandre Leonard created the most innovative, attractive and even the most numerous Art Deco buildings in Shanghai. In the great Eastern China metropolis he worked with others, certainly his partners and teammates but also with his clients; so he cannot claim every bit of credit for every building. Indeed design excellence is often the result of collaboration and challenges, not completely reliant upon one brain alone. Masters have the capacity to harness creativity and guide production.

Masters also have the ability to reinvent themselves. Once Paul Veysseyre left Shanghai in 1937 he duplicated his success in French Indochina. The masterpieces he designed in Saigon and Dalat keep within the style evolution of his late 1920s and 1930s works, all of which are within the late Art Deco, or Streamlined Modern, body of global architecture. By the 1950s he was back designing buildings in France, the country from which he had left in 1920.

As a result of Veysseyre's contributions as well as those of other contemporary architects and designers, Shanghai bears a distinctive character when compared to other Chinese cities.

---

* 拉格朗日（Charles Lagrange），比利时建筑师。

This is primarily one of diversity. For in the same decades that firms were designing Art Deco works, other firms were working on other international and Chinese styles. This gave the city a complex urban fabric that accepts new concepts without regret for the destruction of the old.

1. Architecture styles in Shanghai prior to the arrival of Léonard & Veysseyre

1.1 Comprador style (1840s–1890s) (Fig.1)

The earliest style of building built for the earliest Europeans living in Shanghai was called the Comprador style.

It featured Roman arches over windows and porches, deep galleries surrounding interior living spaces, was usually of only two levels on a square footprint, and was constructed of brick. This basic bungalow-like structure came to Asia long before the advent of the British in Shanghai, and was reflected in its name.

Spots on the Asian land mass were peppered with this style. As most of these early Hispano-Portuguese settlements, such as Goa, Malacca, Timor and Manila, were tropical sites, thick

Fig. 1　British Consulate—Collection Dodington

Roman / Mediterranean architecture was highly appropriate. Thick brick walls kept interiors cool in summertime, and deep galleries shielded residents from the sun's harsh rays.

As a result of this design influence there are none or very few building in contemporary competing styles in Shanghai. Austrian Jurgen style, Belgian Art Nouveau and French Beaux Arts structures may have dominated continental Europe and other smart cities around the planet, but they left very little mark on this part of the China coast.

1.2 Queen Anne revival style (early 20th century) (Fig.2)

Toward the end of the 19th Century another European style was brought to Shanghai: the Queen Anne Revival style. Originally a result of the English Arts and Crafts Movement, the softer and playful style quickly spread throughout the English-speaking world.

In Shanghai the style features different textured exteriors executed in brick and plaster render, bay or other protruding windows and Dutch gables. Chinese requirements that buildings reflect *fengshui* symmetrical balance in their southern elevations mean that Queen Anne buildings in the city are far less eclectic than examples in the UK, US or Australia. A further Shanghai-specific style marker is the use of red and grey brick, replacing for example the

Fig. 2 Yuan Ming Yuan Building—Collection Dodington

wooden wall shingle work on American Queen Anne houses.

The increased density of the city required new building techniques: poured concrete replaced stone and brick in most Queen Anne-styled buildings. It allowed the buildings to be built taller than conventional box-like, two-level Comprador structures. One legacy of the older structures remained: buildings are fronted with deep gallery-like balcony spaces allowing for cooling breezes during Shanghai's hot summers.

1.3 Neo-classical revival style (1910s–1920s) (Fig.3)

The last pre-1920s building style to invade Shanghai was yet another European neoclassical-revival style, sometimes called Edwardian, Georgian Revival or even Beaux Arts style.

These structures have none of the playful folly-like feel of Queen Anne structures. Neo-classical structures were faced either with granite or man-made 'Shanghai stone,' a plaster render heavily infused with pebbly grit that resembles solid stone. Their windows aren't made of wood but of steel or even of brass. Tall and slender stone columns support their edifices, instead

Fig. 3　Chartered Bank Building—Collection Dodington

of heavy arches of brick. Any detail on Shanghai's neo-classical buildings is taken directly from old Rome or Greece; e.g. formal bundles of fasces, symbolizing power, or acanthus leaves, symbolizing wealth.

Metal windows also enabled central heating for those wealthy enough to pay for it; wooden windows would have warped due to the humidity and temperature differential caused by radiators giving off heat for five months of the year.

2. Biography of Alexandre Léonard and Paul Veysseyre

2.1 Alexandre Léonard (Fig.4)

1890: Born in Paris (France).

1906: Graduated from the Beaux-Arts school.

1914: Joined the army and was awarded the «Croix de guerre» and the «Légion d'Honneur».

1919: Graduated DPLG architect.

1921: Arrived in Shanghai and worked for the French-Chinese Technical Institute (*Fuxing Xi lu / Shaanxi lu*).

1922: Hired by the architects Ledreux & Minutti in Shanghai.

1922: Created the architect firm A. Léonard & P. Veysseyre (in 1934: A. Léonard, P. Veysseyre and A. Kruze).

1937: A. Kruze left the company and P. Veysseyre went to French Indochina.

1937-1945: Continued its activities in Shanghai.

1946: Died mysteriously in Shanghai leaving 1 daughter.

Fig. 4 Alexandre Léonard—Collection Veysseyre

2.2 Paul Veysseyre (Fig.5)

1896: Born in Noirétable (France).

1913: Worked with architect Georges Chedanne and applied for the Beaux Arts.

1915: Incorporated in the army and finally demobilized in Jan 1920.

1921: Arrived in Tientsin and worked for French contractor Brossard & Mopin.

1922: Was transferred to Shanghai and left the company to join Alexandre Léonard.

1922–1937: Worked with A. Léonard & later A. Kruze.

1937: Created a subsidiary in Saigon and Dalat.

1942: Worked in Indochina for his own account.

1945: Held prisoner in Dalat after the Japanese «coup».

1951: Left Indochina for France and worked until 1954.

1963: Died in Tour leaving 7 children.

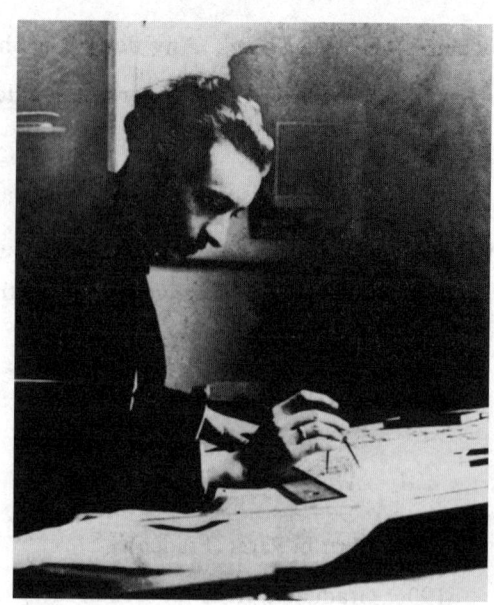

Fig. 5　Paul Veysseyre—Collection Veysseyre

3. Léonard & Veysseyre 1st and most prestigious master piece: the "Cercle Sportif Français"

The first and more prestigious construction designed and built by the Léonard & Veysseyre architects was undoubtedly the "Cercle Sportif Français" (French Sports Club), located on Maoming nan lu.

In 1903, the first sport club was created in the former French Concession in Koukaza (Fujing Park) and housed in an old army barrack.

In 1914, a new building was erected in an Art Nouveau style. Club member numbers rose to 230 men and 75 ladies. (Fig.6)

In 1918, the original building was extended. A permanent orchestra was hired and balls were organized on a regular base. The total members count rose to 560. (Fig.7)

Fig. 6   Club Sportif Français 1914 Building—Collection Veysseyre

Fig. 7   Club Sportif 1918 Building—Collection Lagrange

In 1922, the members count rose to 1586 and it was decided to build a much bigger club.

The contract was initially awarded to Ledreux & Minutti, but A. Léonard and P. Veysseyre claimed intellectual property, won a Court case…and the contract.

In 1923, building work started. The total size of the building was 4 200 square meter. 4 000 12ft piles of Oregon pine wood were piled to support the structure. The dining room accommodated more than 200 guests. The building housed 700 sqm of changing rooms, 2 hair salons, a snooker room with 13 tables, a Ball room sitting 600 guests, etc… Although the exterior was built in a neo-classical style, the interior was entirely designed and decorated by Léonard & Veysseyre in an Art Deco style.

In January 1926, the building was inaugurated by French Consul General Meyrier. (Fig.8-Fig.10)

After the Second World War, the Club Sportif Français remained one of the most trendy places in Shanghai.

During the late eighties, the Jinjiang Group signed a deal with the Okura Group to transform the building into a 5 star hotel. Today, most of the original Club Sportif building is the reception area and ball room of the Okura Garden Hotel.

4. The Neo Normand Style houses and buildings (Fig.11)

The new partnership of Paul Veysseyre and Alexandre Léonard, was looking for ways to express something new in the post-WW I world. As opposed to other architects who worked within many style varieties, LV / LVK-designed buildings fall roughly into two definitive styles.

The first is a rusticated northern French style called Neo-Normand which predominated in the 1920s. Villas looking much the same as theirs in the French Concession can be found in Deauville and other northern French ports. These holiday watering holes were extremely popular in the early decades of the 20th century, thus easily explaining the popularity of the style reference in 1920s Shanghai.

The exterior are brick-outlined, rusticated-render walls, overhanging timber eaves and playful windows in "Oeil de boeuf" ovals. Inside, heavily hewn wood predominates: mantelpieces, wainscoting, doors and stairways are equally thick and dark. Wooden floors help underscore the image of stability and a substantial nature.

Fig. 8 Club Sportif 1926 Building
Interior—Collection Veysseyre

Fig. 9 Club Sportif 1926 Building
Exterior—Collection Veysseyre

Fig. 10 Club Sportif 1926 Building
Exterior—Collection Veysseyre

Fig. 11　Neo-Normand houses built by Léonard & Veysseyre—Collection Lagrange

5. The Art deco style: origin and reason for its arrival in Shanghai

　　The 1925 Paris International Exhibition changed the way the world thought of architecture and design. The adoption of new building technology, a new focus on ergonomics and of course the popularization of what was first called Zigzag Modern and then Streamline Modern and then came to be grouped together as Art Deco (Art Deco, Thames and Hudson), are all results of that one show.

In Shanghai the Paris exhibition clearly influenced Léonard and Veysseyre. Gone was rustic, comfortable but backward-looking old France of the Neo-Normand north, in its place was a shiny new version, complete with technological improvements and a new definition of chic. (Fig.12, Fig.13)

Their buildings in the late 1920s and 1930s embraced all of this, appearing from the outside as stacks of horizontal lines and other geometric shapes and being covered with more substantial materials such as bricks or fashionable facing tiles. (Fig.14, Fig.15)

Inside, each building was a showpiece of space versatility, clean lines and light maximization. Such progressive thinking captured Shanghai's mood at the time.

6. Specific features of the Léonard & Veysseyre style

6.1 Artistic Plaster render (Fig.16)

Plaster rendered decoration is a highlight of the firm's designs: it allowed the architects to add something of a playful nature to some structures. The designs were made of plaster render rather than imported materials. All that was needed was basic stenciling and some time: and an ordinary building was given more external character.

At the time they were built, their floral patterns would have been emphasized with different paint colours, but today as government-owned building the designs are painted the same neutral butter yellow.

It appears that the first time Léonard & Veysseyre used this decorative style for under-eave decoration was on both of their own houses in the western part of the French Concession. They used both types of under-eave detailing—floral and geometric—through the early 1930s, but abandoned it before taking on their larger late Art Deco / Streamline Modern projects.

6.2 Stained Glass (Fig.17)

Imported stained glass was an expensive luxury in Shanghai in the early 20th Century. The city was awash with locally made stained glass, particularly the rolled textured type made by the orphans under the care of the Jesuits in Xu Jia Hui. This type, though attractive in its gold, purple, blue and green hues, was extremely limiting precisely because it only came in these four

Fig. 12   Veysseyre House—Collection Lagrange

Fig. 13   Chollot residence—Collection Veysseyre

Fig. 14 Gascogne Building 1932—Collection Veysseyre

Fig. 15 Dauphiné Building 1933—Collection Veysseyre

Fig. 16　Plaster render—Collection Dodington

colours, plus clear.

Many houses designed by Léonard & Veysseyre in their early years in the city had a stained glass window or two. But the full effect of its power was only realized in the city with the completion of the Cercle Sportif Français. Not only is the ballroom ceiling fixture still the largest of its kind in Shanghai, but it utilizes some numerous colours and shades.

These same patterns were used elsewhere in the building, though sadly these do not exist today. In other rooms the architects specified local artists to use coloured glass as ornamentation, particularly in the bar rooms.

6.3　Grillwork (Fig.18)

One of the more obvious details that Léonard & Veysseyre employed on their work was window and door grillwork. They specified steel grilles on their buildings from the early 1920s through the late 1930s. Grilles have a specific purpose: to allow an architect to use more glass. If windows and doors include glass,

Fig. 17　Club Sportif stained glass—Collection Dodington

they allow interiors to be lighter. Grilles present a decorative way to keep said better-lit residences safe from potential crime.

Shanghai was a dangerous city in those days, making grillwork a ubiquitous feature of even the most modest structures in the 1920s and 1930s. Once again the design influence is European; grilles are another building detail common throughout the Continent through the centuries.

In Shanghai today one can see pre-WW2 grilles throughout the city. Old grilles are characterized by their rivet construction, whereas modern versions are welded into shape. Before Europeans brought the practice of protective grilles to eastern China, glass was only used traditionally in safe spaces, such as in interior courtyards and garden pavilions, like one can see in Suzhou's landed-estate gardens.

Fig. 18   Grillwork—Collection Dodington

6.4   Colour Orange (Fig.19)

One of the firm's most characteristic details is their use of floor colouring. They apparently loved orange, and they placed it throughout almost every one of their Shanghai creations. They used it in all shades and hues, from golden yellow to deep burnt orange. They didn't limit themselves to tiling that could be bought or ordered, but also used the incredibly flexible medium, terrazzo, to enhance their floors and lobbies.

Terrazzo is merely cement, to which dyes and marble chips have been added. Once it dries the contracting team polishes and waxes it, leaving a stone-like surface of infinite possibilities. Italian architects have used terrazzo

Fig. 19   Orange Terrazzo—Collection Dodington

for millennia, but Shanghai was only introduced to the substance in the early 20ᵗʰ Century. Therefore, much as with the already discussed plaster render, Europeans introduced terrazzo as an economical European method suited to Shanghai.

Other architects in Shanghai used any combination of colours, but the LV / LVK firm stuck with orange, for an unspecified reason. The use of terracotta tiling in Mediterranean cultures is common; perhaps they felt other orange hues would add the same warmth to their works… .

7. Most prestigious Art Deco buildings designed and built by Léonard & Veysseyre

Classical (Art Deco interior) building:	Club Sportif Français
«Neo Normand style» villas:	Résidences Nouveau, Azadian, Codsi, FONCIM «1», «2» & «3», Banque de l'Indochine, Clements Boarding house, …
Art Deco villas:	Résidences Veysseyre, Léonard, Chollot, Shahmoon, …
Art Deco apartment buildings:	«Magy apartments», «Bearn», «Paul Henry apartments», Foncim apartment («A», «B», and «C»), «Gascogne», «Dauphiné», «Le Boisséson», «Ghisi», …
Art Deco public buildings:	Ste Marie Isolation ward & St Vincent building, Heude museum, Cercle Français, Rémi, Chapsal & Lagrené schools, St Pieter church, Prophylactic institute, Mallet Police Station.
Art Deco private buildings:	Chung Wai Bank, Russian orthodox Hospital, …

8. Brief summary of Paul Veysseyre's works in French Indochina after 1937

In late 1937 the Veysseyre family left Shanghai for good, moving first to Saigon. Paul Veysseyre and Alexandre Leonard still had an amicable partnership, plus a strong reputation they had gained through their works in Shanghai. It was natural that instead of starting a new

Fig. 20   Dalat Houses—Collection Lagrange

Fig. 21   Bao Dai Palace Dalat—Collection Lagrange   Fig. 22   Governor's Palace Dalat—Collection Lagrange

company that Paul instead opens a Léonard & Veysseyre branch in Indochina. This he did, first in Saigon in 1938 and then in Dalat in 1939.

The Léonard & Veysseyre partnership lasted through the early war years, up until 1942. Alexandre Léonard continued to live and work in Shanghai through the end of WW2, however died there under mysterious circumstances in March 1946.

Paul Veysseyre's successes in Indochina mirrored and even surpassed those in Shanghai. With his new associates, he designed no less than 155 buildings and houses.

Perhaps the grandest building Paul and his associates produced in Indochina was the Dalat palace for the last emperor of the Nguyen Dynasty, Bao Dai. The majority of others were French government offices in Saigon, various religious structures, and over 50 villas in Dalat. (Fig.20–Fig.22)

亚洲历史城市与聚落之区位、形态的类型化考察
——基于卫片、地形数据的分析

[日] 小方登*

引 言

我们周边存在着的各种各样的形态，比如和服的构思、建筑的样式等等，都是文化的反映。类似的，城市、聚落，还有耕地的形态，也反映着地域的文化，而这些形态也正是人文地理学的主要研究课题。文化以及文化的流播，成为不同地域出现共通的城市、聚落形态的要素。众所周知，日本的平城京（奈良）、平安京（京都）的创建，融入了中国城市的选址与规划思想，而正像后来日本城市规划的"城下町"所展现的那样，日本城市发育出了自己的特色。诸如此类的城市、聚落选址与形态的类型化、系谱化研究成果，成为发现与验证地域文化独特性与相互作用的必要素材。本文尝试利用卫片与卫星观测的地形数据，分区域探讨广阔的亚洲，尤其是丝路的城市与聚落。2000 年以来，卫星图像的解析度有了飞跃性的提升，考古学的或历史地物的识别成为可能。此外，1995 年公开的美国侦察卫星图像（CORONA 卫星图片），拍摄时期在相对较早的 20 世纪 60 年代，对此后因开发与城市化等原因发生改变的历史地物的探查而言显然具有相当的优势，因此也将十分有助于本研究的展开。

---

* 小方登，日本京都大学人间、环境学研究科教授。本文中文稿由上海师范大学钟翀教授翻译。

一 高句丽的丸都城与日本的大野城

高句丽是公元前 1 世纪至公元后 7 世纪、横跨中国东北地方与朝鲜半岛北部一个曾经繁盛的王国，并孕育出了独特的文化。丸都是该国在 3 世纪到 5 世纪的都城，位于今中国吉林省集安。高句丽的都城与中国中原王朝的都城不同，城墙沿着山的环状棱线砌筑，并在其内侧构建擂钵形地形的都城。图 1 是将丸都城的地形进行可视化处理的结果。地形数据采用了日本本国的地球观测卫星"ALOS"的观测数据，将之转化为"AW3D"形式并与"SPOT 7"的卫片相叠加。"AW3D"是当今世界广泛使用的最高解析度的地形数据（DEM）。

图 1 丸都城的地形模型[1]

从图 1 可以十分清晰地辨别丸都城的环状棱线以及利用擂钵形地形的选址特点。不同于这座山城，高句丽还构筑了一座平时居住的平地上的都城——国内城。高句丽在 5 世纪将都城移至平壤，而在平壤也构筑了类似地形的山城作为都城，中国北周的史书《周书·高丽传》记载了平壤有战时之都与平时之都。

此种山城文化系朝鲜半岛古代王国百济、新罗所共有，也影响到了日本。7 世纪百济灭亡之际，百济的王族与贵族大量亡命日本。据《日本书纪》记载，日本九州的大野城，是在百济技术者指导下于 7 世纪兴建的。图 2 是大野城地形模型，该城也利用了环状棱线这一地形条件。大野城是大宰府北面的防御型城郭。大宰府是管辖九州的古代日本地方行政政府，其本身与平城京等相同，采用中国式都城模式建造而成。

---

1 数据来源：AW3D + SPOT7，2016 年 5 月 28 日。

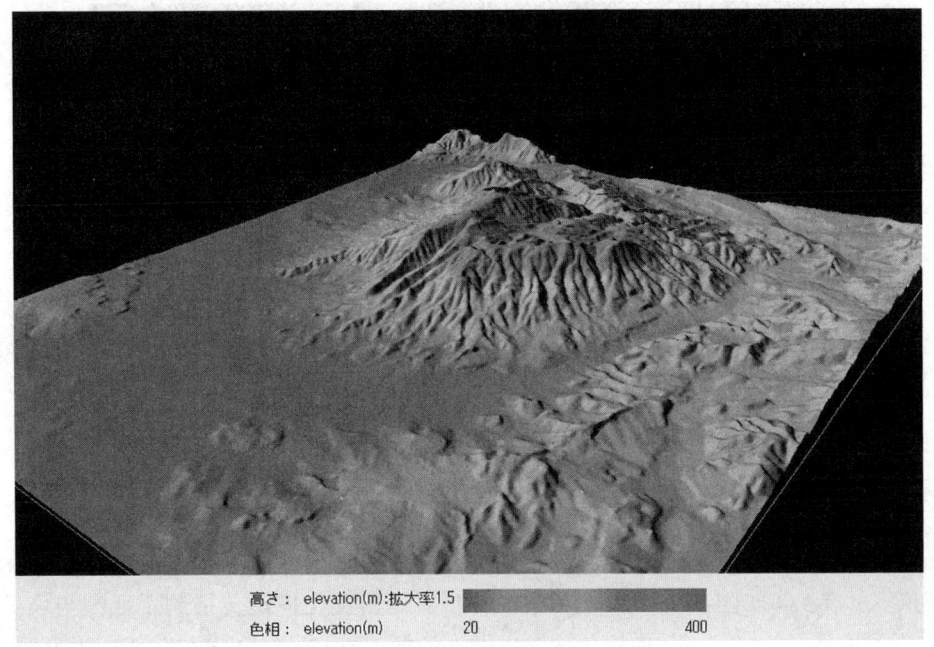

图 2　大野城的地形模型[1]

二　古代希腊的港湾城市

下面再来看看塞浦路斯与土耳其的古希腊港湾城市。塞浦路斯是自古以来地中海交易的要冲，曾是希腊人定住之地，也曾作为腓尼基人的殖民城市，该地以古代东方地母神系统所属"Aphrodite"，即阿佛洛狄忒女神信仰的中心而著名，也是古代"丝路"上的一大枢纽城市。图 3 的"Amathus"是塞浦路斯的古希腊城市中，通过卫片可以识别的一个港湾遗址案例。此图系在"AW3D"地形模型上叠加 WorldView-2 卫片图像而成。卫片上可以识别没于海中的古港防波堤，陆地一侧也可见古代海港的痕迹。与此港相接的平地上现存"Agora"广场遗址。与"Agora"广场西侧相邻的高台为"Acropolis"，该处曾为阿佛洛狄忒女神之神域。利用高台与丘陵构筑"Acropolis"，并成为城市中政治、宗教中心的方式，在古希腊世界经常可见，中国的都城以及受此影响的日本古代都城则无此特征。

1　数据来源：日本国土地理院基础地图信息。

图3 塞浦路斯"Amathus"港湾遗址的地形模型[1]

始于公元前334年的亚历山大大帝东征,将古希腊文化广泛传播到了亚洲与埃及等地。亚历山大征服地之中,他的亚洲继承者——赛琉西王朝(Seleucid Dynasty),在其领域内大量建设基于希腊式城市规划的殖民城市。首都安条克(Antioch,今土耳其安塔基亚)也是此种新建城市类型之一例,该城中心贯穿一直线的大道,并规划设计了与之并行或直角交叉的街路,形成格子状街区的规划城市类型。从安条克的选址来看,显然与位于其南方7公里处的别墅区"Daphne"泉源密切相关。"Daphne"涌泉的水,通过水道润泽安条克城,使得这座城市的宜居性大大提高。

安条克城有一座外港,即塞琉西亚佩里亚城(Seleucia Pieria,今土耳其萨曼达的旧称)。该城除了沿海岸布局的港湾与商业区外,也包括了山中的高台。笔者曾于2012年实地考察,作为城市区隔的周边山崖非常险峻,而其上却环绕构建了垒石城墙。利用卫星画像与地形数据"AW3D"作成的模型参见图4。从图4来看,通过挖掘海岸沙滩构筑的港湾遗址呈现为扇状展开的形态,由此可以了解古代希腊(以及罗马)的港湾形制,此点颇具研究价值。不过现场未发现护岸等痕迹。塞琉西亚佩里亚城现存的还有大规模的墓葬与巨大的排水沟等古代城市遗址。

---

[1] 数据来源:AW3D + WorldView-2,2015年4月5日。

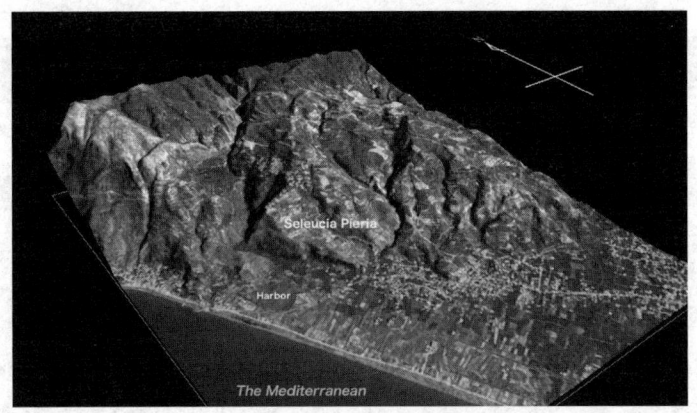

图 4　塞琉西亚佩里亚城的地形模型 [1]

三　乌兹别克斯坦的丘状遗迹

从卫片上可以判读位置、形状的乌兹别克斯坦的城市、聚落遗迹非常多，这其中有许多呈现丘状的遗迹被称作"Tepa"。这与西亚地区被称为"Tell"的城市聚落遗迹相似。在中亚、西亚地区，使用晒干的砖块作为建筑材料。这些砖块年久坍塌后，又在坍塌遗址上直接建造新的建筑，这一过程在漫长的历史中反复发生，以至于最终形成山丘状的聚落遗址。撒马尔罕以北27公里的"Kok Tepa"，是一处颇具代表性的"Tepa"型遗址，发掘调查中也曾在该遗址出土汉代铜镜，因此被认为是丝绸之路上占有重要地位的一处遗迹。图5是卡什卡河（Kashkadarya）支流"Karasu"河冲积扇的卫星图像，在该图像上将可以判读的"Tepa"遗址圈出。该地域大量分布"Tepa"遗址，并呈现出具有一定间隔的选址特点，反映了其分布的某种规则性。同时，也有在山丘一角加高设置城塞的"Tepa"，以及遗迹周边挖掘城濠的"Tepa"，因此完全有可能在形态基础上对这些大量存在的"Tepa"遗迹进行类型化考察。

与"Tepa"的形状不同，也有以城墙围护的城市，这里列举卡什卡河流域的2座城市遗址。其一为"Karshi"西北12公里左右的"Er Kurgan"城址，如图6卫片所见，五角形的城墙，城南边长达700米的巨大古城址。根据当地的解说，这是一座历史可上溯至公元前7世纪的古老城市遗址。通过卫片进一步分析，五角形城墙外侧有一圈城濠，其外侧可见土垒状围郭，由此可知内城外侧的一部分还有城墙。如此庞大的规模与较为复杂的形态，加之筑城较早等情况来看，应该是一座十分重要的城市，但既往的历史地理学研究却一直未对此城加以考察。

1　数据来源：AW3D + SPOT7，2017年11月13日。

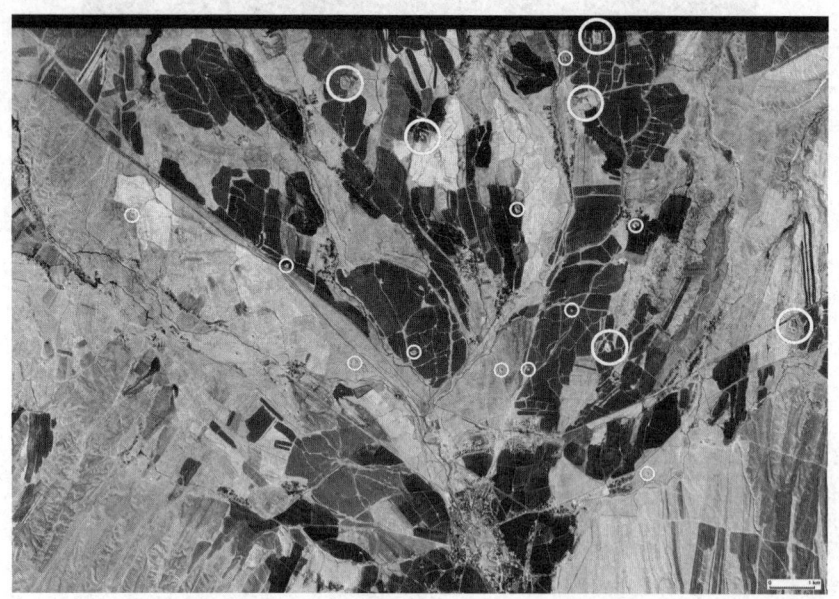

图 5 乌兹别克斯坦"Karasu"河冲积扇(圆圈所示为丘状遗迹)[1]

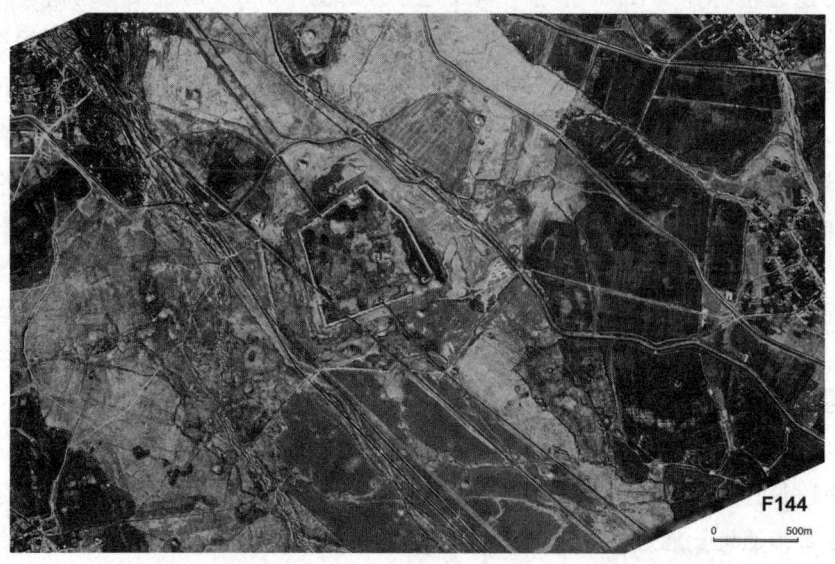

图 6 "Er Kurgan"城市遗址[2]

---

1 数据来源:CORONA 卫片图像,1964 年 10 月 20 日。
2 同上。

另一处是在"Karshi"东方约43公里处的"Odirma Shakhar"城址。图7的卫片明确显示为近正方形的二重城墙，且城墙之外，东、西与北侧区域的地表肌理与周边全然不同，该城址全体应有三重围郭构成。2015年9月笔者通过实地考察，获悉乌兹别克斯坦的考古学者也不知道该处遗迹，可以说是通过卫片首次得以确认的一处古城址。现场陶器残片散乱多见，从器形上看有些可以上溯至古希腊时代（公元前4世纪至前1世纪）。并且，采访该地牧民，获悉该城址尚有地下陶管存在。这些陶管笔者在现场也曾确认，可能是与该城市有关的上水道。可见，卫片图像有助于对此前缺乏研究，甚至尚未发现的历史城市展开研究，甚至可以借此进一步分析此类城址的分布、形状等。

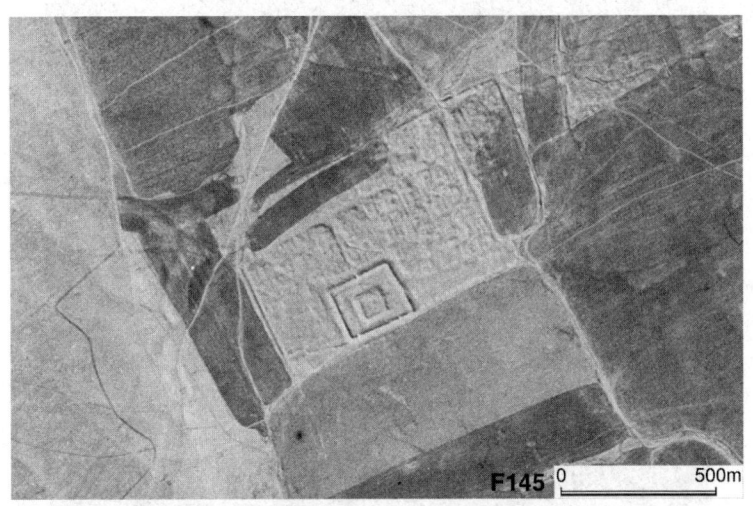

图7 "Odirma Shakhar"城市遗址 [1]

四 塔里木盆地东南部的绿洲遗迹

在中国塔里木盆地东南部塔克拉玛干沙漠缘边的"丝路"绿洲——米兰、且末，可见到与今日聚落接壤但现已成沙漠的绿洲遗存。利用卫片图像与地形数据分析，可知这些遗迹的一大特征是人工水路遗迹占主要部分。人工水路大多是在较高位置堆土建造的，因此可通过卫片与地形数据加以识别。2005年，笔者得到新疆文物考古研究所的协助，在米兰与且末实施了实地调查。

---

1 数据来源：CORONA卫片图像，1964年10月20日。

图 8 是米兰的"QuickBird"卫片图像,该绿洲水路的重要特征是干线水路一分为七,并进一步分为更多末端水路。末端水路如梳齿状等间隔平行配置。用水路建造在较高位置,并以自流的形式灌溉田地,随着流水搬运而下的泥沙,在人工水路周边形成线状凸起,这在图 9 所示的地形数据中有明确表现,这可以说是人类长期经营改造地形的宝贵案例。在此绿洲范围内,已知有吐蕃王朝的要塞、佛教寺院等数个遗址,但聚落、城市的痕迹在卫片中并不突出。

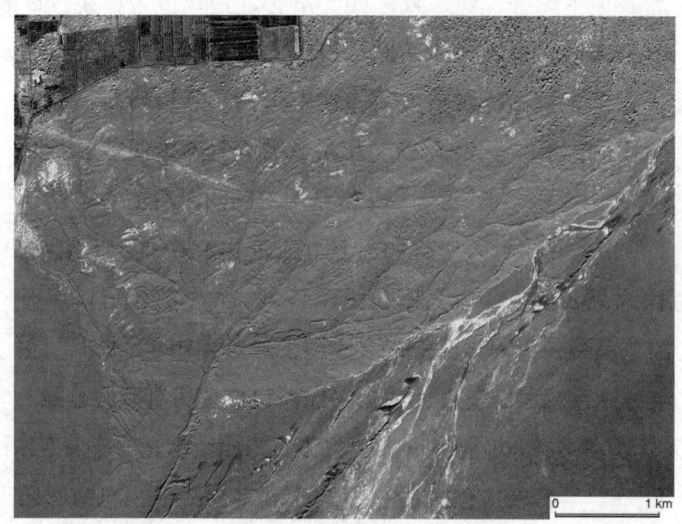

图 8　米兰的"QuickBird"绿洲水路[1]

图 9　米兰的地形:等高分布[2]

1　数据来源:QuickBird-2 卫片图像,2005 年 10 月 31 日。
2　数据来源:AW3D。

同样在塔里木盆地东南部的且末绿洲现代聚落西南方向沙漠地带,分布着大范围的古代绿洲（耕地）遗迹。通过卫片（图10）,可见长长的干线水路、支线及末端水路系统,规模相当大,可见该处是重要的定居遗址所在。在若干地段可见多条平行分布的干线水路痕迹,像是不断修补而得以长期使用的状态。图11展示了通过卫片复原获取的水路网。相邻的扎滚鲁克古墓群考古发掘显示,该遗迹可以上溯至春秋时代,反映当地绿洲农耕、定居的历史非常古老。

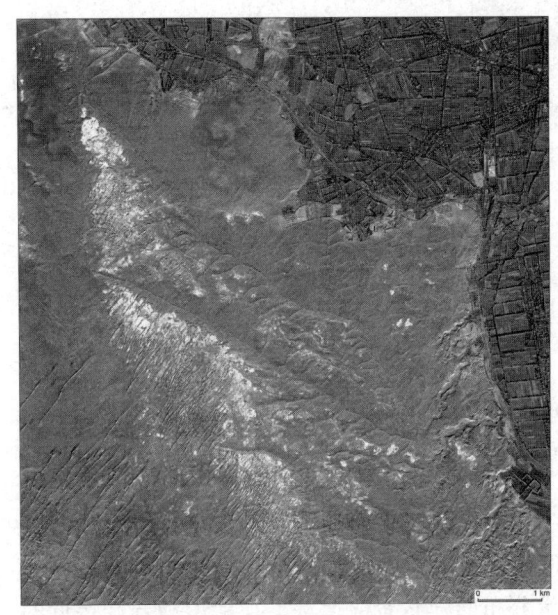 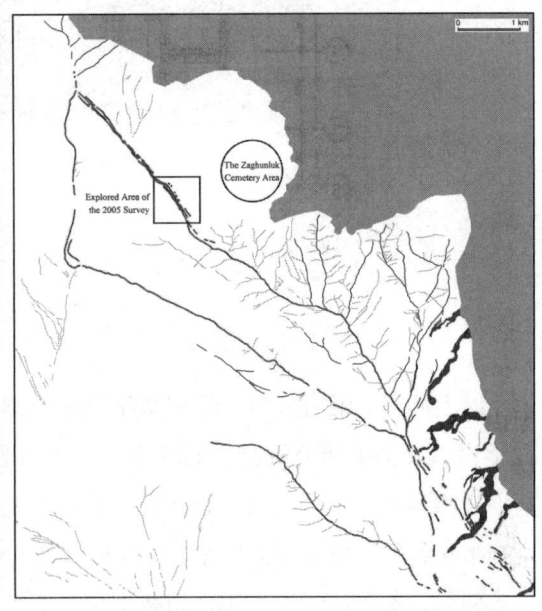

图10　且末遗迹 [1]　　　　　　　图11　利用卫片图像复原作业确认的且末遗迹水路网

图12所示地形数据,也可明确见到人工水路遗迹的线状凸起,由此可判定这确是因人工灌溉与农耕而形成的地形。分析该处的地形数据,可知古代绿洲的范围在高出今车尔臣河河床面数米的阶地上。推测可能是因为河道的地形变化,致使灌溉水路的取水趋于困难,此处绿洲最终被遗弃而成为沙漠。实地考察未见该处有确定的建筑物基址或城墙遗迹,但人工水路遗迹十分醒目。不过,陶器残片等随处可见,说明该处曾是人类定居的聚落遗址。

---

[1] 数据来源：QuickBird-2 卫片图像，2006年2月8日。

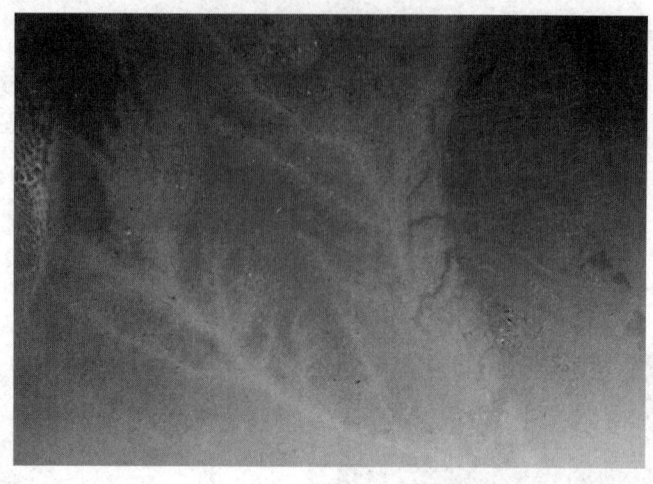

图 12　且末遗迹的地形：标高分布 [1]

五　结　语

综上所述，通过分析、运用基于卫星观测的图像资料与地形数据，可以拓宽囿于传统考古学调查发掘的研究视野。此种方法的宏观性与广域性，不仅可运用于相关遗迹的区位分析，也将为不同地域间的比较研究带来新的机遇，并为深入探讨"丝路"古城与古聚落的选址与形态特征，以及聚落形态的区域间共性与传播历程等提供可能的研究路径。

例如，本文的讨论表明，乌兹别克斯坦大量分布的丘状聚落遗迹，在地形和气候接近的内陆干旱地带——以绿洲农耕为基础的中国西北部却难觅其踪，此地最为突出的是人工水路遗迹。中国与西亚等地有着类似的长期农耕和定居的历史，但很少见到丘状城市或聚落遗址。这些区域差异与特色，与区域共性一样，也只有充分利用卫片数据才能得以发现。

1　数据来源：AW3D。

中国的达林顿勋爵府邸

——赵家花园往事

宋钻友[*]

上海开埠后，不少致富的华商热衷于辟土造园，享受饶有野趣的林下生活，张园、愚园、徐园、甘园、周园、叶园即其中声名较著者，但这些当年颇为知名的宅院大多已为时间的尘埃所湮没，赵家花园即虹口庋虹园能留存至今，弥足珍贵，令人欣喜。保护好这座晚清著名的私人宅院，不仅是当地文物保护单位的工作，也是所有文史工作者的责任。当务之急，是尽快厘清该院历史，为其修复工作提供学术基础。

赵家花园的历史见于著述的不多，但也有迹可寻。徐珂的《清稗类钞》列有专条，一叙其详："庋虹园以地为上海公共租界之虹口，故名，即靶子路也，俗呼'赵家花园'，为粤人赵某所建筑，颇似西式园林，达官贵人恒借座以宴客。陈设器物以舶来品为多。"[1]徐珂虽为知名著述家，但这一记载不确，当时沪上另有一座庋虹园，由南京辛姓富商建于新闸王家库，叠石为山，疏泉为沼，风格类明清江南园林。孙玉声的《沪壖话旧录》中《南北园林变迁》一节历数晚清北市的私家宅院，对庋虹园做了介绍，指出新闸庋虹园"俗呼辛家花园"[2]。故清末民初，上海的媒体报道庋虹园，必前置限定词，以"虹口庋虹园"指赵家花园，以俗称"辛家花园"代新闸庋虹园。

赵家花园位于苏州河北部的老靶子路111号（今武进路453—455号），时属美租界，据报道，当年赵园周围所住多为洋人，社会环境比较安定。赵园整个建筑呈狭长形，第一进为

---

[*] 宋钻友，上海社会科学院历史研究所研究员。本文初稿曾发表于《文汇报》2017年9月1日"文汇学人"，此次收入会议论文集者系修订版。

[1] （清）徐珂：《清稗类钞》第1册，北京：中华书局，1984年，第206页。
[2] 海上漱石生（孙玉声）著，宋钻友整理：《沪壖话旧录》，熊月之主编：《稀见上海史志资料丛书》第2册，上海：上海书店出版社，2012年，第69页。

两层的门楼，门楼后为长方形天井，两旁莳有花草，天井后为三层的楼房，楼房后为厅堂。厅堂外辟有花园。赵家花园的园子并无特色，但厅堂空间很大，装潢精致奢华，反映出当时上海著名富商的品位和消费水准。1929年赵家花园曾经拆除，委托某拍卖行拍卖所有家具。该拍卖行在媒体上列出了拍卖品，我们因此有机会见识当年赵园之内部装饰：

> 广东红木镶石台椅，柚木洋式各种台椅、酒架，福州漆器、台椅，精刻云石镶屏风，云石及玻璃罩座钟，紫檀圆台大钟，康熙、雍正、乾隆五彩青花，建窑纷蓝洋瓷大小花瓶、盆子，金鱼缸石山、花园凳、古铜瓶、宣炉、镶瓷挂屏，名人字画、绣画、洋画，飞兽人物摆件，洋瓷火炉、浴缸、电灯、火炉器具。[1]

人们不难从这份清单感受主人对中国风的喜爱，也可从林林总总的西洋玩意儿中感受到主人兼容并包的品位。正是极度的奢华、宽敞的空间，且位于租界、环境安全、交通方便这些优势，使这家私人宅院成为上海著名的公共空间。它不只是一般的仕商行台，还是南下北上的政府高官钟爱的下榻之处，在这里能得一眠的大都系名公显宦，其中不乏出洋大使、政府各部门的首长（晚清的尚书、侍郎）等，尤其是广东籍京官。赵家花园还为各方沟通交流、联络情谊提供了合适的场所，不少中外联谊活动曾在此举行。1910年9月美国商业代表团来华访问，该团乘"高丽丸"到上海，按照外务部的指令，上海地方官员及商会代表亲自到吴淞迎接，先把美国代表团一行40余人送往汇中旅馆，当日"下午3时在赵园举行茶会欢迎代表团，14日晚在张园筵宴，16日下午乘小轮赴杭"[2]。中国的地方官员多次在赵家花园会见各国驻沪领事官，把酒言欢。1905年江苏巡抚陆某来沪巡视，下榻斜桥洋务局。当日下午4时，上海商务局董事在张园宴请陆某，次日上午陆某拜访驻沪各国领事，随后在赵家花园与各国领事叙筵。

正是在频繁的社交活动中，赵家花园不经意间成了中国的达林顿勋爵府邸，与晚清上海诸多重大历史事件联系起来。[3] 1905年反美华工禁约运动在中国许多城市展开，上海的抗议活动尤其激烈，一度发生罢市。这场运动的激烈程度超出了美方的估计，也超出了上海绅商的想象。为使问题得到合理的解决，上海绅商代表唐露园等人于5月22日与美国新任驻沪

---

[1]《申报》1929年6月20日第21版。
[2]《申报》1910年9月18日第18版。
[3] 日裔英国小说家石黑一雄获布克奖作品《长日留痕》的故事发生地，小说通过管家史蒂文思和肯顿小姐的情感纠葛，以贵族达林顿勋爵府邸为背景，反映了"二战"前英国的衰败。

领事在赵家花园进行了磋商、谈判。[1]这是赵园介入重大历史事件的第一个记载。

赵家花园最值得写入历史的是孙中山先生三次莅临赵家花园。1911年12月30日,上海广东社团在赵家花园设宴招待中华民国临时大总统。为欢迎中山先生,从苏州河桥堍到老靶子路赵园的马路两侧张灯结彩,营造出浓浓的节日气氛。第二天上海的广东香山县同乡绅商宴请孙中山,中山先生再次到赵园与同乡欢叙。即将出任临时大总统的孙中山此时已两次造访赵家花园,偶然中隐藏着必然。开埠后,大批粤民北上,至20世纪头十年,在上海的广东人口已升至第三位,仅次于在上海的江苏人口和浙江人口,经济势力颇强。孙中山在革命中素来重视向华侨和同乡寻求支持,临时政府成立后,经济奇窘,孙中山有意通过临时政府的官员伍廷芳、温钦甫以上海广肇公所董事的身份向上海广潮富商借款,以缓解拮据的财政状况。这是中山先生莅临赵家花园的真正原因。事后广潮商人做了慷慨回应,联合借资40万元,在关键时刻支持了中山先生。一年后,即1913年4月,中山先生第三次造访赵园,出席全国铁道协会成立一周年大会,就铁路建设发表讲话,并与会议代表在花园合影。[2]

赵园的建造者在多种文献中都被指为"赵姓粤商",未能确切给出这位园主的名字,其实赵灼臣曾是沪上著名的广东商人,相当长时间里,他的姓名日日见于《申报》,只是时间湮没了一切。这里我们综合部分记载,就赵岐峰、赵灼臣父子的生平做一粗浅介绍。

赵岐峰,广东南海佛山人,出生时间应在1830年至1840年间。早年从广东来沪经商,有所积累后,与人合伙开设同昌利字号,从事代客运输货物、汇兑等业务,是粤商中颇有实力的商号,曾投资质号(典当),开设书局,具有良好的商业信誉。致富后,赵岐峰热衷于同乡公益事业,1887年与其他粤商发起成立元善堂,系董事之一。元善堂初设于虹口宝顺里,房屋系租赁,1890年购地一方,计4亩7分,起造善堂,位于北四川路。[3]元善堂的主要慈善服务有施材、施茶、施诊给药,救助对象并不受地域限制,但粤民仍占多数。1889年的《申报》上刊登过由其署名的劝捐公告。[4]

1889年上半年,赵岐峰经营失利,欠下巨额债务,债主上门索债无果,向上海县衙投

---

[1] 《记本埠商董公宴美国官商互议美约事》,《申报》1905年5月27日第4版。
[2] 孙中山到赵家花园参加铁道协会的集会时间有两种不同记载,第一种认为时间为1912年7月22日(王志鲜、段炼编著:《孙中山上海史迹寻踪》,上海:上海辞书出版社,2009年)。据《申报》记载,这一天孙中山出席了铁道协会为他举行的欢迎大会,准确时间为下午1时,地点张园(见《申报》1912年7月22日《静安寺路张开欢迎会长大会》,"张"后漏"园"字),此说显然有误。另据王耿雄《孙中山史事详录(1911—1913年)》(天津:天津人民出版社,1986年)称,1913年4月中华民国铁道协会在上海虹口赵园宴请十八省分会代表,并摄影留念。
[3] 《元济善堂征信录》,1913年,上海档案馆藏,转引自宋钻友:《广东人在上海》,上海:上海人民出版社,2007年,第105—106页。
[4] 《申报》1889年7月24日第9版。

诉，赵岐峰的合伙人罗某一时无力偿还，被县衙拘入大牢。赵岐峰一病不起，死于1889年年底。[1] 父债子还，赵灼臣遭受了罗某同样的命运，被押入大牢，因其系太古洋行雇员，经洋人交涉，改为关押于会审公廨的西牢。

赵岐峰育有三子，赵灼臣为其长子，次子赵甫臣，三子赵梓臣。赵灼臣生于1860或1861年，1935年3月去世，享年75岁。父亲在世时，赵灼臣已有自己独立的商号，并在太古洋行（轮船公司）任职。赵岐峰去世后，赵灼臣背负着巨额债务，但并没有被击垮，同昌利不仅维持运营，十余年后又有所发展。1902年前后，该号涉足经营美国面粉批发。1907年，赵灼臣成立了同记轮船公司，拥有自己的轮船，从事沿江航运。此后，赵灼臣又向地产业发展，在虹口拥有不少地产，因此在20世纪30年代上海商业储蓄银行的商人征信录中，赵灼臣被归为地产商，所设地产公司名"赵同记"。

有资料称赵家花园建于20世纪初，该园首次见诸报道的时间为1905年，据此推断，赵岐峰与赵家花园没有关系，它是赵灼臣建造的。

1918年3月，赵灼臣由粤商劳敬修及上海商界领袖沈联芳介绍加入上海总商会，数年后因持有英国护照，不合总商会对会员身份的规定，主动宣告退会。[2] 赵灼臣是中国寰球学生会的永久会员，这是最著名的上海社会精英才拥有的身份。

受父亲赵岐峰的影响，赵灼臣热衷于慈善事业，在沪上以慈善家示人，得到了广泛赞誉。

岐峰义学是赵灼臣第一项重要的慈善救助项目。该校创办于1918年，是年，旅沪广东教育家陈鸿璧兴办的广东小学因无力续租，陷入关闭绝境，不得不向广东社会求助。在广肇公所召集在一次集会上，赵灼臣表达了对陈鸿璧的由衷敬佩，同时表示决心独资建立一所义学，以造福贫民儿童。1918年他购入闸北新广东街一块3亩1分9毫的土地，建造了一所四层新式洋楼，创办了一家可容纳500名学生的义学。学校不仅免收学费，还免费发给课本和学习用品。岐峰义学的购地和造楼经费7万余两，是由旅沪粤商独立捐资开办的学校。[3] 岐峰义学落成后，《申报》评论员发表了简短的评论，将赵灼臣与叶澄衷、杨斯盛并列，盛赞道：

---

1 1920年1月20日（1919年农历十一月二十日），赵灼臣之子赵云台为祖父赵岐峰造铜像，立于戾虹园，邀新舞台艺人周凤文、汪优游、赵文连在赵家花园演剧。据此猜测，农历十一月二十日可能是赵岐峰逝世20年忌日，1889年农历十一月二十日系公历1889年12月12日。
2 《总商会今日开会之议案》，《申报》1918年3月23日第10版；《赵灼臣退出总商会因改入英籍故》，《申报》1923年4月14日第14版。
3 宋钻友：《广东人在上海》，第102页。

以独力捐巨资兴学，自叶澄衷、杨斯盛而后久焉渺焉寡俦。不图于今日金融枯窘之顷，乃有赵灼臣氏继起而与之鼎足而三也。夫叶、杨皆手自创业而身自誉之以办学者，今赵君继承先志，于实也则自任之，于名也则以归之于先人，此天性笃挚也。[1]

1928年，赵灼臣将岐峰义学全部转交粤侨商业联合会管理，同时将24幢房屋的产权赠予该会，另送业广地产公司股票100股，约值5 000两，南洋烟草公司股票500股，约值10 000元，使粤侨商业联合会得以每年房租收入和股票收益充作办学经费。在粤侨商业联合会的有效管理下，岐峰义学维持多年，至20世纪30年代，已是一所有400名学生的知名义学。[2]

赵灼臣在慈善救助方面的第二项重要贡献是忠实履行闸北慈善团董事的职责。上海开埠后，闸北虽有一定的发展，但落后于其他地方。加之每有战争和灾害，北方的灾民成群结队南下，他们无法进入租界，麇集于闸北境内，滋生了大量慈善救助的工作，如尸体的掩埋、饥民的施舍、病人的医治、孤儿的收养等。1912年，闸北慈善团成立，开展了大量充满人道主义的救助工作，成为上海著名的慈善团体。经济上，该团主要依靠旅沪粤商及江浙丝商，尤其是前者，经常慷慨解囊，组织同乡商人，热情捐款捐物。赵灼臣曾出资为慈善团建造了两层楼的医院，供收养病人；捐地供慈善团开办工艺学校，专门培养所收养孤儿的谋生能力。[3] 赵灼臣的慈善救助不限于闸北及同乡社群，每当各地闹灾，总能看到受助机构在收到大善士赵灼臣捐款后在报端发表的感谢公启。

1933年，即赵灼臣去世前两年，他立下遗嘱，再次捐出一部分资产，兴办社会公益事业，其中包括面积28亩的赵庄花园及价值10万元的地产。

赵家花园不仅记载着近代上海的历史片段，还是一位杰出的慈善家生活了30余年的寓所，天地仁心存于此，保护好这座历经沧桑的私人宅院，既是对历史的尊重，也有益于弘扬仁爱精神。

---

[1]《赵灼臣捐资兴学》，《申报》1917年11月1日第11版。
[2]《粤侨商业联合会与有关个人及单位来往文书（1927—1931年）》，第234—236页，上海档案馆藏，档案号：Q116-4-3。
[3]《闸北慈善团惠儿院谨谢》，《申报》1917年5月1日第1版。

清代徽商与扬州的园林名胜

——以《江南园林胜景》图册为例

王振忠*

一 徽商与扬州

明清时代,扬州是两淮盐务中枢,大批山陕和徽州盐商麇集鳞聚。关于这一点,清人有诗曰:

> 鹾客连樯拥巨资,朱门河下锁葳蕤。
> 乡音歙语兼秦语,不问人名但问旗。[1]

"鹾客"即盐商,"河下"是指扬州新城东南沿运河的所在,分为北河下、中河下和南河下,这一带为盐商巨贾聚居的场所。其中,说"歙语"的自然是徽商,而一口秦腔的则是西贾(山西、陕西商人)无疑。这首诗是说大批的徽商和西贾迁居扬州,他们聚居于新城的河下一带。"不问人名但问旗",意指较之盐商的真名,其运盐之旗号更为世人所耳熟能详。

清代康熙中叶以后,淮盐销售极畅,盐商获利甚丰,迁居扬州者更是纷至沓来。后代有诗曰:"扬州好,侨寓半官场,购买园亭宾亦主,经营盐、典仕而商,富贵不还乡。"[2] 许多商人卜居扬州,在当地购买住宅园林,经营盐业和典当,并通过各种方式步入宦途,从而由祖籍地缘转入新的社会圈。由于他们豪侈风雅的生活方式(俗称"扬气"或"盐商派"),促进

---

* 王振忠,复旦大学历史地理研究中心教授。
1 (清)何嘉埏:《扬州竹枝词》,(康熙)《扬州府志》卷三十五《艺文》。
2 (清)惺庵居士(黄鼎铭):《望江南百调》,《扬州丛刻》,台北:成文出版社,1970年,第1048页。

了城市的繁荣，以至于"扬州繁华以盐盛"的说法蜚声远近。

在盛清时代，康、乾二帝南巡扬州，尤其是乾隆六次驻跸邗上，对于新、旧两城的发展，产生了巨大的影响。当时，"盐策极盛，物力充羡，值高宗南巡，大构架，兴宫室，建园池，营台榭，屋宇相连，矗似长云"[1]，扬城面貌焕然一新。为了供邀宸赏，众多盐商不惜工本，大兴土木。

扬城西北的平山堂一带，是闻名遐迩的名胜古迹，也是康、乾二帝多次登临观赏的地方。其下的保障河，也称"炮长河"，襟带蜀冈，蜿蜒曲折，南至扬州城西北隅，全长约六华里。雍正、乾隆年间，经过系统的整治，并于沿河两岸植柳种桃，成为扬城西北著名的冶游胜地，可以与杭州的湖光山色媲美，被当时的徽商命名为"瘦西湖"。与此差不多同时，扬州的新城市河，也被改造成专为游赏而设的城内市河，因其两岸酷似金陵河房，故有"小秦淮"之艳称。

当时，城内外园林名胜的形成，与扬州盐商结下了不解之缘。根据时人的描述，在盛清时代，"增假山而作陇，家家住青翠城闉；开止水以为渠，处处是烟波楼阁"[2]，蔚成一时风尚。[3]

对于扬州的园林名胜，以往出现过不少相关的图像资料。除了《扬州画舫录》《平山堂图志》中的部分插图之外，还有不少单独成册的资料，如来自宫廷的《扬州行宫名胜全图》[4]，以及民间摹绘的相关图像等。其中，《江南园林胜景》图册，便是近十数年来新发现的史料。

二 《江南园林胜景》图册中的徽商遗迹

《江南园林胜景》图册来自拍卖市场，被收入2003年扬州广陵书社出版的《扬州园林甲天下——扬州博物馆馆藏画本集粹》。

《扬州园林甲天下——扬州博物馆馆藏画本集粹》一书，收录扬州博物馆所藏清乾隆至

---

1 徐谦芳：《扬州风土小记》，稿本。
2 （清）李斗：《扬州画舫录》谢溶生序，北京：中华书局，1997年，第7页。
3 关于徽商与扬州城市盛衰的研究，详见拙著《明清徽商与淮扬社会变迁（修订版）》，北京：生活·读书·新知三联书店，2014年。
4 中国第一历史档案馆、扬州市档案局编：《清宫扬州御档选编》第1册，扬州：广陵书社，2009年。另据中国第一历史档案馆、扬州市档案局编：《清宫扬州御档》第9册（扬州：广陵书社，2010年，第5793页），有乾隆四十三年（1778）《奉旨绘南巡水陆图事》，可见，当时除了留有相关文字记录外，还形成了一些图像档案。

民国初年有关扬州园林题材的画幅计 85 件，其中的"大部分为册页，也有图轴、扇面、横批、拓本等"[1]。全书共分三个部分，一为《江南园林胜景》图册，一为清人王素所绘《棣园十六景》，一为部分馆藏的扬州园林画图。其中，《江南园林胜景》图册大体形成于乾隆第六次南巡前后，即乾隆四十九年（1784）左右。[2]此书系从 2002 年北京嘉德秋季拍卖会上重金拍得，共 42 幅，现收入与扬州城市直接相关的 40 幅。

这 40 幅图包括：《竹西芳径》《香阜寺》《邗上农桑》《杏花村舍》《平冈艳雪》《临水红霞》《天宁寺》《万寿重宁寺》《城闉清梵》《卷石洞天》《西园曲水》《堞云春暖》《高旻寺》《御题九峰园》《康山》《御题倚虹园》《柳湖春泛》《冶春诗社》《净香园》《青琅玕馆》《香海慈云》《御题趣园》《长堤春柳》《水云胜概》《桃花坞》《梅岭春深》《莲性寺》《白塔晴云》《望春楼》《御题水竹居》《锦泉花屿》《春台祝寿》《平流涌瀑》《篠园花瑞》《蜀冈朝旭》《御题高咏楼》《万松叠翠》《春流画舫》《功德山》和《山亭野眺》。

这些画幅来自拍卖会，其上并无页码，画册的作者"编排基本上是按清李斗《扬州画舫录》提及的景点为序"[3]，但实际上，顺序有的明显有误（如《蜀冈朝旭》《御题高咏楼》之排列顺序就明显失序）。因此，本文在引证时，根据自己的理解对文字识读和句读皆做了相应的调整。

其中，"城闉清梵"一景的文字说明如下：

> 城闉清梵临河面城，旧为舍利禅院。乾隆十六年，皇上南巡，赐名"慧因寺"。西为斗姥宫，圣祖仁皇帝赐"大智光"三字额。其旁为别苑，候补道毕本恕、盐课提举闵世俨、知府衔汪重耿先后修建。乾隆四十八年，知府衔罗琦又加修葺，有"香悟""涵光""栖鹤"等亭，其西为药园，旧为种花人所居，今亦增添亭馆。

"城闉清梵"旧址在扬州北门城外对河，即今望月桥西、冶春茶社、红园一带。根据《扬州画舫录》的记载，"舍利律院即今慧因寺，建自宋宝祐间，谓之舍利庵。本朝世祖章皇帝御书敬佛匾赐僧具足。乾隆辛未，上赐名慧因寺及慈缘胜果匾。……其外为御碑亭，珠宫璇室，鹿苑鹦林，北郊景致，乃其始也。是地皆毕本恕建，今归罗氏"[4]。毕本恕为歙县县城人，

---

1 《扬州园林甲天下——扬州博物馆馆藏画本集粹》，编者"后记"，扬州：广陵书社，2003 年。
2 同上书，赵昌智序。
3 同上。
4 （清）李斗：《扬州画舫录》卷六《城北录》，第 139—140 页。

曾因"恭办大差"（亦即南巡时接驾）而被赐按察使衔。其他的闵氏、汪氏二位亦皆出自徽州，而罗氏则难以确知，目前只知道罗荣泰（当即罗琦）也是当时的盐务总商。

在乾隆时代，扬州北门北岸的名胜风景，从慧因寺至虹桥计有三段，一段是"城闉清梵"，一段是"卷石洞天"，一段是"西园曲水"。其中的"卷石洞天"一景：

> 奉宸苑卿洪徵治叠石为山，玲珑窈窕，丘壑天然，有"群玉山堂""夕阳半红楼""宛委山房""薜萝水榭""契秋阁"诸景。其子候选道洪肇根重修。

"卷石洞天"，一般人称之为小洪园，旧址在今新北门桥西北。1989年，扬州市园林局在原址上重建。园主人是歙县桂林人洪徵治，此人生有两个儿子，一为洪肇根，一为洪肇松，"并世其父齹业"[1]。

在扬州的园林中，与洪徵治、洪肇根父子相关的，还有位于今扬州大学瘦西湖校区东隅的倚虹园：

> 倚虹园在虹桥东南，一称虹桥修禊，奉宸苑卿衔洪徵治建，其子候补道肇根重修。园傍城西濠，三面临河，南向，北面即虹桥修禊。有领芳轩，轩前牡丹最盛。迤西南为饯春馆，红药成畦，湖水环绕向南，堂构宏敞。堂后东偏有楼，修竹丛桂，曲廊洞房，据一园之胜。乾隆二十七年，蒙皇上临幸，赐御书倚虹园匾额，并"柳拖弱缕学垂手，梅展芳姿初试噀"一联。又"明月松间照，清泉石上流"一联。三十年，蒙赐御书"致佳楼"额，并"花木正佳二月景，人家疑近五陵溪"一联。又赐御临黄庭坚书《寒山子庞居士诗卷》一轴。四十五年，御题七言律诗一首，又蒙恩赐御临怀素草书《千字文》一卷。

由此可见，乾隆皇帝曾多次游览此园。[2] 倚虹园又称"虹桥修禊"或"大洪园"，后者与被称为"小洪园"的"卷石洞天"相对应。大洪园有二景，一为"虹桥修禊"，二为"柳湖春泛"。今扬州大学瘦西湖桥区东南一带，就有"柳湖春泛"之旧址：

---

1 （清）李斗：《扬州画舫录》卷十《虹桥录上》，第235页。（道光）《重修仪征县志》卷九记载，城西老人仓有奉宸苑卿洪徵治墓，一般说来，据此可推测歙县桂林洪氏在淮南从事盐业已历数世。
2 在清宫档案中，倚虹园又叫"漪红园"，乾隆在四十五年（1780）第五次南巡时，曾于二月十六日在漪红园早膳。（中国第一历史档案馆、扬州市档案局编：《清宫扬州御档选编》，第194—195页。）

柳湖春泛在通泗门外，倚虹园西，亦洪徵治池馆，其子肇根重修。湖心垒石为山，建亭其上。南为度春桥，桥之西北，临流台榭，掩映参差，芦荻荷花，一望无际。

在两淮盐务总商中，有"洪箴远"和"洪充实"两家（二者皆为行盐之旗号，非盐商的名），皆出自徽州歙县。洪徵治、洪肇根父子二人，可能即"洪箴远"。关于洪箴远，乾嘉时人林苏门在一首《维扬竹枝词》中这样写道：

洪家首总派为之，丕振从前充实时，
箴远领班公议事，争先恐后肖呆痴。

这首诗是状摹盛清时代盐务首总之声势赫奕、举足轻重。据盐法志记载，乾嘉年间"洪箴远"曾 11 次领衔倡捐，报效政府银两多达 1 000 余万。由此可见，洪徵治、洪肇根父子是当时首屈一指的大盐商。[1] 对此，游幕扬州的文人吴炽昌，曾有《淮南宴客记》一文，详细描摹了扬州洪姓盐商园林的布局。[2]

前文提及，在扬州北门北岸的名胜风景中，自慧因寺至虹桥计有三段，除了"城闉清梵"和"卷石洞天"之外，还有一段是"西园曲水"：

水自北而东折，若半璧，旧为道员衔黄晟别业。依水曲折以置亭馆，有新月楼、觞咏楼、拂柳亭诸景。乾隆四十四年，候选道汪羲重修。四十八年，羲族弟候选知府灏再修。

西园曲水旧址在今虹桥东南盆景园内，园主人黄晟来自徽州歙县潭渡村，是著名的扬州盐商。其人"字东曙，号晓峰，行一，谓之大元宝。家康山南，筑有易园。刻《太平广记》《三才图会》二书。易园中三层台，称杰构"[3]。在扬州，潭渡黄氏素来有着相当大的产业，园亭名胜亦有多处，如"御题趣园"：

---

1 在歙县方志（如民国时《歙县志》卷九）中，也时常可见洪徵治修桥补路的记载。
2 （清）吴炽昌：《客窗闲话》卷三，北京：文化艺术出版社，1988 年。
3 （清）李斗：《扬州画舫录》卷十二《桥东录》，第 290 页。

趣园，奉宸苑卿黄履暹别业，今候选道张霞重修。

趣园旧址在今扬州迎宾馆西，即今四桥烟雨楼东南一带。这一段原来也叫"四桥烟雨"，一名黄园，是徽商黄氏的别墅，乾隆皇帝赐名为趣园，故作"御题趣园"。对此，《扬州画舫录》卷十二《桥东录》记载：

> 黄氏本徽州歙县潭渡人，寓居扬州。兄弟四人，以盐策起家，俗有四元宝之称。……履暹字仲昇，号星宇，行二，谓之二元宝。家倚山南，有十间房花园，延苏医叶天士于其家。一时座中如王晋三、杨天池、黄瑞云诸人，考订药性。于倚山旁开青芝堂药铺，城中疾病赖之。刻《圣济总录》，又为天士刻《叶士指南》一书。四桥烟雨、水云胜概二段，其北郊别墅也。[1]

文中提及，黄氏兄弟四人号称"四元宝"，由此可以想见其家族之席丰履厚。据载，"黄氏兄弟好构名园，尝以千金购得秘书一卷，为造制宫室之法。故每一造作，虽淹博之才，亦不能考其所从出也"[2]。看来，徽商黄氏为建造园亭名胜可谓煞费苦心。

除了"四桥烟雨"之外，"水云胜概"亦是黄履暹所建：

> 水云胜概，与四桥烟雨接，亦黄履暹建，今张霞重修。有胜概楼、吹香草堂、春水廊、小南屏，其右与莲花桥接。

"水云胜概"亦名"黄园"，旧址在长春桥西，即今瘦西湖公园桂花厅及其以东一带。此景在长春桥西岸，长春桥东岸则为"四桥烟雨"。

除了黄氏"四元宝"之外，他们的子侄辈，也在扬州建有数处园亭，如"长堤春柳"：

> 长堤春柳，由虹桥而北，沿岸皆高柳，拂天跐地，凝望如织。候选同知黄为蒲沿堤东向为园。乾隆四十四年，候选知府吴尊德重修。

---

[1] （清）李斗：《扬州画舫录》卷十二《桥东录》，第290页。
[2] 同上书，第282页。

"长堤春柳"旧址自广陵城北沿瘦西湖至平山堂下，1915年复建，起自虹桥西，止于徐园，即今瘦西湖南大门至徐园一段。黄为蒲为黄氏六元宝黄履昂之子，娶歙县灵山方氏为妻，是著名盐商江春的连襟。[1]黄履昂家住扬州阙口门，"有别圃。改虹桥为石桥。其子为蒲，筑长堤春柳一段"[2]。他的另一儿子黄为荃，则筑"桃花坞"一段：

> 桃花坞，道衔、前嘉兴通判黄为荃建，候选州同郑之汇重修。

桃花坞旧址在今瘦西湖公园徐园一带。

除了洪氏、黄氏之外，其他的徽州盐商也在扬州建有不少园亭。如"堞云春暖"之旧址在今盐埠西路北花鸟市场对河岸上：

> 堞云春暖在北门外城隅，与慧因寺隔河相对。太仆寺卿衔江进，旁城临水为园，屋宇参差，竹树蓊郁，大有濠濮间想。

据《扬州画舫录》记载，"堞云春暖在松濠畔，为巡抚江兰与其弟藩之别墅也"[3]。另据同书："江兰字芳谷，号畹香，官巡抚。工诗文，有集。弟蕃，字君佐，号春圃。居扬州，购黄氏容园以为觞咏之地。弟苾，字芬扬，工诗歌，熟于盐策。其子侄士相，字得禄，工诗，鉴别书画古器；士栻、士梅业儒。"[4]由此可见，此处的江进应当是江兰的后裔。

除了城北之外，在扬州城南，也有不少园亭名胜。如"御题九峰园"：

> 九峰园在城南，旧称砚池染翰，前临砚池，旁距古渡桥，老树千间，四面围绕，世为汪氏别业，即用主事加捐道（衔）汪长馨屡加修葺。

九峰园旧址在扬州城南，今荷花池公园内。《扬州画舫录》载："汪玉枢，字辰垣，号恬

---

1 （清）沈大成：《学福斋集》卷十九《方孺人传》。
2 （清）李斗：《扬州画舫录》卷十二《桥东录》，第290页。
3 同上书卷六《城北录》，第158页。
4 同上书卷十二《桥东录》，第275页。江兰极受乾隆皇帝信任，关于这一点，详见乾隆五十四年（1789）十二月二十七日《晓谕查办江兰等人事》，中国第一历史档案馆、扬州市档案局编：《清宫扬州御档》第10册，第6618页。

斋，歙县人。早岁能诗，山林性成。南园之盛，由恬斋始也。"[1] 康熙年间，王躬符曾在该园征《城南宴集诗》，汪玉枢与其他的35位文人学士（多为徽州人），各赋七言古诗一首，并由曾任休宁县令的廖腾煃作序，"一时称为胜游"。汪玉枢年七十，无疾而终。他共有五子，"俱工诗"。上文提及的汪长馨（字树谷），即其第三子。

除了九峰园外，在扬州城东南，还有著名的"康山"：

> 在扬州新城东南隅，布政使衔江春宅畔。明正德间武功康海曾寓居其上，人因以康山名之。后为大理寺卿姚思孝所居。

康山旧址在康山街东首。江春字颖长，号鹤亭，歙县江村人，盐务牌号"江广达"，是乾隆年间的盐务总商，他在扬州城北郊、东乡和南河下都构筑了园林别墅。其中，以康山园最负盛名。乾隆南巡，他曾四次接驾、报效。乾隆四十五年（1780）南巡，曾在康山园中亲御丹毫，题词留念。当时，与江春相关的还有"净香园"：

> 净香园即荷浦薰风，乃保障河最宽广处，江春重加浚治，遍植芙蕖，碧叶田田，一望无际。花时奇品异色，微风徐动，如和众香。乾隆二十七年，蒙皇上赐今名，御书匾额，并御书"结念底须怀烂漫，洗心雅足契清凉"一联，又"竹喧归浣女，莲动下渔舟"一联。三十年，蒙赐御书"怡性堂"匾额，并"雨过净猗竹，夏前香想莲"一联。又赐御临董其昌《仿杨凝式大仙帖卷》一轴。四十五年，御制五言律诗一首，又赐御临董其昌《畸墅诗帖》一卷。

乾隆皇帝南巡时，至少两次在"净香园"早膳。[2] "净香园"之外，"青琅玕馆"一景亦颇为别致：

> 青琅玕馆亦江春别业。竹舫外，石笋林立，错置于长廊修竹间，春雨含滋，秋风乡籁，自饶佳趣。乾隆四十五年，皇上临幸，御制七言诗一首。

---

[1] （清）李斗：《扬州画舫录》卷七《城南录》，第171页。另，同书卷四《新城北录》（第90页）云："汪玉枢，字辰垣，号恬斋，歙县人。事迹载九峰园中。"
[2] 中国第一历史档案馆、扬州市档案局编：《清宫扬州御档选编》，第192、224页。

"净香园"与"青琅玕馆"旧址皆在虹桥东岸,今江苏省扬州工人疗养院内。此外,还有"香海慈云":

> 香海慈云,布政使衔江春于河浦之北置水栅,榜曰香海慈云,内涵碧沼,广盈数亩。中有海云龛,奉大士像。南有来薰堂,堂之东有春波桥。

"香海慈云"的旧址,在今江苏省扬州工人疗养院北部,前湖后浦,湖种红荷花,植木为标以护之;浦种白荷花,筑土为堤以护之。堤上开小口,使浦水与湖水通。上立枋楔,左右四柱,中实"香海慈云"之额。

上述诸园的主人江春出自歙县。在清代,扬州的八大盐务总商中,来自歙县者为数众多。这些徽州盐商,都在扬州筑有园亭,如"梅岭春深":

> 梅岭春深,即长春岭。保障河自北而来,与迎恩河会。二水涟漪,回绕山麓。候补主事程志铨植梅岭上,南下各为亭馆。候选大理寺寺丞余照辟而广之,为堂,为曲槛,为水亭,益增其胜。

"梅岭春深"旧址即今瘦西湖公园内"小金山"所在地。据《扬州画舫录》记载,"梅岭春深"在保障湖中,乾隆二十二年(1757)间,程氏加葺虚土,竖木三匝,上建关帝庙。庙前叠石马头,左建玉板桥,右构岭上草堂。堂后开路上岭,中建观音殿。岭上多梅树,上构六万亭。岭西复构小屋三楹,名曰"钓渚"。程志铨字元恒,为著名学者程梦星(午桥)[1]之兄。而余照字冠五,擅长于诗。[2]

从文献记载来看,程志铨为歙县岑山渡人,其人出自清代前期著名的扬州盐务总商家族。与此一家族相关的,还有"莲性寺":

> 莲性寺,旧名法海寺,圣祖仁皇帝赐今名。乾隆十六年、二十二年、二十七年,皇上南巡,赐额题诗。三十年,又赐《大悲陀罗尼经》一部。寺四面环水,中有白塔,有夕阳双寺楼、云山阁。门前为法海桥,寺后则莲花桥。候选理问程大煐、候选州同孙嗣

---

1 程梦星为翰林院编修,(雍正)《扬州府志》的纂修者。此外,他还主持编纂有歙县《岑山渡程氏支谱》。
2 (清)李斗:《扬州画舫录》卷十三《桥西录》,第302页。

昌、候选运副巴在仕等重修。

莲性寺本名法海寺，创于元代至元年间，寺名由康熙皇帝所改。康熙御制《上巳日再登金山诗》一首，书唐人绝句一首，临董其昌书绝句一首，并赐"众香清梵"匾，皆石刻建亭，供奉寺中。中建三世佛殿，旁庑十余楹，通郝公祠，后建白塔，仿京师万岁山塔式。[1] 及至咸丰兵燹，寺毁。光绪中叶，初建山门，再建云山阁。民国年间，寺僧募建大殿，渐复旧观。寺在今瘦西湖公园内。此处提及的莲性寺内所仿京师万岁山塔式一景，即"白塔晴云"：

> 白塔晴云，按察使衔程扬宗、州同吴辅椿先后营建。乾隆四十四年，候选道张霞重修。对岸与莲性白塔对，故名，有花南水北之堂、积翠轩、林香草堂诸景。今候选运副巴树保修葺。

根据道光《歙县志》的记载，程扬宗为歙县岑山渡人。"白塔晴云"之旧址在莲花桥北偏西，今瘦西湖公园内，1984年复建。据《扬州画舫录》卷十四《冈东录》记载，乾隆二十二年（1757），官府主持开凿莲花埝新河抵平山堂，两岸皆建名园。北岸构"白塔晴云""石壁流淙"和"锦泉花屿"三段，南岸则构"春台祝寿""筱园花瑞""蜀冈朝旭""春流画舫"和"尺五楼"五段。

在这些园林名胜中，同样是由程扬宗所建、后归巴树保的还有"望春楼"：

> 望春楼与白塔晴云接，亦程扬宗等先后营建，张霞重建。琢石为池，左右二桥，湾环如月。隔河与熙春台对，今巴树保再葺。

望春楼旧址在"白塔晴云"西，今瘦西湖公园内。对此，《扬州画舫录》亦载："是园为程扬宗建，今归巴树保。"[2] 巴树保在《扬州画舫录》中仅此一见，不过，《扬州画舫录》卷十一《虹桥录上》记载："巴源绶字金章，歙县人，慰祖之兄。……长来扬州，以盐策起家。好游湖上，家有画舫。子树恒，字士能，世其业，运盐场灶，多奇计。"[3] 巴慰祖字禹籍，徽州人，

---

1 （清）李斗：《扬州画舫录》卷十三《桥西录》，第306—307页。
2 同上书卷十四《冈东录》，第329页。
3 同上书卷十一《虹桥录上》，第250页。

居扬州。工八分书,收藏金石最富。[1] 从辈分上看,巴树保或为树恒之弟,或为树恒之族兄弟。另据方志记载,乾隆五十五年(1790),巴树保字丽和,"幼随父迁于仪"。乾隆三十六年(1697)十二月十九日,沙漫洲火,焚盐船六十二,客船无算,伤人极多,尸填江口。巴树保独立捐银3 000余两,设厂捞尸,"市椟掩埋,并置义冢于龙门桥北,分别男妇瘗之",后以义叙,即用盐运司副使候补道。[2] 他还曾在仪征黄泥滩运河边,与其他盐商一起,修建聚宝桥[3],以子光奎赠资政大夫。[4]

除了前述的数处之外,还有"功德山"一景,也与岑山渡程氏有关:

> 功德山,山有观音阁,故亦称观音山,在蜀冈最高处。按察使衔程玓岁事缮葺,山上恭备坐起。乾隆二十二年,蒙皇上赐御制诗章。三十年,御书天池二字匾额,并"渌水入澄照,青山犹古姿"一联,御制五言古体诗一首。又赐御临吴琚《尺牍》卷一轴。山西为"双峰云栈",亦程玓构。两山中开为九曲池,以栈道通之。建听泉楼跨池上,缘山为香露亭、环绿阁,阁下有桥,曰松风水月桥。今程玓同候补理问鲍光猷重修。

功德山即观音山。文中提及了数位徽商。如鲍光猷,字立勋,为歙县蜀源人,"佐兄光甸治鹾维扬,上官知其贤,凡事皆与规画。……后货殖增于前数倍,举归于兄,不私其子。乾隆甲辰,翠华南幸,赐御书福字。庚戌恭祝万寿,由候选布政司理问,加顶带一级"[5]。甲辰即乾隆四十九年(1784),当年皇帝第六次南巡。庚戌为乾隆五十五年(1790),则在画册完成之后。

另据《扬州画舫录》记载,"功德山亦名观音山,高三十三丈,在大义乡,为蜀冈东岸。上建观音寺,一名观音阁。……本朝商人汪应庚重新之。丁丑后,商人程梅子玓、瓒复加修葺,上赐功德林、天池二扁,'渌水入澄照,青山犹古姿'一联、'峻拔为主'四字,临吴琚《说帖》卷子,均泐石供奉寺中"[6]。此处提及的汪应庚,是雍正、乾隆年间著名的扬州盐商。据道光《歙县志》记载,汪应庚字上章,歙县潜口人,业

---

1 (清)李斗:《扬州画舫录》卷二《草河录下》,第55页。
2 (道光)《重修仪征县志》卷三十八。
3 同上书卷三。
4 (道光)《歙县志》卷七。
5 同上书卷八之八。
6 (清)李斗:《扬州画舫录》卷十六《蜀冈录》,第365页。

蹠于扬，遂籍江都。因乐善好施，被官府特授光禄少卿。[1] 汪应庚在苏北各地声名显赫，他在扬州编有《平山揽胜录》，参与《甘泉县志》的编修。[2] 在盐城，"以好施著闻新（兴）、伍（祐）间"。雍正年间，伍祐盐场灾荒，他出资赈粥长达三月，后运谷至丹徒，救活饥民九万余口。[3] 乾隆三年（1738），汪应庚在瓜洲南圩捐置学田1 398亩，以其租作为府县学文庙岁修之用，余款则于乡试之年，分给扬州府、江都、甘泉三学文武诸生资斧，名曰汪项。[4] 关于这些，清宫档案中有多篇两淮盐政官员上疏提请议叙奖赏的档案。

以往所有版本的《扬州画舫录》，均将"玓、瓄"视作一人。据此可知，程玓、程瓄当为商人程枘之子。另据道光《歙县志》记载，程玓为岑山渡人。

另外，由程瓄所建者，还有"山亭野眺"：

在功德山之半。（布政使）理问衔程瓄建、候选道程如霍重修。前为南楼，为深竹厅。山后临池为屋，曰"芰荷深处"。今程玓、鲍光猷又修。

山亭野眺旧址在今观音禅寺西南半山上。

在清代的扬州，歙县徐氏亦相当著名。"御题水竹居"一景，即与徐氏有关：

水竹居，旧称石壁流淙，奉宸苑卿徐士业园。其侄候选道徐骐甡、候选运同徐宥先后修葺。园前面河，后依石壁……

"水竹居"旧址在今瘦西湖公园北区，保障河东岸。关于侨寓广陵的歙县徐氏，《扬州画舫录》中颇多记载，如："徐赞侯，歙县人，业盐扬州，与程泽弓、汪令闻齐名。家南河下街，与康山草堂比邻。有晴庄、墨耕学圃、交翠林诸胜。毁垣即与江氏康山为一。南巡时，江氏借之为康山退园，故亦得以恭迓翠华，传为胜事，遂与北郊之水竹居并称矣。"[5] 徐璟庆

---

1 （道光）《歙县志》卷八之八。
2 （光绪）《甘泉县志》引"甘泉县原志修志职名"。
3 （光绪）《盐城县志》卷十二。
4 （光绪）《江都县续志》"学校考"第六。
5 （清）李斗：《扬州画舫录》卷十四《冈东录》，第333—334页。关于这一点，亦可参见嘉庆五年（1800）十二月十二日"奏饬乏商徐春源自行觅售私宅园亭毋再请公买贪得重价事"，中国第一历史档案馆、扬州市档案局编：《清宫扬州御档选编》第4册，第275—277页。

字赞侯,来自歙县路口,自其祖、父开始侨寓广陵。[1] 徐赞侯之子徐士业字建勋,曾增建京师歙县会馆南院屋舍。[2] 徐骐甡为徐士修(士业之兄)的儿子,亦写作徐麒甡,乾隆二十五年(1760)"以独建洛闽溯本祠,奉部议叙,赐阶三品"[3]。

在莲花硬北岸,还有"锦泉花屿"一景:"前员外郎吴山玉旧业,知府衔张正治重修。"吴山玉为歙县溪南人。"锦泉花屿"旧址在今瘦西湖公园北端,范围包括水中岛屿及东岸一带。而在莲花硬南岸,则有"春台祝寿":

> 乾隆二十二年,奉宸苑卿衔汪廷璋起"熙春台"。其子按察使衔焘,其弟候选道元珽重修。飞甍丹槛,高出云表。又于其左为曲楼数十楹,以属于小园。今廷璋侄孙,议叙四品职衔承璧再修,为两淮人士献寿呼嵩之所。

"春台祝寿"(熙春台)之旧址,在今瘦西湖公园内,1990年复建,这是商人与皇室紧密交结的重要标志。对此,《扬州画舫录》记载:"春台祝寿在莲花桥南岸,汪氏所建。由法海桥内河出口,筑扇面厅,前檐如唇,后檐如齿,两旁如八字,其中虚橒,如折叠聚头扇。厅内屏风窗牖,又各自成其扇面。最佳者,夜间燃灯厅上,掩映水中,如一碗扇面灯。"[4] 文中的汪氏亦即汪廷璋,此人为扬州盐商巨子,与著名文人袁枚有姻戚关系。关于其人的生平,《扬州画舫录》有一小传:

> 汪廷璋字令闻,号敬亭,歙县稠墅人。自其先世大千迁扬州,以盐策起家,甲第为淮南之冠,人谓其族为铁门限。父交加,声如洪钟,……守财帛,富至千万,寿八十。子二,令闻其长子也。好蓄古玩,晚筑六浅村舍自居。……令闻子焘,字春明。[5]

根据前述的题记,汪焘身有按察使的头衔,是歙县六位"恭办大差"而获奖赏的扬州

---

1 (清)徐景京、徐璟庆编辑:《歙西傅溪徐氏族谱》序,第2页下、第3页上,香港中文大学图书馆藏胶片。据《傅溪徐氏族谱》卷五《汇纪》(第6页上)记载,傅溪徐氏自三十八世伟芳公"持盐策侨居扬郡,为两淮祭酒者数十年"。参见:该书卷十《附分迁备考》,第2页上;卷二十二《前礼部儒士傅岩徐公暨元配洪孺人合葬墓志铭》,第31页上。据此推测,徐氏始迁扬州,大约是在清初的康熙年间。
2 (民国)《歙县志》卷九。
3 (道光)《歙县志》卷七之六。
4 (清)李斗:《扬州画舫录》卷十五《冈西录》,第340页。
5 同上书,第350页。

盐商。

乾隆三十年（1765），扬州北郊建"拳石洞天""西园曲水""虹桥揽胜""冶春诗社""长堤春柳""荷浦薰风""碧玉交流""四桥烟雨""春台明月""白塔晴云""三过留踪""蜀冈晚照""万松叠翠""花屿双泉""双峰云栈""山亭野眺""临水红霞""绿稻香来""竹楼小市"和"平冈艳雪"二十景。其中的"万松叠翠"一景，其旧址在今瘦西湖公园北端，扬州金陵西湖山庄东部一带。对此，《江南园林胜景》图册记载：

> 奉宸苑卿衔吴禧祖构，候选布政司经历汪文瑜重修，今候选州同张熊又修。园对蜀冈，冈上万松森立，滴露飘花，近落衣袖。

"万松叠翠"在微波峡西，因为吴禧祖所构，故一名吴园。据道光《歙县志》的记载，吴禧祖祖籍歙县西溪南，当时已入籍江都[1]，曾于乾隆五年（1740）与镇江士绅一起，创立焦山救生船，并拾开沙江枯骨，葬于焦山义冢。[2] 此外，"春流画舫"旧址在今瘦西湖公园北侧，即扬州瘦西湖度假村东北一带，也是由吴禧祖构建，汪文瑜重修，张熊又修。

除了上述这些由徽商单独兴建的，还有两淮盐商的集体兴作。其中最为典型的，如"万寿重宁寺"：

> 万寿重宁寺，在天宁寺后。乾隆四十八年，两淮商人庀材，呈请建造，永为我皇上祝厘之所。……寺之正殿供奉三世佛，旁肖十六罗汉像。殿前东西分建御碑亭二座，钟、鼓楼峙其南。又前为天王殿，为寺门，古树夹植，望之蔚然深秀。殿后为佛楼，迤东为文昌阁，金碧参差，高下辉映。延僧启建道场，恭祝圣寿，极人天供养之隆，昭臣民望幸之切。寺左为东园，亭台联属，一水流通。两淮官商重加修葺，敬备坐起。

"万寿重宁寺"为清代扬州八大名刹之一。寺址在今天宁寺北面，长征路上。旧址还包括江氏东园，内有熙春堂、俯鉴室、琅玕丛诸胜。

---

[1] （嘉庆）《重修扬州府志》卷五十二《人物·笃行》，台北：成文出版社，1974年，第4081页。
[2] （民国）《续丹徒县志》卷十四。

三 余 论

扬州城市承载了众多的历史记忆,而今,虽然历经了数百年的世事沧桑,仍以著名的园林城市蜚声远近,这与明清盐商的长期经营密切相关。据《两淮盐法志》记载,"淮南禺策所入,可当天下租赋之半,官、商上下皆宽然有余裕,贤者馆游士,养食客,赒无告之民;否则治园亭,教歌舞,岁糜金钱无算"[1]。清代扬州城市景观之嬗变与文化的空前繁荣,正是建筑在这些丰厚的盐商资本基础之上。

在这种背景下,扬州园林甲于天下,素来为世人所瞩目。对此,乾隆时人刘大观评价说:"杭州以湖山胜,苏州以市肆胜,扬州以园亭胜。三者鼎峙,不分轩轾。"此一断语,一时颇成定评。道光年间梁章钜在其《浪迹丛谈》中也称:"扬城中园林之美,甲于南中。"而晚清时期的金安清,更在其《水窗春呓》中盛赞:"扬州园林之胜,甲于天下。"[2] 类似的评价,还有相当不少。

那么,何以有着如此之高的评价?笔者认为,这与扬州园林在康、乾二帝频繁南巡(尤其是乾隆六度南巡)中扮演的角色密切相关。对于这一看法,此处分两个方面展开分析:

其一,以往研究者很少注意到在南巡中供奉宸赏的徽商所得到的回报。乾隆二十七年(1762)二月十四日上谕称:

> 朕此次南巡,所有两淮众商承办差务,皆能踊跃急公,宜沛特恩,以示奖励。其已加奉宸苑卿之黄履暹、洪徵治、江春、吴禧祖各加一级;已加按察使衔之徐士业、汪立德、王勋俱著加奉宸苑卿衔;李志勋、汪秉德、毕本恕、汪煮,著加按察使衔;程徵棨著赏给六品职衔;程扬宗、程玓、吴山玉、汪长馨俱著各加一级。[3]

可见,黄履暹、洪徵治、江春、吴禧祖、徐士业、汪立德和王勋诸人,皆有"奉宸苑卿"[4]的头衔。上述七人中,除了王勋之外,其他皆为徽商。不过,根据道光《歙县志》卷七之六的记载,当时有"八人均以恭办大差,钦锡奉宸苑卿",详见表1:

---

1 (光绪)《两淮盐法志》卷一五〇《杂纪门·祠宇》。
2 (清)金安清:《水窗春呓》卷下《维扬胜地》,北京:中华书局,1984年,第72页。
3 (嘉庆)《重修扬州府志》卷一《巡幸一》,第160页。
4 "奉宸苑卿"有时亦写作"奉宸院卿",如乾隆十六年(1751)正月二十一日《奏为奉旨恩赏奉宸院卿谢恩事》,见《清宫扬州御档》第5册,第2715—2716页。(光绪)《增修甘泉县志》卷首,亦提及"奉宸院卿汪廷璋"。

表 1　歙县籍奉宸苑卿及其所建扬州园林

姓名	村名	扬州园林	备 注
黄履暹	潭渡	趣园（四桥烟雨、水云胜概）	
洪徵治	桂林	卷石洞天（小虹园）、倚虹园（虹桥修禊、柳湖春泛）	
江　春	江村	净香园、康山	
汪廷璋	稠墅	平流涌瀑、筱园花瑞	
吴家龙	石桥	锦春园	
汪立德	潜口	尺五楼、小香雪	汪应庚之孙
吴禧祖	溪南	春流画舫	
徐士业	路口	水竹居	

《扬州画舫录》的记载："乾隆辛未、丁丑南巡，皆自崇家湾一站至香阜寺，由香阜寺一站至塔湾，其蜀冈三峰及黄、江、程、洪、张、汪、周、王、闵、吴、徐、鲍、田、郑、巴、余、罗、尉诸园亭，或便道，或于塔湾纤道临幸，此圣祖南巡例也。后增天宁寺行宫，香阜寺大营遂改坐落。迨乙酉上方寺建坐落，方于北桥设御马头，至此策马由御道幸上方寺。其马头例铺棕毯，奉谕不准红黄等毡。御道用文砖，亚次暂用石工，余照二十二年定例，用土铺垫。此即至上方寺过运河东岸香阜寺，复过运河西岸高桥、梅花岭、天宁门、天宁街、彩衣街、司前三铺、教场、辕门桥、多子街、埂子上、出钞关、花觉行至钞关马头御道也。"上述诸景皆位于南巡路线沿途，有的多次接驾，故而与其他一般的园林不可同日而语。这一点对于清代扬州城市的变迁，具有重大的影响。

当时，上述八位歙县盐商因供奉宸赏不遗余力，故被赐以"奉宸苑卿"的头衔。据《钦定大清会典则例》卷一六七的记载，奉宸苑始建于康熙二十三年（1684），由内务府总管一人执掌，管理一切苑囿事务。雍正六年（1728），奏准奉宸苑卿定为三品，执掌园囿禁令并本苑事务。乾隆十四年（1749）三月，复定奉宸苑卿额定二缺，一由侍卫简放，一由内务府郎中补授。从扬州盐商（其中除了八位徽州盐商外，还有数位山西商人）被赐以"奉宸苑卿"头衔来看，至少上述诸多园林系属行宫园林，具有准皇家园林的性质。

其二，乾嘉年间，城外名胜26处，共39个风景点，"率皆商人自修其业，供奉宸游之所"。换言之，这些园林虽然本是商人所修，但在康熙、乾隆皇帝分别六度南巡的背景下，纷纷成了接驾的场所。当时，"广陵东南水陆之冲，聚百货，通四民，而鱼盐之利甲天下，殆浸浸与吴门、白下埒矣。……广陵以鱼盐,奔走四方之豪杰,而新安之人十居七八"[1]。在盐务全盛时期,扬州号称徽商"殖民地"。诚如近人陈去病《五石脂》记载:"扬州之盛,实徽商开之,扬盖徽商殖民地也。故徽郡大姓,如汪、程、江、洪、潘、郑、黄、许诸氏,扬州莫不有之,大略皆因流寓而著籍者也。"徽商的活动,为扬州城市景观留下了深深的印迹。

扬州的一些园林,其维修及扩建的经费出自盐政。乾隆三十四年(1769)前后,两淮盐政官员尤拔世曾上奏:"江广达、黄元德等修理趣园、倚虹园、净香园、平山堂、观音山、九峰园等处,及与此类相似之工程,多系伊等自有之园亭,当其缮葺时,如果各出己资,丝毫不支官项,则目前摊派通纲,伊等尚可对众商而无愧;若一切工作,悉皆取给公中,伊等因系经手之总商,遂得任意开销装饰。彼时既冒独力办差之名滥膺恩赏,且以私家别业,藉口公事,糜费增新,仍得据为己有。"[2]尽管当时有如此看法,但因盐商与皇室密切的关系,此种情形并未得到根本性的遏止。这是因为乾隆三十四年以后,弘历仍然两度南巡。而上述诸处,在乾隆皇帝南巡时,都成为"行宫名胜"的一部分。如乾隆四十九年(1784)弘历第六次南巡,根据清宫档案当年二月二十七日的记载:

奏事太监秦禄传旨,明日早膳净香园行宫伺候,钦此。

二月二十捌日初刻请驾,卯正净香园行宫进早膳,用折叠膳桌摆酸辣羊肚热锅一品(双林做),葱椒鸭子一品,燕窝锅烧肥鸡一品(郑二做),羊肉丝一品,清蒸鸭子糊猪肉卷攒盘一品,糊猪肉攒盘一品,竹节卷小馒首一品,孙泥额芬白糕一品。

伊龄阿进菜四品,饽饽二品,银葵花盒小菜一品,银碟小菜四品,风肉一碟。

随送烂鸭子下面进一品,果子粥进□。

额食二桌,饽饽六品,奶子一品,内管领炉食四品,共一桌;盘肉四品,羊肉二方,共一桌。

上进毕,赏用。[3]

"净香园"为江春所建,可见在乾隆第六次南巡时,的确是作为"行宫名胜"而为皇帝所临幸。这种情况,直到乾隆五十五年(1790)弘历正式颁布"圣驾不复巡幸扬州启"[4]后

---

1 (清)徐景京、徐璟庆编辑:《歙西傅溪徐氏族谱·序》,第1页上、下。
2 中国第一历史档案馆、扬州市档案局编:《清宫扬州御档选编》第2册,第135页。
3 同上书第3册,第224页。
4 同上书第3册,第228—229页。

方才有所改观。由于皇帝不再南巡，对于扬州的"行宫名胜"遂产生了极为严重的影响。对此，道光十四年（1834），著名学者阮元在《揅经室再续集·〈扬州画舫录〉二跋》中指出：

> 扬州全盛，在乾隆四、五十年间。……方翠华南幸，楼台、画舫十里不断。……此后渐衰，楼台倾毁，花木凋零。……大约有僧守者，如小金山、桃花庵、法海寺、平山堂尚在；凡商家园丁管者多废，今止存尺五楼一家矣。盖各园虽修，费尚半存，而至道光间则官全裁，园丁因偶坏欹者，鸣之于商；商之旧家或易姓，或贫无以应之。木瓦继而折坠者，丁即卖其木瓦，官商不能禁；丁知不禁也，虽不折坠亦曳折之……

阮元所说的"各园虽修，费尚半存，而至道光间则官全裁"，显然是指湖上山林系属官园，经费则出自盐务。而从扬州方志来看，这些园林都附属于行宫。据嘉庆《扬州府志》卷四列有《行宫（园林名胜附）》，其中指出：高旻寺行宫建于康熙四十二年（1703），天宁寺行宫建于乾隆二十一年（1756）。其后所附"各园林名胜，沿保障河两岸至平山堂，皆两淮众商构葺，以备游观之所，其间或蒙宸憩，或邀天览，或荷嘉名之锡，或叨睿藻之颁，遂令山水亭台，擅名千古"。所附园林的顺序为城闉清梵、堞云春暖、卷石洞天、西园曲水、倚虹园、九峰园、冶春诗社、净香园、长堤春柳、临水红霞、平冈艳雪、邗上农桑、杏花村舍、梅岭春深、桃花坞、白塔晴云、水竹居、锦泉花屿、春台祝寿、平流涌瀑、筱园花瑞、高咏楼、万松叠翠、春流画舫、尺五楼、双峰云栈、山亭野眺、小香雪、平山堂西园、平山堂、竹西芳径、东园、康山和锦春园。而从《扬州行宫名胜全图》中可见，当时的禹策富贾共建楼廊达5 154间，亭台数则有196座，花费的金钱无从数计。因此，扬州的部分园林，与一般商家自我颐养身心的园林颇有不同，它是"办公办贡"的产物，甚至在某种程度上可以称之为准皇家行宫园林。这一独特的现象，反映了盛清时代皇室、盐政与鹾商之间暧昧的关系。

测绘石库门

——以上海东斯文里街区为案例的考察

刘 源 马学强[*]

近代上海是一座集合城市,分为三大区域,分别是公共租界、法租界、华界,也被称为"三界",各由三个不同的市政机构管辖,彼此独立,"各该机关又按照其自有之特殊法规而行使职权"[1],"按照新时代方式而发展之都市区域"[2],这是近代上海城市发展的整体格局。在近代上海都市的形成过程中,从公共租界到法租界,从上海县城(南市)到闸北,营建了大量石库门住宅。

围绕上海的石库门,我们正在开展多项专题探讨,将陆续出版相关资料集与论著。在石库门研究中,针对不同的石库门街区需要进行深入、细致的分析,同时也需要结合不同学科、不同部门进行合作研究。2014年12月,上海社会科学院城市人文遗产研究团队与静安区规划和土地管理局合作,根据区域内石库门里弄住宅的分布,综合考虑历史、现状等各种因素,选取了10个样本,供课题组调研。在此次调研中,其中有一个样本,就是位于苏州河边的东斯文里街区。本文要讨论的是测绘技术与石库门营造及保护的关系。近代出现的测绘技术,作为建筑的基础环节,将地面上点或线之相互位置绘于纸上,又可将图上各点之位置,设诸地上,是房屋营造、街区扩展中不可或缺的手段。从打样到放样,从地基的测量到街道的规划施工,大量工作与"测绘"有关。同时,随着测绘技术的进步,如数字摄影测量与激光扫描技术的普及,可以获取的空间精度越来越高,方法与手段也越来越智能,这些现代测绘技术可以更好地为石库门街区的复原与保护提供支撑。

---

[*] 刘源,上海社会科学院历史研究所城市史研究专业硕士研究生;马学强,上海社会科学院历史研究所研究员。
[1] 工部局华文处译述:《费唐法官研究上海公共租界情形报告书》(第二编第一卷),1931年,第25页。
[2] 同上书,第28—29页。

一 石库门营造中的测绘

1. 关于东斯文里街区的形成

位于公共租界的斯文里，为上海后期石库门里弄住宅中规模最大的里弄之一。该街区坐落于苏州南路以南，新闸路以北，大田路（大通路）两侧。该处原为广肇山庄等，1914年由英籍犹太人向广肇山庄业主购得基地。东斯文里属于公共租界，从外国人在这一带租地到街区的形成，经历了一个历史过程，我们可以通过对一些地图的解读了解其中的详情。（图2、图3）

至20世纪20年代，此处陆续建成砖木结构，计有两三层楼石库门里弄住宅39幢，706个单元。分东、西两部分，其中东斯文里21幢，388个单元；西斯文里18幢，318个单元，始建于1918年（现已拆除）。建成后的斯文里，可参见图1、图4和图5。

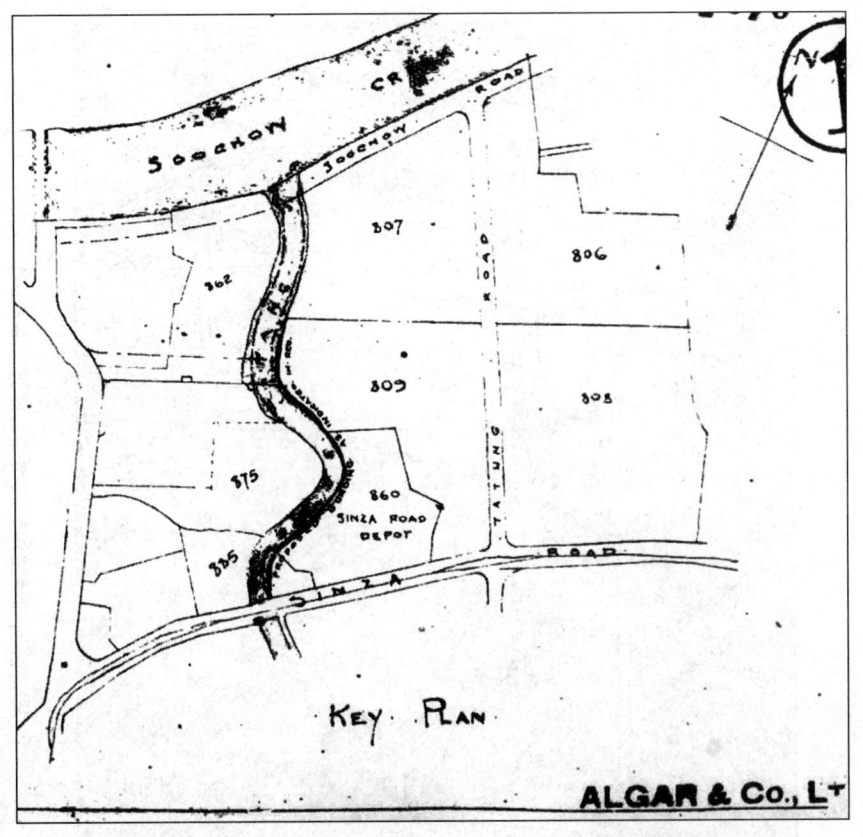

图1 东斯文里街区图（806、808地块）

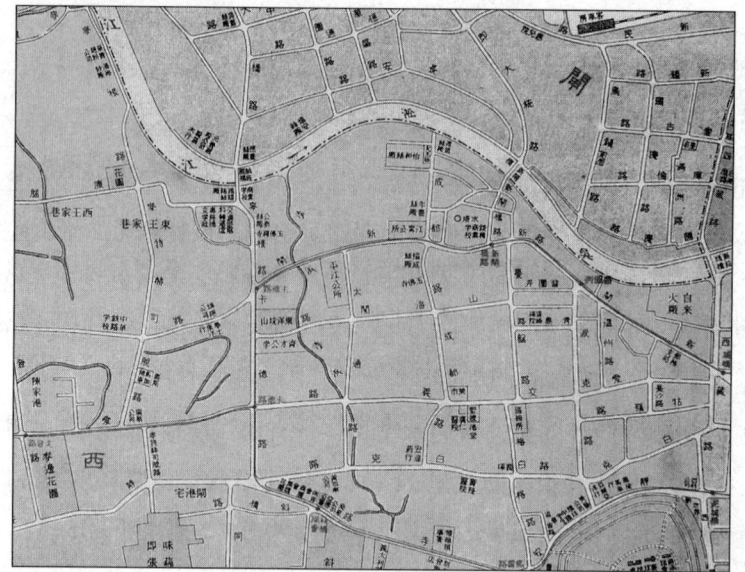

图 2 1917 年上海公共租界西区及闸北分图（局部）

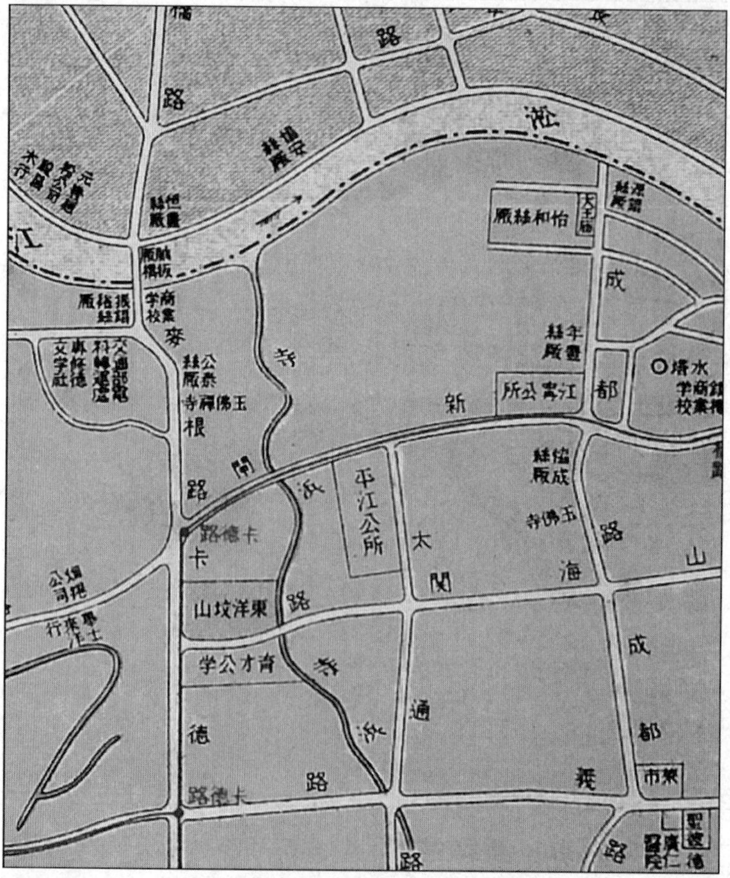

图 3 1917 年上海公共租界西区及闸北局部细节图

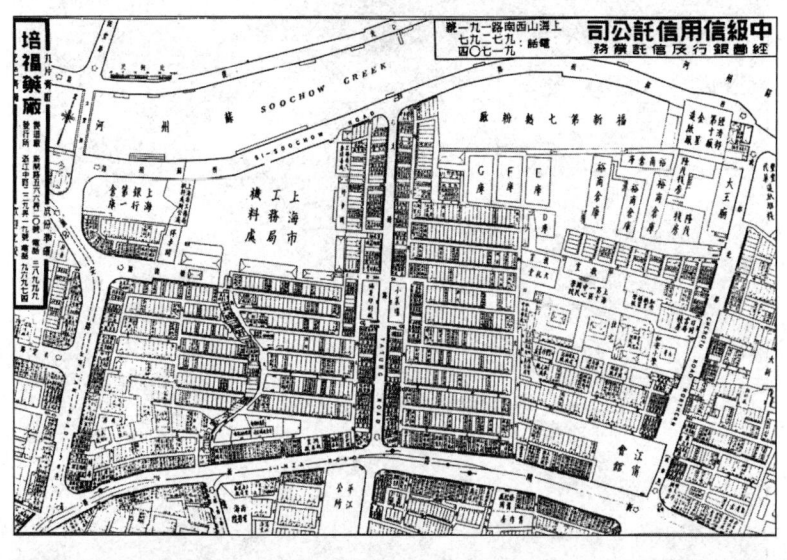

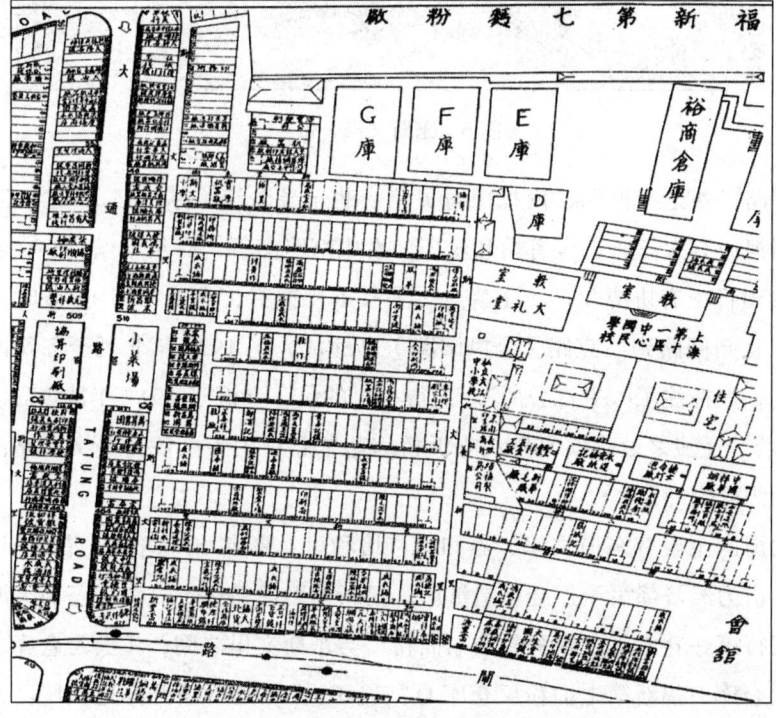

图 4　东斯文里所在街区图[1]

---

[1]　图片来源：《上海市行号路图录》（上册）第 57 图。

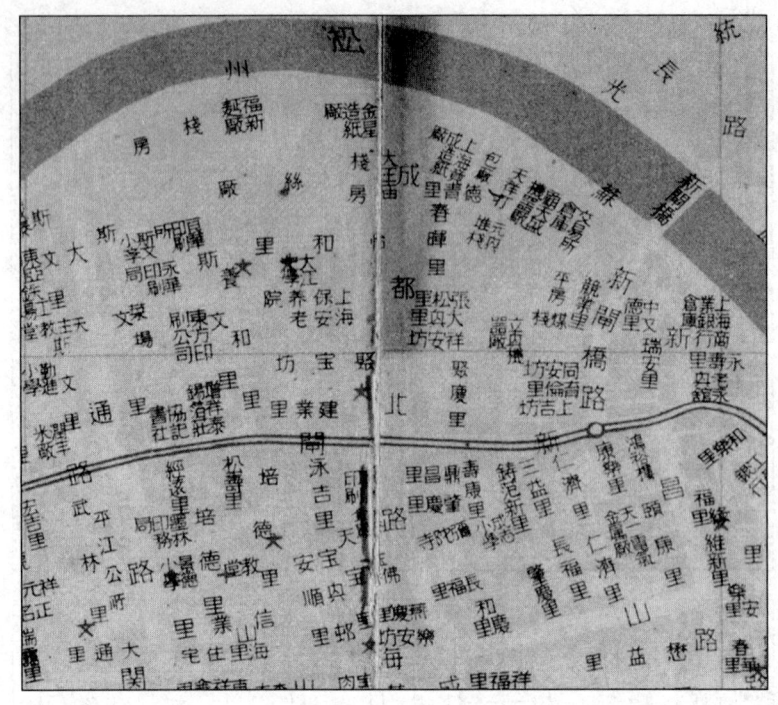

图 5　东斯文里一带[1]

东到成都路，西达寺浜路，南抵山海关路，北至吴淞江（苏州河），这一区域当时的情形如下：苏州河边有大王庙，旁有怡和丝厂，沿成都路南下，有年丰丝厂，在新闸路口有江宁公所。继续南行，有协成丝厂、玉佛寺（另有玉佛禅寺，在麦根路）。彼时，大通路北段还没有开通，从新闸路到白克路（今凤阳路）已建成，至1922年北延至苏州河。在大通路与寺浜路之间，只标注了"平江公所"。值得一提的是，寺浜于1917年被填没。公共租界扩张以后，寺浜，"经流之处多筑马路，寺浜桥为芝罘路；中寺浜桥为爱文义路；南寺浜桥为白克路，又南为静安寺路"[2]。

这一带的街区主要有东斯文里、养和里、怡和里、聚宝坊等组成。沿西苏州河路沿岸，从东而西，依次为经济部第十厂金星造纸厂、福新第七面粉厂，过大通路为上海市工务局机料处、上海银行第一仓库等。在福新第七面粉厂与东斯文里之间，主要是仓库、栈房，有隆茂栈房、裕商仓库、福新第七面粉厂仓库D、E、F、G，还一度开办过丝厂。大通路、新闸路、成都北路一带沿街，主要是各种商店、商铺，街区内设有一些小工厂和作坊。

1　图片来源：《袖珍上海里弄分区精图》第8图。
2　（民国）《上海县续志》卷四《河流》。

2. 石库门营造中有关"测绘"的规定

近代上海，无论是公共租界的工部局、法租界的公董局，还是华界当局，关于石库门建筑的营造，都有各种法律条文的规定，其中不少内容涉及测绘方面，例如，这里，引用 1901 年 9 月 29 日制定的《公共租界工部局中式新房建造章程》[1]就涉及大量测绘内容。如设计图纸，"凡有意建造新房者，应向工部局递交一份房屋底屋平面图和剖面图，其绘制比例不小于 16 呎比 1 吋，以供本局审批。图纸应清楚地表明：（a）墙壁厚度和所有房捐的平均高度；（b）地基上全部可以使用的下水管道和将要敷设的新下水管道，用数字标明尺寸并指明下水流向；（c）拟建的房屋距离最近的大街或小路的相对位置，计划采用的供水办法应加以说明。如果拟建的房屋不是普通的住宅或店铺，申请人还应提交一份绘制比例和设计图相同的立体图，说明计划建造的结构类型。这些递交的平面图等图纸应用墨水和绘图纸、描图纸或描图布绘制，并由申请人签名；图纸应呈交给工部局测量员办事处（工务处），此后，图纸即归工部局所有；在建造过程中，在建筑物施工现场应保存一套图纸抄本，接受测量员或由他正式委任的助理的检查"。

该章程的第五条，即列有"测量员现场检查的权利"：

> 在房屋建造过程中，测量员或其正式委任的助理，为了检查的目的，在任何适当的时间都可以自由地检查建筑物。

在"特殊房屋"中还规定："遇到特殊房屋，例如茶馆、剧院或货栈的情况下，或结构形式异常，例如一根梁横跨两间以上房间的情况，为了建筑物牢固起见，测量员认为有必要时，可以规定并实施增加柱木、楔子、钢架或其他装置；如果按照测量员意见，正在使用的材料种类和采用的构造形式，可能对住户或公众构成危险，必须对其进行更换。"[2] 其中也提到了测量员的责任。

在石库门等房屋的住宅层数、加高地基、庭院地面和通道、厕所设施、基础和基脚、隔火墙房顶、烟囱和烟道、中面上的突出部、通风、地面排水、疏水管道、地下疏水系统等方面，均涉及测量。如"隔火墙"规定：

> 在一排二层楼房屋的情况下，每隔 96 呎至少建造一垛隔火墙，在一排单层房屋情

---

1 《上海建筑施工志》编纂委员会编：《上海建筑施工志》之《附录二：上海近代建筑施工行话选录》，上海：上海社会科学院出版社，1997 年。

2 同上。

况下，每隔120呎至少建造一垛隔火墙，在上述情况下，其中包括由端墙建成的隔火墙。在街角地区，围绕街角测量，隔火墙距离可以分别为120呎和140呎。

室内隔火墙上不得构制和保留任何形式的孔洞。

房外隔火墙厚度至少为12英吋，而中间隔火墙厚度至少为10英吋；隔火墙应完整地向上延伸，超出二楼楼面12英吋，以后继续升高，（如果需要的话，可以砌成空心墙），墙体高出屋顶覆盖面至少2呎（与屋顶坡面垂直测定），而且延伸出房屋前后两排外侧柱子中心线至少12英吋，最后在房屋前后檐沟的前面挑出。隔火墙必须一直延伸到外屋的后部，其尺寸要求与主房相同。

所有隔火墙应使用砖头、石块或其他不易燃的坚固材料建造，并且用质优石灰砂浆砌合构成坚固的整体。

在"地下疏水系统"中，也多次提及测量员："每条笔直的疏水管道，每间隔100呎，或者在疏水管道改变方向的地方和管道的尽头，均应建造一口2×2呎的检查井，其四侧的内底均应用优质硅酸盐水泥打底。在检查井盖被掩埋的情况下，应在最近的房屋上清楚地标明井的位置。待测量员或其正式委任的助理批准以后，疏水管道方可覆盖。除非在别无其他建筑方式可行的地方，疏水管不得建造在通过房屋的地下。在不得已情况下，疏水管应按如下要求敷设在地里，在疏水管最高点的顶部和房屋地面之间，其距离至少等于疏水管的主直径，而且房屋下面的全部疏水管要敷置成一直线，并且要完全埋入地下，周围至少铺盖4吋厚的优质的坚固的石灰混凝土。"[1] 此外，章程的第九、第十三、第二十一款也提及了测量员参与建筑的配合施工时涉及的权利与责任。

这些规定说明了两点：其一，近代测绘技术已在石库门等住宅的营造中应用得十分普遍，测量员直接参与了房屋的营造；其二，作为房屋的营造，凡事须测量，要检验，已经成为一种标准，收录或应用于相关的章程或制度中。

3. 涉及石库门营建的测量机构

相关机构的设置是制度建设的重要组成部分，仍以公共租界为例，在工务处成立之前，公共租界建筑涉及的测绘事宜，并没有专门机构负责。在1869年以前，公共租界工务管理中有关测绘的机构和官员分别为工部局下属的"测量股"和"测量员"，1869年12月后进行部门调整，统一并入"工程师办公室"和"工程师"，《工部局年报》有一份关于年度支出

---

[1]《上海建筑施工志》编纂委员会编：《上海建筑施工志》之《附录二：上海近代建筑施工行话选录》。

的报告中可以看到相关记载。[1]西人包括：1名测量员，年薪1 830银两；1名工务员，年薪367.74银两；1名巡捕路监，年薪780银两；1名巡捕助理总监，年薪382.5银两；另有帮助处理各种杂务的巡捕若干人，年薪合计307.97银两。除上述薪金支出外，测量股还要支付职员津贴、房租、保险费以及购买车辆、马匹、饲料、马具的杂费。而当年工部局总办的年薪为3 925银两，可见测量员在当时的工部局的待遇还是比较优厚的。1875年1月，公共租界工部局测量员奥利弗逝世，3月，董事会任命查尔斯·布鲁克·克拉克（C. B. 克拉克）从工务管理员被提拔为测量员，克拉克一直为公共租界服务到1888年11月，后因健康原因辞去测量员一职，返回英国。[2]由于测量员的空缺，董事会便开会讨论克拉克的继任者，并最终形成共识："对工部局最实用的人很可能来自英国，他应非常精通作为一名工部局测量员所需要的工程、测量等部门的业务，至于他缺乏有关中国人的知识以及和中国人打交道的经验方面的缺点，只要是具有一般聪明才智的人，将是很快可以克服的。"[3]于是最终选择了来自不伦迪西的梅恩作为工部局的测量员，于1889年上任。

自工务处成立以后，情况有所改变。到了20世纪初，租界将原来各个分管建筑事宜的人员统一进来，将工程师处变更为工务处。根据工务处的支出，可知其组成人员包括：工程师及测量员（engineer and surveyor），助理工程师及测量员（assistant engineer and surveyor），房屋测量员（building surveyor），测量员助理（surveying assistant）等，人员规模已相当庞大。[4]工务处内关于测绘的组织机构也逐渐分设完善，如图6所示。

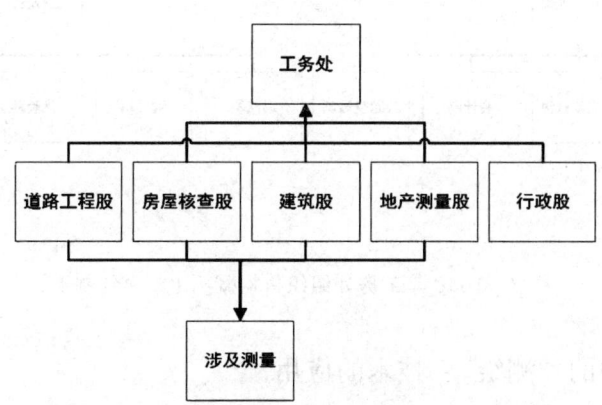

图6　工务处下属职能部门示意图（刘源绘制）

1　详情见1867年《工部局年报》。
2　上海市档案馆编：《工部局董事会会议录》第9册，上海：上海古籍出版社，2001年，第716页。
3　同上书，第686页。
4　详情见1906年《工部局年报》。

其中，"工务处分为左列各股，各股之任务略述如左：行政股综理工务处行政及各处来往函牍；地产测量股绘制正式地图，办理公共租界内一般测量工作，制备图样，商洽收买备冲放宽并延长道路与办理其他市政所用之地面，并估计地价，凭以抽收地税；建筑股办理市建房屋桥梁堤岸等之设计，制图与建筑，以及现有之市建房屋桥梁堤岸等之维持及修缮；房屋审查股核准市民所呈一切新造及修改与扩充现有之房屋图样，发给执照，察视在进行中之上列各项工程，并查验领有执照房屋，以及含有危险性与未获认可之建筑物；道路工程股管理现有道路街巷之修葺维持与扫除"[1]。

1940年，根据公共租界档案披露，工务处有一位处长、两位副处长，分管十个分支机构（图7）。常务副处长（deputy commissioner general）分管土地测量员负责的土地测量科、建筑师负责的建筑审查科、房屋测量员负责的房屋管理科、会计师负责的会计科、监管员负责的公园空地科。另一位副处长（deputy commissioner）分管道路工程师管辖的道路科、沟渠工程师管辖的沟渠科、化学实验师管辖的化验科、工场工程师管辖的工场科、构造工程师管辖的构造科。[2]

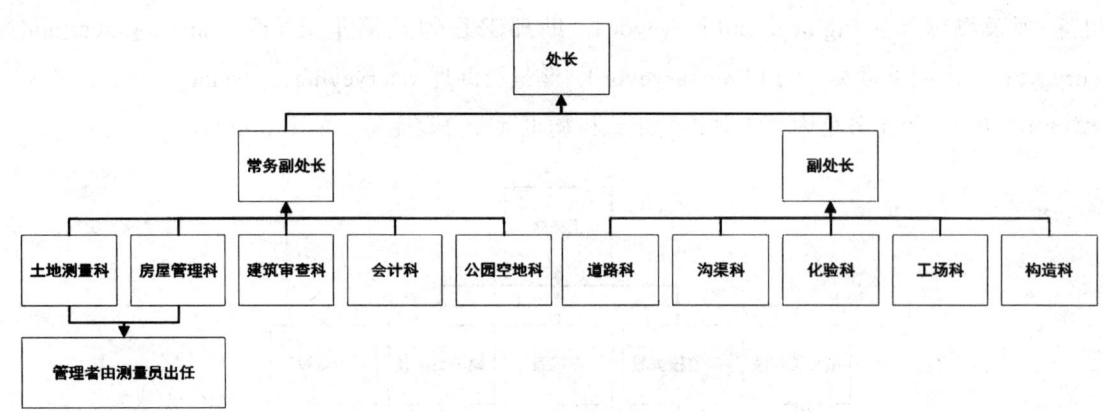

图7　1940年工务处组织机构概况（刘源绘制）

4. 营造技艺中的"测绘"：技术的应用

石库门的设计和建造过程，包括从方案设计、施工图设计、交付施工单位，到最后形成

1　熊月之主编：《稀见上海史志资料丛书》第8册，上海：上海书店出版社，2012年，第221页。
2　《上海公共租界工部局工务处关于组织机构概况介绍及报刊出版建筑图样的文件》，上海市档案馆藏，工部局档案号：U1-14-6327。

成品建筑。这之中凡是和空间信息或者尺寸打交道的地方，都需要测量、绘图，称为打样；而施工时将图纸落实，又需要测量确保实地与图纸的规划相符合，称之为放样。因此，测绘是石库门营造过程中的一门技艺，其中打样多由建筑师完成，放样则由测量人员在现场配合施工。

4.1 建筑绘图——打样

设计绘图是建筑的第一步，打样的工程图是按照投影理论绘制的，是施工的依据，可称之为工程界的通用语言。

工程图样主要包括建筑设计的平面图、剖面图、立面图；建筑构件的轴测投影以及施工过程中建筑与结构的施工图。石库门房屋建造过程中，同样遵循相关的打样规范，文献中亦有相关记载，如关于仪器与材料：

  在建筑事务所中，其新进之练习生，及年轻之绘图员，每喜用硬性铅笔，凡有经验之人每称之为钉。盖软铅笔较之硬铅笔，便于在纸上发表各种观念，至于硬铅笔只能在机械工作上应用之。绘图员在用熟之时，当注意勿趋草，且不能以草率及龌龊之图，归罪于应用之软铅笔。HB及B为最有用之铅笔。在设计上则可以2B铅笔（现时沪上凡无甚重要之图样，大都以极浓之铅笔绘之）。

  橡皮（erasers）　橡皮者，为绘图员之好友也。拭去详图之错误，硬橡皮为最适用。软橡皮为移去纸上错笔痕之用，且能于薄印绘纸上，不致损及其纸面。在研究草图时，橡皮实为最有用之物。夫工作迅速之绘图员，每信任其橡皮之能力，故敢大胆以进行其工作。

  全副仪具（set of instruments）　"工欲善其事，必先利其器。"自以采用优良之用具为上可以装用铅笔头墨笔头并能加长之大小圆规一副、大小分度仪二副、分度小弹弓规一副、能装铅笔头墨笔头小弹弓规一副、划线笔二枝，是为普通绘图员所用仪器会中之必需物也。

  绘图板（drawing boards）　绘图板。须备两块，一块为划小样之用，一块为划大样之用，长短宽狭视地位而定。此种绘图板之每边须光直，最好以硬木为之。其中心则以软性桧木成之为最适用。板后须用木条钉搭，以防木质收缩，而生离缝。（有多家事务所则用全桧木。）其做工须精细，并且加以保护。倘其四角均为正确之直角，则可利用丁字尺，在左右两边划极长之线，否则丁字尺只能用之于板之左边而已。"[1]

也有关于绘图原理的介绍："建筑绘图者，系几何式也。倘学者欲依一模型物而绘出图样时，则先当明了做该模型物者之原意，再考虑自己进行之方法。要绘出使人完全明了该模型之样式大小内容于纸上者，非具有平面图、剖面图、竖面图（一称平视图、部视图、竖视图）不可。如学者要以一吋作四呎或一吋作八呎等之比例尺绘之，则先须量出欲摹绘之模型大小之尺寸，放大之或缩小之。（甲）平面图之定义（plan）。房屋之平面图者，系墙柱等物横部之面样也，足以表示开间之大小。房间之作用、厅堂庭院之位置，以及各种建筑之地位，大小、宽狭、长短，如墙、门、窗方柱、圆柱、半露柱、火炉架、楼梯等，进言之，可视为建筑物半面之印象，在平面图上，其结构均以平部面表明。故平面图之第一意义乃表明建筑物之地位，为设计最先之计划图样也。（乙）剖面图之定义（section）。剖面图（亦称'川宫图'）系房屋之垂直剖面，表明内部建筑物及结构之图样也。与平面图之大小地位完全相同，惟一为横剖（平面图），一为直剖（剖面图）而已。欲表明建筑物之主要结构，非此图不可。但一张剖面图，不足以表明其内部之一切。普通至少须有二张，一张纵长剖面部（一称'进深川宫图'，longitudinal section），为房屋正面之垂直剖面，一系正横剖面图（一称'横梭川宫图'）（transverse section）。有时图样上，苟内部装修等物，处于竖面图内，不能表明其结构，而于事实上必须显示者，则可划虚线以表明之，如烟囱、眼楼、楼梯、踏步等等。（丙）竖面图之定义（elevation）。竖面图系表明建筑物外部式样、高低、大小之图样也。建筑物四周式样不同者，须备有正面图（front elevation）、侧面图（side elevation）、后面图（rear elevation）以表明之（一称'正视图、侧视图、后视图'），否则不能表显建筑物外部式样之完备焉。"[2]

在了解了相关的内容后，我们依据东斯文里一带石库门图纸，结合"测绘"做一些实证性的工作。（图8至图12）

原有的石库门图纸，有的因年代久远而模糊不清，有的由于早年技术条件限制或有所偏差，此次经过图纸复核与实地勘察，予以复原，使得石库门住宅的构造更加清晰、直观。

---

[1] 陈炎林编著：《上海地产大全》，上海：上海书店出版社，1991年，第423页。标点符号根据现在行文习惯修改。
[2] 同上书，第424页。

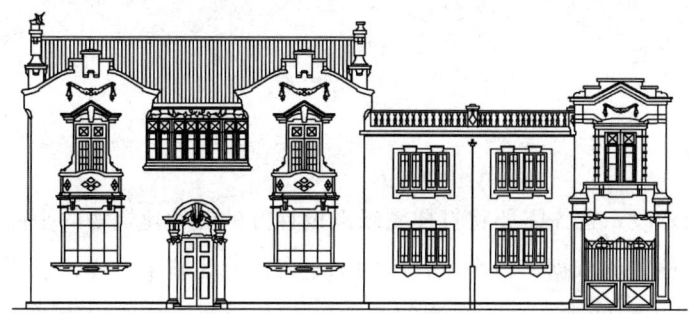

图 8　公共租界 1033 地块（斯文里）No. 322 石库门前立面图 [1]

图 9　公共租界 1033 地块（斯文里）No. 322 石库门剖面图 [2]

图 10　公共租界 1033 地块（斯文里）No. 322 石库门剖面图 [3]

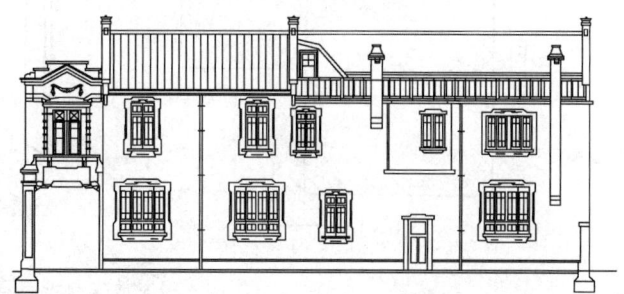

图 11　公共租界 1033 地块（斯文里）No. 322 石库门后立面图 [4]

1　图片来源：马学强主编：《上海石库门珍贵文献选辑》，北京：商务印书馆，2018 年。刘源改绘。
2　图片来源：同上。
3　图片来源：同上。
4　图片来源：同上。

4.2 工程测量——放样

一般的工程从图纸进入施工阶段，首先需要将打样图纸上设计好的各种建筑物的平面位置和高程在实地标定出来，作为施工的依据。这个过程中的测量工作称为施工放样，也称为测设，是确保施工按照图纸正常进行的重要工作。测图是将地面上的地形和地物的平面位置和高程测绘到地形图上，放样也可以理解为它的反过程。房屋放样的普通方法，如图13所示。

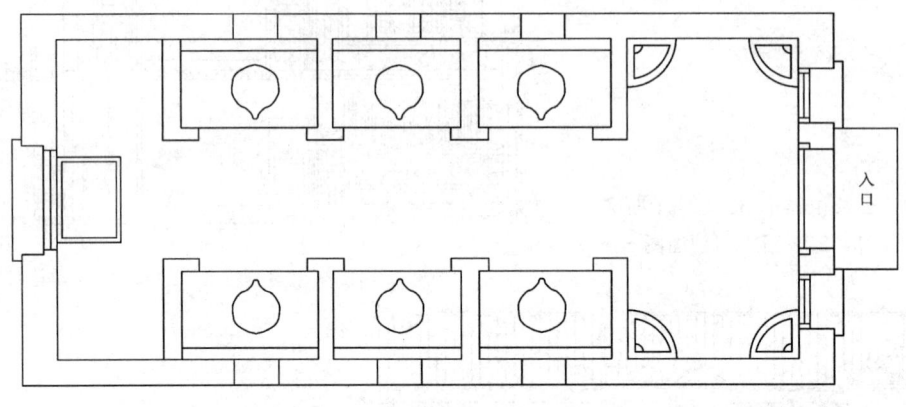

图 12　斯文里中某公共卫生间平面图[1]

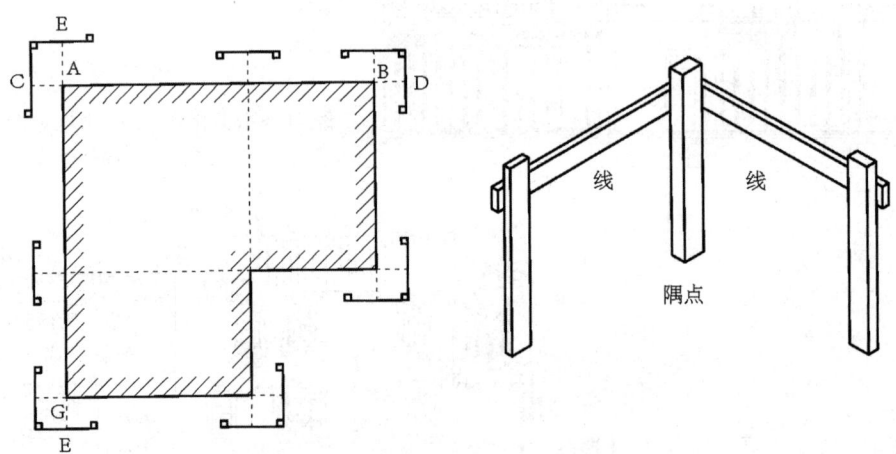

图 13　房屋放样原理示意图[2]

1　图片来源：马学强主编：《上海石库门珍贵文献选辑》。刘源改绘。
2　图片来源：同上。

在房屋施工时，有屋隅如 A 点，在基础挖土时，必被拔去。故设立木桩在建筑线外，而钉样板于木桩上，以表明屋隅的位置。操作如下，先于 A 点钉以木桩，当仪器在 A 点，后视 B 点，在样板上做记号 C、D，旋转 90 度，确定 G，并做记号 E、F 于样板，因此当 A 点在地基施工被移去后，可将 CD、EF 连成线，屋隅的位置为两线的交点，确定这个建筑物应当所处的位置。放样过程中，对于建筑物周边地形的测量十分重要，在上海房屋的营造过程的丈量工作记载如下：

上海土地平坦，无须高低之测量，只用平面丈量之法可矣。

测量用具：标杆、步弓、木尺、卷尺、绳尺、测锁、经纬仪。

标杆——以直以竖之木制之，长自六尺至十余尺，上漆以红白色，下端贯以铁椎，以便插入土中，作为距离及方向标识之用。除土地局工部局等丈量土地及地产公司丈量较大之地外，普通不多用之，因携带不甚便利也。

步弓——如仪器中之二脚规，以木制之，上有手柄，昔日多以之量距离之数，近不多见，每步约合五尺。

木尺——以木制之，上划尺寸，长不及一丈，便于丈量较近之距离，营造家多用之。

卷尺——分皮尺、布尺与钢尺，长度为五十尺或一百尺，或为二百尺不等，又分为英尺与法米，或二面均有者，外壳以革制之，因其便于携带，故上海丈量亩数，不论大小多用之。

惟布尺与皮尺不能沾潮，因遇湿则将缩短反之，如遇空气过燥。则将伸长，或用力拉之亦有此弊。故用此等量尺，常有不精确之虞。如系钢尺则无此弊，所以当局现时丈量土地时多用之。

绳尺——如卷尺式，亦能纳入木壳或皮壳中，亦有因天气燥湿而伸缩之弊。以麻绳为之，其上划有尺数。此种绳尺。现时上海用者不多。

测锁——以细铁棒连结之，每结头处车以小环，每十节环上附黄铜一片。其长不一，或二十米，或百尺。其量甚重，不便携带，故上海现时不多用之。

测针——以铁制，用以志明已经或将要丈量之地点。上海之准确测量。有时用之，而普通则多以铅粉作记。

经纬仪——用以测角度之用，如丈量面积较大之地，要求迅速之得数，则非此不可，但价值颇昂，非小地产公司所能购用，且上海之地势情形，亦无须用之。

丈量亩数，以对角线之测量法为最准确。其法分一地为数三角形，自各三角形之顶数至底边，设定一九十度之垂直线，以底线之长，乘直线之高。除去半数，得之三角形之面积，再将各三角形之面积相加，即得该地之总面积。[1]

5. 关于石库门建筑测绘的进一步讨论

一些石库门留存至今，也许其平、立、剖面图已经佚散，但是可以通过对已经建成的建筑进行测绘，对其物理信息进行采集、测量、处理、管理、更新，从而实现资料反求，将历史建筑重新转化表达为建筑设计的图式语言。在过往的研究中，一些学者很早就开始重视建筑测绘，用以作为研究和保护之用。以柏石曼（Ernst Boerschmann，又译作鲍希曼）为代表的西方人最先使用测绘技术开始对中国建筑进行记录。他对中国建筑文化产生强烈的兴趣并来到中国进行建筑考察与测绘，出版多部专著，包括《中国建筑》（*Chinesische Baukeramik*, Berlin, 1927）等。[2]

而以梁思成为代表的中国学者也开始认识到建筑研究的重要性与必要性："以测绘绘图摄影各法将各种典型建筑实物作有系统秩序的记录是必须速做的；因为古物的命运在危险中，调查同破坏力量正好像在竞赛；多多采访实例，一方面可以作学术的研究，一方面也可以社会保护。"[3] 梁思成也在自身研究建筑史的过程中付诸实践，他1932年赴蓟县考察独乐寺，写就《蓟县独乐寺观音阁山门考》，将文献与测绘有机结合进行建筑记录，其学术成果在当时建筑学界就引起强烈反响，成为中国建筑遗产保护研究史上的坐标性成果。[4]

石库门营造所涉及的度量及相关工作有一些规范性内容值得关注，其中隐含着很多的信息："对于旧房屋度量，其一在改建之时，其二为画出各部分以为将来或目前研究之用。（甲）材料——最佳之方法。当携带一小绘图板、丁字尺、三角板及方格纸，以画房屋图样。为便利计，可参照前图以明运用方格画之方法。（乙）量尺——长宽高厚之尺寸，可以皮尺量得，然为求正确起见，当用钢皮尺为上。（丙）测高之基线——按普通规例，对于木架房屋最佳之量法，系从门窗栏之线平量起，最后画出剖面图，以表明窗口及墙壁之关系。在砖造或石造之房屋，则当自外墙面量得之。而房屋之高度，则当自第一层之地平面量起。倘有颇多之凸出处，则当另画一直基线，以为测量之根据。苟旧房屋在地平线之外者。当另画一线以作上下测量之根据。（丁）水平仪——水平仪在求得房屋之齐或斜之度数，颇为便利。此物本

---

1 陈炎林编著：《上海地产大全》，第535—536页。
2 ［德］恩斯特·柏石曼：《寻访1906—1909：西人眼中的晚清建筑》，沈弘译，天津：百花文艺出版社，2005年，第1页。
3 梁思成：《为什么研究中国建筑》，《建筑学报》1986年第9期。
4 王莉慧：《建筑史解码人：建筑史学家》，北京：中国建筑工业出版社，2006年，第23页。

为铁路工程师所用之小工具，以便升高轨道之两端水平仪也。（戊）竖面之量法——须量其全部之距离并内部之高度，自下层地板起量至上层止（连地板之厚度在内）。有时须自地层起量至屋顶止，如能自房屋之外部坠下一线，以对正其高度，则为更佳。量时亦须注明玻璃窗之大小，及窗框之宽度，并须注意窗之中心，及石或砖所砌洞口之边缘，屋顶之高低，可用水平仪得之，而上升之角度可用尺量之。如是则外面之宽阔，及完全上升之度数，亦可得之矣。使用此种方法最简便之工具，即为作场中之量尺，上有水平仪者也。（己）拱形之量法——要知拱形之量法，先须参阅附图。图中所示 A 之高度，自地面至拱形起源点，B 为全高度，C 为宽度。拱形之量法，须先求其半径，划一 DF 线相对弧线，量 DE 之距离。此距离之一端是为弧线上之一点，其他相距之点亦能由 DF 线上得之。（庚）凸出物之量法——凸出物之量法，可用垂直线量得之，圆柱之径可在两平行直边量得之，或将其周圆用 3.141 5 除之亦可。不得度量之部分，或在不能达到之部分，其量法可将房屋已量部分，及未量部分均以照片拍下，在照片上以已量部分，与未量部分作为比例，如此则未量部分亦可得矣。（辛）大约数——在用砖或石或木所造之房屋，其量法有多种，总数可由已知物件上求得之。倘欲迅速从事，其尺寸可以脚步数得之，有种人每步为三尺，而有种人两步只得五尺者，则其余之两步均以五尺计。"[1]

那些石库门建筑，留存至今已逾百年，建筑测绘不仅应对其几何、物理空间信息进行采集，也应在艺术体验与人文理解上加以探究、甄别和发现，这样才能将测绘对象的历史及其空间特征、人文背景有机地结合起来。

二　石库门街区中的测绘

街区的测绘，包括安设街道、测定斜度、设立曲线等，服务于城市规划，使得城镇各地成有法之形，便于交通，利于居住。对街区的测绘，在测量学中称之为城市测量（City Surveying），工作可分为两类：一是测设街道，分地区为段，再分段为块；二是测量城市区内已分成之块段。[2]

城市测量，服务于城市市政，因此与城市的经济发展紧密相关，上海开埠以来，土地价格亦随城市建设而飙升，当时有人如此评价："近因世界经济恐慌，国内政治未纳正轨，建设未易，发展且无处不生障碍。一旦国势转强，对内对外之商业日益发达，则为东亚第一商埠之上

---

[1] 陈炎林编著：《上海地产大全》，第 462 页。
[2] ［德］James. K. Fincha：《平面测量学》，顾世楫译，上海：中国科学图书仪器公司，1941 年，第 181 页。

海，其繁荣鼎盛，当未可限量。其地价之继续高涨必可断言也。"[1] 土地的升值，催生出对土地精密测量的极大需求，较一般的测量，界线、斜度若为建筑之用，所求结果精度要求更高。这里，我们也从几个方面来探讨街区中的"测量"问题。

1. 街道测量

街道因城市中的交通贸易而起，于繁盛之土地，如同血管中之动脉。石库门兴建过程中的上海各租界地，大多街道已排列整齐，遵循一定的法则，与华界形成鲜明的对比。不过在租界地区，也不是所有道路都整齐划一，有些方向或斜或直或曲或弯，呈不规则分布。比如法租界扩张中的道路，更显杂乱无章。究其原因，多因先建房屋后以道路相连，而非经过事先规划，以一定标准加以限制。（图14）。

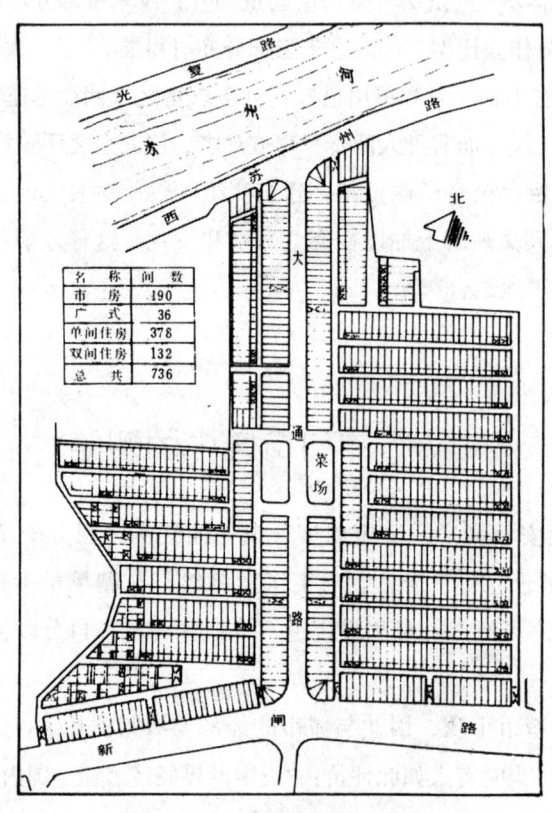

图 14 斯文里的总平面图[2]

---

1 陈炎林编著：《上海地产大全》，第68页。
2 图片来源：陈从周、章明主编：《上海近代建筑史稿》，上海：上海三联书店，1998年，第14页。

若是从无到有，进行规划，可在修建过程中利用测量控制工程的方向和精度。若是已有杂乱无章的街道，对这些街道的测量，于市政规划也十分必要：测绘后将成果以地图的形式呈交到地区市政官员的手中，方便他们做出决策，进行改造、修补或是拆迁。

在当时市政的一般性街区规划测量当中，主要包括对街市排列、方段大小、街道宽度、街道斜度、街道曲线的测量与绘图，以下将以东斯文里石库门街区为例进行解说。

2. 街市排列

街市的排列，一般恒取之为长方系。各个街道皆平行线，或相交成直角，将一块地块分割成若干长方段，然后以每段作为房屋建设的基址。如此，则街道排列整齐，房屋铺户，按照一定次序展开，是为里弄多呈总干分布、整齐划一之原因（图15）。

当街道需要改变方向，则安设曲线以缓慢改变其方向。当车马行走在曲线上，较直线阻力增大，速率必减，起到转向而又避免速率过大的作用。但短半径的曲线，在交通众多的地区，既容易造成拥堵，也容易产生相撞事故，因此，在公共租界至繁华及人口众多的方向，比如公共设施与商场中心，又多设置为对角线的大斜道（图16）。

3. 方段大小

方段为街市中供为房屋建设的基址，是街市组成的基本单元。虽不至于千篇一律，但里弄中大多以100～150英尺即约30～45米为一段，然后设一小巷，穿过长方段，方向与长段的长边平行。不过方段的尺寸，与里弄户型有关，因此，即使同一石库门街区，方段长度也有不同。比如在东斯文里中，住宅便与商铺不同（图17）。

4. 街道宽度、斜度与曲线

石库门里弄房屋区，干道约为60～80英尺，约18～24米；街道两旁人行道，约占5～10英尺，即1.5～3米。为方便排水，街道也应有一定斜度，但又不能过大以免影响正常行驶：上坡时过于费力，下坡又须常常踩住刹车。

曲线用于街道的转向，一般而言街道越狭窄，则曲线越平。如斯文里大同路某交叉口，外侧转弯半径为14英尺（图18）。

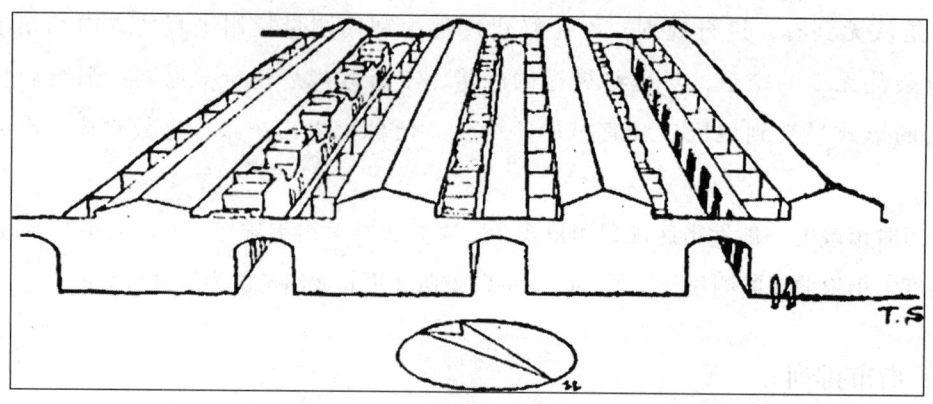

图 15　里弄住宅鸟瞰图[1]

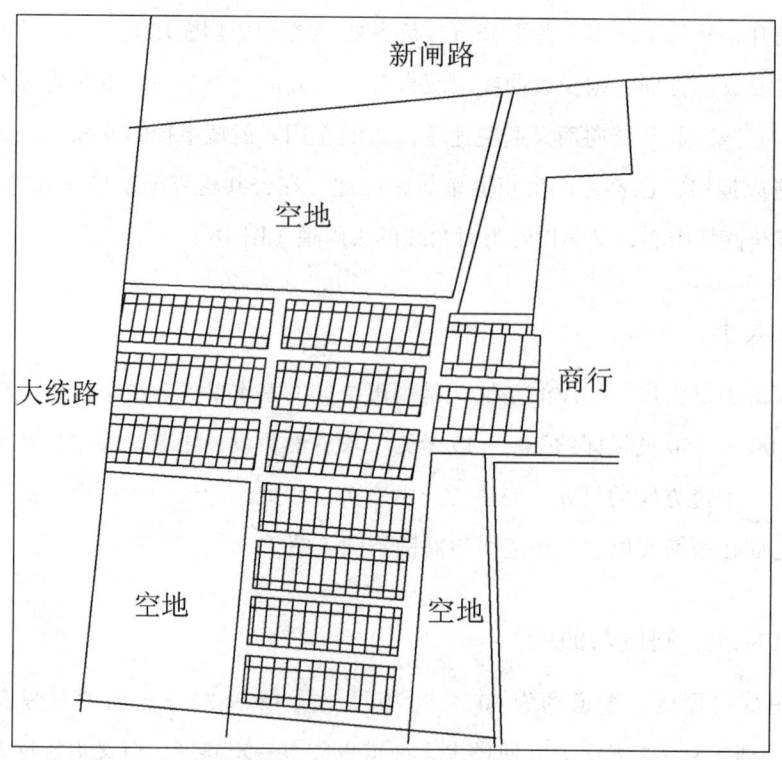

图 16　早期斯文里街区规划图[2]

1　图片来源：马学强主编：《上海石库门珍贵文献选辑》。
2　图片来源：同上。

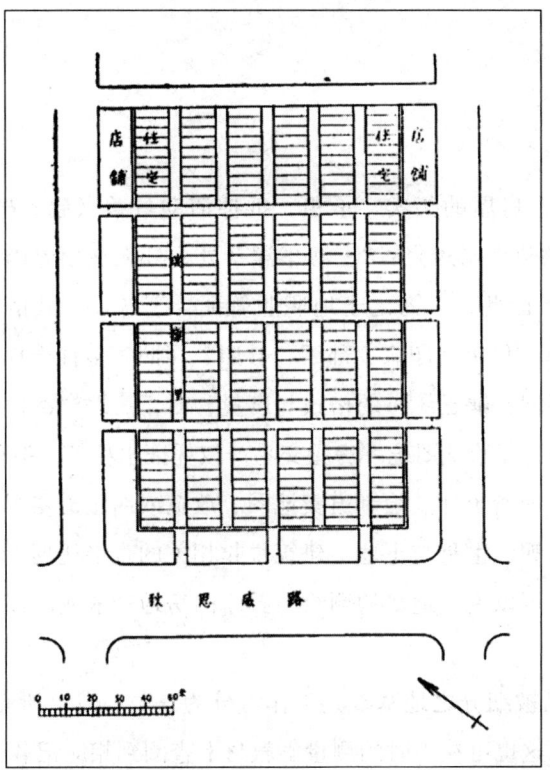

图 17　里弄中排列整齐的方段[1]

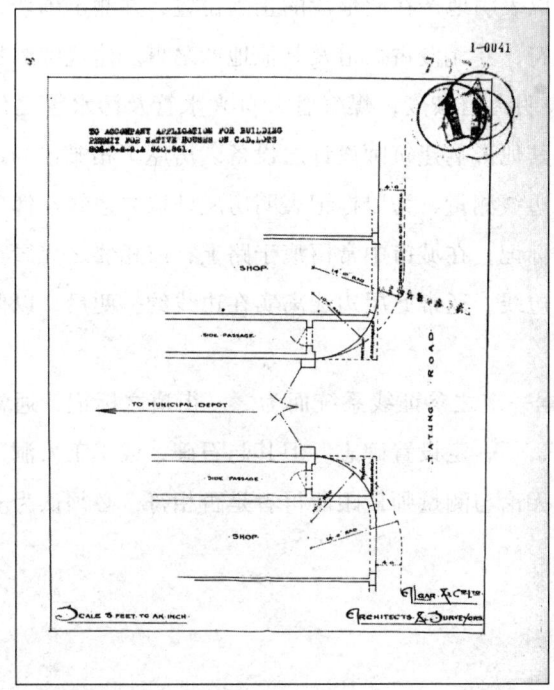

图 18　斯文里某路口街道曲线测绘图[2]

1　图片来源：马学强主编：《上海石库门珍贵文献选辑》。
2　图片来源：同上。

5. 房屋地基测量

20世纪初上海房地产市场勃兴，房屋的买卖、承租、抵押活动日益兴起，故于地籍、产权的确定，渐渐成为经济活动中的热点与难点："上海华洋杂处，外人在租界内或在准转永租契各图内，向有永租土地之权。因此，上海之土地职业凭证异于各地。其情形颇为复杂。"[1] 包括田单、方单、烂单、割单、代单、印谕、部照、县照、司照等多种土地凭证，式样不一，测量方式各异，准核部门不同，缺乏统一的格式与度量，对于房地产的市场交易活动颇多阻碍，之后包括公共租界在内，开始试图统一房屋交易产权凭证永租契，俗称道契。[2] 而对每一幢建成房屋地基的测绘，是地籍统计、绘制道契地图、放宽或纠正道路图、更正征地事宜、复核建筑许可必不可少的步骤，也是与土地、建筑税收相关的直接凭据，同时也为街区的管理提供了基本的地理数据。可以说，地籍的测绘与石库门房地产事业的蓬勃发展息息相关。

此时的测量员，常被聘请测量已被细分之地基，其工作可分为三类：（1）所有权测量；（2）建筑师测量；（3）屋边线测量。这也可在当时的测量学教材上查阅到相应记载：

所有权测量为地产的普通测量，以表明地产在此地段的正当位置，并测定围墙、栅栏等位置，用以证明地产与契据所述者相符，并无侵占街道及其他地产之事。建筑师测量，表明地基之位置及其各边长与角度，并表明街道坡度、煤气管、自来水管及污水管之位置与深度，救火水栓、路灯杆、集水井以及其他影响建筑师设计之设备。房屋不相毗连的地区，必须测量同高线，以明地面之高度。屋边线测量，为以标记表明房屋外墙之边线，俾包工者得在地基之正当位置上建立房屋。此种标记，在城市中常留痕于路上，或相邻之房屋上，使包工者得在两标记间划一石灰线，以定边线。通常此屋边线离实在边线约一两尺，以便竖立样板，而保持灰线。[3]

"城市街道中之地基测量，系根据一定之参证线系统而为之。街道之标记，通常由市政当局设立成组碑志。在每一街道交点，不一定设置碑志，但其与石碑，或于工人洞边线缘之记号之距离，则述明之。此项尺寸，无论与测量师量距所得者是否相符，必须认为实在之尺寸。"[4] 其方法示意如（图19）：

---

1 陈炎林编著：《上海地产大全》，第80页。
2 马学强：《从传统到近代：江南城镇土地产权制度研究》，上海：上海社会科学院出版社，2002年，第170—189页。
3 ［德］James K. Fincha：《平面测量学》，第184页。
4 同上书，第188页。

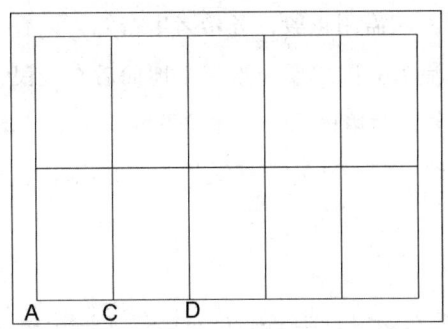

图 19　地基测量方法示意图（刘源绘制）

若需决定 CD 的距离，需以地段总长除以块数。若假如五段实测长度为 250.5 尺，溢出 0.5 尺，则需按比例分配到各个线段，即 CD 等于 50.1 尺；于 CD 两点支设经纬仪，转至地基边线呈 90 度，互相交汇的地方，则可确定地基的边界。

通过街道以及房屋地址的测量，一方面可以通过测量和计算将街道与房屋地址的位置按一定比例规定的符号缩小绘制成地图，供科学研究与工程建设、规划设计使用，另一方面可以根据地图把街道、房屋地址在实地反求出来，这对于街区的营造具有重要意义。首先是这些空间数据组成了空间的"尺寸"，为规划师和建筑师提供了便利，或者精通测绘的规划师和建筑师也可以自己完成。这些测绘形成的图纸将服务于整个街区的规划、营造、管理，提供了底层数据接口，今后请照手续、进行估价、取缔违章、修理房屋、检查公共建筑，均有数据可查，做到有的放矢。其次是房屋也好，街区也罢，都牵扯到公产与私产的界定与区分。租界中地籍是地产评估和税收征收的依据，尤其当地产交易活动活跃时将产生大量的实际需求，永租契税与房捐成为公共租界的重要税收来源。在这种背景下，通过精确的面积与边界来清楚表达房屋这一私产，成为一种大家认可并且迫切需求的方式，而私产的明确又为之后的市场活动的规范化秩序化提供了依据，综上而言，地籍图册就显得十分紧要。

当时的有识之士也已认识到测绘对于街区营造、城市发展的重要性，也为当时测绘体系不完备、技术储备有限扼腕叹息，在报章上时见记载："上海无专门测绘学堂，致测绘一科，竟付阙如。凡购地测量诸事，悉操诸打样洋行。自沪人士鉴于地契交涉等种种困难，特禀准设立官契总局于上海西门外万生桥路，起建洋式房屋一所，内设测绘传习所，招聚聪颖子弟。"[1] "次由上海县沈知事演说，大致谓我国测绘人才寥寥无几，现在各省路矿次第进行，

---

1 《图画日报》1909 年第 98 号，第 2 页。

又值经界局开办之时，此项人才需用正殷，务希诸生奋勉，以勤学耐劳自勖。再次由吴怀疚演说，略谓土地、人民、政治为立国之要，素有土地而后有人民，有人民而后有政治。兹者民国初建，量地测土诚为急务，然培植测绘人才尤不容少缓。"[1] 由此足见不仅于石库门营造，于城市建设、地政经营，测绘一科与土木、建筑均为市政必不可少之学科。

三　测绘新技术的发展与人文遗产保护

近代测绘技术的发展极大地丰富了遗产信息的种类。到 21 世纪中后期，随着信息化时代的到来，现代测绘技术再次得到飞跃发展，此为建筑信息记录又带来了新的契机。

一是技术上三维激光扫描和摄影测量的成熟，使得快速、无接触的测量成为建筑测绘的常用手段，通过上述技术得到的点云模型和正射影像为建筑的三维重建和可视化提供了基础数据，即为当下热门的虚拟现实和 3D 打印提供了信息支撑。

二是 GPS（Global Positing System）、RS（Remote Sensing）、GIS（Geographic Information System）相结合的测绘与空间信息技术体系的完善，更丰富了空间信息产品的种类，如 RS，即遥感所获得的高分辨率卫星影像，可以大范围获取建筑群空间布局信息，所提供的多波段影像也可以进行诸如景观、建筑监控状况等分析。GIS 地理信息系统则为获得的地理信息提供数据的储存、分析和管理，并将它们应用于各个行业。自 1992 年起，联合国教科文组织先后在越南、老挝等地的遗产资源管理中心探索 GIS 的应用；全球领先的 GIS 平台软件（ArcGIS）和其提供商 ESRI 也在其全球开发者大会中发布相关案例。

结合上述论述，归纳如下：

（一）测绘是石库门与石库门街区的营建体系的一个环节，这其中的专业人群活动、留存下来的测绘成果，已经成为街区与城市历史的一部分，是城市人文遗产的组成部分。

（二）测绘既是从图纸到实地具体位置的标定，即测设；又可以通过对已有的石库门的空间信息获取，返回到图纸上，作为建筑信息，留作研究及修复之用，即测定。当进行测设时，测绘是石库门打样、翻样、放样的营造技术；进行测定时，测绘是石库门作为建筑信息的记录与空间档案整理，构成石库门的遗产记录。

《西安宣言》（2005 年）对遗产记录有这样的阐述："包括正式的记录和档案，艺术性和

---

1 《申报》1915 年 3 月 17 日第 10 版。

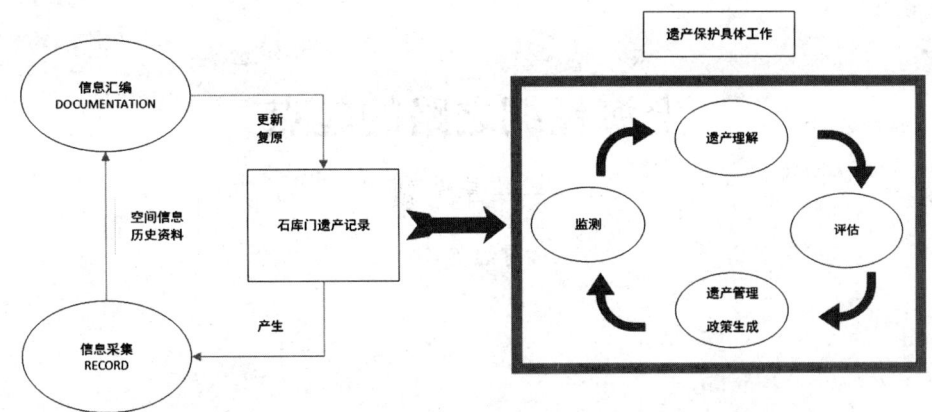

图 20　石库门遗产记录与遗产保护流程示意图（刘源绘制）

科学性的描述、口述历史和传统知识，当地或社区的观点，以及近景远景的分析等。同时，文化传统、宗教仪式、精神实践和理念如风水、历史、地形、自然环境价值以及其他因素等，共同形成了周边环境中物质和非物质的价值和内涵。"[1] 到了《北京文件》(2007年)，更是将遗产记录视为跨学科工程，将其视为保护工程的重要依据："文物建筑及其周边环境应被视为信息源，并补充以档案资料和传统知识，理解这些复杂的信息来源是确定保护工作的前提。"[2] 为此，我们将石库门遗产记录与遗产保护的流程图示如下（图20）。

因此，不论是石库门建筑及其街区的测绘历史，抑或作为资料反求、信息记录的测绘，它们共同为石库门人文遗产提供可靠的、有效的信息支撑。在这个过程中，加强跨学科的沟通与合作，将多学科的知识共同汇聚为石库门遗产的整体信息，就显得十分迫切。梳理历文献中的那些测绘成果，记录包括测量员在内的那些营造者的工作，结合测绘科学技术的发展历史，并应用测绘学科最新的研究成果，共同做好石库门遗产的文献整理、信息记录，有助于推动石库门人文遗产的保护工作。

---

[1] 联合国教科文组织世界遗产中心、国际古迹遗址理事会、国际文物保护与修复研究中心、中国国家文物局主编：《国际保护文化遗产法律文件选编》，北京：文物出版社，2007年，第374页。

[2] 同上书，第381页。

上海丝绸之路的起点
——青龙镇

何继英[*]

伴随"一带一路"的倡议,历史、考古学也出现了新的"丝路热"。如何挖掘丝路遗存、诠释丝路历史、弘扬丝路精神是我们文物考古工作者的责任和使命。本文拟从青龙镇考古发现及文献记载,分别对唐宋时期青龙镇在海上丝绸之路上的作用做一探讨,以求教于诸位专家学者。

一 唐 代

1. 青龙镇的地理位置

青龙镇位于上海市青浦区白鹤镇(图1),是上海地区最早的对外贸易港口,唐宋时期的东南重镇。正德《松江府志》记:"青龙镇在青龙江上,天宝五年置。"[1]《松事丛说》云:"青龙,自唐宋以来为东南重镇。"[2]北宋嘉祐七年(1062)灵鉴的《宝塔铭》记:"此镇西邻大江,与海相接。"[3]北宋元丰五年(1082)陈林撰《隆平寺经藏纪略》记:"是镇瞰松江上,据沪渎之口。"[4]毋庸置疑,青龙镇在沪渎口,吴淞江边。

---

[*] 何继英,上海博物馆考古研究部研究馆员。
[1] (正德)《松江府志》卷一四《兵防》。
[2] (崇祯)《松江府志》卷二。
[3] (宋)灵鉴:《宝塔铭》,(宋)杨潜:《绍熙云间志》卷下。
[4] (宋)陈林:《隆平寺经藏纪略》,同上书。

上海丝绸之路的起点

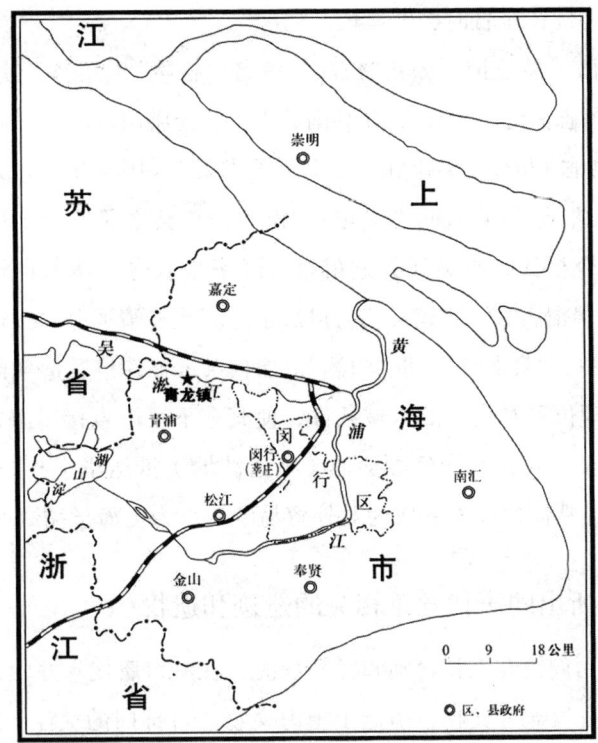

图1 上海青浦青龙镇的位置

沪渎为吴淞江的出海口段,《吴郡图经续记》记载:"松江东泻海,曰'沪渎',亦曰'沪海'。今青龙镇旁有沪渎村,是也。"[1]沪渎村名沿用至今,村址在今天的青龙江北岸,附近还有个村叫"渎头村",这两个村名应该与沪渎有关联。晚唐诗人陆龟蒙《渔具咏》序解释说:"网罟之流,列竹于海澨曰'沪',是渎以此得名。"[2]意思是说,在海滨的浅滩上列竹栅,以绳编结,向岸两翼张开,潮涨时淹没竹栅,潮落时鱼被阻于竹栅内。这种捕鱼工具,古称"沪"。"渎",独也。唐代吴淞江独流入海,沪渎旁有东晋虞谭、袁山松修筑的海防工事沪渎垒。东晋咸和、咸康年间(326—342),北方赵国军队时从海上袭扰,吴国太史虞谭"修沪渎垒,以防海抄,百姓赖之"[3]。东晋隆安三年(399),浙江爆发孙恩起义,吴郡太守袁山松又修筑加固了虞谭修筑的沪渎垒,"山松守沪渎,城陷被害"[4]。沪渎作为海防要塞,在东

---

[1] (宋)朱长文:《吴郡图经续记》卷下,南京:江苏古籍出版社,1999年。
[2] (唐)陆龟蒙:《唐甫里先生文集》卷五《鱼具》,何锡光校注:《陆龟蒙全集校注》,南京:凤凰出版社,2015年。
[3] 《晋书》卷七六《虞谭传》。
[4] 《晋书》卷八三《袁山松传》。

南沿海地理位置的重要性在东晋时已经显现。

吴淞江,唐陆广微《吴地记》云:"松江,一名'松陵',又名'笠泽',其江之源接太湖。"[1]唐《元和郡县图志》记:"松江,在县南五十里,经昆山入海。"[2]此句中,"县"为"吴县"。明万历《青浦县志》记:"吴松江,旧名'吴淞江',因水患去水从松。在县北,其原始太湖口而东注于海。"[3]《绍熙云间志》记:"松江,在县之北境七十里,其原始太湖口而东注于海。"又记:"今松江,自吴江县过甫里,经华亭入青龙镇,自湖至海,凡二百六十里。"[4]北宋郏侨云:"吴淞古江,古道深广,可敌千浦。"[5]嘉靖《上海县志》言:"吴淞江,唐时阔二十里。"[6]此句中,"吴淞江"即"沪渎"。唐代吴淞江深广,海舶能直接驶入。

青龙镇优越的地理位置和良好的水域条件,使其东下可以直接出海,与沿海诸港、东南亚各国相连;西上可至苏州,东南经顾会浦(老通波塘)抵达华亭县城(今松江),西南经淀山湖、运河至嘉兴,从而快速发展成为对外贸易港口,为上海丝绸之路的始发点。

2. 青龙镇考古所出同唐代丝路相关的遗迹和遗物

1988年,青浦区白鹤镇在开挖窑河青龙村段时,在一口唐代水井中,发现了同丝路相关的唐代长沙窑胡舞乐伎执壶等文物,引起了上海文物考古部门的关注。2010至2012年,上海博物馆考古研究部在出土胡舞乐伎执壶的唐代水井附近,即窑河南岸的考古发掘中,清理出一处唐代瓷片堆积。在不到100平方米范围内,数以万计的瓷器碎片和少量陶器残片堆杂在一起(图2)。瓷器尽管破碎,但表面光洁,没有使用过的痕迹。瓷器以窑口分出德清窑、越窑、长沙窑、湘阴窑器等。可复原的瓷器有1 000多件,更有大量的碎片难以拼合。器形有碗、钵、罐、壶、盆、钵、盏、杯、洗、烛台、渣斗、擂钵、碾轮等。其中,碗最多,次为钵、罐、壶。同类同形的器物很多,如越窑圈底碗几百件,越窑玉璧底碗、长沙窑青黄釉碗等也都超过百件。考古中发现了一些形体较大的碗、钵、罐、渣斗等,口径30~40厘米,高40厘米左右(图3至图9)。一件青釉渣斗口径39厘米,高27.3厘米,为目前所见渣斗中最大的一件(图10)。相同或类似的大型器,国内考古发现较少,黑石号沉船上多见。这

---

[1] (宋)朱长文:《吴郡图经续记》卷中。
[2] (唐)李吉甫:《元和郡县图志》卷二十五《江南道一》。
[3] (万历)《青浦县志》卷一。
[4] (宋)杨潜:《绍熙云间志》卷中《水》。
[5] (明)归有光:《三吴水利录》卷一《郏侨书》。
[6] (嘉靖)《上海县志》卷六。

批瓷器的窑口、器形、纹饰等,同 1973 年浙江宁波唐代明州港和义路码头[1]、江苏扬州唐代扬州港[2]及 1998 年印尼爪哇海峡勿里洞水域发现的唐代黑石号沉船中的唐代外销瓷多有相同之处。

典型器如长沙窑青釉莲瓣纹碗,高 4.1 厘米,口径 14.2 厘米。碗内以褐、绿彩勾勒出一朵四瓣莲花(图 11)。类似装饰风格的莲花碗,在国内唐代瓷器中几乎未见,而在"黑石号"沉船中却有很多,碗上的变形莲花具有鲜明的域外特色。长沙窑点彩罐,出土多件残件,广口,腹壁近直,平底,表面多饰以由绿、褐彩小圆点构成的菱形纹、圆圈纹等图案,这些图案是由波斯萨珊朝盛行的联珠纹发展而来。长沙窑褐釉腰鼓,复原完整的一件长 58 厘米,面径 18 厘米,两端无釉处可蒙皮(图 12)。目前全国考古出土的较完整的唐代腰鼓仅数件,在青龙镇瓷片堆积中一次就发现了至少 3 件。腰鼓是一种由西域传入的打击乐器,后凉吕光通西域获得的腰鼓、羯鼓、答腊鼓等,成为唐代最主要的演奏乐器之一。《旧唐书》中云"腰鼓,大者瓦,小者木,皆广首纤腹,本胡鼓也"[3],"瓦"指的就是瓷腰鼓。

长沙窑青釉舞狮俑执壶,高 19 厘米,口径 8 厘米。流下模印一蹲坐在圆毯上的舞狮俑,是由胡人装扮成狮子形象。双系下模印椰枣纹(图 13),模印的"椰枣纹"残片在瓷片堆积中还有发现。狮子是汉武帝通西域以后,最早作为贡品引入中原地区的。[4]这件瓷壶上的舞狮俑,同唐代诗人白居易《西凉伎》中"西凉伎,西凉伎,假面胡人假狮子。刻木为头丝作尾,金镀眼睛银贴齿。奋迅毛衣摆双耳,如从流沙来万里。紫髯深目两胡儿,鼓舞跳梁前致辞"以及唐元稹《西凉伎》"狮子摇光毛彩竖,胡腾醉舞筋骨柔"等诗句中的西凉狮子舞相符。椰枣又称波斯枣、伊拉克枣。椰枣树在西亚地区是最常见的树种,多产于撒哈拉沙漠及阿拉伯半岛沙漠中,是西亚人民心中的圣树,椰枣纹也被广泛运用在长沙窑装饰纹样中。长沙窑青釉褐彩胡人乐伎执壶,高 18.5 厘米,口径 7.5 厘米。在壶嘴流和双系下粘贴模印胡人乐伎贴片。胡人深目高鼻,身着胡服。流下乐伎头戴风帽,身穿圆领窄袖衣、长裤、靴子,坐在绳床上,双手抚长条形琴弹奏。两系下乐伎形制、装束及手执拍板完全相同,头戴圆形毡帽,身着窄袖紧衣、裹腿裤、长筒靴。唯一贴片上下倒置,使乐伎头下脚上,可能为粗心

---

[1] 林士民:《浙江宁波和义路遗址发掘报告》,氏著《再现昔日的文明——东方大港宁波考古研究》,上海:上海三联书店,2005 年。
[2] 南京博物院:《扬州唐城手工业作坊遗址第二、第三次发掘报告》,《文物》1980 年第 3 期;中国社会科学院考古研究所、南京博物院、扬州市文物考古研究所:《扬州城——1987—1998 年考古发掘报告》,北京:文物出版社,2010 年。
[3] 《旧唐书》卷二十八《志第九·音乐二》。
[4] 《汉书》卷九十六《西域传》。

图2 唐代瓷片堆积

图4 唐代越窑青釉罐

图3 唐代越窑青釉碗

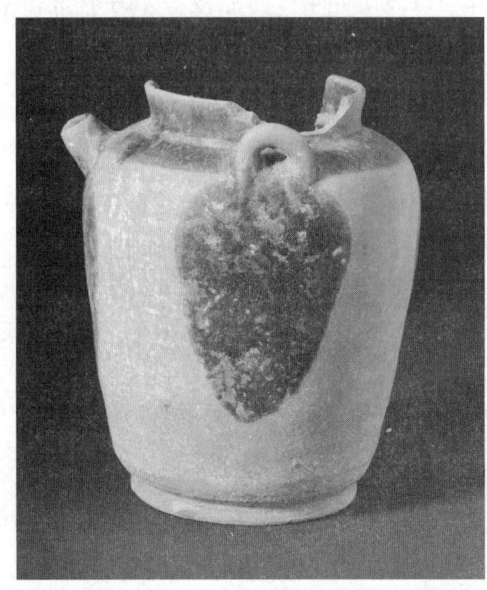

图5 唐代长沙窑青釉褐彩双系壶

图6 唐代德清窑褐釉烛台

图7 唐代青釉大碗

图8 唐代青釉大口罐

图9 唐代青釉小口罐

图10 唐代青釉渣斗

图11 唐代长沙窑青釉褐、绿彩莲瓣纹碗

图12 唐代长沙窑褐釉腰鼓

图13 唐代长沙窑青釉褐彩舞狮俑执壶

图14 唐代长沙窑青釉褐彩胡人乐伎执壶及其局部

所致（图14）。后两件壶是1988年发现的唐代井中出土的，所以这口井同瓷片堆积原来应该是连在一起的。

这批瓷器，主要是越窑和长沙窑器，腰鼓和瓷器上用西亚阿拉伯人所喜爱的椰枣、胡人、胡乐、狮子、变形莲花、联珠纹等作装饰，第一感觉并非本地消费品，应该是一批外销瓷。那么，这批瓷器是销往哪里呢？从考古发现看，目前在朝鲜、日本、伊朗、伊拉克、印度、印尼、菲律宾、马来西亚、泰国、斯里兰卡和巴基斯坦等许多国家和地区都出土了越窑、长沙窑瓷器，特别是"黑石号"沉船上的长沙窑瓷器多达5万多件。由此推测，青龙镇的这批瓷器极有可能也是运往阿拉伯国家的。经湘江、长江、吴淞江进入青龙镇后，进行分拣整理，将途中颠簸破碎的丢弃，形成了今天发现的瓷片堆积，完好的则从青龙镇出海运往阿拉伯国家。这个瓷片堆积点有可能是当时船舶停靠的码头或集散地，附近的老通波塘、青龙塔佐证了这一点。

瓷片堆积点，紧临老通波塘。老通波塘，原名顾会浦，南宋乾道元年（1165）开顾会浦，因流入华亭县城北通波门，遂改称为通波塘。北宋庆历元年（1041）章岘《华亭县开顾会浦记》云："直县西北，走六十里，趋青龙镇。浦曰'顾会'，南通漕渠，下达松江，舟艎去来，实为冲要。"[1] 老通波塘由南而北，穿青龙镇而过。近年老通波塘青龙镇段清淤中，河底常发现唐代陶瓷器残件等。近几年的考古发掘和勘探大体探明，唐代至今，老通波塘青龙镇段河川变化不大。

青龙塔（图15）在瓷片堆积点东部稍偏南一里余。青龙塔，原名隆福寺塔，始建于唐长庆年间（821—824）。同时期青浦泖河中的泖塔"建塔五层，标灯为往来之望"[2]，"其时泖河广阔，来往船只都以泖塔为标志，夜间塔顶悬灯，指示航道"[3]。关于同镇的北宋天圣年间（1023—1032）隆平寺塔则载有："此镇西邻大江，与海相接，茫然无辨，近无标准，远何遥知，……若建是塔，中安舍利，远近知路，贾客如归。"[4] 这些记载清楚地写明，两座塔的建造目的是在塔顶顺势挂灯，作为往来船只的导航标志。青龙塔建在唐代吴淞江南岸附近，应该也是作为船舶来往的航标。在瓷片堆积以北二里的老通波塘东和纪鹤公路南的平桥地块考古勘探中，探沟发现唐代木栈桥一座及四处木块范围等遗迹。木块范围多处于河道边沿，分布较集中，可能也同码头等有关。

---

1 （宋）杨潜：《绍熙云间志》卷下。
2 《澄照禅院图记》，青浦碑刻编纂委员会编：《青浦碑刻》，上海：青浦博物馆，1998年，第171页。
3 （万历）《青浦县志》卷三《寺观》。
4 （崇祯）《松江府志》卷五十二《寺院三》。

青龙镇作为唐代港口,同扬州港一样,也发现了手工业作坊遗迹和房屋基址等。在瓷片堆积附近,发掘出了早于瓷片堆积的铸造作坊,面积1000多平方米,由火炉、陶范残块、炉渣、水井等部分组成(图16)。火炉圆形,口径30~40厘米,深10~20厘米,同1975年扬州唐城发现的两个圆筒形炉相似。[1]

火炉周围的陶范碎块、红烧土块、耐火砖、炉渣、灰烬等,厚约30~50厘米,最厚处80厘米。大量陶范残块,尺寸不一,多为铸造圆形容器的范,经上海博物馆实验室廉海萍研究员测试,确定是铸造金属器的陶范(图17)。巧合的是,在火炉西1米处的一口唐代水井中,出土铁釜、铁提梁鼎、铁钩、鹦鹉衔枝绶带纹铜镜、木雕饰件等珍贵文物(图18、图19)。其中铁釜、铁提梁鼎的口沿,在陶范残块中多有发现,两者匹配度较高。井中出土的铁器有可能是在这处作坊中铸造的。井内发现的3面唐代鹦鹉衔枝绶带纹铜镜,形制、尺寸相同,直径28厘米,工艺精湛(图20)。联系到1979年在距青龙镇4公里的青浦香花公社庞泾大队开挖金汇河北段时也出土过3面与之相似的唐代铜镜,考虑到井的深度和精湛的筑井工艺,该井深4.5米,陶圈井口,井壁面小青砖砌筑,井底铺竹片(图21),再联系"黑石号"沉船上发现的一面唐乾元二年(759)"扬州扬子江心百炼造成"铭文的江心镜;青龙镇属古扬州之地,又在吴淞江边,这3面双鹦鹉衔枝绶带纹铜镜,不排除是在青龙镇本地铸造的可能性。青龙镇较为发达的手工业生产,必然带动商业贸易的兴盛。

另据日本僧人圆仁的《入唐求法巡礼行记》,他在中国完成使命后,于唐大中元年(847)五月回国,搭乘新罗人金珍等人驾驶的海船返回日本,就是从青龙港出海。[2]

二 宋 代

青龙镇作为上海丝绸之路的起点,始于唐代,盛行却在宋代,主要表现在以下几方面。

1. 建隆平寺塔作为航标

隆平寺塔始建于北宋天圣年间(1023—1032),嘉祐七年(1062)灵鉴《宝塔铭》:"此镇西邻大江,与海相接,茫然无辨,近无标准,远何遥知,故大舟迅风直过海口,百无一二

---

[1] 南京博物院:《扬州唐城手工业作坊遗址第二、第三次发掘报告》,《文物》1980年第3期。
[2] [日]圆仁著,顾承甫等校点:《入唐求法巡礼行记》,上海:上海古籍出版社,1986年,第200—201页。

图 15 青龙塔

图 17 唐代陶范残块

图 16 唐代铸造作坊遗迹

图 18 唐代铁釜

图19 唐代铁提梁鼎

图20 唐代鹦鹉衔枝绶带纹铜镜

图21 唐代水井

能入者。因此失势漂入深波石礁，没舟陷人，屡有之矣。若建是塔，中安舍利，远近知路，贾客如归。观者若知，心至宝塔，彼岸高出，贪爱大海，见慢鱼龙，乘兹悲舟，生死苦海，一念超越，速如反掌，可不慕乎？众人然之，遂于隆平精舍建塔七层，高耸云霄。自杭、苏、湖、常等州月日而至，福、建、漳、泉、明、越、温、台等州岁二三至，广南、日本、新罗岁或一至。人乐斯土，地无空闲。……今岁大稔，远商并来……厥初未建，市井人稀，潮涨海通，商今来归。异货盈衢，人无馁色。"[1]这段塔铭清楚地交代了造塔的缘由，宝塔作为船舶进青龙镇的航标，并祈祷佛祖保佑。吴淞江从唐代至宋代，江面逐渐向北缩窄，使唐代建造的青龙塔离江南岸越来越远，失去了航标功能，而当时出入青龙镇的船舶又很多，事故时有发生，故在北宋天圣年间，在青龙塔以北2公里，新造了隆平寺塔，接班了青龙塔的航标作用。塔建成后，距离青龙镇较近的杭、苏、湖、常等州的船只每月甚至每日来往，距离稍远的福州、建州、漳州、泉州、明州、越州、温州、台州等州的船只一年来两三次，而海外越南、日本、朝鲜的舶船等一年一次，加速了青龙镇的海上贸易发展。隆平寺塔，历经500年沧桑，在明万历元年（1573）倒塌。2015年考古发掘出隆平寺塔塔基和地宫，塔基以地宫为中心，采用夯土堆筑而成，地宫上部以2条十字相交的木板作为封护，其结构特殊，不同于目前国内已经发掘的塔基形式，在中国古建史上具有重要意义（图22-1、图22-2、图23）。地宫内供奉有四重套函装藏的卧佛像（图24）、阿育王塔（图25）、银箸、银勺、银钗、银龟、铜镜、铜瓶、水晶佛珠、舍利、钱币等一批供奉品。

2. 市舶管理机构的设置

唐玄宗开元年间（713—741）在广州设市舶使，北宋开宝四年（971）设市舶司于广州。此后，随着海外贸易的发展，宋代于杭州、泉州等地设立市舶司。市舶司的职责是检查进出船舶蕃货之征榷、抽解、贸易诸事，相当于现在的海关。宋朝重视海洋经济，从以陆地为中心，开始将眼光转向辽阔的海洋。

青龙镇地处两浙路市舶司管理范围内。两浙路市舶司设于宋端拱二年（989），"端拱二年五月，诏：自今商旅出海外蕃国贩易者，须于两浙市舶司陈牒，请官给券以行，违者没入其宝货"[2]。两浙路市舶司的设置，有力地推动了青龙镇海外贸易的发展，其表现可参据《宋会要辑稿》所载。

---

[1]（正德）《松江府志》卷二十《寺观下》。
[2]（清）徐松：《宋会要辑稿》之《职官四四·市舶司》，上海：上海古籍出版社，2014年。

图 22-1 隆平寺塔基址

图 22-2 隆平寺塔塔基木梁结构

图 23 隆平寺塔地宫发掘现场

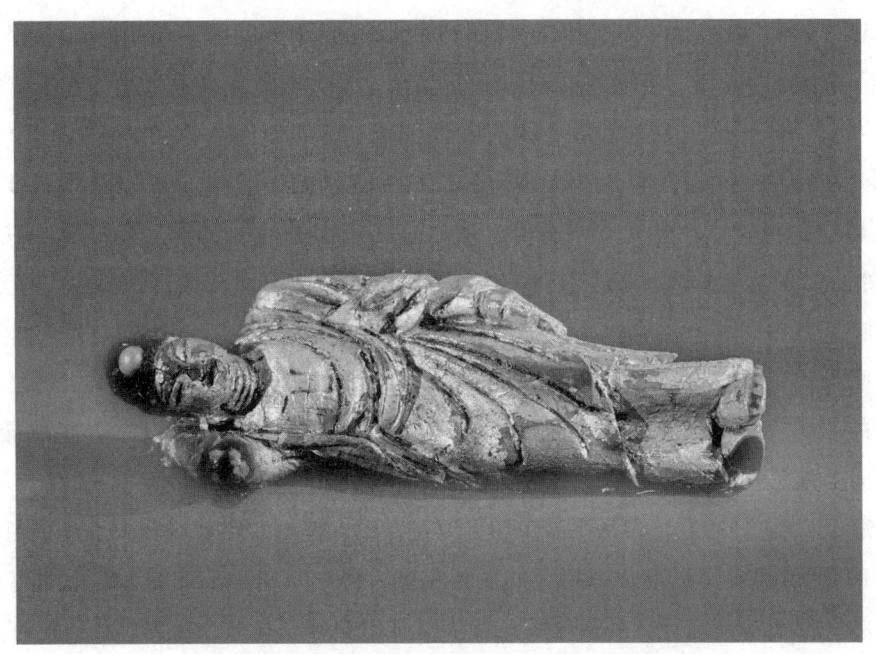

图 24　宋代木贴金卧佛像

图 25　宋代铅贴金阿育王塔

宋政和三年（1113），在华亭县设置市舶务。宣和元年（1119）八月四日，（提举两浙路市舶张苑）又奏："政和三年七月二十四日圣旨，于秀州华亭县兴置市舶务，抽解博买，专置监官一员。后来因青龙江浦堙塞，少有蕃商舶船前来，续承朝旨罢去正官，令本县官兼监。今因开修青龙江浦通快，蕃商舶船辐辏住泊，虽是知县兼监，其华亭县系繁难去处，欲乞依旧置监官一员管干，乞从本司奏辟。从之。"[1] 市舶务的主要职责有两个，一个是"抽解"，对外商船舶货物抽取实物税；一个是"博买"，是政府对外商船舶货物中禁榷之物全部收购，再把其中一部分卖给商人。在青龙镇所属的秀州华亭县设置专门管理对外贸易的市舶务，华亭县的主要港口是青龙镇，一方面反映出当时华亭县及青龙镇海上贸易已经比较发达，来往的船舶较多，需要有专门的机构管理。另一方面，市舶务的设立，有力推动了当时上海地区海上贸易发展。

南宋建炎三年（1129），移华亭县市舶务至青龙镇。建炎四年（1130）十月十四日，提举两浙路市舶刘无极言："近准户部符，仰从长相度，将秀州华亭县市舶务移就通惠镇，具经久可行事状，保明申请施行。今相度欲且存华亭县市舶务，却乞令通惠镇税务监官招邀舶船到岸，即依市舶法就本州抽解，每月于市舶务轮差专秤一名前去主管。候将来见得通惠镇商贾免般剥之劳，往来通快，物货兴盛，即将华亭市舶务移就本镇置立。诏依。"[2] 这段史料中，通惠镇即青龙镇，南宋大观年间（1107—1110），青龙镇已改名通惠镇。从中可以看出，通过政和三年（1113）以来华亭市舶务的有效管理，青龙镇的商业贸易不断繁荣，市镇规模也越来越大，但市舶务在华亭遥控管理青龙镇毕竟不方便，遂移华亭县市舶务至青龙镇，便于就近管理。

绍兴二年（1132），两浙路市舶司移至华亭县。如果说移华亭县市舶务至青龙镇是为了便于就近管理，那仅过了一年，宋高宗下诏调整两浙路市舶司的设置，绍兴二年"三月三日，诏两浙提举市舶移就秀州华亭县置司。官属供给令秀州应副"[3]。市舶司是市舶务的上级机构，属于路一级政权的行政管理机构，设置至华亭县，只能说明当时华亭地区的贸易发展已经快于秀州，居东南贸易港口之首。

乾道二年（1166），宋廷又撤销两浙路提举市舶司，将其事务归并于两浙转运司，在秀州、临安府、明州、温州、江阴军等地设五个市舶务。绍熙元年（1190），杭州市舶务撤销。庆元元年（1195），温州、秀州和江阴军的市舶务撤销，只保留明州市舶务，明州成为中日

---

[1] （清）徐松：《宋会要辑稿》之《职官四四·市舶司》。
[2] 同上。
[3] 同上。

往来的唯一港口。

华亭、青龙镇市舶务、市舶司的设置，显示了青龙镇在海外贸易中的重要作用。

3. 大兴水利、疏浚河道

青龙镇海上贸易的迅猛发展，与朝廷花大力气疏浚吴淞江及相关河道息息相关。史载北宋政和年间，青龙江淤塞严重，范仲淹在景祐元年（1034）开五大浦（顾会、大盈、盘龙、崧子、赵屯），"以疏导诸邑之水，使东南入于松江"[1]，促成了青龙镇的主要职能由军事向商贸的转型。青龙镇在"景祐中，置文臣理镇事，以右职副之，今止文臣一员"[2]。北宋宝元元年（1038），两浙诸州水陆计度转运副使兼提点市舶司叶清臣，疏盘龙汇由青龙江入海。盘龙汇"介于华亭、昆山之间，步其径才十里，而洄穴迂缓逾四十里，江流为之阻遏"[3]。叶清臣的具体做法是将弯曲的河道拉直，"道直流速，其患遂弭"[4]，使太湖来水快速通向大海。叶清臣的官职，反映出疏浚盘龙汇的主要目的是利于船舶通行。北宋"庆历二年（1042），苏州通判李禹卿以松江风涛，漕运多败官舟，遂筑长堤于松江、太湖之间……益漕运"[5]。同年，华亭县开顾会浦，"始于邑郛，终于江滗，增深四尺，概广八丈"，"其大堤屹起，行商力穑者各适其便"[6]，从而开通了华亭县至青龙镇这一贸易大动脉。南宋杨炬《重开顾会浦记》，直接将顾会浦称为"顾会港"。[7]北宋庆历八年（1048），在吴江与长堤之间，又建成吴江长桥，"横取松陵，桥成，而舟楫免于风波"[8]。嘉祐六年（1061），转运使李复圭、昆山县令韩正彦对吴淞江的白鹤汇做了一次裁弯，如盘龙之法，形成了青龙江以北一段松江排泄新道，加快了青龙镇的商贸发展。[9]元丰元年（1078）章粢任华亭盐监，大力疏浚吴淞江。熙宁六年（1073），漕运使郏亶"自白鹤汇之北，直泄震泽（太湖）之水，东注于海，略无迂滞处，是以吴中得免水患"[10]。元丰年间（1078—1085），两浙路提举常平徐确"疏浚吴淞江下游七十

---

1 （光绪）《青浦县志》卷五《历代治水》。
2 （宋）杨潜：《绍熙云间志》卷上。
3 （宋）朱长文：《吴郡图经续记》卷下。
4 同上。
5 同上。
6 （宋）章岘：《重开顾会浦记》，（宋）杨潜：《绍熙云间志》卷下。
7 （正德）《松江府志》卷三。
8 （宋）朱长文：《吴郡图经续记》卷中。
9 （正德）《松江府志》卷三。
10 《宋史》卷九十六《河渠六》；（宋）杨潜：《绍熙云间志》卷中。

里"[1]。宣和元年（1119），两浙路提举常平赵霖浚淞江、白鹤汇至艾祁浦，该工程规模宏大，用工数量惊人，通役六十一万二千八百余工。经过疏浚，青龙镇的航运条件大大改善，外国的海舶再次接踵而来，挽救了市舶务和贸易繁荣。[2]绍兴四年（1134）盐官县丞王珏开华亭海河二百余里，通漕灌田。[3]绍兴十五年（1145），秀州通判曹泳重开顾会浦，开挖工程"起青龙浦，及于北门"[4]。乾道二年（1166），孝宗命工部侍郎姜诜在华亭兴修水利，"浚通波大港，以为建瓯之势"，港即顾会浦。姜诜"乃浚河自籜山达青龙江口二十有七里，其深可以负千斛之舟"[5]。淳熙十四年（1187），秀州华亭知县刘璧开浚青龙江。[6]绍熙元年（1190），转运提刑提举刘颖开通吴淞江埂塞去处，自大盈浦泄水入海。[7]嘉定间（1208—1224），沈知丞开吴淞新江，取直道开之，以接海之潮汐。[8]

宋代隆平寺塔的建成、市舶管理机构的设置和大兴水利、疏浚河道，使进入青龙镇的船只明显增多。苏轼《吴江舟中诗》云："昨风起西北，万艘皆乘便。"许尚《华亭百咏·苏州洋》云："已出天池外，狂澜尚尔高。蛮商识吴路，岁入几千艘。"[9]苏州洋又名佘山洋，史载南舶欲入华亭者，必入苏州洋。船舶的数量直接反映了青龙镇商业贸易的快速发展，《宋会要辑稿》载，熙宁十年（1077），青龙镇的税收为15 879贯403文，在秀州七场中，仅次于秀州城，占据第二，高于华亭县的10 618贯71文。[10]元丰五年（1082）《隆平寺藏经记》载，青龙镇已成"岛夷闽粤交广之途所自出，富商巨贾豪宗右姓之所会"的港口城市。[11]南宋淳祐年间（1241—1252），迪功郎应熙来青龙镇，见青龙镇规模宏伟，外国人和外来商品很多，人口杂处，百货云集，市场繁荣，深受震动，遂作《青龙赋》，"粤有巨镇，其名青龙。控江而淮浙辐辏，连海而闽楚交通。……占得华亭之秀色。……市廛杂夷夏之人，宝货富东南之物。……龙舟极海内之盛，佛阁为天下之雄。……阙里观书，镇学列三千余名之学士。风帆乍泊，酒旆频招。……惟此人杰而地灵，诚非他方之可及"[12]。青龙镇成为宋代东南地区最大

---

[1] （嘉庆）《上海县志》卷九《宦迹》。
[2] （宋）范成大《吴郡志》卷十九《水利下》，南京：江苏古籍出版社，1986年。
[3] （正德）《松江府志》卷三《水下》。
[4] （宋）杨炬：《重开顾会浦记》，（宋）杨潜：《绍熙云间志》卷下。
[5] （宋）许可昌：《华亭县浚河置闸碑》，（宋）杨潜：《绍熙云间志》卷下；《宋史》卷三十三《孝宗本纪一》。
[6] （清）徐松：《宋会要辑稿》之《食货六一·水利杂录》。
[7] （正德）《松江府志》卷三《水下》。
[8] （清）秦立：《淞南志》卷二《水利》。
[9] （元）徐硕：《至元嘉禾志》卷二十八《题咏》，北京：中华书局，1990年。
[10] （清）徐松：《宋会要辑稿》之《食货一六·商税岁额二》。
[11] （宋）陈林：《隆平寺经藏记》，（宋）杨潜：《绍熙云间志》卷下。
[12] （万历）《青浦县志》卷七《词赋》。

图 26　宋代龙泉窑长颈瓶

图 27　宋代景德镇窑青白釉盏托

图 28　宋代建窑黑釉盏

图 29　宋代吉州窑鹧鸪斑纹盏

图 30　宋代义窑青白釉菊瓣纹碗

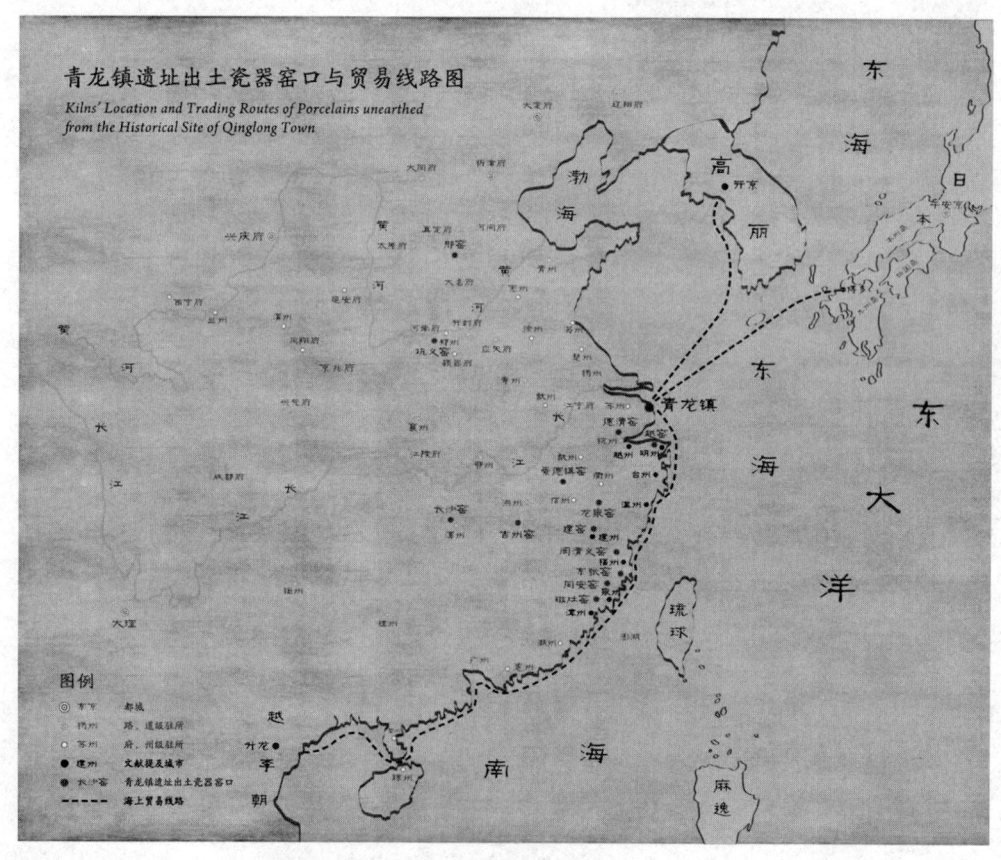

图 31　青龙镇遗址出土瓷器窑口与贸易线路图

的贸易港口。

青龙镇遗址考古发掘也出土了大量宋代瓷器，主要来自福建、浙江、江西等窑口，以闽清义窑、东张窑、磁灶窑、建窑、吉州窑、景德镇窑、龙泉窑烧制的瓷器为主（图26至图30）。其中，大量福建窑口的瓷器与朝鲜半岛、日本等地发现的瓷器组合非常相似，可能当时许多瓷器产品运到青龙镇后，进而转口外运，主要销往高丽与日本等国家（图31）。考古发现与文献记载相互印证，说明青龙镇在宋代是海上丝绸之路的重要港口，甚至一度盛于明州港。

综上所述，青龙镇兴于唐而盛于宋，是唐宋时期丝绸之路上的重要港口。南宋以后，随着吴淞江的淤浅、河道渐窄，海船经吴淞江上溯青龙镇发生了极大困难，到元朝至元年间，青龙镇已经"无复海商之往来"[1]，海上贸易逐渐被位于吴淞江下游北岸的上海镇所取代。

---

1 （元）徐硕：《至元嘉禾志》卷三《镇市》。

追寻"上海源"

——江南聚落形态发生学背景下的老城厢长期演化分析

钟 翀*

引 言

近年来,有关"外滩源""徐家汇源"的话题牵动了人们对于上海这座东方大都市形成历史的兴趣,不过相较于"外滩源"近一个半世纪的演绎、"徐家汇源"三个多世纪的成长,要追溯近千年之前上海的幼年期,寻找这座东方大都市的早期聚落核——"上海源"的确切位置,还是相当困难的。

上海的城市发展源于老城厢——即11世纪初见诸文献、13世纪末由"镇"升"县"而来的上海县城,这是毋庸置疑的。直到近代,在开埠最初的20世纪40年代,今苏州河与黄浦江交汇处还是"秋风一起,丛苇萧疏,日落时洪澜回紫"的沮洳荒滩景象,而周围则是星星点点的村落,散布在"一片广无边际的稻田平原,其中密布无数的小河浜"。[1]不过,其时上海县城,却是已有20万人口,并置有道台的一座江南名城了。虽然在这个庞大帝国的漫漫历史长河之中,它也仅仅是中央王朝统治者眼中的天涯海角,但作为江南城镇网络末端的一个典型商贸聚落,则自北宋至今也已历经近千年的发展。

由于史料随时代上溯的不断衰减,使得今人连上海在南宋设镇的准确年代都还未能了解,而到了历史记录开始能够提供足够精确信息的明代中叶之时,老城厢似乎已经完全成形了。因此,要追寻上海城市核形成的起点——城市核,不仅需要有效地精查文献史料并加以详考,更应该充分运用聚落历史形态学的分析方能得出结果。

---

* 钟翀,上海师范大学人文与传播学院教授。本研究得到了国家自然科学基金项目(批准号:41271154)的资助。
1 见1844年传教士罗当的书信。

按照日本史地学家矢守一彦的理论，如果将一座历史都市比作一个有机体的话，那么它在空间形态上一定具有四大"器官"——都市核、广场（或市场）、街路网及由其划定的街区、围郭及其附属设施。[1] 从研究意义来讲，有关这四大要素的形态特色与发生史的解读，实际上构成了对一座城市基本体格的深入认识。历史形态学的研究，虽然其起点是从物理空间上来分析一座城市，但其过程与终点却是以形态发生学的手段来更加深刻地理解城市的特质、性格、起源与生长背景，就好比是从一个人的骨骼、颜值甚至伤疤等物理禀赋的角度入手，来解读其性格特点乃至成长历史。从这个意义上讲的城市核，虽然起初一定是肇始于具体的某座建筑，但在实际研究中更注重的是从形态—机能论的角度来抽象一座城市在空间特质上的渊源，有如结晶体的晶核，在触发城市生长的历程中发挥了不可替代的核心功能，并长期影响着一座城市的运行与空间肌理，而这，当然也是我们所致力追索的城市历史传统特色的一个重要对象。

一　上海城市的成长简史

现今上海黄浦区的老城厢区域，虽然历经民国初的拆城与填浜、近年来河南南路的贯通与拓宽等改造工程，但由中华路、人民路围绕的梨形环路仍然完整继承了旧县城的围郭格局，城内的街道系统也仍然大体维持着明嘉靖筑城之后的历史状况，其中的方浜中路、复兴东路等街道，在位置、走向甚至曲度等细节上处处透露出老城厢乃至更早时代城内方浜、肇家浜等主干水系及其支流的古老形态。在近代化之后的上海大都市之中，老城厢的平面格局与周边的近现代新建城区大相径庭，事实上该地已逐渐质变为景观迥异于周边街区、形态变化迟滞的嵌入型"城中城"（图1）。这座巨大的"城中城"是上海古城镇在其发展历程各阶段残余构造的集合体，为探究其中蕴涵的潜在形成过程，则需要对其平面格局进行详细的分层复原与考察。

根据史书记载，从行政建置与城市形态的变化来看，上海的发展大致经历了4个阶段。

大约自北宋天圣年间（1023—1032）至南宋末13世纪中叶为第一阶段，彼时上海尚未设镇，但已与青龙、华亭、海盐、崇德、石门、魏塘等江南的县城或较大市镇并列，是秀州（包括今嘉兴、上海在内）管内17个设有酒务的市镇之一，可见它在当时已经成长为长江三

---

[1] ［日］矢守一彦：《都市図の歴史（世界編）》，東京：講談社，1975年。

图 1　近代上海鸟瞰图中的老城厢（1939 年）[1]

角洲尾闾地带市镇网络中一个比较重要的节点聚落了。

　　大约从南宋理宗朝始（约 1225 年前后），朝廷在上海置"市舶分司"以承接远洋贸易，卓越的区位优势与航运条件，使得该地在与青龙、江阴、太仓等商贸口岸的激烈竞争中脱颖而出，到南宋末上海升格为"镇"，再到元至元二十九年（1292）正式分华亭县而建上海县，此处成为县城之所在，这是上海城市发展的第二阶段。按嘉靖《上海县志》等早期地方文献记载，建县之前的上海被称为"镇市"。根据元代上海县教谕唐时措描述，宋元之际的上海，"襟海带江，舟车辏集，故昔有市舶、有榷场、有酒库、有军隘，官署儒塾，佛宫仙馆，屯廛贾肆，鳞次而栉比。实华亭东北一巨镇也"[2]。这段文字虽不免溢美之辞，但其中有关市舶、榷场、酒库等陈述应是实情，反映当时此地确已发育成为江南地区的一个繁华市镇了。

　　从元初的公元 1292 年设县到明嘉靖三十二年（1553）筑城前为上海发展的又一阶段，这一时期的上海县城尚未修筑城墙，史载其为"县市"，刊行于上海筑城前的嘉靖《南畿志》曾描述当时的县城"居海之上洋，因海市为县，无城郭，惟有二门（南马头、北马头），所聚周四里，环县以水为险"[3]，准确反映了其时上海"县市"以环护聚落的水道实施防御的江

---

[1] 图片说明：此图采取自浦东俯瞰的视角，表现了自新龙华至吴淞口广域范围的大上海都市全景，图中呈不规则椭圆状的老城厢，显示出了不同于周边区域的独特城市肌理，令人印象深刻。
[2] （弘治）《上海志》卷五《公署》"县治"条所载《唐时措记》，该记系唐时措在上海置县十一年，即元大德六年（1302）所撰，并勒石树碑于县署内。
[3] （明）闻人诠修，陈沂纂：（嘉靖）《南畿志》卷十六《城社·上海县》，嘉靖十三年（1534）刻本。这段引文中括弧内的"南马头、北马头"为原文的小字夹注。按：以嘉靖《上海县市图》所示南、北码头的距离核之，则该条提及上海县市"所聚周四里"，当以"所聚径四里"为妥，方志中偶见"周""径"混淆的错误。

追寻"上海源"

南环濠市镇的性格。

明嘉靖筑城后直到民国初1914年拆除城墙,是上海城市发展的第四阶段,到这一时期,上海因抗倭而修筑了围郭,在明清方志中才被称为"县城",近代以后则多以"老城厢"名之。借助崇祯《松江府志》以来的详细街巷记录、嘉庆《县城图》(图2)等古绘图与《上海

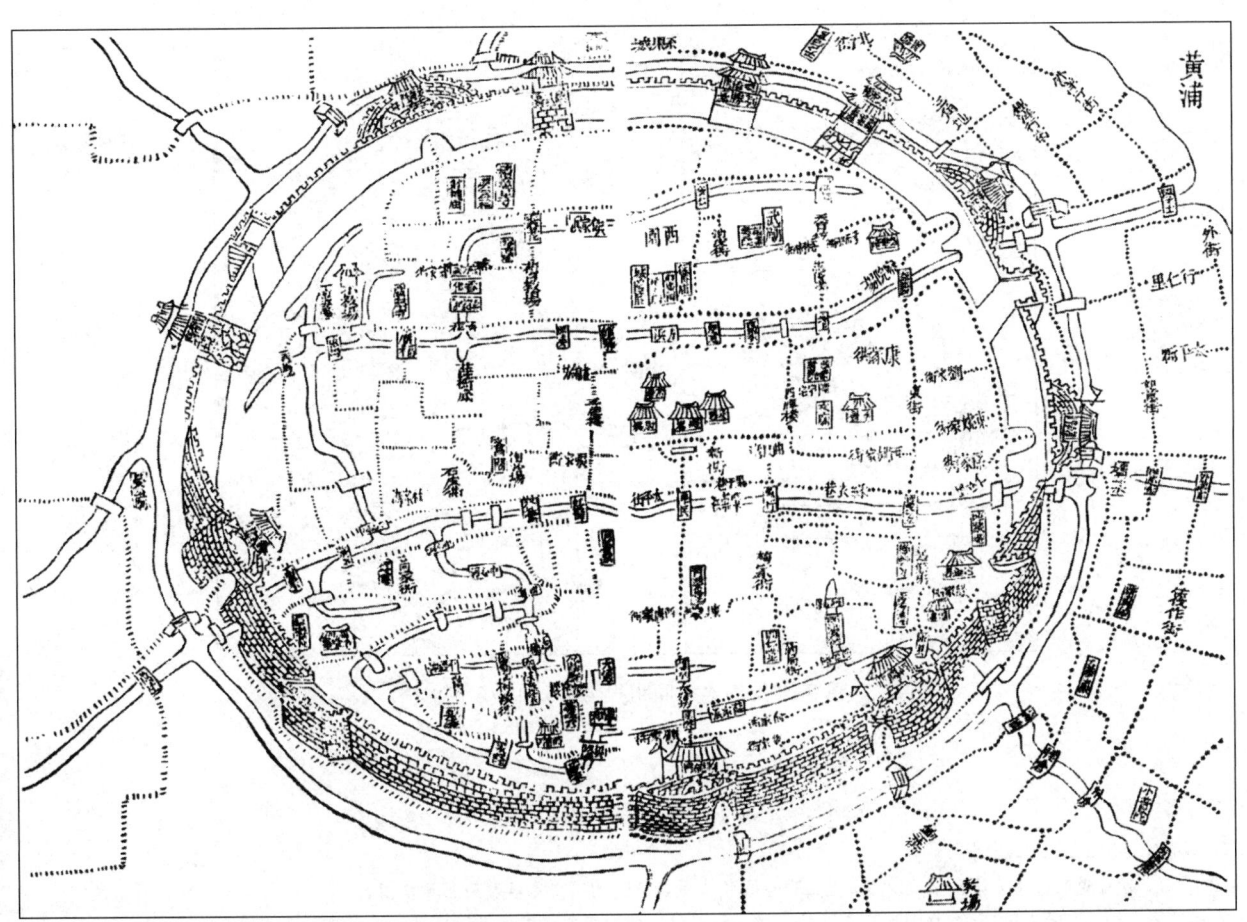

图2　清嘉庆《县城图》(1804年)[1]

---

[1] 图片说明:清嘉庆九年(1804)《上海县志》所刊《县城图》反映了明嘉靖筑城后老城厢平面格局,图上可见当时的老城厢由半径一里有余、周长十多里的濠、郭所限定,该围郭构造形成于嘉靖三十二年(1553),并在此后的460年中成为上海县城平面格局上的一个突出特征。

县城厢租界全图》(图3)等近代以来上海的大比例尺近代实测图等资料,可以准确把握这一阶段的城市形态。

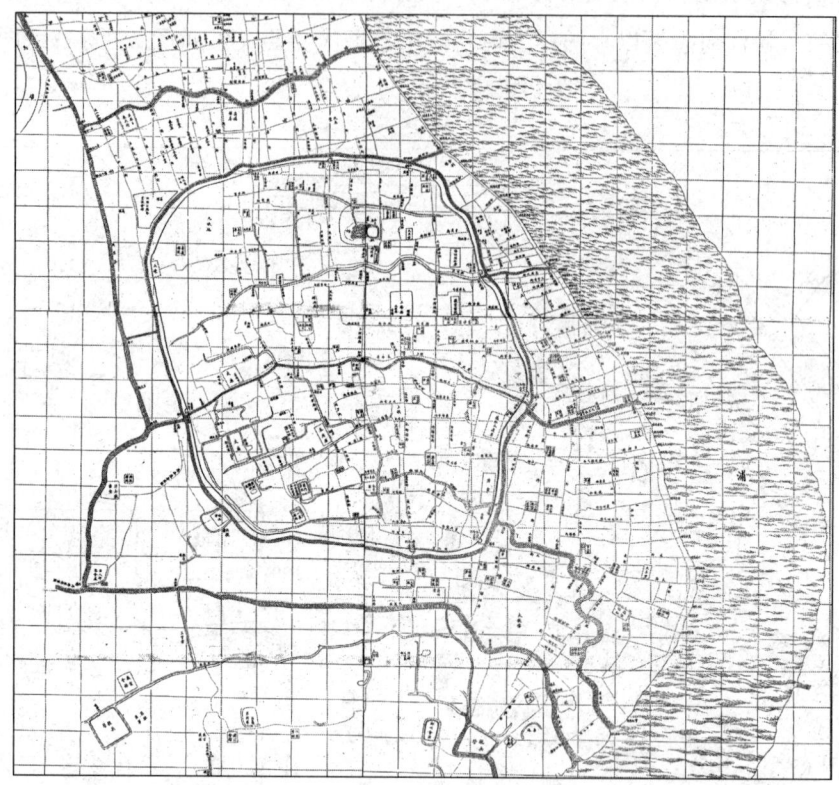

图3 《上海县城厢租界全图》(1875年)[1]

---

[1] 图片说明:清光绪元年(1875)上海道台冯焌光主持测绘的《上海县城厢租界全图》,是最早由国人绘制、最为详细的上海地图之一。该图反映了晚清光绪初这一时间断面上的老城厢平面格局。从街巷、河道分布来看,虽然老城厢内外号称"迷宫",但通过观察可知其并非密集无序的迷路式构造。以主干道的组合而言,在城内部分,东西向蜿蜒平行的侯家浜、方浜、肇家浜、薛家浜这4条城内主要河道及其沿河街道,与南北向蜿蜒平行的旧校场街—三牌楼街—虹桥大街、县前街—太卿坊巷—南门大街、天官牌坊街—四牌坊街—南梅家街、东街—道前街,形成了四纵四横的栅格状干线街道网,这一区域整体构成了老城厢的中心,其平面格局呈现出传统水乡城镇的街巷特征,显示其悠久的形成历史;在城外部分,从洋泾浜到薛家浜的沿黄浦一线,由联络沿江40余座码头而形成的东西向街巷,与南北向的咸瓜街—篾作街、外洋行街—南仓街、滨江大马路也构成了经纬交织的栅格状干线街道网。并且,城厢内外的街道网络具有相似的肌理——如经向道路所反映的近似等距的间隔(约150米),而纬向道路则大多可以透过东城墙而内外接续,都显示出这一道路网的形成亦较古老——即原先从城内放射出来的城市街区,后被筑起的城墙强行打断这样的形成机制。

二 明中叶上海"县市"的平面格局

上海地图资料揭示了该城的发育渊源甚久,那么在16世纪中叶修筑围郭之前的上海县城是什么样子的呢?明嘉靖《上海县志》卷前所载《上海县市图》(图4),为我们了解嘉靖三十二年(1553)筑城前"县市"阶段上海城市形态提供了极为珍贵古地图资料。

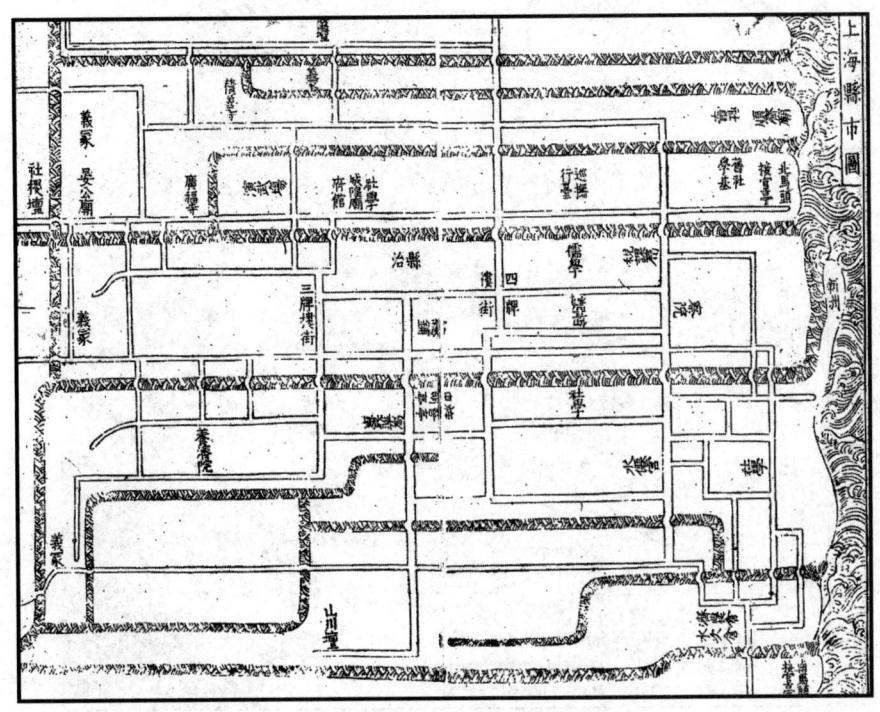

图4 明嘉靖《上海县市图》(1524年刊)[1]

---

1 图片说明:《上海县市图》选自明嘉靖三年(1524)刊刻的《上海县志》,这是一幅代表中古时期江南绘制水平的城市古地图,它准确、即时地描绘了明嘉靖筑城之前上海城市的实际面貌。该图方向上北下南,描绘范围北起洋泾浜,南至陆家浜,西起周泾,东至黄浦江滨,按嘉靖《上海县志》卷一所云"自杨泾〔引者按:'杨泾'即洋泾浜〕至薛家浜,皆为县市"可知本图是以当时的上海"县市"为对象的城市地图。图上文字标注的地物共39处,涉及县治、察院、儒学、社学、邑厉坛、城隍庙、水仙宫、积善寺、义冢等官署祠庙以及南、北两处马头(码头)等设施。值得一提的是,本图实际描绘的地物远在文字标注之上,如图上表现的众多街道、河道、桥梁大多未注文字,但这些地物经过具体比定可知其均为相当准确的写实表达。从历史地图学角度来看,该图最大特点是采用了平面图的形式,如街巷用双线、河流用双线填充波浪纹加以表现,绘者运用类似现代地图中路线图的表现手法,既对当时实测较为困难的曲线、高差等进行了合理的简化处理,又不失准确性与功能性,其绘制理念与图式更接近近代制图技术。因此,该图不仅真实反映了1553年筑城前上海"县市"的全貌,而且内容丰富,十分有利于复原作业的开展。

利用《上海县市图》，并结合嘉靖《上海县志》中有关城内河道、桥梁、街巷以及衙署祠庙等记录，就可以较为准确地还原筑城前"县市"的平面格局（图5），并对嘉靖筑城前上海"县市"中的道路系统、街区分布以及城市规模等要素做出的清晰判断。

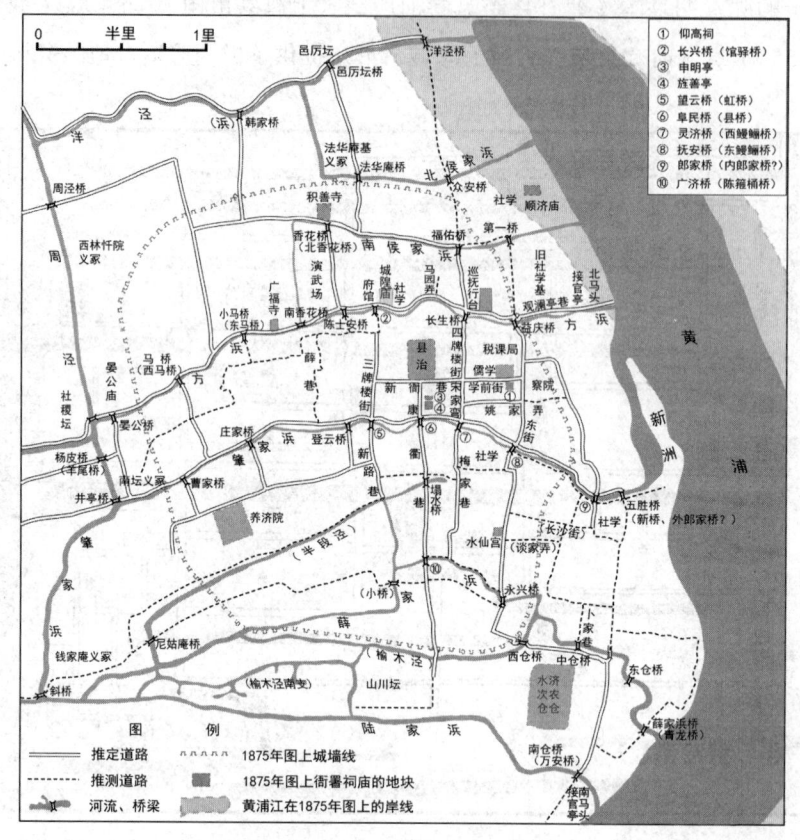

图5　明中叶上海县市复原图[1]

根据图5，可以明确早在筑城之前的明中叶，上海"县市"之中已经出现对应于晚清时期的四纵四横栅格状干线路网，并且当时该路网的经向道路还要一直延伸至洋泾浜，甚至超出了1553年筑城时所圈定的城墙范围。而根据此图所表现的道路系统，并结合嘉靖《上海县志》所记当时"县市"之中38座桥梁的位点分布，即可准确勾勒明中叶"县市"的大致范围，对比晚清时期的老城厢，可知其城市规模与近代相差并不太多。事实上，这个判断与现在仅存的有关该时期上海"县市"规模的两条定性记述也相吻合，即上述嘉靖《上海县志》所云"自洋泾至薛家浜，皆为县市"，而上述嘉靖《南畿志》也曾明确指出当时的"县

1　图片说明：本图为便于比较筑城前后变化，另以灰色梯形线圈出1553年修筑的城墙。图中地名加括弧者为推定名称。

市""无城郭，惟有二门（南马头、北马头）"。此外，成书于1504年的弘治《上海志》卷五曾提及当时"县市"内仅有的两个渡口——"薛家浜渡，在县市东南；方浜渡，在县市东北"，这等于间接指示了当时的"县市"范围，说明至迟在16世纪初明弘治之际，上海这座县城已经十分接近清末老城厢的城市规模了。

三 宋元上海"镇市"及"县市"的平面格局与"城市核"

以上分析明确了上海在明中叶16世纪初的"县市"阶段已然发育为一座颇具规模的江南城市，从聚落形态发生学的角度来看，江南地区类似的成熟市镇，应该是从一个更早时期的、既已充分发育的核心——即"城市核"，历经长期稳定成长而生发出来的（此点详本文下节），因此，若要把握该城的早期形态，仍需进一步上溯到宋元上海建县前后的"镇市"及"县市"的初期阶段。

有关宋末上海"镇市"及元初"县市"平面格局的史料十分稀少，目前已知的主要是现存方志的2种坊巷类记载，而中古时代的"坊"在江南城市里多为以空间实体街区为基础的基层行政管理单位，它反映了一座城镇之中建成区的地块，在很大程度上可以作为城镇街区集聚形态分析的替代指标，因此，下面的考察将循此思路来展开。

关于宋元时期上海的坊，现存最早记载见于弘治《上海志》卷二《山川志·坊巷》，其中较系统地收录了宋元的11个坊，并指明了各坊位置所在：

> 肇嘉坊在肇嘉桥北，拱辰坊在肇嘉坊北，文昌坊在福会坊右，福会坊在坊浜北，致民坊在长生桥北，永安坊在长生桥北投西，福谦坊在南侯浜桥南，泳飞坊在县北门杨泾，联桂坊在泳飞桥北投西，宝华坊与联桂坊对，登津坊在第一桥东。[1]

从中古时期江南城中坊的演变历史以及史料来源分析，弘治《上海志》等现存明前期方志中出现的有关宋元坊的记录，应是源于当地（上海县或松江府）的宋元方志，反映的是宋末上海镇及元初建县之初上海城中建成区的实况。

上述弘治《上海志》关于坊的记载，还可从南宋末年上海镇市舶分司提举董楷所作《受福亭记》一文（刊于弘治志卷五《堂宇》）中得以印证，此文提及咸淳七年（1271）上海镇

---

[1] 文中"文昌坊"，原作"文昌桥"，显误，今据正德《松江府志》等改。

中若干坊市建置与分布情况。

自舶司右趋北建拱辰坊，尽拱辰坊建益庆桥，桥南凿井筑亭，名曰受福。亭前旷土悉绣以砖，为一市阛阓之所；其东……建桥对峙，曰回澜桥；又北为上海酒库，建福会坊；迤西为文昌宫，建文昌坊。文昌本涂泥，概施新甓；尽文昌坊又北建致民坊；尽致民坊，市民议徙神祠为改建曰福谦桥。由福谦趋齐昌，乃臣子于兹颂祝万寿，……改建桥曰泳飞桥。[1]

此文提及的拱辰、福会、文昌、致民四坊，其坊名及相对位置与上述弘治《上海志》所记吻合，由此笔者汇集上述两段史料中出现的肇嘉桥、坊浜、舶司等15处地物记录，通过相对位置的比对，获得宋末至元中叶上海"镇市"及"县市"初期阶段的平面格局复原图（图6）。从此图上，可以观察到宋元时期上海城市形态一些特点。

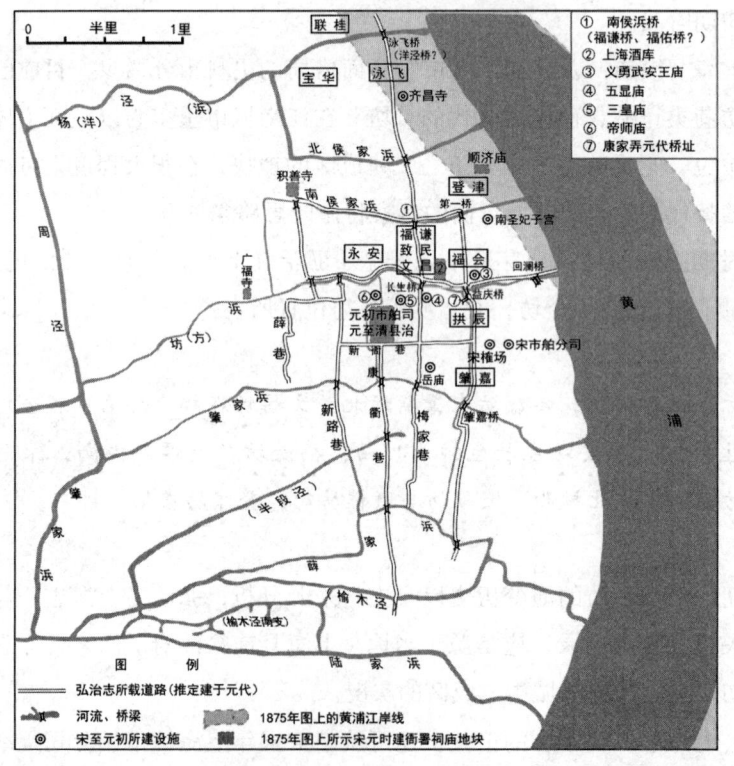

图6　宋末至元中叶上海镇市及县市复原图

---

[1] （弘治）《上海志》卷五《堂宇》。

首先，宋末元初的近半个世纪，是上海聚落发展的一个重要转型期，从南宋末在上海镇置市舶分司，到元至元二十九年（1292）立县，再到大德二年（1298）将县衙由宋元镇署所在地（元松江总场附近，即明代东察院、清初黄浦营，今小东门外咸瓜街太平街附近）迁旧市舶司署（即明清时期上海县治所在地），在沿海口岸经贸的推动下，上海这一市镇的行政地位显著上升，这必然引发其城市形态的诸多变化。

对比明中叶与宋元时期的复原图（图5、图6），可以观察到在两个多世纪里上海城镇平面格局的重大变化。宋元复原图上所显示的上海，概括其表现，应是一座较为典型的河埠型市镇，这一时期的11个坊全部建在由洋泾浜到肇家浜之间的濒浦或近浦地域，尤以自长生桥至益庆桥的跨方浜南北区域最为密集，因此推断当时的"城市核"应该就在益庆桥南、当时的榷场与舶司以北一带（今方浜中路小东门段的旧城厢内外地带），上述董楷文中提到该处系"一市阛阓之所"，也证明了这一点。从此研判出发，结合顺济庙建于南侯家浜口、榷场建于方浜益庆桥南等远洋贸易标志性场所的实际位置，则可推论宋末元初上海镇的纬向主街（main street）当是方浜及沿河街路，经向主街应该就是东街及其向北延伸跨益庆桥、南侯浜桥、泳飞桥的街道。与明中叶的平面格局相比，主干道系统存在着一些明显差异，即宋元时期呈现出更偏东北分布，即更贴近濒临黄浦地带的形态特点，该平面格局表现出早期上海聚落形态上更为突出的河埠型市镇性格。

以上推论中还存在着一个问题，在构成"交叉型水路市镇"的基本形态要素之中，虽然方浜与益庆桥地段具备了十字交叉街道、纬向主河道（即方浜）、繁华街等条件，但还缺乏经向河道这一重要的支持依据，在明中期以来的地图资料上也未见到东街、益庆桥附近的经向河道。关于这一点，如果仔细查阅史料还是有迹可循的，同治《上海县志》卷三《近城诸水》中提及："旧学宫西北陆家宅左有大沟，通方浜旧学天光云影池，潮水所入也。沟深丈许，广容两人并行，皆石为之，相传陆氏筑。其水道疑亦运粮河，盖此运粮在未立县时，筑城后旧迹断续不可识。"笔者推测这条"大沟"从位置上看，很可能就是上海宋元时期的"交叉型水路市镇"发展阶段之中的经向主干河道，而在嘉庆《上海县志》卷六《桥梁》还有一条可资印证的记录——就在这一带的康家弄中曾发现元代桥梁，"系元时所建，今河为平陆，俱筑民居，桥名亦不可考矣"。因此，经向河道的存在应该没有疑问，只不过这条河道淤积萎缩较早，正如晚清秦荣光在《上海县竹枝词》中所言，"县未城前旧有河，运粮曲折各通波。自经堵筑城墙断，但剩沟形四处多"，可见类似的填浜筑路在上海城内并不少见。

上述推论还可从早期方志记载的城内宋元寺观的分布、元明之际城内建坊的空间推移上得到支持。如本文开篇所引唐时措文提及宋元之际上海有"佛宫仙馆"，而嘉靖《上海县志》卷六《古迹》具体罗列了宋元"镇市"或"县市"内的7处古寺观，如"义勇武安王庙，在今益庆桥北"，"岳庙，在今县治东南，俱在旧上海镇市"等，加上县志记载的五代所建广福寺，南宋所建积善寺、顺济庙等，一共10处五代至宋元时期的古寺观均分布在上述推论的宋元建成区之内。又如，弘治《上海志》记载元末明初在县市内新建的10个坊，其分布均是围绕元大德二年（1298）搬迁的新县治，也就是方浜中段至肇家浜一带推展的，而明中叶以后县城内两处"日中为市"的繁华街——四牌楼街、三牌楼街，从其由来与命名看，前者最早也要到明初洪武八年（1375）之后才出现，后者则更是晚至成化年间方才形成的。

此外，早期文献记载的"上海酒库"，其立地场所也很是耐人寻味，根据文献记载，它正好位于上文考证的早期上海市镇的中心位置——方浜与东街交汇的益庆桥之北，这一场所意味深长。如按正德《松江府志》卷十一"安抚司酒库"条云："在县市坊浜北福会坊内，宋建，元改为税司。"又该志卷十"税课局"条提及具体位置："在县市东街，吴元年建于益庆桥北。"由此推知宋代"酒库"的准确位置正在方浜、东街之口，而斯波义信等学者曾指出宋代江南城市的中心官署在传统上往往位于丁字形主街的交叉点上，考虑到文献记载上海的初始官署建置——"酒务"最有可能是继承了宋时所建的"酒库"，那么又可以作为上文关于上海早期聚落核位于方浜、东街交汇点的又一支持依据了。

那么，当时肇家浜北，大德二年（1298）后新县治所在区域（即明清县城中心区域）情况如何？从目前掌握的材料与上文分析来看，元中期之前的11个实体坊之中，只有"肇嘉坊"与肇家浜有所联系，这也从另一侧面反映该地块的开发相对较为晚近。而从城内街道系统的形成历史来看，相对于宋末既已发达的滨江建成区，以元代新县署、肇家浜中段为中心的地带，其道路开辟应该也相对较为晚近（反映在嘉靖《上海县志》所载元初新县署一带的主干道均以"新"字命名，如"新衙巷""新路巷"等），该区块的开发大约是在上海立县之后的元代后半叶至明初渐次展开的。

四　江南地区聚落——城镇的形态发生学观察

以上有关宋末至元时期上海城市核的推论，已是传统史地学分析可以达到的顶点，不过如前所述，上海作为市镇的历史最晚也要追溯到北宋初期的11世纪初期，因此，要了解南宋"镇市"阶段之前上海的渊源，就需要结合聚落历史形态学的背景来加以分析了。

从形态发生的角度来看，长江三角洲地带的聚落演化，具有较强的进化方向与变化规律。概括而言，在历经数千年开发形成的纵浦横塘的水乡格局、依托河道的物流展开模式与依托圩岸的农宅修筑传统、独特的家庭构造及散村型社会的自组织形式等多种因素的复合影响下，造就了该地域聚落形态演化上表现出"列状水路村落——列状水路市镇——交叉状水路市镇——复合型水路城镇"这样的发展模式（图7）。限于篇幅，本文仅以近代上海周边的各类聚落为例做一简单说明。

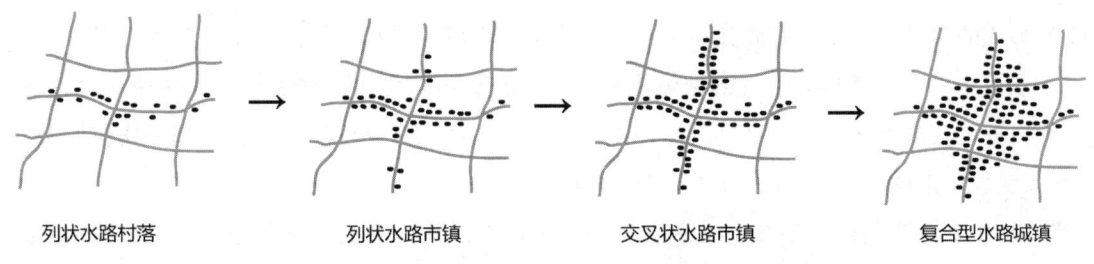

图 7　江南地区聚落形态演化的一般模式示意图

图8展现民国时期浦东洋泾地区较为典型的江南乡村景观——河道纵横交织，村落星罗棋布，各种大小不等的村落沿纬向河道集聚排列，形成颇具特色的列状水路村景观。此处聚落形态所呈现出来的纬向线状排列的卓越现象，与这些河道均与该地区物流干线河道——黄

图 8　浦东洋泾地区的村落聚合形态（1935年上海市土地局测绘图）

浦通连这一集聚动力因素密切相关，该现象在江南地区不仅由来已久，而且十分普遍，显示了在水乡地带"列状水路村落"的聚落发生学机制与一般规律。

"列状水路市镇"是"列状水路村落"的成长发展类型，它一般出现在某些符合中心地枢纽条件的村落，比如近代上海周边的法华、高行、塘桥等市镇，都是比较典型的案例（图9-1至图9-3）。这3个市镇虽然在形态上有所不同，但都有沿列状水路发育生长的共同特点，而此种形态也是本地区中小型市镇中最为常见、最具典型意义的传统聚落类型。

"交叉状水路市镇"是"列状水路市镇"的进化类型，它是由两条沿河发展而来的街道交叉形成的市镇形态模式，此类市镇虽以十字交叉型较为常见，但因其主要是依托既存的河道发展而来的，因此形态上受到河道走势的控制，随形就势地出现了斜交等多种变化类型。即使在近现代的上海周边，平湖乍浦镇以及嘉定、川沙、太仓等县城，仍然都是比较典型的"交叉状水路市镇"案例（图10-1至图10-4）。

"复合型水路城镇"是江南市镇发育的高阶形态，其一般成长机制是：在"交叉状水路市镇"中两条主街的诱导下，出现由一条主街为基轴的众多支路以平行于另一主街排列的鱼骨状形态（典型的如无锡），或由两条主街为基轴的多数街巷纵横交叉排列而成的栅格状形态（典型的如嘉兴，本文图10-4的现代太仓县城正处于这一演变的过程之中），以及其他更为复杂的形态类型（如杭州、常州等因多个历史层次的形态变化叠加而形成的城市）。

结论　从聚落形态发生学背景看上海早期的城市核——"上海源"

基于以上认识，就可从聚落发生学的角度来重新审视宋末至元代上海"镇市"及"县市"在江南聚落发展中的形态演化阶序，确认上海的聚落发生史与最初的城市核之所在。

上文已经明确在南宋末年"镇市"阶段，上海的城市核应该就在当时两条主街的交叉点——即明嘉靖筑城前的方浜益庆桥一带。上海镇监董楷针对这一地带系"一市阛阓之所"的明确记述可解读为：此处作为城市核不仅是唯一的，而且也已相当的固着。而这唯一的、稳定的城市核，以及通过上文传统史地学解读得以揭示的方浜沿河街路、东街至洋泾浜街路的存在，显示南宋末的上海"镇市"在聚落形态上尚处于"交叉状水路市镇"阶段，此种类型通常出现在形态发育相对较为单纯的聚落成长的早期，因此，即使没有更早期的史料，也可以从聚落形态发生学的角度推测"上海源"——即上海早期城市核的所在，应该就在明嘉靖筑城前的方浜益庆桥一带，即今天小东门附近的方浜中路与东街、宝带弄的交叉地带。

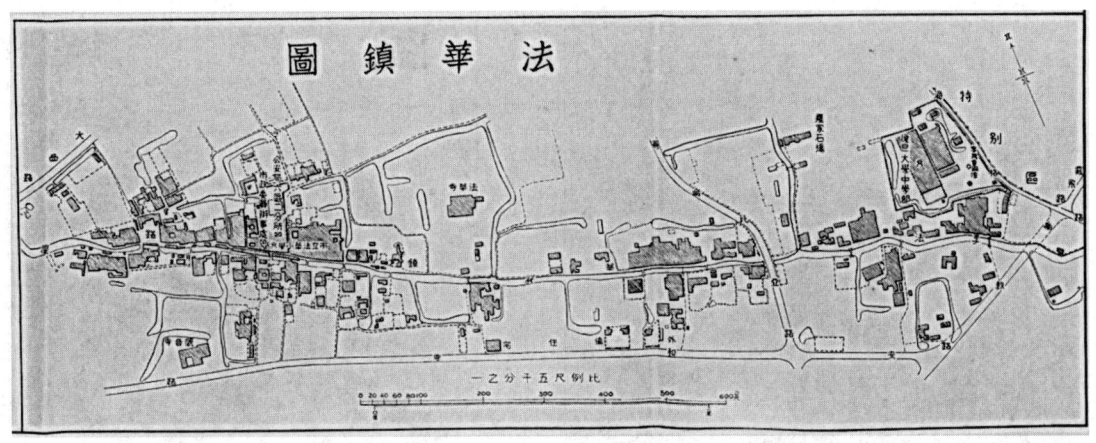

图 9-1 法华镇图(1931 年上海市土地局测绘图)

图 9-2 高行镇图(1931 年)

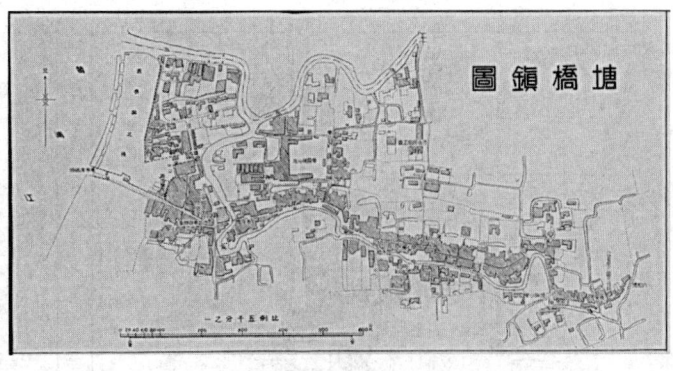

图 9-3 塘桥镇图(1931 年)

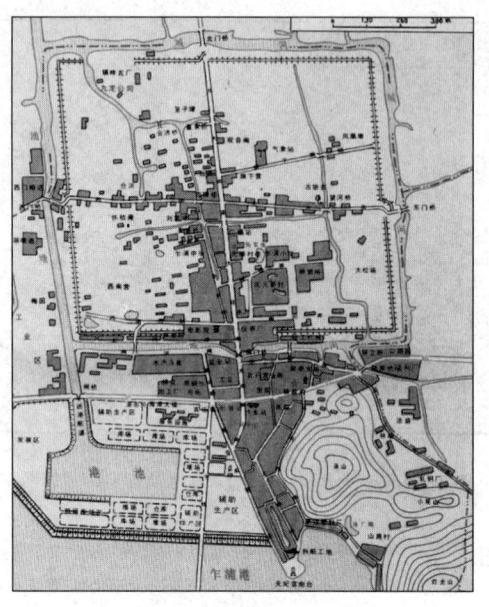

图 10-1　乍浦镇图（1991 年）

图 10-2　嘉定县城图（1930 年）

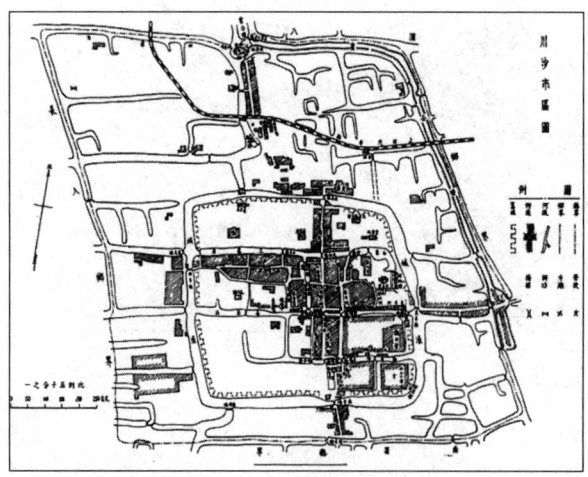

图 10-3　川沙县城图（1936 年）

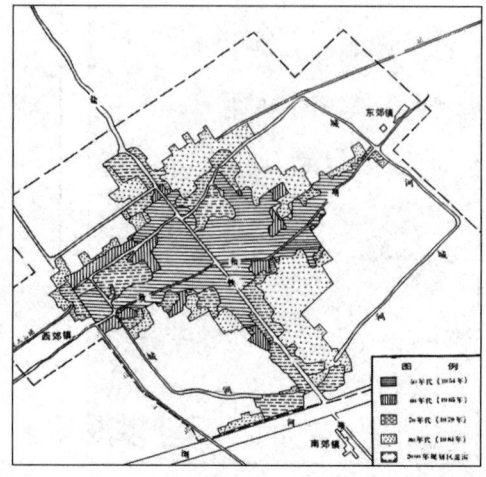

图 10-4　太仓县城的变迁（1954—1984 年）

对于以上关于"上海源"的形态与发生史的认识，我们还可以拿近代的嘉定、奉贤（奉城）、川沙等城镇来做一简单类比——这 3 座城镇具有十分显著的"交叉状水路市镇"的特点，因此要确定它们的城市核也并不困难；不过，若要追溯其聚落起源的话，即使是此类形态发育相对较为清晰的"交叉状水路市镇"，实际上也已经历了长期的发展。如嘉定在南宋即已建县；奉城镇的聚落历史至少可以追溯到南宋初修筑里护塘之际；川沙镇的历史即使从明初八团镇算起也已在 5 个世纪以上了。因此，想象一下南宋末的上海"镇市"如果是近代嘉定城镇的格局与规模，那么这座东方大都市的渊源，应该远不止是北宋初的时代了。

不过，像上海这样一座大都市，其城市形态的后续发展必然颇多变奏。这座城市的早期城市核，在经历了元初的繁荣期之后，便已出现向西转移的动向，一方面是由于城市规模的不断扩张，但决定性的事件却是明嘉靖三十二年（1553）修筑的城墙，硬生生将早期城市核所在的益庆桥区段切穿，这对后来的城市形态产生深远影响——由此出现了明中叶以后上海城市核逐渐转移道路，形成经向的三牌楼街、康衢巷（今光启南路）、四牌楼街与纬向的方浜中路至肇家浜沿河街路构成的栅格状区域，从而完成了由"交叉状水路市镇"向"栅格状复合型水路城镇"的过渡。

现代城市史的研究表明，历史上传统的城市中心与都市商业轴（即主街），对于城市的形态与人文塑造有着持续的影响，关于这一点我们可以从大阪的历史城市核研究中得到启发。例如近代大阪城的街道，在空间上的特点是以东西向的大道为主干线，辅以南北向支巷，组成了栅格式平面布局，因此按常识一般会以为地价最高的主街应该是市中心的某条东西向大街。可是历史地价记录分析的结果却大大出乎意料，该分析显示大阪的商业中轴落在了一条并不起眼的南北向狭窄街巷——即现在的"心斋桥筋"之上。进一步的研究表明，这里实际上是自江户时代或更早时代以来就已形成的古大阪的主街，虽然历经近代大阪城市规划的强力介入，但传统商业中心却并未因为城市的近代化而被割裂、打断。[1]

事实上，就上海老城厢而言，虽然早期的城市核在明中叶已经发生变动，但作为纬向主街的方浜沿河街道（即后来的方浜中路）一带，作为城市的主街却一直继承了下来，从这一点来说，上海人逛城隍庙的传统应该也是源远流长，而即使到了近代，小东门一带仍然是老城厢的商业中心所在，到光绪末年，上海"郭门有七，曰大东、小东、小南、大南、西门、

---

[1] ［日］金坂清则：《常識を覆う明治初期大阪の地価の地域構造—地図化によるその発見と意義再説—》，《地域と環境》第 8・9 号，2009 年，第 335—350 页。

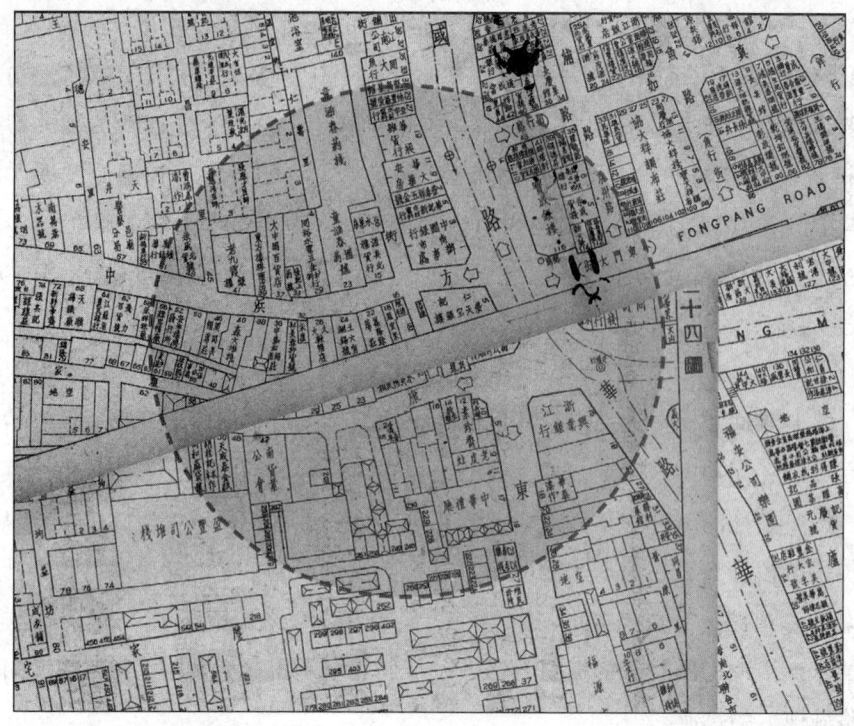

图 11 近代地图上的"上海源"地带(《上海市行号路图录》，1949 年)

老北、新北，大东、小东及新北三门内，为城内大街，颇为繁华"。[1] 在 1949 年出版的《上海市行号路图录》上，可见此处密集的商铺，其中还有传承至今的童涵春药栈等著名商社，地块的极度细分（图 11），显示出该处历经千年发育仍然透露出的勃勃生机。

---

[1] 日清貿易研究所編：《清国通商大全》，東京：丸善商社書店，1892 年。

吴淞江治理的实证

——志丹苑水闸遗址

陈 凌*

在上海普陀区志丹路和延长西路路口西南角，有一座上海元代水闸遗址博物馆（图1）。该元代水闸遗址俗称"志丹苑遗址"，是目前国内规模最大、做工最好、保存最完整的元代水工遗址，被评为2006年度"中国十大考古新发现"，2013年被公布为全国重点文物保护单位。

志丹苑水闸遗址的用工量之大、做工之精，为国内同类遗址所罕见，为我们了解古代水利工程建造技术提供了最直接的依据。它是在宋代《营造法式》总结之后的官式工程在长江三角洲特殊地貌环境下，又一水利工程巨大发展的实例，对于研究吴淞江流域的历史地理变迁、经济社会发展等都有着非常重要的学术价值。

图1 上海元代水闸遗址博物馆

---

* 陈凌，上海博物馆考古研究部副研究馆员。

一　考古发现的偶然与必然

志丹苑水闸遗址位于距地表以下 7 米深处，其发现是极其偶然的。这里原计划建造一幢 18 层高的商品住宅，2001 年 5 月，在对高楼地基打桩钻孔的施工过程中，打到地下 7 米深处，就被硬物卡住而打不下去，连换多个位置都是如此，最终，施工人员用一个特制的带硬钢丝刷的钢钻，靠钢丝的磨力，才将石板磨断带上来一块（图 2）。经仔细辨认后发现，这是两块石板用企口拼合，并在拼合处的石板面上凿出凹槽镶嵌铁锭；石板下衬两块企口木板，木板拼合处以铁扒钉加固；木板下再有一根带卯口的木梁。这种结构多在古代石质水工建筑如水关、海塘、桥梁等工程中发现，比如上海奉贤清代海塘的石板间就用铁锭榫加固。遗址发现地点距离苏州河（吴淞江在上海市区段的习称）北岸仅 1 千米，历史上吴淞江河道变化很大，因此专家们判断，志丹苑遗址可能是与吴淞江有关，并且具有一定规模（图 3）。[1]

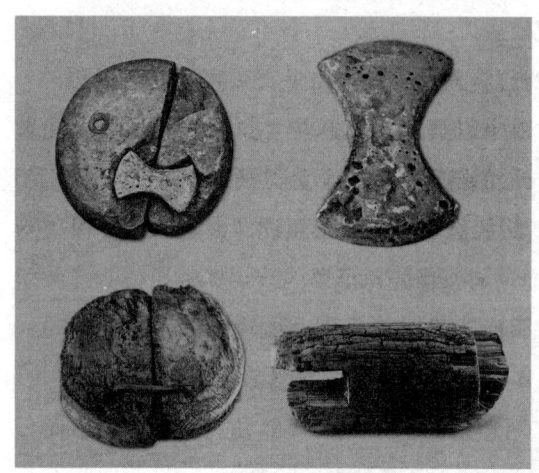

图 2　钻孔带出的志丹苑遗址的文物

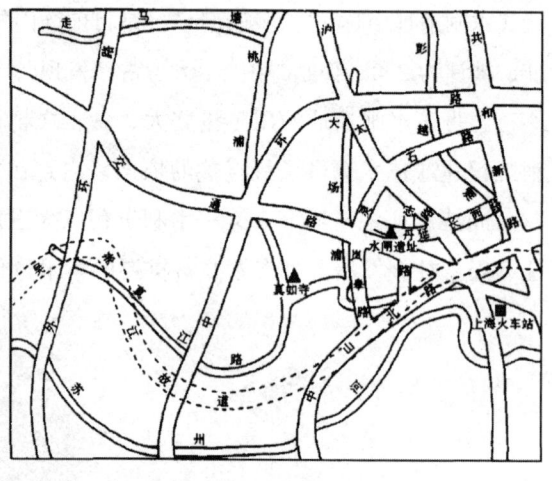

图 3　志丹苑遗址位置示意图

2002 至 2006 年间，考古部门对志丹苑遗址进行了多次考古发掘，其神秘面纱被层层揭开并最终展露全貌，一座元代的水闸破土而出。在 2006 年度全国十大考古新发现评选时，考古专家徐苹芳先生点评道：这是一个年代十分标准的水闸，以前这样的遗迹发现很少。它是建立在宋元时代的吴淞江故道上，说明上海在当时已很重视水利工程。此外，它的建筑模式完全符合宋代《营造法式》的要求。它的发掘对研究宋元时期江南地区水利工程、流域的

---

[1] 上海博物馆考古研究部：《上海市普陀区志丹苑元代水闸遗址发掘简报》，《文物》2007 年第 4 期。

历史变迁等具有非常重要的科学价值。

志丹苑水闸平面呈对称八字形，总面积1500平方米，东西长42米，进水口宽32米，出水口宽33米。河水由西北流向东南。水闸主体由闸门、闸墙、底石、夯土层等几大部分组成。（图4-1、图4-2）

闸门（图5），又称金门，是水闸中最关键的部分，由两根粗大的长方体青石门柱组成，矗立在整座水闸的中心，两门柱之间宽6.8米。门柱为方柱体，四面规整，棱角分明，上部稍有残损，南门柱残高4.6米，北门柱残高6米。两门柱分别砌筑在南北两道闸墙之内，其下端直接立在闸墙基础石上。门柱上半部两侧面开凿孔眼（12×7×4.5厘米），北门柱现存3个，南门柱现存2个。门柱正面凿出闸板槽口（宽0.28米，深0.18米），槽口上下笔直，槽底平整，下部插一块由完整的方木制成的木闸板（长6.95米，宽0.27米，高0.3米）。闸板左右两侧插有长条框架式木销，闸板下安置有一根半圆枕木制成的木门槛，门槛下部左右两端各凿出两个穿孔。门槛下横铺青石条（宽0.98米，厚0.36米），高出底石。闸门两侧的底石上散置铁钩、铁环、铁锔、铸铁残件，似为与启闭闸板有关的部件。

闸墙（图6），又称金刚墙，砌筑在底石南北两边。长47米，残高1.3~2.1米（4~6层），由青石条（长1~1.35米，宽0.6米，厚0.3米）层层砌筑而成，缝隙间灌满灰浆。闸墙以折角分为三段：闸门两边中部直长的那段称"正身""由身"，长10.1米；正身左右两端斜张如"八"字者称"燕翅"，在迎水一面的上迎水燕翅长10米，在顺水一面的下分水燕翅长10.4米。燕翅外端左右横亘与闸身平行的称"裹头"，上迎水裹头长8米，下分水裹头长8.5米。折角是在一块石块上凿出来的，有棱有角。闸墙四角上有由木板和木桩构成的木护角，闸墙两端和裹头之内立有密集的擗石桩，擗石桩的作用在于减少水流对闸墙的冲击。闸墙外砌衬河砖，砖（39×19×8厘米）直接砌在衬石枋上，高度与闸墙高度相当，且自底至顶随闸墙形势镶砌，逐层相间，使上下互相牵连，砖缝间满罐灰浆。衬河砖外，随势用荒石和土垒砌。闸墙、衬河砖、荒石三者牢固连成一体。

荒石外侧还夯筑有夯土层，依闸墙外侧走势，宽2~10米不等，夯土层下栽密集分布的木地钉，最外面一排地钉距离闸门石柱约9米，顶部与保存最高的闸墙高度大致齐平。地钉由外而内逐渐降低，直至荒石下，高低落差约2米。部分地钉的上半部有文字、墨书，内容多记载地钉的根数或编号。个别地钉的文字旁有戳记，其中有八思巴文戳记，为水闸的断代提供了最直接的证据（图7）。因2010年建造遗址博物馆承重柱平台的需要，将承重柱及周围近10平方米内的100多根木桩拔出，发现木桩长4米左右，从木桩底端以下2米深处仍带上来碎砖瓦等情况推测，夯土层从上而下最厚处超过5米。坚硬的夯土，加上密集的木

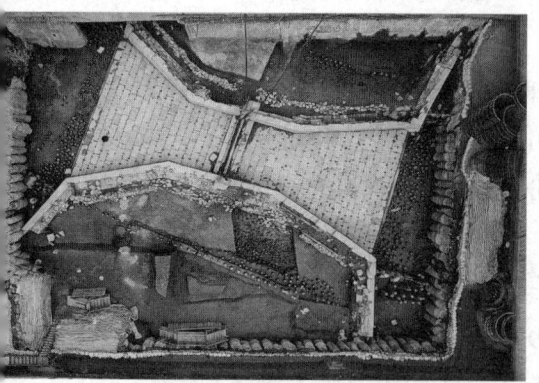

图 4-1 志丹苑水闸遗址全景

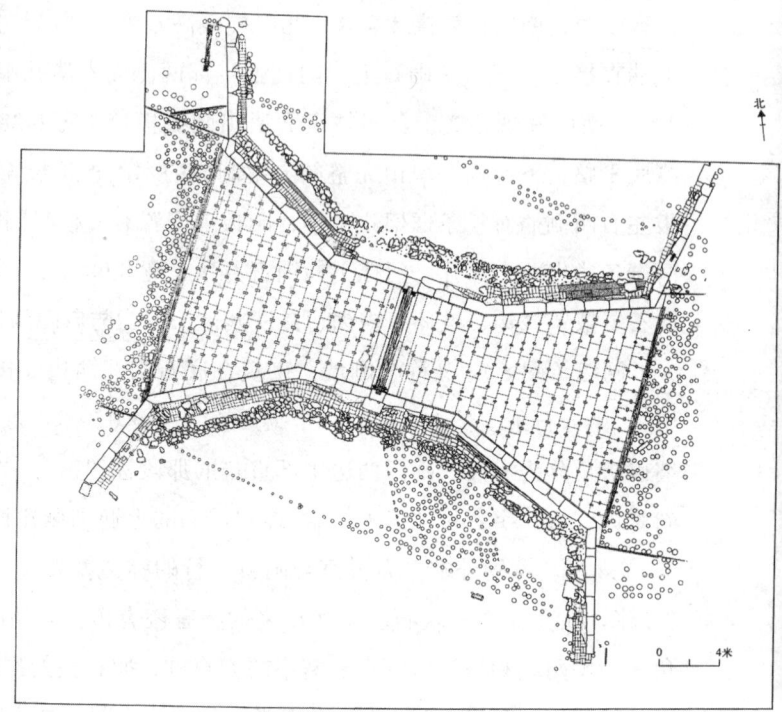

图 4-2 水闸遗址平面图

图 5 志丹苑遗址之闸门

图 6　志丹苑遗址之闸墙

图 7　志丹苑遗址木桩上的墨书和八思巴文戳记

桩，构成了闸墙外牢固的护闸。根据2012年第三次考古发掘，以水闸南驳岸的最外一排木桩为界，木桩以南的土层为河泥淤积层，土色灰黑，纯净无物，潮起潮落流下的细腻泥沙痕迹清晰可见；木桩以北的土层为人为堆筑的夯土层，夯土层内栽有密集的木桩，从而划定了水闸与老河道的分界线，也就是水闸的南界址。[1]

底石，镶嵌在两道闸墙之内，东西长30米，最窄处6.8米，最宽处16米。底石由表面平整的长方形青石板（长1～1.35米、宽0.6～1.8米不等）平铺而成，表面凿出凹槽并镶嵌铁锭，铁锭表面、凹槽空隙和石板接缝处均填满砂浆以防止渗水和石板错缝移位。从2001年工程钻孔在底石上留下的孔洞，可以清楚看到底石厚0.25米，石板下满铺厚0.2米的衬石枋（同闸墙石条基础、衬河砖下的衬石枋连为一体）。衬石枋拼接处为企口，并以铁扒钉固定。衬石枋下是木梁（又称龙骨，宽0.25米，厚0.2米），木梁下有地钉（木桩）支撑。底石两端的擗石桩高4米，直径0.2～0.35米，上端与底石齐平，以加固底石。（图8-1至图8-3）

水闸工程使用了木、石、铁、沙等多种建筑材料。木质材料有木桩、木梁、衬石枋、闸板、挡水木板等，初步估算木桩有上万根，板材500立方米左右。石材全部为青石，包括闸门石柱、底石、闸墙、衬河砖，用毛石约1 000立方米。铁质材料有铁锭、铁钉等，底石上镶嵌的铁钉榫近400个。

水闸木桩上的八思巴文戳记，夯土层中出土的年代最晚为元代的瓷器残片，闸门处堆积物中的元代龙泉窑青瓷碗（图9）和韩瓶，都将这座水闸的建造年代和使用年代指向了元代。

二　各方面的认识与争论

志丹苑水闸遗址的考古资料一经披露，就引起了学界的高度关注，包括文物考古学、历史学、历史地理学以及水利工程学等方面的专家也都纷纷提出了自己的认识和观点。

1. 沪渎垒、榷场还是水闸？——关于遗址性质

最初的讨论主要围绕志丹苑遗址的性质。虽然志丹苑遗址距现在的苏州河北岸约1千米，

---

[1] 上海博物馆考古研究部：《2012年志丹苑水闸遗址考古发掘主要收获》，《上海文博论丛》2012年第4期。

图 8-1 志丹苑遗址南闸墙外的荒石

图 8-2 志丹苑遗址闸墙外的衬河砖

图 8-3 志丹苑遗址荒石下的衬石枋

图 9 志丹苑遗址夯土层中出土的带有八思巴文的青瓷碗底

但研究者们普遍认同它与宋元时期的吴淞江下游旧江有关。当时的吴淞江下游走向大致从今天的黄渡，东经封浜、江桥，穿曹杨新村至潭子湾，向东北接虬江至军工路码头附近，再东流至浦东东沟至黄家湾以东入海（图10）。早在志丹苑遗址发现不久，还未开展大规模考古发掘之时，薛理勇就从遗址所在地点出发，通过潭子湾、东西芦浦和吴淞江故道等方位的推论，提出"志丹苑"很可能是沪渎垒故址。[1]

> 沪渎垒。旧有东西二城，东城广万余步，有四门，今徙于江中，余西南一角；西城极小，在东城之西北，以其两旁有东西芦浦，遂呼芦子城。[2]

王正书也认为可能是沪渎垒古址，或是宋代河口港码头和管理贸易的榷货场。[3]
而以宋建为领队的志丹苑考古队则在一开始就将遗址定位于宋元时期石构水工建筑。[4]
随着志丹苑遗址考古工作的日益深入，出土材料不断丰富，关于其性质的讨论基本结束，

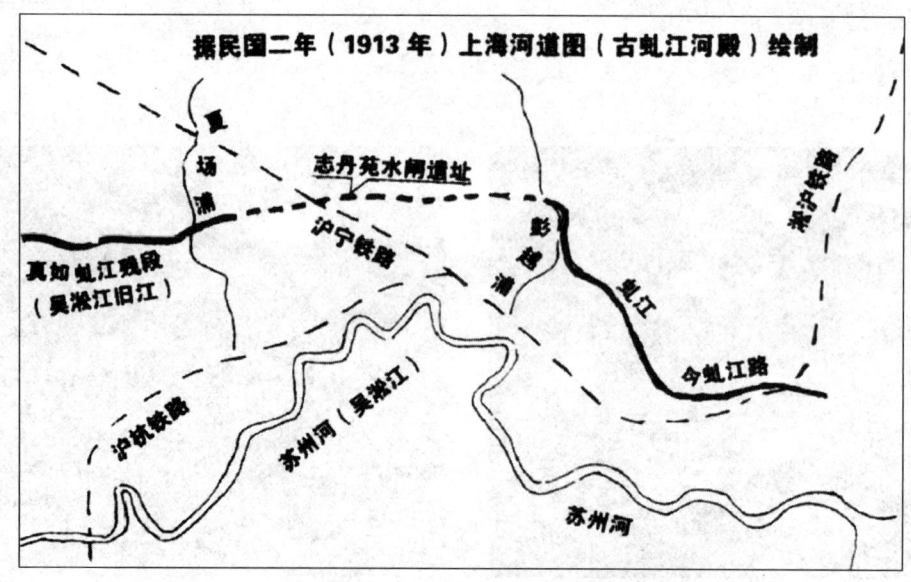

图10　复原的古虬江河段示意图[5]

1　薛理勇：《"志丹苑"疑即古沪渎垒址》，《上海文博论丛》2002年第1期。
2　（宋）杨潜：《绍熙云间志》卷上。
3　王正书：《"志丹苑"地下基址性质探说》，《上海文博论丛》2002年第1期。
4　志丹苑考古队：《"志丹苑"石构水工建筑遗址考古发掘》，《上海文博论丛》2002年第1期。
5　图片来源：胡昌新：《探索元代"志丹苑水闸"的悬案》，《上海水务》2011年第4期。

其元代水闸的性质得到广泛认同。但是，我比较感兴趣的是，元代在选址建闸的时候，是否与沪渎垒故址有关呢？至少在南宋时还能看到沪渎垒"今为波涛所冲，半毁江中"的痕迹。

既然志丹苑遗址的水闸性质已经确定，那么，我们就此为切入点，追溯吴淞江下游的治理历程。

2. 圩田、开浦还是置闸？——关于吴淞江治理

吴淞江古称松江，一名松陵、笠泽。[1] 松江之名初见于《后汉书·左慈传》"所少吴松江鲈鱼耳"之句，注云："松江在今苏州东南，首受太湖。《神仙传》云：'松江出好鲈鱼，味异它处。'"[2] 据考证，松者，"容也，容裔之貌"。《三吴水利录》收有北宋熙宁年间（1068—1077）郏亶所上奏书二篇，仍多称"松江"，但亦有"吴松江"之称。吴松江之名初见于《陈书·侯瑱传》"与（侯）景战于吴松江"[3] 句。在郏亶之子郏侨的水利书中，则提到了"吴淞江"，其后的水利记载中，多沿用吴淞江之称。

吴淞江源出太湖，是太湖最大的支流。

> 三吴之水，潴为太湖；太湖之水，溢为松江以入海。海水日两潮，潮浊而江清，潮水常欲淤塞江路，而江水清驶，随辄涤去，海口常通，故吴中少水患。[4]

吴淞江正源古代在今吴江以南的太湖口，是一片极为宽阔的水域，下游自今黄渡以下原经旧江（虬江）道入海。唐代时，吴淞江的下游河口已至今江湾以东，旧志称其海口为华亭海，宽度达二十里。随着社会经济的发展，包括人口的大量导入、农业的规模化发展、南北运输的需要等，唐元和五年（810）"堤松江为路"，即在苏州以南至平望以北的数十里间修筑长堤，初步解决了运河运输的风涛之险和纤路问题，这就是后人所称的"吴江塘路"。不过总的说来，早期太湖流域地多人少，排水良好，唐末五代之前都没有什么大的水灾，吴淞江还保留有宽阔的进水口，整体处于较为通畅的局面。

二百多年后，北宋庆历二年（1042），为了漕运的便利和安全，在苏州、平望间又筑长

---

1 （唐）陆广微《吴地记》云："松江，一名松陵，又名笠泽。"（南京：江苏古籍出版社，1999年，第82页。）
2 《后汉书》卷八十二下，北京：中华书局，1965年，第2747页。
3 《陈书》卷九，北京：中华书局，1972年，第154页。
4 （宋）苏轼：《苏文忠公进单锷吴中水利书状》，（明）姚文灝编，汪家伦校注：《浙西水利书校注》，北京：农业出版社，1984年，第8页。

堤八十里，与此前的吴江塘路共同组成了运河两岸，形成运渠。庆历八年（1048），在吴江建长桥，名利往桥或垂虹桥。宋代长堤、长桥的建成，使吴淞江进水口受到阻隔，江流横截，水势减弱，造成下游江流不畅，日渐淤塞，水患频仍。

> 夫吴江岸界于吴松江、震泽之间，岸东则江，岸西则震泽，江之东则大海也。百川莫不趋海，地倾东南，其势然也。自庆历二年欲便粮运，遂筑此堤，横截江流五六十里，遂致震泽之水常溢而不泄，浸灌三州之田。每至五六月间，湍流峻急之时视之，则吴江东岸之水常低于岸西之水一二尺。此堤岸阻水之迹可览矣。[1]

> 震泽受吴中数郡之水，乃遏以长堤。虽时有桥梁，而流势不快。又自松江至海浦诸港，复多沙泥涨塞，菱芦丛生，堤旁亦沙涨为田。是以三春霖雨，则苏、湖、常、秀，皆忧弥漫。[2]

宋时的吴淞江，自太湖分流，经吴江县东南，过甫里，经华亭，入青龙镇，自湖至海凡260里。在华亭境内，吴淞江流过淀山湖后，先后合赵屯浦、大盈浦、顾会浦、崧子浦、盘龙浦五大浦，水势颇壮。北宋时期的吴淞江河口已到达今复兴岛以东的南跄浦口，宽约九里。此后河口渐渐缩窄至五里、三里，元初时据称只有一里，元末时几乎淤成平陆。

> 自长桥挽路之成，公私漕运便之，日葺不已，而松江始艰噎不快。江水不快，软缓而无力，则海之泥沙随潮而上，日积不已，故海口湮灭，而吴中多水患。[3]

现在上海市区境内的吴淞江习称苏州河，宽度不过四五十米。

其实，吴淞江壅塞的原因十分复杂，除了人为的筑堤建桥、围田占水，造成水量大减、水流不畅外，吴淞江河道过于弯曲也是一大原因。"松江东注，委蛇曲折，自白鹤汇极于盘龙浦，环曲而为汇不知其几。水行迂滞，不能径达于海。"宋元时期，吴淞江地区河道变窄，容水蓄水湖泊减少，水旱敏感度加强，朝廷在吴淞江的治理上花了很大的力气，可以说，对吴淞江河道网络的治理，是当时整个江南水利工程中的重中之重。官员频繁巡视，有识之士

---

[1] （宋）单锷：《吴中水利书》，（明）姚文灏编，汪家伦校注：《浙西水利书校注》，第11页。
[2] （宋）范成大：《吴郡志》卷十九《水利上》，南京：江苏古籍出版社，1999年，第284页。
[3] （宋）苏轼：《苏文忠公进单锷吴中水利书状》，（明）姚文灏编，汪家伦校注：《浙西水利书校注》，第8页。

竞相上书，进呈治水良策，丘与权、单锷、郏亶及子郏侨、赵开等人先后拿出了治理吴淞江的具体方案，其中有一些意见朝廷予以采纳，连年兴修，工程浩繁。宋元两代的治水者基本上以疏浚吴淞江为主，兼之疏浚周边港浦，导诸湖浦之水入吴淞江，然后由吴淞江入海。从具体的治水方法来说，可分为以郏亶为代表的治田派，以单锷为代表的浚河派和以赵霖为代表的置闸派。"大抵三说：一曰开治港浦，二曰置闸启闭，三曰筑圩裹田。三者，阙一不可，又各有先后缓急之序。"[1] 事实上，宋元时期对吴淞江的治理是将这三种方法糅合在一起的治水技术体系，只是每一位治理者各有所侧重而已。

3. 赵浦上、吴淞江上还是枝河上？——关于志丹苑水闸的具体方位

以宋建为代表的考古专家认为："志丹苑水闸遗址从地理位置和史料记载推定，正好位于吴淞江下游故道上，应是建在支流上的一座水闸。"并且可能与元代都水监任仁发治理吴淞江有关。[2] 对照吴淞江上各闸的文献记载和地理位置，志丹苑水闸与元泰定三年（1326）安置的赵浦闸最为接近。赵浦为吴淞江北岸支流，位于大场浦和彭越浦之间，现已不存。

> 泰定三年，任仁发等官讲议吴淞江等四处河道，今已开通，拟合潴闭附江达海。分流支港于平江嘉定州之赵浦，嘉兴、上海县志潘家浜、乌泥泾三处，各置石闸二座，设官管领。依时启闭，以遏浑潮，使闸内清水一归于海，冲渲江道深阔，浑潮不致傍流入江停淤，去害就利，以图悠久之益。[3]

所以，志丹苑水闸被推定为事由任仁发主持建造的赵浦闸，且其建造工艺也与任仁发《水利集》卷十中"造水闸"一节的记载几乎完全一致。[4]

复旦大学傅林祥认为志丹苑水闸应该是建在吴淞江上而非其支流赵浦上。因为赵浦无论是水量的丰富程度、河道的宽窄尺度还是在整个吴淞江下游区域的地位和功能来看，都与规模宏大的志丹苑水闸不相匹配，而在吴淞江上建闸才更符合任仁发的建闸理想和技术要求，

---

[1]（宋）范成大：《吴郡志》卷十九《水利上》，第286页。
[2] 张玉兰、宋建、贾丽：《上海志丹苑元代水闸遗址的发现及其古环境》，《上海地质》2004年第1期。
[3]（明）孙鼎：《松郡水利志》，（明）张国维编著，蔡一平点校：《吴中水利全书》，杭州：浙江古籍出版社，2014年，第857页。
[4] 何继英：《志丹苑元代水闸遗址与元水利专家任仁发》，《上海博物馆集刊》第12期，上海：上海书画出版社，2012年。

一可挡沙,二能冲沙,以保持河道畅通,图太湖流域水利建设的"悠久之益"。而所谓的赵浦闸之名,完全是为了标识水闸在吴淞江上的具体方位,与明确可知是建在吴淞江上的"新泾闸"性质相同。[1]

上海水文总站胡昌新也认为志丹苑水闸坐落在吴淞江旧江干流上,可以从志丹苑水闸闸室的水流方向、遗址与苏州河的距离以及对照复原古虬江河段的相应位置,推断志丹苑水闸是吴淞江旧江干流的挡潮闸之一。[2]

复旦大学王建革则认为志丹苑水闸应是赵浦闸的北闸,可能是吴淞江一个枝河的水闸。[3]这里所谓的枝河并不是支流,而是元代吴淞江"多枝多杈,枝杈分并"形成的分水河。我也相对比较认同这一观点。

《越绝书·吴地传》:"吴古故祠江海于棠浦东。江南为方墙,以利朝夕水。"缪启愉认为"方墙"就是"板墙",就是板闸,可以启闭的板闸能够对潮汐起有利作用。这是在通长江港口设置板闸的最早记载。[4]"沿江近海通潮江浦,汉唐以来悉设官置闸,潮来则闭以澄江潮,退则启闸以泄水,故江无淤淀之患,潮无泛滥之忧。"[5]闸控制着塘浦圩田的水流环境,是长期以来江南水利不可或缺的一个要素。北宋郏侨言:"钱氏循汉唐法,自吴江县松江而东至于海。又沿海而北至于扬子江。又沿江而西至常州江阴界。一河一浦,皆有堰闸。所以贼水不入,久无患害。"

置闸的道理早已深入民间,"江南水利,最为易晓,虽三尺之童皆知其然,但浚河港必深阔,筑圩岸必高厚,置闸窦必多广"[6]。在宋代,吴淞江两岸塘浦感吴淞江的海潮,浑潮从吴淞江江口流向各塘浦,清水则从各塘浦注入吴淞江,清、浑之水形成互动的平衡。置闸和高圩一样,都是为了加强塘浦清水的强势,以清压浑。要保证注水吴淞江的纵浦不淤,治水者就要高大圩岸,并在纵浦与吴淞江连接处置闸。

赵霖在其《置闸篇》中言:

> 濒海临江之地,形势高仰。古来港浦,尽于地势。高处淤淀,若一旦顿议开通,地理遥远,未易施力,以拒咸潮。今于三十六浦中,寻究得古曾置闸者,才四浦。惟庆

---

1 傅林祥:《上海志丹苑水闸遗址考略》,《学术月刊》2005年第4期。
2 胡昌新:《探索元代"志丹苑水闸"的悬案》,《上海水务》2011年第4期。
3 王建革:《水乡生态与江南社会(9—20世纪)》,北京:北京大学出版社,2013年,第103页。
4 缪启愉:《太湖塘浦圩田史研究》,北京:农业出版社,1985年,第12页。
5 (明)王圻:《东吴水利考》卷二。
6 (元)任仁发:《水利集》卷二。

安、福山两闸尚存，余皆废弃，故基尚存。古人置闸，本图经久，但以失之近里，未免易堙。治水莫急于开浦，开浦莫急于置闸，置闸莫利于近外。若置闸而又近外，则得五利焉……[1]

赵霖属于技术工程派，只是他的技术可行性小，只置了四闸，不久便淤。大浦之闸，规模甚大，耗费许多。赵霖之后也有人常提置闸，但是实现的机会很少。而且古代的技术手段落后，离开自然水利生态而单纯地依赖技术的工程难以持久。古代大闸对技术和水环境的要求太高，必然也要求高人工投入以维持。沿江沿海的大闸，既要保护圩田，还要控制交通，按时启闭，还要及时疏浚。浦口不置闸会淤塞，置闸后不设专人管理也会淤塞废弃。

吴淞江两岸置闸的重要目的在于使水"东注"，置闸提高水位，冲淤吴淞江，以导积水入江入海。但是在宋代，吴淞江江面宽阔，所以当时的闸一般只可能是置在周边塘浦上的。宋代就有人发现了吴淞江周边塘浦有置闸的古迹，如昆山塘的夷亭闸、至和塘的唯亭闸。而置闸的塘浦一般都很宽大，或者很长，才能积蓄、顶托足量的清水，一开闸就会将清水泄出，形成以清刷浑的动能。北宋初年华亭一带的高地地区置闸十八所。闸设堰上，小的堰有二丈宽，大的九丈多宽，堰上的闸并不宽。

元时一度放松了吴淞江及其塘浦圩田系统的治理，各塘浦淤塞严重。当时江浙税粮已甲于天下，而平、松、嘉、湖四郡，更占江浙总数的十之七八。至元末年的大雨成涝，湖漫江溢，田禾尽淹，亏失税粮百万余担。直到这时，吴淞江治水问题，才引起朝廷的重视。大德元年（1297）任命彻尔为江浙行省平章政事领导治水，当年发卒数万，疏导吴淞江浦，二年（1298）设立浙西都水营田司于平江，三年（1299）又在各处河渠设闸堰。[2]但这些措施收效并不显著。

大德八年（1304）任海道千夫长的青龙镇人任仁发上书，议论治水方案。他指出治水无效的原因是："居位者未知风土所宜，视浙西水利与诸处无异，任地高下，时之水旱，所以水患频仍也。"而历次河工失败之由，则是："募夫役必取办于富户，部夫督役必责成于有司，二者皆非其所乐，是以猾吏豪民构扇沮之，朝廷未见日后之利，但厌目前之扰，所以成事则难，怀事则易。"[3]这些议论都切中时弊，引起朝廷的重视，于是任命任仁发为平江都水

---

[1]（宋）范成大：《吴郡志》卷十九《水利上》，第286—287页。
[2]（光绪）《青浦县志》卷五。
[3]（元）任仁发：《水利集》卷二。

营田使司都水少监,助行省平章彻尔疏浚吴淞江。而事实上,此时的吴淞江水环境比宋代更加恶化,吴淞江下游水流比以前更加细缓,再设浦闸已经没有意义。

任仁发治水时,有人提出吴淞江自古不置闸,"议者曰:吴松江自古无闸,今置之,非法也",说明元代的吴淞江已经被淤得有了置闸的可能。任仁发倡导吴淞江置闸,因为当时吴淞江和许多枝河河道相对变窄,水环境与以前相比有了变化。任仁发在吴淞江置了十几个闸,"开江身二十五丈,置闸十座,每闸阔二丈五尺,可以泄水二十五丈"。又云:"吴松江道面阔二十五丈,上源通彻江浙诸山,众水注入太湖,入吴淞江以达于海。今止造闸三座,每座且以二丈言之,三闸止该六丈,岂能尽泄水势。照得台州路管下黄岩小州,止蓄泄溪山些小之水,尚然建闸一十有四,今吴松江拟合造闸一十有三,每闸面阔二丈,方可通彻二十五丈之江水。"这段话的意思不是一字排开地在吴淞江面上置闸,可能是分别分流以置闸。[1]古人利用水流以置闸,有非常多的经验,运河置闸的经验完全可以移到吴淞江上。大德八年(1304),新挑了一段吴淞江河道,"起置石木闸二座"。大德十年(1306),又开了一段吴淞江河道,置闸二座,这两座闸在相邻两处位置上,相距一里余,并非一字横排江中。泰定三年(1326),任仁发又一次浚吴淞江并置三闸,"(泰定)三年,任仁发置赵浦、潘家浜、乌泥泾三闸","赵浦闸二座,嘉定州造"。[2]

由于志丹苑水闸遗址是孤立的发现,周围环境的可参照因素也不充分,因此其具体的建造位置可能将是一个在现有条件下并不能圆满解决的问题,期待能有相关的考古发现。

1　王建革:《水乡生态与江南社会(9—20世纪)》,第101页。
2　(明)张国维编著,蔡一平点校:《吴中水利全书》卷十,第450页。

近代上海苏州河南岸地区的里弄街区形成与特色研究

——以今静安区若干里弄样本为例

胡 端[*]

作为近代上海工业化与都市化的象征,苏州河以沿岸丰富的工业遗存、遗产而著称。学界关注较多的也在于此,特别是关于以棉纺织业、面粉业为特色的民族工业企业的集聚地——小沙渡地区、曹家渡地区,研究成果较为丰富。然而,对苏州河沿岸"工业区"的定位,也有意无意地忽略了与之关系密切的里弄住宅街区。里弄街区作为城市重要集聚区之一,其形成与发展造就了特有的建筑形态、人口结构、社会环境、生活形态和民情风俗。从认知维度上来看,它涉及一个庞杂的知识系统,在建筑学、社会学、历史学、地理学、人类学、人口学、经济学等多门学科方面都可以有自身的解释框架。但总体而言,"比较多地关注里弄街区作为物质实体、作为历史遗存的价值,而缺少一种将其作为城市中活的社会单元进行考虑的视野"[1]。近年来,城市史研究中一个引人注目的现象是通过考察城市景观的形成,复原城市空间的构成,再现活生生的社会场景。[2] 这种研究路径可以揭示历史上里弄街区的形成机理、空间布局、产权状况与人群活动,为城市旧区和废弃产业区的改造利用提供历史依据,对现代街区产业形态、结构的重新布局与可持续再生不乏指导意义。

本文以今静安区境毗邻苏州河南岸的两处里弄住宅样本为例,在时局变动与制度嬗变的背景下剖析这一带里弄街区的形成过程、经济布局、人口结构等,试图厘清近代苏州河一带住宅空间形成的内在机理、布局特色与影响因素。为行文方便起见,笔者将所考察的两处里

---

[*] 胡端,上海交通大学档案馆(党史校史研究室)助理研究员。
[1] 李彦伯:《上海里弄街区的价值》,上海:同济大学出版社,2014年,第340页。
[2] 周振鹤:《城外城——晚清上海繁华地域的变迁》,《"都市繁华——1500年来的东亚城市生活史"国际学术研讨会论文集》,上海:复旦大学文史研究院,2009年。

弄住宅群分别命名为 A 样本、B 样本。A 样本地理范围大致为：东至石门二路（近恒丰路桥），西至泰兴路，北至康定东路（临苏州河地段），南至武定路。本区域内今现存三余里、世德里、泰来里、归仁里、太和坊、麒麟村、东王家宅等 7 处里弄住宅。B 样本地理范围大致为：东至西苏州路、泰兴路，西至昌化路，北至昌平路，南至康定路，共有麦根里、安平里、义顺里、北永泰里、逸庐、隆智里、余德里、涵养村、康定花园、润德里等 10 处里弄住宅。这些里弄住宅建造于不同时代，类型丰富，本身具有建筑、功能、环境等多样性价值，具有特殊的意义，尤其重要的是承载着丰富的历史人文记忆，从而具有建筑遗产的连续性价值。

一 早期"沙角头"的乡土村落图景

今静安区 A、B 样本里弄住宅区，原位于上海旧县城的西北郊，北临苏州河。1843 年上海开埠之前，这一带荒寂僻野，屋少田稀，人烟稀落，一派原生态的自然景观。先来看几段清人的印象：

> 沪自西人未至以前，北关最寥落，迤西亦荒凉，人迹罕至。[1]
> 北邱一片辟蒿莱，百万金钱海漾来，尽把山丘作华屋，明明蜃市幻楼台。[2]
> 西北郭前三十里，年年马鬣起新阡。四郊东滨黄浦，其西北南皆冢墓也，可耕者仅十之三四。[3]

在清人的记忆中，开埠前上海县城北郊外的景观虽与"杳无人烟""野草冢墓遍生"等语句几乎画上了等号，但并不意味着实际情形全然如此。随着近年来上海道契资料的深度发掘与巧妙利用，我们对县郊景观的认知有了新的变化。因县城北郊为开埠后英租界发源与扩张之区，故这一带以英册道契居多，道契中载有租赁双方姓名、地块面积、地理四至、年租价格、立契时间等基本信息。借助这些信息，结合上海县志的记载，我们基本能够以比较客观确凿的证据，将旧县城周郊乡村的细部予以大致复原，或可修正与丰富传统文献所显示的西

---

1 （清）王韬：《瀛壖杂志》，上海：上海古籍出版社，1989 年，第 7 页。
2 （清）葛元煦：《沪游杂志》，上海：上海书店出版社，2006 年，第 197 页。
3 （清）张春华：《沪城岁事衢歌》，雷梦水等编：《中华竹枝词》第 2 册，北京：北京古籍出版社，1997 年，第 1039 页。

北郊荒僻不堪的图景。

明清以降，上海地区实施乡、保、图、圩的土地区划制度，乡下设保，保下辖区，区下又设图、圩。每图对应一至两个字圩[1]，以此构成清代上海县县级以下的社会基层组织体系。清嘉庆十年（1805）后，上海县辖高昌和长人乡二乡，开埠前夕，长人乡领三保，高昌乡领九保。[2] 九保分别为二十二保、二十三保、二十四保、二十五保、二十六保、二十七保、二十八保、二十九保和三十保。每保又各辖若干图，各图后"以其土名析著之"。据图1"乡保区图图"的空间分布，今静安区A、B样本里弄住宅区属于上海县城西北部的二十七保十二图，该图跨越苏州河南北，北岸为南十二图，南岸为北十二图。

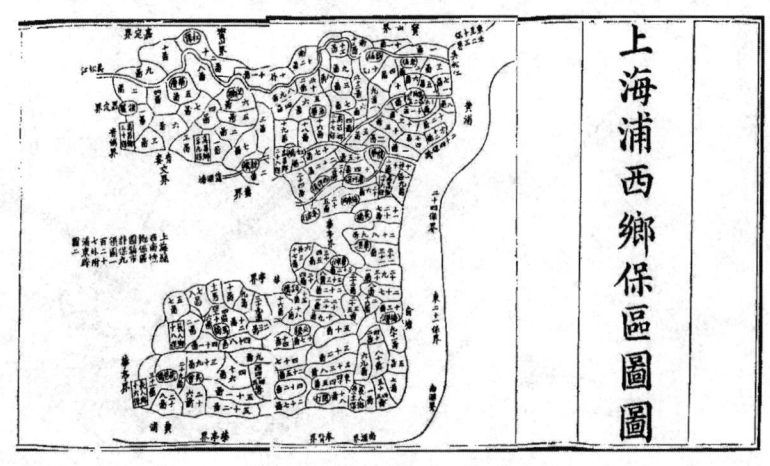

图 1　上海浦西乡保区图图[3]

然而，根据复旦大学教授周振鹤、陈琍等人对二十七保十二图所在道契地块的复原，其实，属于二十七保南十二图的地块全都在苏州河南岸，北十二图的相当一部分地块位于苏州河北岸。[4] 也就是说，县志图中关于南、北十二图的绝对位置是有误的。具体地说，A、B样本里弄住宅区应位于二十七保南十二图（图2），土名唤作"沙角头"，字圩号为"圣"。[5] 整

---

[1] 圩则来自于江南地区圩田的开发，七里、十里一横塘，五里、七里一纵浦，纵横交错。横塘纵浦之间筑堤作圩，水行于圩外，田成于圩内，以此形成棋盘式的塘浦圩田系统。
[2] （同治）《上海县志》卷一《乡保》，同治十年（1871）刊本。
[3] 图片说明：嘉庆十九年（1814）《上海县志》所附"乡保区图图"中的二十七保南、北十二图的位置。
[4] 陈琍：《近代上海城乡景观变迁（1843—1863年）——基于上海道契档案的数据处理与分析》，复旦大学博士学位论文，第51页。
[5] （同治）《上海县志》卷一《乡保》。

个图是自新闸西至小沙渡东,沿苏州河南岸分布,这一带再往南,便是属于二十八保五、六图,位于上海县城西门外的法华镇。

在早年的县志记载中,"沙角头"只是一个笼统的地名概念,具体的四至范围并没有显示。但据今人对坐落于这一带的道契分地进行整理与GIS定位可知,圣字圩是分为东圣字圩与西圣字圩的,大致以今昌化路为界,昌化路以北至苏州河为东圣字圩,昌化路以南至陕西北路为西圣字圩[1],参见以下的二十七保南十二图的图、圩空间分布图。

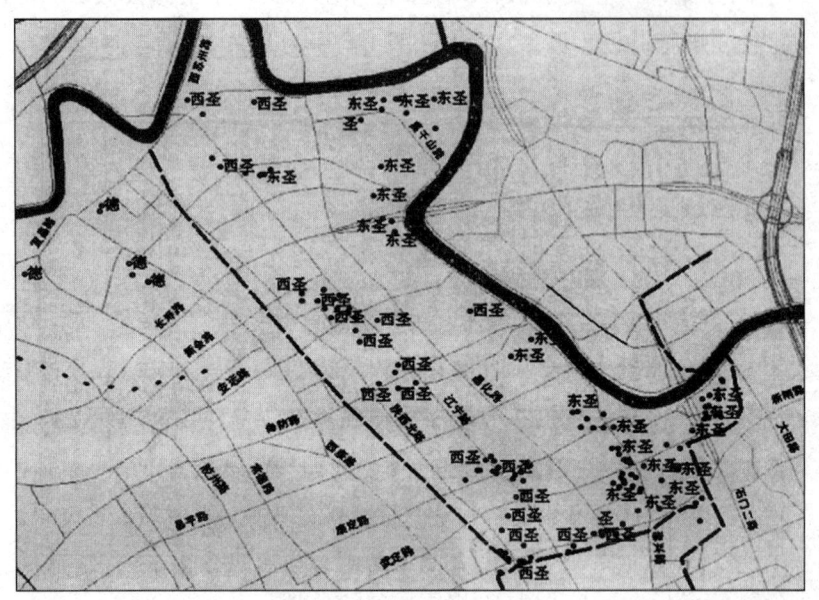

图2 二十七保南十二图的图、圩空间分布

从分布图中可以判断,A、B样本里弄住宅区处于东圣字圩狭长地块的东南角、苏州河往南凹进的湾带。这样,我们只需检索出坐落于此处东圣字圩的道契分地,依据其中保留的大量"土名、四至定位"等信息,就可以复原这一带早年的自然图景。先来看部分道契档案的记载:

英册第1228号第1235分契,坐落于二十七保南十二图东圣字圩,土名朱家石桥,光绪五年。

英册第1475号第1482分地,坐落于二十七保南十二图东圣字圩,土名张家宅后

---

1 陈琍:《近代上海城乡景观变迁(1843—1863年)——基于上海道契档案的数据处理与分析》,第52页。

地，北王地，南路，东张地，西王地。光绪九年三月初四日。

英册第1785号，坐落于二十七保南十二图东圣字圩，土名新闸外之王家巷。东至马路，南至王姓地，西北两面均至英册1228号。光绪十五年七月十五日。

英册第1789号，坐落于二十七保南十二图东圣字圩，土名西王家宅。东至郑姓、沈姓地，西至梭子浜，南至水基浜，北至王姓地，该地马路旁有陶姓坟地一块。光绪十五年十二月二十八日。

英册第1879号，坐落于二十七保南十二图，土名池浜之西舢板厂。东至英册1030号，西至英册101A，南至英册1915号，北至吴淞港岸。光绪二十年六月十一日。

英册第2140号，坐落于二十七保南十二图，土名池浜之西舢板厂。东至英册1877号，西至英册212B，南至公路，北至半马路，即英册1878号地。光绪二十一年十一月初七日。

英册第226号，坐落于二十七保南十二图东圣字圩，土名东王家巷。东至李姓地，南至王姓地，西北两面均至路，其东北上坟地一长方留出。光绪二十二年十二月十五日。[1]

从以上道契所显示的地块信息可知，这一带并非如方志笔记中所描绘的那样田芜地荒、人烟寥绝，而是呈现一派民居村落点缀、河浜滩地环绕、古桥墓地散落的郊野景观。王家巷（王家宅）、张家宅、舢板厂、池浜（长浜）、梭子浜、水基浜、朱家石桥……（图3）这一个个在道契中明确记载的老地名，有些是村落名，有些是河流名，有些是老船坞名，有些是古桥名，他们以点、线、面三种形态占野分圃，凑为聚落，充满了浓郁的乡土气息。

王家巷，又名王家宅，是这一带规模最大的一个村落，东至今石门二路、武定路附近，西至江宁路、康定路，南到新闸路，北到泰兴路近苏州河南岸，其地域范围基本涵盖了今静安区A、B样本里弄住宅区。据道契档案显示，在王家巷东南不远处，另有一个村落名为"张家宅"，大致在今石门二路与新闸路的交界处。王家巷和张家宅，均以姓氏为村落名称，既反映出传统时代上海农村同姓同宗聚集而居的习俗，也说明王氏、张氏是这一带"氏族村落"中的大姓。此外，围绕在王家巷周边的其他姓氏还有郑姓、沈姓、陶姓、李姓等，这些人家在不同历史时期迁居于此，成为这一带的原住民。在近代道路未出现之前，出租地块的"四至"都以这些原住民的姓氏为标记。

---

1 蔡育天主编：《上海道契》第30卷、第7卷、第6卷，上海：上海古籍出版社，2005年。

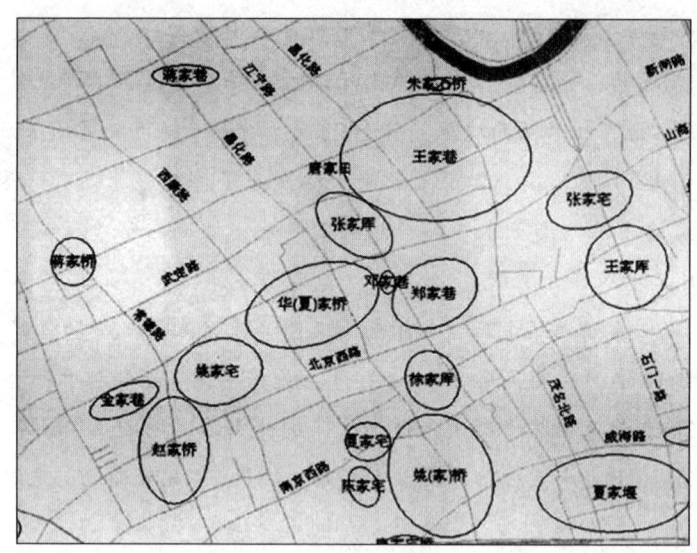

图 3　根据道契资料复原的自然村落分布图

二　公共租界西区住宅区的形成

1. 从筑路造街开始

作为近代街区的形成，首先与马路的修筑有关，这就涉及"造路史"。而这一带新式道路的出现，肇始于19世纪60年代"太平军之乱"时"中外会防"的军事需要。

1862年，太平军逼近上海，清政府大为惶恐，决定同租界西人协商，联合抵御太平军。经中外会防局商议，决定在租界附近和离租界较远的西部地区修筑"军路"，"以便兵丁炮车往来保卫"。随后，英方在泥城浜（今西藏中路）西侧开筑了英徐家汇路（1920年改名为海格路，即今华山路）、新闸路、极司菲尔路（今万航渡路）、麦根路（今石门二路、康定东路、西苏州路、淮安路等）等，因这些军路位于当时英租界界址以外，故称为"界外道路"，是为越界筑路之嚆矢。其中，这一区域涉及的主要军路为麦根路（Markham Road）。

当时修筑的麦根路，路线较长，从新闸至麦根农场（Markham's Farm），循苏州河至极司菲尔路，再至法华而与徐家汇路相接。[1] 从今天的地图上来看，大致对应的路段为：石门二路一段（自新闸路至康定东路）、康定东路一段（自石门二路至泰兴路）、泰兴路一段、西苏

---

[1]《公共租界越界筑路交涉》，《上海市通志馆期刊》1934年第1期。

州河一段、淮安路及江宁路循苏州河向西至万航渡路。

太平军战事结束后，工部局以界外这些军路为基础，通过修整旧路以及添筑新路，欲将界外道路纳入租界体系。例如，1866年起，工部局先后接管了静安寺路、新闸路等路段；1869年，为连接静安寺路与新闸路，工部局在界外筑造了卡德路（今石门二路）。但另一方面，大量避难的华人业主、农民在战后纷纷复归乡里，欲收回界外军路所占用土地的产权，使得不少路段又归复为农田，对马路的损毁自然不可避免。麦根路即是如此，在战后有逐渐消失的趋势，其间路基"颇多为华人重行占有，作为农田"[1]。工部局接管此路后，历年修筑，仅自新闸路到麦根农场一段而已。

1876年1月，工部局决定在年内完成麦根路的延长，但因该路地处租界以外，时任上海道台刘瑞芬以"租地得以筑造马路，并无明文准许，且该处已有马路，足供娱乐之用"[2]为由，拒绝其提出购买沿路土地的请求。此后，在工部局层层交涉压力下，上海道台被迫同意先进行实地勘察，但在勘察过程中，接到附近一带不少乡民的诉状，他们不愿出卖赖以生存的田地，纷纷要求阻止工部局的越界筑路。最后，麦根路的延伸计划在乡民的激烈反对下，没有获得成功，但在1899年公共租界第二次扩张界址时，终将其大部分路段纳入了租界范围。

在20世纪初之前，公共租界西区的势力范围"由静安寺划一直线，至新闸苏州河南岸止"[3]，已囊括这一带所在的二十八保南十二图地区（图4）。

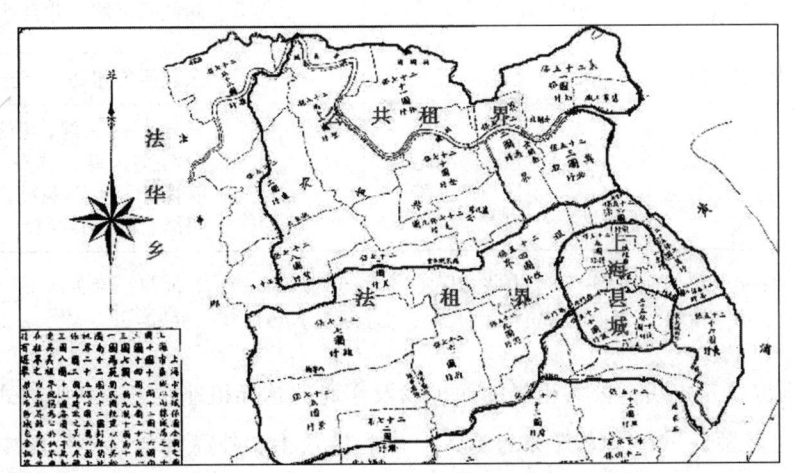

图4 民国三年（1914）公共租界、法租界、法华乡的地缘形势

---

1 《公共租界越界筑路交涉》，《上海市通志馆期刊》1934年第1期。
2 蒯世勋编著：《上海公共租界史稿》，上海：上海人民出版社，1980年，第421页。
3 周明伟、唐振常主编：《上海外事志》，上海：上海社会科学院出版社，1999年，第116页。

不过，这一时期的西区还属于边缘地带，未及大规模开发，除了早年辟筑的麦根路、卡德路、新闸路、西苏州路之外，道路较为稀疏，不成系统。直到1900年以后工部局、英商地产公司多次在沪西地区越界筑路，这里的道路网络才逐渐密集起来。涉及的主要道路，参见表1。

表1 20世纪初英租界西区苏州河南岸主干道路修筑情况

筑路名称	筑路主体	辟筑年份	曾用路名	现今路名	起讫地点
康脑脱路	工部局	1907		康定路	自丁家库、极司菲尔路迤东至麦特赫司脱路
麦特赫司脱路	工部局	20世纪初	曾分段名劳利育路、麦特赫司脱路、麦根路	泰兴路	南段从威海卫路起，北至静安寺路；北段从静安寺路起，北穿爱文义路、新闸路、武定路，终抵康脑脱路
开纳路	英商业广公司	1911	开源路	武定西路	东起石门二路，西至万航渡路
西苏州河路（南段）	工部局	1914		西苏州路（南段）	东段南起昌平路，北至莫干山路；西段东起昌化路，中与江宁路相交
昌化路	工部局	1907	东京路、归化路		南起新闸路，北至西苏州路
昌平路	工部局	1923	无		东起西苏州路，西至延平路
武定路	工部局	1923	开纳路、开源路		东起石门二路，西至万航渡路，中与泰兴路、昌化路、江宁路、陕西北路、西康路、常德路、胶州路、延平路相交

※ 资料来源：崔乃夫主编：《中华人民共和国地名大词典》（第1卷），北京：商务印书馆，1998年，第1298—1300页；上海通社编：《上海研究资料》，上海：上海通社，1935年，第327页。

继新式马路辟筑之后，公共租界的西扩以及洋商的越界租地在土地利用方式上推动了该地区的非农化转型。早在上海开埠后不久，一些传教士、外商就与这一带的中国业主（业户）商议租地，实际上就是购地。先来看几份英册道契：

英册第1789号，本国商人有恒行金世美，租业户王许氏王金华一段，永远租，计三亩二分一厘三毫四丝九忽，坐落于二十七保南十二图东圣字圩，土名西王家宅。东至郑姓沈姓地，西至梭子浜，南至水基浜，北至王姓地，该地马路旁有陶姓坟地一块，不在出租地内。光绪十五年十二月二十八日。

光绪十六年正月初九，金世美将所租地块转与齐壁生遵例租用；光绪十九年十月二十九日齐壁生之经理人又将该地块转与阿加剌银行。光绪二十一年十二月二十三日阿加剌银行将之转与巴的额，光绪二十二年又转与玛礼逊、葛来登。

英册第1879号，本国商人阿加剌银行，租业户□□一段，永远租，五亩三分八厘四毫，坐落于二十七保南十二图，土名池浜之西舢板厂。东至英册1030号，西至英册101A，南至英册1915号，北至吴淞港岸。光绪二十年六月十一日。

英册第2140号，本国商人史礼福，租业户梯士得耳地一段，永远租，五亩三分二毫，坐落于二十七保南十二图，土名池浜之西舢板厂。东至英册1877号地，西至英册212B地，南至公路，北至半马路，即英册1878号地。光绪二十一年十一月初七日。

英册第226A，本国商人壳件，租业户王福福、阿土地一段，永远租，计一亩七分八厘五毫，每亩给价一百二十五两整。坐落于二十七保南十二图东圣字圩，土名东王家巷。东至李姓地，南至王姓地，西北两面均至路，其东北上坟地一长方留出。光绪二十二年十二月十五日。光绪二十八年三月十七日，壳件将本号契地一亩七分八厘五毫转与通和租用。[1]

再来看早期《申报》中记载的这一带地皮拍卖交易中的外商情况：

光绪二十三年升科局查出本邑二十七保南十二图有徐陈等姓四户田三亩五分有奇，并无田单，勒令充公，召卖与高易洋行，由地保吴仲嘉盖戳。及至二十五年，图董张晓岩忽将此地售与洋商爱尔德，由地保张全土盖戳。[2]

准于本月廿八日下午四点钟，在本行（壳件洋行）拍卖英商爱尔德控华人张昭云抵地不赎之地皮一块。该地坐落二十七保一区南十二图东圣字圩，戈登路之东，裕源纱厂之北，方单第五百零三号业户奚明山，则田一亩八分五厘四毫届期请驾临小行面拍，如须观看图样，请来小行可也，此布。礼拜三拍卖，福顺公司。[3]

---

[1] 蔡育天主编：《上海道契》第30卷、第7卷、第6卷。
[2] 《上海县署琐案》，《申报》1901年9月7日。
[3] 《礼拜二拍卖押欠地皮》，《申报》1910年11月24日。

准于九月初四日下午四点半钟,在本行拍卖地皮一方,坐落二十七保南十二图圣字圩四百十八号,即东京路相近老勃生路,照方单半纸,计地一亩六分二厘五毫。贵客欲知详细,请至小行面询可也。瑞和洋行启。[1]

从相关道契和《申报》的记载来看,早年参与购地的英商洋行主要有:有恒洋行、阿加剌银行、玛礼逊洋行、壳件洋行、通和洋行、高易洋行、瑞和洋行等。这些洋行从当地华人业户中购得田地后,或转售其他洋行、房地产公司,或自行建造房屋,致使这一带地价短时期内迅速上升,他们从中攫取巨额利润。

自 20 世纪 20 年代初期开始,伴随着公共租界城市近代市政设施与交通工具的兴起,这些被购置或转卖的地块开始得到规划与开发。1922 至 1932 年的十年中,公共租界的西区及西区以外地带,已建造了许多房屋[2],因其"空气新鲜,风景雅致,居住尤为适宜"[3]。就该区域来说,不少新式石库门里弄住宅、洋式住宅此时已矗立而起,主要集中在苏州河濒岸地带的麦根路(今康定东路、西苏州路)、康脑脱路(康定路)、昌平路。以下,征引几条《申报》中这些路段上的召租、召顶广告:

麦根路世德里十五号(培明女学西首数步)单幢住宅,电灯、电话、电铃、热水龙头、白磁浴缸、抽水马桶二只,及其他设备,租金低廉,自来水不另取费。今愿廉价出任,合意者,请临面洽,十路公共汽车及十六、十九两路无轨电车均可直达。[4]

卡德路麦根路(舢板厂新桥西)世德里十一号单幢洋式住宅一所,设备周全,装修华美,空气颇佳,租金低廉。因本人另有他就,情愿割爱出顶,合意者,请至该处面洽。[5]

公共租界内麦根路舢板厂新桥西泰来里二三层楼洋房各数幢出租,卫生器电灯等设备完全,交通便利,租金低廉,接洽处:泰来里八号,电话:35997。[6]

---

1 《瑞和洋行奉会审公堂谕礼拜五拍卖贵重地产》,《申报》1913 年 9 月 27 日。
2 徐雪筠等译编,张仲礼校订:《上海近代社会经济发展概况(1882—1931 年)——〈海关十年报告〉译编》,上海:上海社会科学院出版社,1985 年,第 282 页。
3 新中华杂志社编:《上海的将来》,上海:中华书局,1934 年,第 67 页。
4 《单幢住宅招顶》,《申报》1932 年 9 月 30 日。
5 《召顶新式住宅》,《申报》1933 年 4 月 25 日。
6 《便宜洋房召租》,《申报》1933 年 7 月 11 日。

兹有坐落叉袋角昌平路安平里一弄八号宽大单间石库门一幢，廉价出顶，交通便利，月租廿九元，水费在内，如合意者，请至该处接洽可也。[1]

麦根路麦根里鸿章纱厂隔壁卅二号至卅八号有堂楼厢房楼出租，廿一、十六、十九路无轨电车、十路公共汽车均有直达。[2]

康脑脱路隆智里六十二号有统楼厢房出租，有正当职业及家属欲租者，径往该处接洽可也。[3]

兹有坐落康纳脱路麦达赫司脱路西首涵养邨一百念二号小洋房一宅，内设拉水马桶，洋磁浴盆，水汀电灯一应俱全，新近并加乳黄色油漆，因房主北返，愿廉价出顶，如合意者，请移至该处领看可也。[4]

得益于环境幽静、空气新鲜、交通便利、治安稳定，且远离公共租界中心，租金低廉等种种优势，至1937年抗战前，麦根路、康脑脱路、开纳路、昌平路、昌化路等两旁，已建有世德里、泰来里、归仁里、三余里、义顺里、安平里、麦根里、北永泰里、涵养村等十余处新式里弄，形成了较为成熟的近代居住街区。

2. 探寻街区内部的所有者与居住者

深入这个街区的内部构造，无论从空间的哪一种维度来说，都与权力有关，而这个权力是由多个层次、不同人群构成的，彼此组合在一起。这涉及多种多样的"权力人"，包括街区的规划者、管理者；街区内土地房产的所有者、使用者；街道、马路及各类建筑的承建（近代称"营造"）者，等等，他们在不同时期构成了复杂的权属关系。[5] 关于这一带早年地块、道路的购置开发，前文已有所述及。这里，着重探寻以上新式里弄住宅的权属关系，即由谁主导开发了这些住宅？谁居住在这个街区？为何是这些人群在使用房屋？等等。关于这些信息，不同时期的《申报》、房地产档案，以及相关老居民的口述回忆中多有反映。先来看20世纪二三十年代《申报》中的相关记载，见表2：

---

1 《吉房廉价召顶》，《申报》1935年4月6日。
2 《召租》，《申报》1940年12月7日。
3 《分租》，《申报》1929年4月6日。
4 《吉屋出顶》，《申报》1933年8月10日。
5 陈明华、马学强主编：《追寻中的融入：上海复兴中路一个街区的百年变迁》，上海：上海人民出版社，2014年，第47页。

表 2 《申报》中记载的本街区里弄住宅开发状况

年份	里弄名称	坐落位置	住宅概况	业　主	业主地址
1934	世德里	麦根路舢板厂新桥西首	内有新式石库门数宅，设备周全，租金极廉	中华劝工银行地产部	南京路 212 号，电话：91190
1936	义顺里	昌平路近麦根路	所在地块为英册道契 3082 号地，约 2 亩 5 分；新式单间石库门 29 幢，每月收租 800 余元，可息 1 分以上	（英商）轮奂地产公司	福州路 809 号 4 楼，电话：13974
1928	麦根里	麦根路鸿章纱厂隔壁，沿苏州河	计有市房□库八十幢，建筑坚固，开间宽畅，尚有库房多幢，小租分文不取。交通十六、十九路无轨电车经过里口，十路公共汽车可乘，堪称交通便捷	法比义品放款银行	黄浦滩 7 号
1934	麦根里	麦根路	内有石库门口幢，自 4 月份起出租，房金只 24 元，自来水 2 元，小租不收	法比义品放款银行	外滩 18 号麦加利银行一楼，电话：18256
1936	麦根里	麦根路	单幢石库门两层楼，自来水在内	法比义品放款银行	外滩 18 号麦加利银行一楼，电话：18256
1934	北永泰里	公共租界康脑脱路、东京路	英册第 1188A 道契地，2 亩 9 分 5 厘 3 毫	（英商）爱尔德洋行	不详
1928	隆智里	康脑脱路头，徐家花园东面	自 36 号起至 85 号早已竣工，新造双开间石库门、单间石库门及新式广式房子，出租交通有公共汽车无轨电车两种，自 86 号起至 98 号亦将完工	（外商）协隆地产公司	湖北路迎春坊 31A，电话：92651
1944	三余里	麦根路 269 弄	所在地块为前英册道契 1071 号，现转册 9681 号土地，1 亩 5 分 7 厘 2 毫，计二层楼，市房 5 幢，弄内二层楼石库门 7 幢	通记号	不详
1933	涵养邨	康脑脱路、麦特赫司脱路西首	交通：十六路、十九路无轨电车，十路公共汽车直达弄侧 设备：弄内特设幽雅园，以供房客换吸空气，屋内卫生器具、白磁煤灶一应俱备 式样：一上一下，二上二下，西式住宅，建筑精良 保护：特雇司开华扫荷枪日夜梭巡，保护周密 价格：不取小租，房金低廉，余屋无多	（外商）协隆地产公司	湖北路大新街迎春坊第 31A 门牌，电话：92651

（续表）

年份	里弄名称	坐落位置	住宅概况	业　　主	业主地址
1934	涵养邨	康脑脱路、麦特赫司脱路西首	同1933年	（法商）远东地产公司	静定寺路斜桥弄28号，电话：34091
1934	涵养邨	康脑脱路、麦特赫司脱路西首	住宅高尚，花园幽雅，式样新颖，建筑精美，光线充足，空气清爽 房间宽敞：单幢、双幢一应俱全 设备完全；并雇巡捕守弄 交通便利：有十六路、十九路无轨电车十路；公共汽车直达衖侧 租价最廉：单幢每月47元扫街费一元；双幢每月90元扫街费2元，小租不收	（华商）国泰商业储蓄银行	天津路山西路口，电话：93222

※ 资料来源：《召租》，《申报》1934年10月19日；《良产出售》，《申报》1936年4月18日；《新屋召租》，《申报》1928年2月5日；《召租》，《申报》1934年3月3日；《廉美洋房出租》，《申报》1936年9月20日；《江苏上海第一特区地方法院公告第1128号》，《申报》1934年7月29日；《新造特等住房召租》，《申报》1928年4月25日；《新屋竣工康脑脱路隆智里》，《申报》1928年5月27日；《高尚住宅召租》，《申报》1933年4月27日；《涵养邨召租》，《申报》1934年3月9日；《召租》，《申报》1934年11月24日；《戴凝瑞房地产经租处代表通记受买麦根路269弄三余里房地产启事》，《申报》1944年11月5日。

从表中可见，在这个街区房地产的开发与营造过程中，虽有中华劝工银行[1]、国泰商业储蓄银行[2]等华商公司的介入，但总体来说，仍以洋商占据主导地位。如法比义品放款银行、英商轮奂地产公司、英商爱尔德洋行、法商远东地产公司、外商协隆地产公司等。其中，以义品放款银行开发房地产最为知名。

义品放款银行，系法、比二国合股组织而成，设总行于布鲁塞尔。1907年始设分行于天津，名为法比银行。1910年改称"义品放款银行"，后又称"义品地产公司"，也有简称"义品洋行"。早年在天津握有房地产数处并经管他种房地产多处，1912年在上海设立分行。

---

[1] 中华劝工银行成立于1921年10月，由楼恂如、王正廷、穆藕初发起，向北京政府财政部注册，11月成立开业。第一任董事长为王正廷，董事为楼恂如、严裕堂、穆藕初、吴麟书、张上坪、黄炎培、郑培之。最初资本总额为国币50万元，分商业、储蓄两部，行址设在上海南京路P字60号（今南京东路328号）。1930年股本达国币100万元。1935年又添设信托部，经营存款、放款、押汇、兑现、汇兑、保管、房地产等业务，其中，房地产资产额度为582 500元。1952年12月，与其他行庄合并为统一的公私合营银行。
[2] 国泰商业储蓄银行，称国泰银行。1933年10月8日创立于上海，1934年2月28日开始营业，为股份有限公司，设立储蓄、信托两部。发起人为王伯元、郑秉权、徐可城等，资本总额100万元，董事长王伯元，总经理郑秉权。1930至1931年间，海外白银进口甚多，国内发钞增多，银根松动，上海小工业勃兴一时，而房租上涨，地价飞腾，信托业于地产的收押与投机尤为狂热。这也是国泰银行成立地产部，经营房地产业的主要原因。

1920年前后，即在法租界辣斐德路以南、马思南路以东置有地产多处，并开发兴建了一批花园洋房，包括今思南路51—95号住宅，计23幢[1]，该住宅街坊得名为"义品村"。

除了在法租界广置地产外，该行在公共租界也大展拳脚，位于西区麦根路、昌平路街区的麦根里即是一例。据考，麦根里的兴建年份不迟于1913年，建成时共有石库门100余幢，基本上是一种没有东、西厢房的小石库门房型。大门的门框用花岗岩石头做成，里面装着漆黑的木门。底楼有天井、前客堂、后客堂和灶披间，二楼有前楼、后楼和亭子间。三楼是搭出来的前三层阁和后三层阁，还有亭子间上的晒台，每幢总共约在150平方米左右。[2] 据当时《申报》招租广告显示，这一带类似麦根里这样的里弄，除了能满足普通居住之外，还可兼作写字间、私人诊所、学校、堆栈、工场、车间、库房等，商住两用，特色鲜明。为何会有这种空间功能布局？这就涉及里弄中住户人群的构成与所设机构的状况，即历史上哪些人、哪些机构曾经活跃在这个街区。

先来看A样本所在的麦根路（今康定东路、西苏州路）街区，主要选取世德里、泰来里、归仁里、三余里4处里弄进行分析。对于这些里弄中所住的人与所设的机构，20世纪三四十年代的《申报》中有相关的记载：

> 吴化龙君，年三十，大学毕业。精通国学及日文日语，曾充驻日领学馆办事员，如有各机关或私人公馆有相当位置时，请函麦根路世德里17号。[3]
>
> 某君，年二十五，籍贯上海，高中程度，历任机关商行书记会计等职，现欲谋一职业，通讯处：麦根路泰来里B汤章收。[4]
>
> 蔡仲寰医师，妇产科，上午十时至十二时下午出诊，麦根路世德里22号，电话：35070。[5]
>
> （内妇幼科乐秀烈）上午寓舢板厂新桥麦根路泰来里二号，下午一时至三时在爱而近路宏良道药号内候诊，电话：40751。[6]
>
> 万维俭律师事务所，麦根路209弄泰来里8号，电话：31601。[7]
>
> 麦特赫司脱路麦根路口世德里第241号胜瑞凡立水工厂，为天津人王友林所开设。

1　陈明华、马学强主编：《追寻中的融入：上海复兴中路一个街区的百年变迁》，第50页。
2　杜飞龙编著：《我心相印：我的教育人生》，上海：上海交通大学出版社，2010年，第8页。
3　《自我职业介绍》，《申报》1933年6月28日。
4　《自我职业介绍》，《申报》1933年10月20日。
5　《申报》1946年7月12日。
6　《申报》1939年2月3日。
7　《申报》1939年3月31日。

王妻陈氏，现年四十三岁，即居于厂内。[1]

住居麦根路泰来里十七号门牌，森森化学玻璃厂主，泗阳人罗森，现年二十九岁。[2]

现拟征求化学师一人，自问有化验能力，不问中外学校毕业，试用期内送薪六十元，供给膳宿，愿就者，投函麦根路归仁里920号义丰（贸易）公司，约日面谈。[3]

制造热水瓶胆工人注意，本厂添招空气间及拉底商间华籍工人各若干名，自间有上列娴熟技能者，至麦根路泰来里B接洽，本厂启。[4]

公共租界麦根路泰来里光亚小学，办理腐败，近经市教育局派员查明属实，予以取缔云。[5]

上海麦根路（新桥西）233弄世德里B，总经售，五洲书报社。[6]

综上，A样本所在的街区，民国年间大致居住着这几类主体。（1）机关职员。他们多系青年，拥有高中或大学教育背景，但收入并不稳定，经常需要再求职。（2）医生、律师。他们多在里弄内开设私人诊所、律师事务所，独立经营，自由灵活，对所住房屋的要求也相对较高。一般要"电灯电话电铃自来水火俱全，极合诊所，写字间或高尚家庭之用"[7]。（3）小规模的学校、报社等，亦系满足里弄居民文教方面的需求，1937年抗战爆发后，此类机构随着大量外地人口迁入里弄而有所增加。（4）工商业者。这类人群又有大、小之分，大工商业者是指经营的工厂、贸易公司、货行商号等有一定的规模，租用独幢空间，或就近开设在里弄房屋内，或另设在其他地方，总体上属于富裕阶层；小工商业者，多系养家糊口的小商贩，产品以方便里弄内居民日常生产生活所需之用。

再来看B样本所在的康脑脱路（今康定路）、昌平路、西苏州路街区，主要选取义顺里、安平里、麦根里、隆智里、涵养村5处里弄进行分析。以下，我们根据《申报》中对居住者职业状况的部分记载，予以简单分类介绍。

（1）办学者以及重视教育的知识家庭：

兹欲聘请小学教员一位，须年在二十以上、三十以下，不分性别，通英文者尤所欢

---

1 《胜瑞凡立水厂火警》，《申报》1935年11月10日。
2 《申报》1936年4月12日。
3 《征求化学师》，《申报》1931年3月31日。
4 《申报》1933年9月4日。
5 《市教育局取缔光亚小学》，《申报》1935年1月30日。
6 《申报》1937年11月26日。
7 《大洋房分租》，《申报》1933年3月22日。

迎。愿就者，请亲临昌平路义顺里七一号中正小学，与徐中玉接洽。[1]

兹欲聘请小学教师数名，以年龄在二十以上、二十五以下，擅长英文体育，能操沪语者为合格。愿就者，请亲至戈登路昌平路安平里一衖八号，与徐君接洽。[2]

大任小学、幼儿园招生，年级：幼稚生暨小学各级男女新生。考目：幼稚生口试小学国算。报名：即日起。章程：函索即寄。考期：八月二十一日。寄宿：宿舍清洁，设备完善，暂定二十名。校址康脑脱路徐园东首涵养邨，校长戚逸影。[3]

（2）寓居沪上的名医：

黄瑞书先生为江阴名医，业经郫人等敦请来沪，寓英租界麦根路麦根里八百七十号，沪地病家趁便求医，实为难得之机会，幸勿失之交臂，特此介绍。[4]

淮北名医汤玉素君，早岁精岐黄，兼擅中西医法，两者参酌并用，尽得其妙，行道数十年，活人无算，驰名淮北。近应沪上某巨室邀，来沪应诊……汤君医寓康脑脱路徐园西首涵养邨四十号，门诊一元二角，出诊六元四角，并为体谅病家起见，拔号及远路不加。惟以旅途劳顿，每日应诊十号为限云。[5]

（3）公司职员：

查得薛住于康脑脱路隆智里四号，在颐中烟草公司为职员，月薪五十三元。[6]

（4）劳工阶层，以纺纱工人居多：

住居东京路义顺里第十三号门牌之常熟妇人王范氏，年四十岁，现在日商内外棉第九纱厂作工，其夫王春山，则拖拉黄包车为业，生有子女各一，夫妇劳工所得，生活尚堪温饱。[7]

---

[1]《请失业朋友注意》，《申报》1934年3月18日。
[2]《请失业朋友注意》，《申报》1935年2月10日。
[3]《大任小学幼儿园招生》，《申报》1934年8月18日。
[4]《江阴名医黄瑞书莅沪》，《申报》1928年11月11日。
[5]《淮北名医汤玉素留沪应诊》，《申报》1934年5月21日。
[6]《申报》1936年4月26日。
[7]《申报》1937年5月28日。

陈阿鹤，年四十六岁，娶妻陈魏氏，结婚多年。魏氏现年三十二岁，夫妇感情极为融洽，同居于麦根路七百七十九，陈日间在沪西煤厂工作，晚间归寓安宿。而其妻陈魏氏，亦在鸿章丝厂充在女工头。夫妇二人生活颇觉安乐。[1]

（5）工商厂家，以纺织、医药化学厂为主：

本厂于本年阴历四月念四日，将建华棉织厂所有厂房、生财、装修、纱线、余布牌号商标等，全数盘受，银厂两交，证据各执，建华棉织厂所有人欠、欠人，概归该厂自理，与本厂无涉，此后本厂营业盈亏亦与该厂无关，特此声明。上海康脑脱路隆智里建华慎记棉织厂启。[2]

本埠康脑脱路徐园东首隆智里七四号雷音药厂，发行药王牌济安水，治疗疫各症，有惊人奇效，营销各埠多年，信用久著。现届夏令，为谋普救疾苦起见，除随时赠送外，凡属正式慈善团体，具函向取，无不应命乐助，电话：39741。[3]

从以上五类住户的街区分布来看，康定路（康脑脱路）上的隆智里、涵养村一带多居住富裕的工商之家、医生、职员等；而为数最众、相对贫寒的"劳工阶层"多集中于昌平路麦根里、义顺里一带。据1934年《申报》调查，麦根里共有房屋一百余幢，住有房客四五百家，大多系属劳苦工人。[4] 到了1949年，虽然经常有租户迁出或迁入，但这种居民构成仍然没有很大改变。

三　从纺织业到化学工业：街区经济布局与特色转变

昌平路、麦根路靠近苏州河一带的里弄，成为江浙劳工与个体小贩云集之地，并非偶然，这与整个街区地近著名的沪西"叉袋角"工厂区颇有关联。

与金融业和商业集中于公共租界中区的状况形成鲜明对照的是，上海的工业和商业呈现

---

1 《麦根路昨晨杀案》，《申报》1928年9月6日。
2 《建华慎记棉织厂受盘声明》，《申报》1929年6月4日。
3 《雷音药厂救济疾苦》，《申报》1939年6月5日。
4 《麦根里因缴水费引起反响》，《申报》1934年2月28日。

出相对分散的状况，他们分布在沪北区（公共租界的西区、北区和东区、闸北的华界）与南市和浦东边缘的居民地中间。[1] 就公共租界西区而言，指的是沿苏州河河道形成的"沪西工业区"，而所谓的"叉袋角"工厂区就是其中一个重要区域。

"叉袋角"位于今静安区海防路、淮安路、西苏州路相交处，离昌平路、麦根路、康脑脱路等街区相去不远。历史上的"叉袋角"为苏州河南岸一个锐角突出的河曲地带，水草丛生，沙滩充斥，状似麻袋竖起时的袋角，故曾名"沙袋角"。清末时在这里设有通济渡，是当时通往吴淞江北岸的大渡。1899年公共租界第二次扩张完成后，苏州河南岸界址已伸到小沙渡桥（即西康路桥）至静安寺一带，将叉袋角纳入租界范围。在租界当局的经营下，这里逐渐具备了比较规范的市政设施，形成了安全良好的投资环境；其次，该地因得益于苏州河水运载量大、成本低的优势，历来就是江苏、浙江、安徽等地米、豆、油、麦船到沪交易的装卸重地，也是各地工业原料水运输入和产品运销内地的理想集散地，产生了大量仓储、堆栈需求，成为中外资本开设工厂企业的首要选择。

再者，1913年，叉袋角又建成了铁路麦根路货运站，使沪宁、沪杭两路在此联络接轨。"自京沪线之麦根路站起，沿叉袋角迤西，越苏州河而达梵王渡，经静安寺至法华，又南行经徐家汇，由漕河泾达龙华西首之黎角尖，以与沪杭甬之新龙华站相接"[2]，货站占地27.22公顷，货场13.3公顷，河港2处3公顷[3]，成为当时上海市中心区货物转运总站。一时间，各类纺织工厂、煤号、堆场、银行仓库、洋栈纷纷来设，"盖接近麦根路车站，取其运输便利也"。以下，我们重点将曾经活跃在麦根路沿河一带的工厂企业及其经营活动做一些具体的介绍。

"麦根路为交通要道，为自租界中区至西北区，必经之要道，有十六、十九、廿一，三路电车通驶其间，而该三路电车乘者异常拥挤，大半为工人。"[4] 这里的工人，早年多指纺织工人，因为进驻这个街区最早的是纺织业，包括纱厂与布厂。法国学者白吉尔曾指出："最早期的现代纺织工业，首先是外国，继而是中国人开办的缫丝厂，它们自1878年始出现在沪北和苏州河沿岸两个区域。"[5] 其中，苏州河南岸主要分布在公共租界西区的成都路、新闸路、

---

1 [法]白吉尔：《中国资产阶级的黄金时代（1911—1937年）》，张富强、许世芬译，上海：上海人民出版社，1994年，第133页。
2 熊月之主编：《稀见上海史志资料丛书（5）》，上海：上海书店出版社，2012年，第217页。
3 郭天成等主编：《闸北区志》，上海：上海社会科学院出版社，1998年，第211页。
4 《改良麦根路交通》，《申报》1943年2月17日。
5 [法]白吉尔：《中国资产阶级的黄金时代（1911—1937年）》，第134页。

麦根路一带。[1]

1. 纺织业

20世纪20年代初，受欧战影响，纱价大涨，选择来这一带购地设厂的民族资本家接踵而至，地价骤贵。麦根路街区的纺织工厂逐渐增多，百工麇集，遂成市面。这一时期，以广东潮州商人郭子彬、郑培之创办的鸿章纺织染厂与鸿裕纱厂（永安第三纺织厂）尤为瞩目。

20世纪第一个10年中期爆发第一次世界大战，欧洲列强无暇东顾，中国民族工业迎来了短暂发展的春天。1913年，无锡荣宗敬、荣德生兄弟在上海创办福新面粉厂，因资金不足，商请郭子彬的表弟郑培之出银3万两，建造厂房供荣氏兄弟租用。"福新按建筑费年利一分计，每年付租金3 000两，租期10年。"考虑到当时设厂获利甚丰，而建厂房收租仅得小利，郭子彬、郑培之遂决定投资实业，于1915年耗银150万两创办鸿裕纱厂。可以说，郭子彬、郑培之这对表兄弟的"鸿裕"与荣氏兄弟的"申新"几乎是同时起步的。

鸿裕纱厂厂址在麦根路（今淮安路）55号，建厂时购地近百亩，聘请英国工程师设计，拥有纱锭62 816枚，布机244台，实为纱厂和布厂两厂。"商标有鸿鱼、天字、五鼎、四鼎、三鼎、双鼎、人鼎、宝鼎等，所出分平布、斜纹，自10磅至16磅，允为国货棉布之上选。"[2]是时，欧洲大战方酣，棉纱出口锐减，中国民族棉纺业销售甚畅，鸿裕厂的"宝鼎牌"棉纱运销各地，甚至出口东南亚，获利甚丰，曾获孙中山手书"衣被群生"牌匾。

1918年4月，以郭子彬、郑培之为大股东，筹规银10万两，在顺光织布厂基础上又创办了鸿章纺织厂。鸿章纺织厂，设上海麦根路5A，自纺自织自染自整，不求于人，出品各种花色布匹，"商标有鸿章、快马、三羊、双凤等，所出各种棉布，系用最精优之机器织制，质坚耐着"[3]，尤为社会人士所欢迎。1919年"五四"爱国运动爆发，席卷全国的提倡国货、抵制洋货的活动进一步给予民族工业以发展的机遇。1922年，鸿章厂大幅增资至150万两，成为新式纺织染大型企业，厂名也改称"鸿章纺织染厂"。此为鸿裕、鸿章两厂同时发展的兴盛期（图5）。

1　[法]白吉尔：《中国资产阶级的黄金时代（1911—1937年）》，第134页。
2　《鸿裕纺织公司》，《国货评论刊》1925年第1卷第1期。
3　同上。

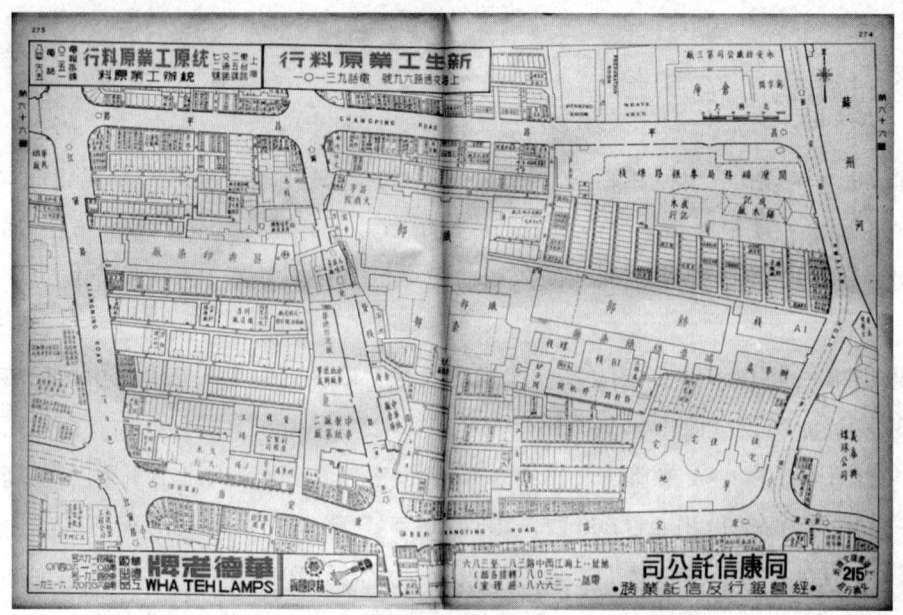

图 5 《上海市行号路图录》中鸿裕、鸿章两厂的位置[1]

1928年，郑培之去世，为集中财力办好鸿章厂，郭、郑两家决定出售鸿裕厂，以128万两的价格将鸿裕厂卖给永安公司的郭乐、郭顺兄弟。而鸿章纺织染厂也在经历1935至1936年的增产获利后，遭遇到一系列战乱的破坏和影响。中华人民共和国成立前后，资方已无心经营，遂于1951年5月，将鸿章厂出售给人民解放军的后勤部门，改为公营新利丰纺织染厂，1953年后改为国营上海第十三棉纺厂，1988年4月，"国棉十三厂"又以"上海鸿章棉纺织厂"作为新厂名。

2. 化学工业

至1937年抗战军兴后，大量富商、难民为逃避战火纷纷涌入公共租界，为工业的发展提供了充足的资金与劳动力，一时间工厂林立，竟侵入至住宅区域之内。1939年，公共租界西区住宅区之开纳路（武定路）共有工厂116家，工人3 085名[2]，较1935年增加一半。就麦根路街区及所属的"叉角袋"工业区来说，经济布局上亦出现了一些新的变化。1943年，著名报人徐开垒调查过上海西区工厂区的情形，他沿着苏州河水道或者西苏州路由西北往

---

[1] 图片来源：《上海市行号路图录》，上海：福利营业股份有限公司，1947年，第69图。
[2] 《战后本市租界区工业勃兴》，《商业月报》第19卷第7期，1939年。

东南的顺序，大致勾勒出这一带的厂区分布："苏州河与劳勃生路间，多是丝织厂、毛织厂和棉纱厂。劳勃生路与槟榔路间，为煤球厂和制帽厂。麦根路一带多为化学厂，海防路戈登路附近都是脚踏车制造厂以及饼干厂等。康脑脱路与武定路间，东部多是纸厂和印刷厂，西部多是酿酒厂。"[1] 其中，涉及麦根路（今泰兴路、康定东路）等街区是以化学厂分布最具特色，较为有名的是新华薄荷公司（今新华香料厂）、浦东第一玻璃厂、新亚药厂与义泰兴煤球厂。

新华薄荷公司（今新华香料厂） 1937年7月，宁波镇海商人曹莘畊、李祖华等针对日产薄荷充斥上海市场、本土生产薄荷的企业薄弱的情形，集资法币4万元，在上海打浦桥创办"新华薄荷股份有限公司"。"八一三"事变后，厂房及一应设备全部毁于战火，遂以麦根路172号"大德新榨油厂"（1925年由镇海望族李泳裳、李祖华父子收购并出任经理，曹莘畊担任副经理）部分空余厂房为厂址，重起炉灶。曹莘耕为经理，胡芷斋为协理，推荐出资最多的李祖华任董事长，生产"白熊牌"薄荷脑、薄荷油。产品曾一度行销于美、英、法、德、日等20多个国家和地区。当时除印度孟买尚使用带有宗教色彩的"弥勒"牌薄荷外，"白熊"牌薄荷脑占领了大多数市场，并作为免检产品，可以在英国伦敦市场直接挂牌销售（图6）。

 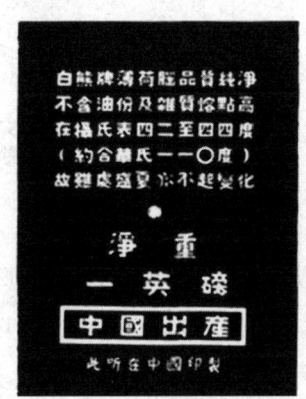

图6 上海新华薄荷厂早期使用的"白熊"牌薄荷脑产品包装

浦东第一玻璃厂 1921年成立于麦根路210号，黄炎培弟子潘恃桢出任经理，20世纪40年代资本规模达到1.2亿元，为民国时期上海玻璃业之翘楚，主要出品"三鹿牌""艇球牌"热水瓶及玻璃料器皿。

---

1 徐开垒：《上海的工厂区》，《万象》第2年第11期，1943年5月1日，第182—185页。

图7 《上海国货厂商名录》中的"浦东第一玻璃厂"[1]

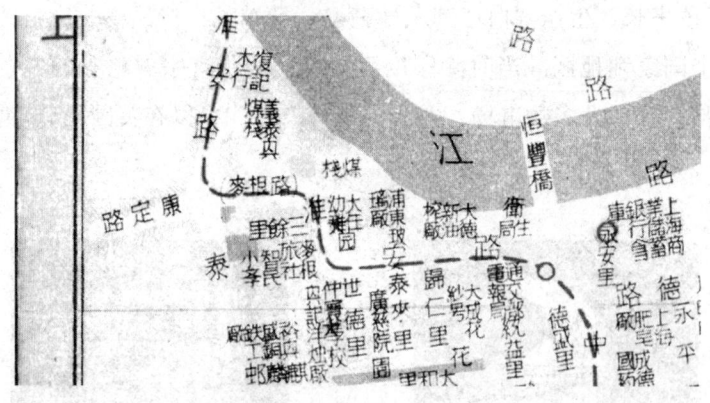

图8 义泰兴煤球厂的位置[2]

义泰兴煤球厂 1911年成立,为浙江余姚人杜家坤所创办。其前身为清光绪年间杜家坤舅母黄老太经营的"黄泰兴柴炭店"。1911年,杜家坤与好友陈春霖,以及黄老太共同投资2 400元合伙经营,因大家以"义"为重,遂改名为"义泰兴煤号",由杜家坤任经理。厂址先在泥城桥桥堍下(今祥福里附近),后迁新闸路184号临近苏州河地段;1939年,选在麦根路(现泰兴路)352至280号开设义泰兴煤球厂。杜家坤经营期间,曾与时任开滦矿务局买办刘鸿生合作,与开滦矿务局订立销煤合同,经销开滦煤,并组设义泰兴董家渡、麦根路煤栈,分取了开滦煤在长江下游销售区的巨额利润。

---

1 图片来源:上海市商会编:《上海国货厂商名录》,上海:上海市商会,1947年,第159、165页。
2 图片来源:《袖珍上海里弄分区精图》,上海:国光舆地社,1946年,第8图。

1926年，杜家坤去世，由鄞县人沈锦洲担任经理，快速发展势头不减，先后垄断淮南、东方（青岛）、柳江、中兴等煤矿产品的经销权。至1934年，义泰兴煤号资产值达120万元，1938年4月改名为"义泰兴煤号股份有限公司"，资产总值跃为500万元，与当时刘鸿生开办的中华煤球厂、南洋煤球厂鼎足而立，同为沪上煤炭行业之巨头。

抗战期间，麦根路沿河一带工厂林立，劳工群集，又衍生出不少满足里弄居民日常衣食所需的小型货行商号，较多的有烟行、油行、糖果厂、衣庄等。这一时期的《申报》中多刊载此类商号的开业、收购、召盘广告。

（庆成烟行）谨择于今日开业，恭请各界硕彦同业行进光临指教。地址：淮安路78至80号（旧麦根路武定路口）电话：61052。[1]

和成烟草公司系姚尧明石创办，厂内机器设备均采新式，并聘请专门技师，对于出品"百禄牌"香烟以质佳价廉为原则，该项烟支已在开制中，厂址在麦根路429号，电话：32730。[2]

洁白超等猪油，与众不同，每斤廿元二斤起送，电话购货随接随送，不合保退。电话：36779，震泰油行，麦根路330号。[3]

（久大皮货衣庄）高价收买上等细毛皮货，麦根路三余里12号，电话：61880。[4]

兹有中型糖果厂位于武定路之间，今因无意经营生财，设备一并出让。有意者电话：60263，接洽处：麦根路209弄7号，每日九至十一吕洽。[5]

四　结　语

这两处里弄样本在区域历史上为石库门建筑与里弄工厂共生的街区。一方面，自20世纪20年代起，在公共租界西扩与洋商越界租地的主导之下，法比义品放款银行、英商轮奂地产公司、英商爱尔德洋行、法商远东地产公司等凭借环境幽静、空气新鲜、交通便利、治

---

1 《庆成烟行开业公告》，《申报》1944年9月26日。
2 《百禄牌香烟问世》，《申报》1944年7月16日。
3 《猪油》，《申报》1942年12月17日。
4 《申报》1942年4月20日。
5 《召盘》，《申报》1944年7月7日。

安稳定,且远离公共租界中心,租金低廉等种种优势,纷纷在此开发地产,营造了大批类型多样、形态各异的住宅。既有满足一般劳工、职员、商户居住的石库门里弄,也有适合高级白领寓居的花园洋房。

研究表明:这些里弄建筑具备一些独有的特征。(1)功能上具有多元性与兼容性。里弄不仅仅是住宅,不同功能、不同业态混而有之,浑然一体。(2)居住人群上具有开放性、包容性。由于大部分居民采取租赁方式,流动频繁,不仅规避了荒废式的破坏,还因其强大的生命力和吸纳力而愈发充满活力。(3)业态上具有集聚性、关联性。这里因濒临苏州河南岸,水路运输发达,境内西北不远处还曾设麦根路铁路货运站,沪宁、沪杭铁路在此联络接轨,货栈林立,堆场遍布,历来是江浙皖等地粮油农副产品、工业原料入沪的中转集散之地,同时也是民族资本小厂的集聚地,属于沪西"叉袋角"工业区的重要一环,是静安"北工"格局中的一角。这些小型工厂或作坊涉及的行业有纺织业、化工业、医药类、煤炭业、修理业、机器加工业、印刷业、模具业及食品业等,数量众多,门类多元。它们依托于市民生活的里弄空间,是由租界经济所引发的规模化、多业态的混合居住形态,其兴衰起伏受到租界、战争、市场、行业等多种因素的制约,与近代沪西工业区的命运紧密相连。它见证了近代上海的百年发展历程,尤其是中国民族工业的崛起和发展。

跨学科的现场实践

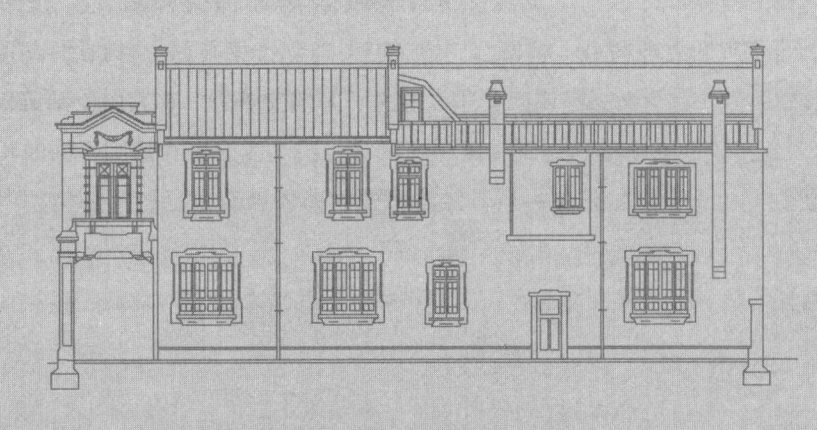

横滨所见历史建筑的保护方法
——传统工法"曳家"的引入

横浜にみる歴史的建造物の保存手法について
—保存手法としての伝統工法の"曳家"の導入—

[日] 内田青藏*

一　はじめに

　横浜の関内地区は、1858年に締結された日米修好通商条約に即して設置された旧居留地地区である。旧居留地への外国人の進出は翌年の1859年から始まり、以後、戦前期までは、この地区には新しい様式を取り入れた建築が建設されてきた。より厳密にいえば、開港時には日本人大工による伝統的な和風建築を基調とした建築が貸与されていた。

　しかしながら1866年の火災により、多くの建築が焼失し、外国人エリアでは耐火性能の高い石造やレンガ造の建築への変換が開始された。それに伴い、当時の建築様式として、ベランダコロニアルスタイルの建築の積極的導入も行われたのである。

　こうした海外に開かれた貿易都市として発展していくなかで、横浜には外国人建築家も活動の場として事務所を構えるなど新しい様式の建築が出現した。ただ、こうした新しい様式を取り入れた洋風建築は、関東大震災で大きな被害を受け大半の建築が姿を消し去ったが、鉄筋コンクリート構造によるものだけが関東大震災に耐え、今日でもその姿を伝えている。わが国では、震災後の建築として鉄筋コンクリート構造が普及するが、ある

---

* 内田青藏（内田青藏），神奈川大学工学部建築学科教授。

種、横浜は鉄筋コンクリート構造の耐震・耐火性の高さを証明した実験場でもあったのである。

震災後の建築構造は、鉄筋コンクリート構造が積極的に採用された。様式は、横浜の外国との交流の場の歴史を象徴するように外国人を意識した和風趣味のもの、また、新様式として流行していたアール・デコ様式を取り入れたものが多かった。しかしまた、こうした震災後の復興建築もまた、再び、戦火にまみれたのである。

戦後のGHQの占領もあって、戦後の開発は他の都市と比べると遅れたものの、戦後の都市づくりの手法であった防火建築帯の積極的採用などによる再開発が展開された。そして、1980年代になるとそれまでのスクラップ・アンド・ビルドという古い建物を新しい建築に建て替えるという再開発手法から脱却し、横浜の個性や歴史性という独自性を活かした街づくりへの転換が提案された。具体的には、車社会から脱却して歩き回る街へ、歴史的建造物の保護と再利用による歴史性を生かした街へといったテーマによる街づくり構想が定まり、その構想に基づく街づくりの実践が始まったのである。

こうした中で、街づくりの方針に即した歴史的建造物の保護と再利用のために、様々な建築に係る再開発の方法が提案され、実践されてきたのである。

二　横浜に見られる建築保存の方法

横浜の街づくり構想の基本方針として、歴史的建造物の保存と再利用が明確な方針として定まった。しかしながら、国や県あるいは市町村の所有する所謂公共建築なら保存も可能であるが、民間所有の建築では、簡単にはいかない。とりわけ、横浜市の予定していた旧居留地地区の関内は、横浜市の中心地でもあって地価も高く、民間では地価の高い土地の有効利用を追求する地域であり、単純に保存という方針に従うことは難しかった。それゆえ、横浜では、様々な保存方法が議論され、また実践されたのである。

さて、外壁保存という最先端の保存方法をわが国で最初期に採用した中京郵便局『建築記録　中京郵便局』(郵政大臣官房建築部　1979年)での議論を参考にすれば、歴史的建造物の保存の方法は、以下の5段階のことが考えられていた。

① 記録を残す

② 一部のディテールを残す(窓の一ブロックとか、柱など建物の部位の一単位として)

③　建物の外壁を残す
　④　建物の一部を残す
　⑤　建物全体を残す
　これのうち、①は一般的には「記録保存」といわれるもので、保存といいながらも取り壊される建物を記録として残すというものである。②は保存というよりも存在していた記念として特徴的要素を残すものである。③は「外壁保存」、④は「部分保存」、⑤は「完全保存」、とそれぞれ称されるものである。
　また、近年は、保存という方法に加えるべきか否かの意見が交錯するものとして、古い建物を壊して外観だけを再現するという方法も見られる。これを、本稿では「⑥レプリカ保存」として、追加しておきたい。
　①　レプリカ保存
　このレプリカ保存という方法は、歴史的観点からすれば過去の遺産がイメージとしてだけ残されるだけで保存ではないとされ、一方、都市計画的観点からすれば、レプリカでも建物の持つ景観は保護されたとして景観保存の方法のひとつとして考えられているのである。
　ところで、何を残せるのかという観点から、改めてこの6段階の保存方法を見てみると、建築の存在を記録して残すという観点からすれば①から⑥のすべてが対応するといえるし、建築空間の保存という観点からすれば④と⑤、景観保存という観点からすれば③と⑤と⑥、といえるであろう。
　ただ、保存される場合、①の記録保存以外は、その多くは新に計画された建築の一部に保存された建築部分は統合されて存在することになる。そのため、新たな建築の計画により、保存された建築部分の扱いはケース・バイ・ケースであり、具体的な方法は多種多様な手法が展開されているといえる。
　以下、横浜でみられる保存の事例を簡単に紹介しておきたい。横浜では、建築の保存を行政側が強く求めたこともあり、③建物の外壁を残す、④建物の一部を残す、⑤建物全体を残す、そして、⑥レプリカ保存、の方法が採られている。

1.「③　建物の外壁を残す」(外壁保存)について

　例えば、③の建物外壁を残す事例として、総通横浜ビル(旧本町旭ビル)や完成したばかりのJAグループ神奈川ビル(旧神奈川県産業組合館)が挙げられる。総通横浜ビルの前身だった旧本町旭ビルは、江商（現兼松株式会社）横浜支店として1930年竣工したものである。地上5階・地下1階の鉄筋コンクリート構造の建物で、幾何学的装飾のテラコッタタイル仕上げの個性的な外観で、フランク・ロイド・ライト風ともいわれた。道路側の5層分の外壁を保存し、新しい建築の外側に衝立風に独立させて保存している（図1）。

　また、JAグループ神奈川ビルの前身だった旧神奈川県産業組合館は、1938年竣工の鉄筋コンクリート造3階建で、柱型の垂直性を強調した古典主義的な意匠が特徴の建物で、外壁3面の一郭を新しい建築に取り付けている（図2）。

　一方、同じ外壁保存の事例でも、そのオリジナルの外壁をそのまま保存するのではなく、一部手が加えられた独特の手法を提案した事例もある。旧川崎銀行横浜支店（大正11年、1922年）の外壁保存のことである（図3）。道路に面する2面の外壁保存を行った事例であるが、既に紹介した総通横浜ビルやJAグループ神奈川ビルのように既存の外観をそのまま残すのではなく、部位を分離させるなどのデザインの手が施されているのである。それは、一見すると、ポスト・モダン主義的手法ともいえるもので、従来の"部材も技法もデザインもそのまま残す"という外壁保存のあり方に一石を投じるものでもあった。

図1　総通横浜ビル　　　図2　JAグループ神奈川ビル　　　図3　旧川崎銀行横浜支店

2.「⑥ レプリカ保存」について

一方、⑥のレプリカ保存も実は横浜でも多くの事例が見られる。日本大通りの横浜地方・簡易裁判所（旧横浜地方裁判所・1929年・RC造4階建て）（図4）や横浜第2合同庁舎（旧生糸検査所・1926年・RC造4階建て）などである。これらの建物は、道路側の低層部がオリジナルで、後方に建つ高層部分が増築部分と理解されがちであるが、実は低層部はレプリカ建築なのである。保存の際に、低層部分のオリジナル建築が耐震性などの問題から、そのまま維持することは難しいという判断がなされた。そのため、オリジナル部分は一旦取り壊し、改めて低層部として外観だけオリジナルデザインを再現したのである。いわば、景観としては保存されたが、建物自身はレプリカという事例なのであり、景観重視の視点からの保存の事例といえる。

図4　横浜地方・簡易裁判所　　　　　図5　横浜情報文化センター

3.「④ 建物の一部を残す」について

横浜情報文化センターは、旧横浜商工奨励館（1929年）と隣接する旧横浜市外電話局（1929年）の保存のために、背後に高層棟を建設し、足りない床面積の容積を補うという考え方をもとにしたものである。それゆえ、低層部に存在する旧横浜商工奨励館と旧横浜市外電話局は創建時の歴史的建造物といえる（図5）。この事例にみる「歴史的建造物（低層部）＋新館部（高層部）」という構成は、まさしく都市部の歴史的建造部を保存させるために採用された手法であり、横浜の基本的建築保存方法であった。

一般に都市部は地価が高く、低層建築よりも高層の建築により多くの床面積を獲得することが経済効率上も有効な方法だった。歴史性はあっても、低層で床面積の少ない歴史的建造物は、明らかに経済効率の悪い建物と判断され、それを根拠に建て替えが進められていたのである。こうした動きを少しでも変え、歴史的建造物を保護する方法として考えられたのが「低層+高層」という組み合わせだったのである。これにより、歴史的建造物は少なくとも道路に接する表側の一部は保存できるのである。

　先の横浜地方・簡易裁判所（旧横浜地方裁判所・1929年・RC造4階建て）も、オリジナルの建築は保存できなかったものの、基本はこうした手法に即して計画されたのである。それゆえ、低層部分は、外観と共にヴォリュームも既存のものをレプリカ建築として再現しているのである。ただ、問題は、一見すると歴史的建造物が保存されているように見えることであり、オリジナル建築とレプリカの区別が視覚的に区別し難いという点である。この点は、今後の課題であろう。

　ところで、創建時のオリジナル建築の一部を保存し、再利用している事例としてBankART1929Yokohama（旧第一銀行横浜支店：1929）がある。これは創建時の建築の一部を残したものではあるが、横浜情報文化センターとは異なる方法が採られた事例である。そこで取られた方法は、"曳家"という手法であった。

三　オリジナル性を重視した曳家という方法

1. 曳家された BankART 1929 Yokohama

　"曳家"という方法は、建物を移動させる方法のことで、具体的には、建物を土台から切り離して持ち上げ、建物の下に車輪を付け、仮設で置いたレールに乗せて移動するという方法が現代では一般的である。この"曳家"という方法を採用するのは、現代風に言えば、例えば、相続した敷地の一部を売却するために建物を少し移動させるといったとき、あるいは、道路の拡幅工事の際に、道路拡幅予定地に現存する建物を壊すのではなく、予定地から建物を移動させて使い続ける、といった際などによく見られる手法のことである。具体的な工事には、二段階の工事作業が必要で、"揚屋"という工事で建物を地面から持ち上げ、次に、"曳家"という工事で地上面から切り離した建物を移動させることになる。この揚屋と曳家は、共に伝統工法のひとつで、揚屋は建物を支える基礎や土台部分の修理などを行う際に用いられたり、曳家は再利用をめざした移動などで用いられたりしている。

　こうした伝統的な技法は、基本的には、木造による土台と柱と梁といった架構式の構造による建物を対象とした工法で、必ずしも建築保存を目的とした手法ではなかった。しかし、今日では、工法の改良化が進み、木造建築以外の鉄骨構造や鉄筋コンクリート構造などの規模も大きく重量もある建築にも用いられ、さらには、現代では建築保存という行為の中で応用されているのである。

　改めて、BankART 1929 Yokohama を見てみたい（図6）。この建物は、旧第一銀行横浜支店として1929年に竣工し、最終的には横浜銀行本店別館として使用されていた。銀行建築を専門とする建築家西村好時の鉄筋コンクリート構造による作品で、玄関部にはトスカナ式の大オーダーの列柱による2・3階吹き抜けの半円形のバルコニーがある。旧敷地には既に新しい建築の計画があり、同じ敷地には保存できなかった。そこで、この特徴的なバルコニー部分を公益施設として復原保存するため、120メートルほど曳家（図7）して、現在地に収まった（図8）。内部は、カフェーとアートスペースとして利用されている。

2. 他の曳家による建築保存事例

　"曳家"という技法を用いてまで保存を行うということは、建築の持つオリジナル性を重要視して残すということを最優先した保存を意味しているように思う。言い換えれば、保存には先に概観したような様々な方法があるが、現地保存と異なり建物が建てられた周辺環境が変わってしまうという問題の指摘もあろうが、曳家ほどオリジナル性を重要視した方法はないと考えられるのである。

　ただ、それでも保存事例の曳家を用いた理由を見ると、
　A：同一敷地での保存ができない場合（敷地外への移動）
　B：保存のために敷地を有効活用するため（敷地内での移動）
の2つの理由に大別される。Aの典型的事例が、横浜のBankART 1929 Yokohama や、旧JR奈良駅などが挙げられる。ちなみに、旧JR奈良駅は、1934年竣工の鉄筋コンクリート構造の和風趣味の駅舎で、元の位置から18mほど曳家され、現在は奈良市総合観光案内所として再利用されている。

　一方、Bの典型的事例としては、総理大臣旧官邸が挙げられる。時代に即した機能を備えた官邸が必要であると建て替えが決定した。ただ、1929年竣工の鉄筋コンクリート

図6　BankART 1929 Yokohama

図7　レールを敷いて移動している様子

図8　BankART 1929 Yokohama 1階カフェ

図9 曳家前の旧李王家邸

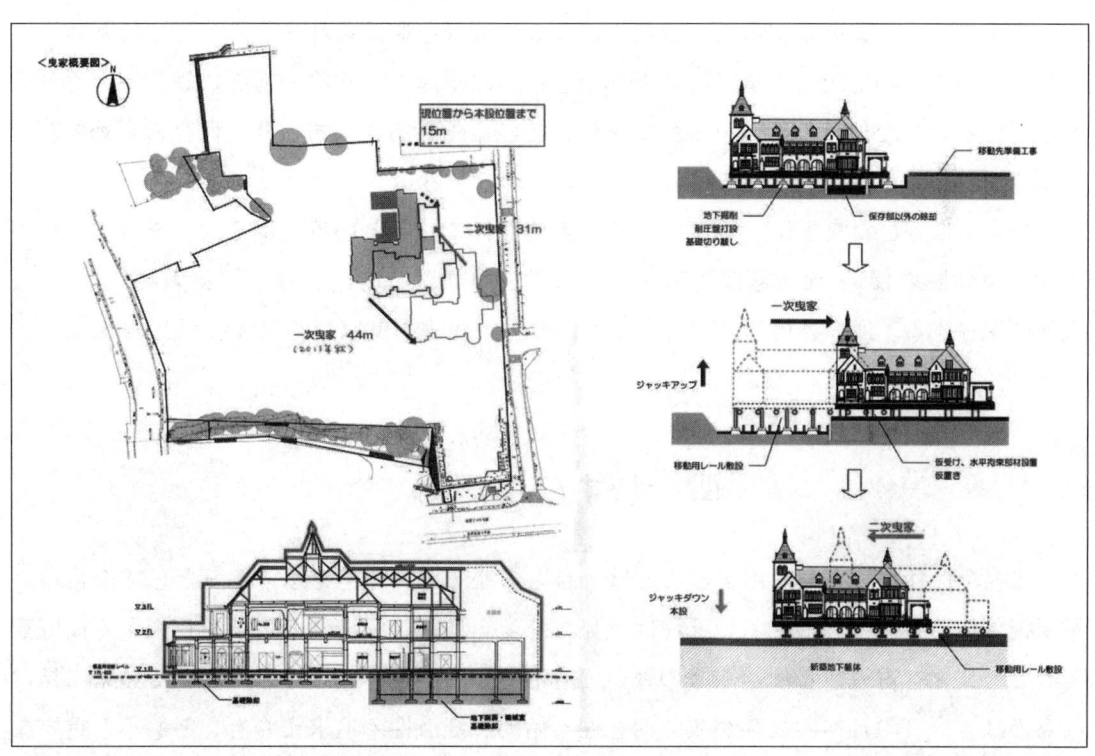

図10 一次曳家と二次曳家の位置

構造の3階建ての総理大臣旧官邸は、フランク・ロイド・ライト風の作風の建築ともいわれ、時代性を表現した貴重な建物として保存が決定した。そのため、総理大臣旧官邸を曳家し、敷地内に新しい総理大臣官邸が建設されたのである。

また、近年では赤坂プリンスホテルの建て替えにあたって、ホテルの一部として使用されていた旧李王家邸の取り壊しも検討されたが、その文化的価値から東京都指定文化財に指定され、保存された（図9）。その際、敷地内で曳家し、建設の位置を変更して保存された。特に、工事過程の都合から最終的な設置場所の基礎工事のために一旦曳家（一次曳家）を行って仮置きし、基礎工事終了後に改めて曳家（二次曳家）を行ったという事例でもある（図10）。

旧李王家邸は、鉄筋コンクリート構造2階建て一部4階建て、地階付きの建物であった。曳家にあたっては地下部分を切り離し、地上階部分の建物だけを曳家するという大工事が行われた。また、L字状の形態をした建物を扱うにあたって、曳家の際に建物本体に亀裂等が生じないようにするため、建物の底に鉄筋コンクリート構造の厚い盤状のプレートを設けている。これは、建物そのものを曳家するのではなく、建物を厚いプレートに置き、そのプレートを曳家することで建物の亀裂や破壊を避けられるという考えに基づくものであった。そのため、工事では地上部分を最初に揚屋し、建物の底面に鉄筋コンクリートを打つといった独自の工夫を重ねて実施しているのである。ある種、保存のための新たな試みが、こうした動きの中で進められているのである。

なお、こうした曳家は、近年中国でも実施されているという。例えば、李百浩（東南大学建築学院教授）・松本康隆（南京工業大学建築学院特聘副教授）の御教授によれば、武漢に現存する「漢口義勇消防聯合会」という古い建物を曳家して保護したという。

四　むすびにかえて

建築を保存し、また活用することは、自らの歴史と文化を継承する証として今後益々重要視されるものと思われる。それは、見方を変えれば、経済性の追求を重視する価値観と歴史と文化を重視する価値観との戦いでもある。おそらく、こうした戦いが頻繁に見られるのは、今日の日本の社会が成熟期を迎え始め、経済性の追求よりももっと重要なものとしての歴史と文化の価値に気付き始めたからのように思われる。

そうした中で、建築の保存と活用は、特殊な行為ではなく当たり前の行為になりつつあり、また、学問分野としても自立し始め、独自の価値観や技術の開発が求められ始めている。

　"曳家"は伝統的構法であったが、それを近代建築の保存・再生に応用することにより、興味深い事例が生まれている。古くて新しい技術としての"曳家"は、今後もますます需要が高まる工法として、注目される技術のひとつなのである。

参考文献

［1］　内田青蔵「旧居留地のプールバールとモダンなまちなみ」『アジアのまち再生―社会遺産を力に』鹿島出版会、2017年。

［2］　『横浜洋館散歩』淡交社、2005年。

［3］　吉田鋼市「遷座した都市の『祠』」「歴史を生かしたまちづくり　横浜新聞第18号」2003年12月13日。

［4］　横浜市企画調整局『港町　横浜の都市形成史』横浜市企画調整局、1981年。

［5］　『建築記録　中京郵便局』郵政大臣官房建築部、1979年。

石库门情结:一个世纪的政治与市场的文化归宿

[美]卢汉超*

石库门虽然只是一种民居建筑,它的兴起却与战争和政治有紧密的,有时甚至是直接的关系。石库门的起源与鸦片战争的关系可简述如下:鸦片战争带来《南京条约》,《南京条约》带来五口通商,五口通商带来《上海土地章程》,《上海土地章程》带来租界,而租界则是上海房地产繁荣(包括石库门等里弄建筑的兴起和经久不衰)的基础。稍后,小刀会、太平天国军起,江南一带大量难民涌入租界,租界当局及在沪洋商建造简易联排式木板房供华人居住,是为上海里弄房子的滥觞。不久以房牟利成为一种行业,当时将土地房屋租给中国人可稳操百分之三四十的利润,近代房地产业因而兴起。因木板排房有火灾隐患,战后被租界当局取缔,代之以砖木结构的联排式住宅。建于1872年的兴仁里(位于北京东路之南、宁波路之北、河南中路之东)是早期石库门房子的代表作,可惜于1980年被拆除。[1] 所以石库门建筑一开始就是由战争所催生。

接下来的20世纪,上海及江南一带每次战争都给租界带来难民潮。难民潮是坏事,但上海的每次难民潮都带来房地产业的兴旺,而房地产业发达的标志则是各种里弄房屋的兴起。1911年的辛亥革命、1924年的江浙战争(齐卢战争)、1932年的"一·二八"事变、1937年的"八一三"事变、1941年的太平洋战争、1946至1949年的第三次国内革命战争,无一不给上海带来难民,而没有一次难民潮不给上海带来房地产的繁荣(或称畸形繁荣)。无论是和平时期的移民或者是战时难民,他们之所以对上海趋之若鹜则是因为鸦片战争后出

---

* 卢汉超,美国乔治亚理工学院教授。
1 1949年前,兴仁里曾以钱庄多而远近闻名,全弄堂24幢砖木结构二层楼房,大小钱庄就占了近二十家,是弄堂民居和商业混杂的一个典型。上海市黄浦区人民政府编:《上海市黄浦区地名志》,上海:上海社会科学院出版社,1989年,第204—205页。

现的由洋人管理的上海租界。所以上海的里弄房子既是战争催生的，又是租界护养的，两者都是近代政治的延伸或产物。

政治形成了格局，接着就由市场在这个格局内来显身手了。19世纪中后期在上海英租界里新建的那些房屋对中国人来说是前所未有的，因为那是成批建造的一模一样的联排单元房子，而建房的目的是为了市场。不同的房屋设计风格来自不同的使用目的。中国的传统是盖了房子主要是为自己住，所以传统的中国式住宅一般都是独立建造的，式样不尽相同；而联排单元房子（后来统称为里弄建筑）的设计和建造的唯一目的是销售或出租，这在当时的环境下可以称之为一种欧式的革新。当然，在这欧风东渐之前，中国早已经将土地和房屋作为商品了。早在11世纪，房屋租售在中国大城市里就已经非常普遍。但像西方商人于19世纪中后期在上海所做的那样，仅仅为了商业目的而大规模地建造规格统一的房屋出租，在中国还是史无前例。此后，这种商业模式在各地特别是通商口岸复制。从这个意义上说，中国最早的现代房产市场是在硝烟弥漫中产生的，或者说得更确切一些，它出现在南京路附近的几个街区上。[1]

上海的房地产市场既由西方人发起，也是由他们主导的。19世纪晚期，上海所有的房地产巨头都是西方人，其中有人们熟知的汉璧礼、沙逊、哈同等；一直到1933年，排名前三的房地产大王都是外国人。他们在南京路一带的产业从民国初年的36%上升到抗战前的60%。民国时期，上海最昂贵的南京路沿线一带的房地产，几乎一半在犹太人哈同（1851—1931）的名下。[2]

到了20世纪40年代末，在上海市区拥有1 000平方米以上的业主就被列为"房地产大业主"，全市大约有3 000人：其中160人超过10 000平方米，30人超过30 000平方米。[3] 此后一切归公，房地产交易作为一种市场经济，断层了将近半个世纪之久。最近一二十年房地产市场的复兴和发展已将晚清民国时代的规模远远抛在后面。不过追根溯源，黄浦江边当年的连排单元"商品房"（也即统称的石库门）的建造，乃是中国近代房地产业的鼻祖。

---

[1] 参见 Hanchao Lu, *Beyond the Neon Lights: Everyday Shanghai in the Early Twentieth Century*, Berkeley: University of California Press, 1999, pp.139—142。

[2] 沈辰宪：《上海早期的几个外国房地产商》，上海市政协文史资料委员会编：《上海文史资料选辑》第64辑《旧上海的房地产经营》，上海：上海人民出版社，1990年，第129—140页。

[3] 朱剑城：《旧上海的华籍房地产大业主》，上海市政协文史资料委员会编：《上海文史资料选辑》第64辑《旧上海的房地产经营》，第14—17页。

一　熟视无睹的石库门

上海虽然号称万国建筑博物馆，但迟至 20 世纪 50 年代，无论是学界还是政府，对上海的建筑从未有过系统的研究。就连"石库门"一词的来源与含义，至今也未有一定的说法。一般认为上海话中对包套的东西称呼"箍"，而石库门建筑的门框是由石材所制的，即由石材"箍"住的门，故而称"石箍门"，而在之后的流传中，"石箍门"就渐渐演变为了"石库门"。[1] 但这并非定论。也有学者认为石库门取义于古代的宫殿建筑，而且石库门一词最早可能指的是弄堂进口的大门，而非弄内单幢建筑的前门。[2] 上海最普通的建筑和绝大部分市民居住的房子连"正名"都困难，也可见人们对石库门（或者广而言之，里弄建筑）一向是因其太普通而熟视无睹，并不重视其来龙去脉。

1958 年，上海市建设委员会组织专家编纂上海近代建筑史，初稿虽早在 1961 年左右就完成，但因种种原因迟迟未能出版。1985 年，美籍华人建筑师贝聿铭（1917— ）带了四位法国录像师来上海拍摄他青少年时代生活过的建筑和街区，此时偌大一个上海尚无一部近代城市建筑史可供参考。1988 至 1989 年间，由当时上海市建设委员会组织部分专家主编的《上海近代建筑史稿》和《上海近代城市建筑》两书差不多同时出版，填补了中国建筑史上的一大空白。但专家们显然不认为里弄民居在上海近代建筑史上有多重要的地位：这两部开山之作，前者 226 页，讨论里弄民居的仅 6 页，而有关石库门不到 2 页；后者 602 页，里弄民居 37 页，大部分关于新式里弄、直接讨论石库门的部分不足 3 页。[3] 可见当时的研究者并没有把遍布上海、数以万计、全市 80% 市民居住的里弄房子，特别是石库门房子，作为上海近代建筑史的重要部分。

但是，里弄房子很早就是所谓经济住宅设计的一部分。20 世纪 30 年代初，上海建筑师徐鑫堂著《经济住宅》一书，虽然没有一点历史内容，但罗列各种石库门房屋设计和图样颇详。[4] 20 世纪 60 年代初期，建筑学界元老梁思成（1901—1972）、汪季琦（1909—1984）独具慧眼，倡导对里弄建筑做专门研究。在他们的策划和推动下，原国家建筑工程部建筑科学研究院以及上海和天津两地的房地产管理局、建筑设计院等单位曾达成合作，投入人力，从 1961 年起在南方里弄的典型城市上海和北方里弄的代表城市天津进行调查和测绘，收集了

---

[1] 张敏：《从石库门走入上海城市文化》，《文汇报》2010 年 1 月 18 日。
[2] 罗苏文：《石库门：寻常人家》，上海：上海人民出版社，1991 年，第 18 页；Hanchao Lu, *Beyond the Neon Lights: Everyday Shanghai in the Early Twentieth Century*, pp.143-144。
[3] 参见陈从周、章明主编：《上海近代建筑史稿》，上海：上海三联书店，1988 年，第 161—167 页；王绍周编著：《上海近代城市建筑》，南京：江苏科学技术出版社，1989 年，第 75—112 页。
[4] 徐鑫堂：《经济住宅》，上海：徐鑫堂建筑工程师事务所，1933 年。该书于 1951、1952 年又由作者书社再版和重印。

一批颇有价值的第一手资料。但不久之后，此项工作因种种原因中断。接着，"文革"开始，考察里弄民居的事当然就此不了了之了。改革开放后，当时收集的部分材料以王绍周、陈志敏编的《里弄建筑》一书出版，这是有关里弄建筑较早且最详尽的研究。此后，又有几部关于里弄建筑的力作，如沈华主编，上海市房产管理局编的《上海里弄民居》(北京：中国建筑工业出版社，1993年)和罗小未、伍江的《上海弄堂》(上海：上海人民美术出版社，1997年)。20世纪80年代下半期对石库门建筑的学术研究弥足珍贵，因为进入90年代，里弄建筑，特别是石库门建筑（所谓旧式里弄）就开始遭到大量拆毁。

二 正在消逝的石库门

在拆毁里弄建筑的大潮初起时，首先拿起相机拍摄正在消逝的上海弄堂当数郭博先生（1920—2010）。郭博出生于1920年，是著名学者郭沫若（1892—1978）与他的日本妻子佐藤富子（郭安娜，1894—1995）的次子。在日本出生的郭博，刚学走路时就由父母带到上海，住在哈同路和福熙路口的民厚南里（原为哈同产业，哈同去世后改为慈厚南里）。毕业于京都大学建筑系，又在上海民用设计院工作多年的郭博，长期居住于上海，对上海民居自然情有独钟。20世纪90年代初，他穿梭于上海的马路和弄堂中，拍摄里弄民居。但郭氏所摄上海，已难得旧上海里弄的真味了，因为毕竟几十年过去了，上海民居大部分年久失修，住家更加拥挤，虽然郭氏的摄影试图包括上中下的各种弄堂，但几乎没有一张照片能得民国里弄的风味。鲁迅之子周海婴（1929—2011）自幼喜欢摄影，一生拍摄了20 000余张照片，其中40年代末、50年代初所摄为数不多的几张上海弄堂和街景（主要是淮海坊一带），还可以看到"老上海"里弄生活难得的图景。[1]有人称这些照片可作抗战后上海社会分化的全景观看："街头到处是衣不蔽体和饥饿的乞讨者，同时三个中产阶级旗袍女子坐在当街的黄包车上展露笑颜。霞飞坊一带的上海弄堂，各个拐角都有辛苦劳作中的底层劳工，但隔一个街区又是另一番景象，穿着时尚的中产阶级妇女神态悠闲地站在自家车库前，一对生活小康、教养良好青年男女在弄堂内求爱。"而周海婴最熟悉的霞飞坊"亲密圈层"的题材则"是他呈现最透彻的一批影像，因为太熟悉，他捕捉到了他们身上一种超时代的美感"。[2]

---

[1] 参见周海婴：《历史的"暗室"：周海婴早期摄影集（1946—1956）》，桂林：广西师范大学出版社，2011年。
[2] 朱其：《历史的"暗室"：周海婴的摄影》，《画刊》2011年第10期。

三 奇货可居的石库门

　　20世纪90年代末,香港商行瑞安集团在原卢湾区淮海路南端太平桥一带占地3万平方米的老式石库门居民区,以修旧如旧、保留上海的石库门文化为号召,投资了1.5亿美元,打造一个将现代化商业和传统民居建筑相结合的经典。对石库门建筑而言,新天地有两重性。其一,它以石库门相号召,但其中绝大部分的石库门建筑都是推倒重来,没有一块砖是历史原物。从这个意义上说,新天地只是借了淮海路附近的商业好地段,背靠着永远不拆的中共一大旧址建立的新建筑群。这是一个成功的商业投资,但与城市历史建筑保护扯不上多少关系。其二,很大程度上因为新天地的开发,石库门建筑的重要性,包括它的文化价值和商业价值,开始受到注意。后来的田子坊(原名志成坊)、建业里等以石库门为卖点的商业开发以及步高里等弄堂的所谓原生态保护,计划中的尚贤坊的石库门旅馆等,都是受了新天地的鼓舞。从这个意义上说,新天地唤起了人们对石库门价值的认识:"原来这些破旧的老弄堂还可以这样时尚、这样赚钱!"这里文化的考量显然不及经济的考量,但在中国特定的条件下,有了市场,文化才得以依存。

　　这里可以谈一下田子坊。这条始建于1930年、原名"志成坊"的里弄原是卢湾区打浦桥附近长度仅为420米的泰康路(原名贾西义路)上一条普通的小弄堂。弄堂内还有厂房和本地平房,是典型的住家和小工业混杂的街坊。20世纪90年代末以来,这条普通里弄因了几个上海艺术界能人(如陈逸飞、尔冬强、王劼音、王家俊、李守白)的进驻,成为艺人创业、游人赏景、房主收租、政府征税的另一个新天地,而且因为整条弄堂没有推倒重造,更加原汁原味,被誉为"卢湾振兴的重大转机之一",且因"这一历史性的事件",田子坊"将永远与'卢湾'的名字在一起,因奠定了我国新一轮城市改造模式先驱者的地位而载入史册"。[1] 据称田子坊有六种特色建筑:传统民居、现代主义、古典主义、折中主义、新式里弄、旧式里弄。在这条20世纪30年代建造的普通弄堂内,被推出十大旅游景区:老街风情、琉璃世界、艺术星光弄、坊门骑楼、里弄坊门、巴洛克风格塔楼、四合院、志成坊、二井巷、柴门旧庐、里弄坊市。[2] 显然,这里市场又是文化的背后推手。尽管上述宣传不免有夸张和炒作之嫌,田子坊还是为石库门建筑留了一点比较真实的遗迹让人们去凭吊和体验。

　　同济大学教授阮仪三(1934—　)曾就石库门做过这样的评论:"一说到上海的石库门,

---

[1] 朱荣林:《解读田子坊——我国城市可持续发展模式的探索》,上海:文汇出版社,2009年,第125页。
[2] 参见徐逸波、陈海汶等编:《鲜活的上海弄堂:田子坊》,上海:上海人民出版社,2011年,第139—141页。

很多外地人就去看新天地，想看上海的历史风情。有人说保护得很好，但它把老房子全部拆光了重做，是历史的上海吗？上海的里弄改造是好事，但我反对拆光了重建，反对旧城改造。保护是让它延年益寿，不是让它返老还童。"[1] 阮教授素有"城市遗产卫士"的美誉，他用了一个很好的词，"延年益寿"。"延年益寿"就是说里弄建筑是个老人了，只有尽其可能保护她，减缓她的衰老过程，当然更不能任意把她推倒，至于返老还童或重唤青春，则极难做到，大多只是人们的一厢情愿罢了。任何民居建筑如果脱离了实际生活，即使是最好的保护，也只是留个虚壳而已（如现在作为旅游景点的江南水乡小镇）。

石库门建筑如果没有了弄口的烟纸店、街角的老虎灶、路边的大饼摊，没有了张师母、吴太太、朱家姆妈，没有了老广东、小宁波、江北人，没有了前楼伯伯、亭子间嫂嫂，没有了穿巷走弄的小贩，没有了固定设摊的小皮匠、缝穷婆，等等，就是一个空架子。石库门建筑可以塞进星巴克、现代画廊、时尚沙龙或任何可以牟利（特别是利用怀旧心态牟利）的商业设施，但与石库门文化已风马牛不相及了。石库门文化是一个特定时期的特殊生活方式以及演变和引申出来的市民文化，其实是唤不回拉不回的，或许也不需要唤回。加拿大作家泰拉斯·格雷斯哥（Taras Grescoe）前几年曾去石库门实地考察，他在《纽约时报》上发文说，上海市各级政府已经将260个历史民居划为保护性建筑。就里弄建筑而言，著名的奇普菲尔德建筑师事务所（Chipperfield Architects）上海办公室将监督负责东斯文里历史民居的保护工作，"不过遗憾的是，让石库门真正成为一个鲜活社区的居民们将搬离出去"[2]。作者真是旁观者清，点到了保护石库门民居的要点，即指出在那里正常生活（而非为旅游服务）的居民，他们才是石库门文化的精髓。但一定的经济文化决定了一定的生活方式，石库门的居民即使原地不动，也会与他们父母或祖父母的生活方式不尽相同。

四　石库门亲历者的话

约十年前，上海社科院约校友写稿纪念社科院成立30周年，作为"文革"后第一批从社科院毕业的老校友，我以"历史所的那栋楼"为题写了一篇短文，其中谈道：

1　阮仪三：《不希望石窟门"都是新天地"》，《新民晚报》2010年11月13日。
2　Taras Grescoe, "Dwellings and a Way of Life Fade in Shanghai", *New York Times*, January 29, 2017.

随着老城的消失，怀旧风油然而起。有关老上海，特别是30年代上海的各种出版物在巨大的上海书城里占了满满的一个角落，可见怀旧风之一斑。而且老上海变得大有商业价值，有名的新天地就是港商利用怀旧牟利的杰作，现在已经成了上海标志性的建筑，也算为已逝的老上海留了一个假古董。石库门的局促、尴尬和破旧似乎已淡忘了。有的只是对旧上海《东京梦华录》式的怀念。[1]

这里想就"石库门的局促、尴尬和破旧"做一点延伸。里弄房子的全盛时期是民国时期，尤其是南京政府十年期间，而石库门的建造到抗战前夕基本上就停止了（1936年以后及20世纪40年代建造的住宅，大都是新式里弄或公寓）。换言之，当时的里弄房子都还处于较新甚至崭新阶段，至少大部分还远未到破旧的阶段。然而，即使那时在里弄房子居住过并留下一点文字记录的，对里弄房子（主要是石库门房子）都没有什么好印象。梁实秋（1903—1987）就曾说他对上海的"所谓'一楼一底'房者，我自从瞻仰，以至下榻，再而至于卜居很久了的今天，我实在不敢说对它有什么好感"。梁实秋居住上海的20世纪20年代末，是石库门最兴旺的时期，但在他的笔下，里弄房子的粗制滥造，相当不堪：

> 一楼一底的房没有孤零零的一所蠢立着的，差不多都像鸽子窝似的一大排，一所一所的构造的式样大小，完全一律，就好像从一个模型里铸出来的一般。我顶佩服的就是当初打图样的土著工程师，真能相度地势，节工省料，譬如五分厚的一垛山墙就好两家合用。王公馆的右面一垛山墙，同时就是李公馆的左面的山墙，并且王公馆若是爱好美术，在右面山墙上钉一个铁钉子，挂一张美女月份牌，那么李公馆在挂月份牌的时候就不必再钉钉子，因为这边钉一个钉子，那边就自然而然的会钻出一个钉头儿。[2]

与梁实秋挖苦揶揄相比，作家兼学者的郑振铎（1898—1958）则从建筑安全的角度批评，并希望由此引起社会大众和市政当局的注意，但其语言的基调与梁实秋大同小异：

> 讲到他们的构造材料，那更是单薄得可怕。当他们定了桩，尚了大柱梁时，一根根的大柱和大梁，那真是细的太过分了，有如一个瘦得只剩下皮与骨的人的臂膀一样，简

---

[1] 上海社会科学院校友会编：《绿叶对根的思念：上海社会科学院校友回忆录》，上海：上海社会科学院校友会，2008年，第38—43页。
[2] 梁实秋：《住一楼一底房者的悲哀》，《文学周报》1928年1月8日。

直不像人样！于是建了一层墙，于是树了一层一层的板壁，其板之稀薄和多缝是当然的。隔壁的语声，差不多都可以嗡嗡的听得见。有时还可以望得见——由板缝中——他们呢，于是再加以一层红漆——不，那里是红漆，简直是用红水刷刷而已。于是一切都告成了，待住户移进来居住了；而住户却总是满满的。[1]

里弄房子最突出的现象就是拥挤。本来的设计是为一家一户居住，占里弄民居绝大部分的所谓一楼一底者，更是只适合核心家庭（夫妇俩与未成年子女）居住，但大部分里弄房子实际居住情况从未有过如此奢侈。叶圣陶称："假如一对夫妇能占这么一所房屋，他们就是十二分的幸运者，至少可以赠给他们'准贵族'的称号了；更有无量数的人，要合起好几对来，还附带各家的老的小的，才得以占这样一所房屋，他们连鹁鸽都不如呢！"[2] 时人更批评道："上海人所占的空间，竟不及大公司窗中的货物。"[3]

现代诗人穆木天（1900—1971）这么形容上海弄堂："'弄堂'是四四方方的一座城，里面是一排的房子。……弄堂房子中间那些密集的房间，是有一些美丽的名称的：前楼、后楼、阁楼、亭子间"，但是"亭子间倒不像个亭子，而像一个水门汀的套椁。阁楼只是棚板上的一块空间，更是徒有虚名了"。而搬进弄堂房子，"您总会觉得这回是进了牢笼了。四处都是房子，除了仰头到四十五度的角度以上才能看见的天空，再不会瞅见其他任何的自然"[4]。叶圣陶（1894—1988）曾有一段文字，将一楼一底里弄房子的布局和租赁情况描写得十分准确：

> 最大的限度，这样一所房屋可以住七八家人家。待我指点明白，读者就不会以为是奇闻了。客堂以及楼面各用板壁划分为二，可以住下四家，这是天经地义，所以平淡无奇。亭子间可以关起门来自成小天地，当然住一家。各家的饭都在自己的领域里做，那么灶房里也可以住一家。在晒台顶上架起些薄板，只要像个形式，不管风来受冷，雨来受淋，就也可以住一个单身汉或者一对孤苦的老夫妇。再在楼板底下，客堂后半间的上面，搭成一个板阁，出入口就开在扶梯的半腰里，虽然出进非爬不可，虽然陈设不下什

---

1 郑振铎：《上海之居宅问题》，《文学周报》1927年第4卷合订本，第351—358页。
2 叶绍钧：《丛墓的人间》，氏著《脚步集》，上海：新中国书店，1931年。该文原连载于《文学周报》1924年7月21日、1924年7月28日。
3 萧萧：《上海人所占的空间》，《新上海》1925年第1期，第153—156页。
4 穆木天：《弄堂》，《良友画报》1935年10月号第110期，第28—29页。

么床铺，两三个"七尺之躯"还容得下，所以也可以住一家。这不是八家了么？[1]

看来一向为人温和、行文儒雅的叶圣陶，对上海弄堂房子的拥挤，也禁不住十分恼火，斥之为"丛墓的人间"："在这样一套房子里，最大限度可以住七八户，杂乱肮脏。入夜后，楼上楼下横七竖八躺满了人……这不是与北城郊外，白杨树下，新陈错杂的丛墓相仿佛么？"[2]

但就是这些拥挤的里弄街区，也不一定有后来人们怀念的邻里间互相帮助或人际关系的密切。时人称住在弄堂房子里老死不相往来，"您会感到比沙漠旷野更为孤独"[3]。画家丰子恺（1898—1975）在1927年写过一篇《楼板》的文章，形容"上海的空间的经济，住家的拥挤，隔一重板，简直可有交通断绝而气候不同的两个世界，'板'的力竟比山还大"。丰氏并根据自己在上海租房的经验，说他刚搬进上海老西门一幢三开间的石库门时，原以为素不相识的人家同住一楼，"朝夕同堂，出入同门，这是何等偶然而奇妙的因缘"。但结果却是，一住半年，"与隔一重楼板的二房东家及隔一所客堂的对门人家朝夕相见，声音相闻，而终于不相往来，不相交语，偶然在里门口或天井里交臂，大家故意侧目而过，反似结了仇怨"。所述相当生动。这在石库门邻里中，应是相当普遍的现象。[4]

不过，弄堂房子因租户经济条件相仿而有人以类居的现象，也曾为卧虎藏龙之地。仅以西区的安义路为例，这条东起铜仁路，西接常德路，只有一段街区的小马路（全长仅264米），因毛泽东曾于1920年在民厚南里住过而闻名，故居至今仍在。[5]这里附近因属于当时还较偏僻的西区，房租相对便宜，适合小康人家居住，而成了收入不是很丰厚而希望居住环境幽静的上海文化人的聚居地。抗战后对该地区的一份记载：

> 民国十三年春，上海静安寺路自西摩路至赫德路一带，为绝盛之文化区。是区除中华书局编辑所外，有西摩路之上海大学，赫德路之学艺大学。时文人群聚于哈同路之民厚南北两里，居北里者有左舜生、田汉诸人，居南里者有创造社诸君子，田汉时有漱瑜

---

[1] 叶绍钧：《丛墓的人间》。
[2] 同上。
[3] 穆木天：《弄堂》。
[4] 丰子恺：《丰子恺文集》第5集，杭州：浙江文艺出版社，1992年，第130—131页。
[5] 静安区人民政府编：《静安区地名志》，上海：上海社会科学院出版社，1988年，第243页。1920年5月5日，毛泽东作为"湖南驱张请愿团"成员由京来沪，下榻安义路63号。这是一幢两层楼砖木结构、坐南朝北的沿街房子，建筑面积83平方米，毛泽东在此居住两月有余。

女士丧，居恒郁郁，创造中人郁达夫时任教北大，郭沫若居民厚南里，不久又复去日，留守创造社老营者，唯成仿吾耳。[1]

民厚里是哈同的产业，又紧邻哈同花园，但是居住环境又如何呢？对此，上海图书馆文献服务部的祝淳翔根据史料做了很好的文字描述：

> 至于民厚里的居住环境究竟如何？郭沫若将之目为"首阳山"，"过笼城生活"；郁达夫喻之为"鸟笼似的永也没有太阳晒着的自由的监房"；过访的梁实秋称它是"上等贫民窟"；郭沫若的儿子郭博（原名博孙）的印象则更为直观，使他备受困扰的是没有厕所，不能洗澡；附近还常有老鼠出没，可怜三四岁的小郭博还被捕鼠夹夹坏了脚趾……[2]

民厚南北两里都是没有设施的老式里弄，但即使是新式里弄，在郑振铎笔下也十分局促：

> 一楼一底，只有两间最小的——现在是一天一天地小了——房间，再带一个更小的亭子间及一个厨房就够了；所谓"冒充的"洋房，也只于屋前多了一块极小极小的泥地以备种些小草花，于后面多了一个小浴房，小得真只可以容得一个浴盆的，而已。如此的，密密切切的，用了最经济的方式，一排一排的把这些楼房造了起来，一亩地起码可以造成十六幢房屋，那真是最生利的一种产业——以最小的地皮得最大的租钱！[3]

如果我们将上述在里弄房子居住过的亲历者的话与近年来在怀旧风中对石库门的描述做一对比，两者真有天壤之别。仅举两例。

其一：

> 上海人连做梦都是欧式的，所以石库门建筑刚好可以成为他们梦的仓库。它像一道坚硬的外壳，把梦围拢起来。但那小小的庭院都是中国式的，种花莳草、品茶打牌，都是江南人的情趣。所以上海不是任何一个欧洲城市的翻版，是建立在江南文化上的一座

---

[1] 白猿：《文坛怀旧录：郭沫若与创造社》，《新民报晚刊》1945年11月7日。
[2] 祝淳翔：《民厚里名人尘影录》，《书城》2014年第11期。
[3] 郑振铎：《上海之居宅问题》，《文学周报》1927年第4卷合订本，第351—358页。

欧洲城市，是一座同时热爱西装和旗袍的城市。[1]

其二：

> 石库门以其融合中西的形象和底蕴得到广泛认同，成为中国近代民居的一个代表和上海城市文化的一笔财富，以至有作家将之称为上海文化的一种"图腾"……至今仍是上海人的心灵家园。[2]

这就像普希金诗句中所写的，"一切都是瞬间，一切都会过去，而那过去了的，就会变成亲切的怀念"。过去了的石库门成了怀旧的对象，但怀旧者也仅得其皮毛。这又如鲁迅在《风波》中所形容的那样，文豪见了乡下人日落时合家聚在乌桕树下吃晚饭，大发诗兴，说："无思无虑，这真是田家乐呵！"却不知农村的实际生活的状况，九斤老太正在那里发牢骚呢。事实上在石库门内生活过的居民，对那里的回忆是混杂的，爱恨参半的，甚至是讨厌的，绝对没有文人们想象的那样诗情画意。正如上海同济大学教授卢永毅所说，"对老百姓来说，石库门保护如果不能改善居住，就没有什么意义，宁可拆掉。作为参与保护的专家，却总觉得做得还不够"[3]。我们也不难听到石库门老居民对近年来政商结合利用人们对老房子的怀旧心理牟利这一行为的牢骚。且举两位现在还健在的亲历者的话：

> 我自己在石库门里住过很久。原本旧社会也许是一家人独享的建筑硬被塞进十多户人家，再怎么好的房子也被折腾得体无完肤，弊病丛生。除了地段好，我真心不觉得住在里面的人有什么幸福感可言，也就是忍耐着等拆迁而已。如今要保护这批石库门只能改造成商业用途，可是没有了生活气息的石库门，再精致也就是个虚设的壳子，给游客们看个热闹！[4]

另一位则更悲观：

> 现在怀旧，是否有点太迟？上海及其他国内大城市几乎已经无旧可修，无旧可怀。

---

1 祝勇：《再见，老房子》，沈阳：辽宁教育出版社，2006年，第20—21页。
2 张敏：《从石库门走入上海城市文化》，《文汇报》2010年1月18日。
3 张骏：《"东斯文里"纳入保护试点　市政协建议石库门申遗纳入规划》，《解放日报》2016年5月21日。
4 "好奇心日报"，http://app.qdaily.com/pad/articles/37386.html。

况且，修旧保旧需要的是耐性和大量资金投入，因为中国私人没有地权的法律，没有NGO团体的介入，将阻碍了这些想法的实施，光靠政府，目的很难实现。[1]

五　结　语

人们的怀旧，主要是对已逝岁月的追恋。这种追恋本身是一种精神现象，用西方心理分析学的行话，怀旧（nostalgia）是"对已逝时光或不可回归事物的一种一厢情愿的或过度的渴望"[2]，而情结（complex）则是"人类的一组对个性有支配性影响的被压抑的愿望和记忆"或者是"人类互相连接的思维、感觉、记忆和冲动的情感系统因为受到了压抑而产生的一种反常或病理行为"。[3]把一种挥之不去的感情称之为"反常或病理行为"，固然有点言过其实，用上海俚语讲，有点令人"赫势势"，只能让心理学专家去用。不过应该指出的是，在"追恋过去"这个心理过程中，任何物质的东西，在本质上说都是次要的。"活在心里"，才是怀旧的真谛。

但物质的东西又很容易成为怀旧所依赖的支撑物，哪怕这支撑物仅仅是一个失去灵魂的空壳子。在石库门里长大，或者几代人生活在弄堂里的老上海，他们对过去生活的怀念就很自然地会以里弄建筑和其中的生活场景为依附。不幸的是，在21世纪初的大约10年的时间内，上海大部分里弄社区被粗暴地摧毁了。对许多上海市民来说，弄堂，这个过去生活的壳子，春夏秋冬，日日夜夜，常载世代之谊，几有肌肤之亲，如今也已渐行渐远，甚或不复存在了。在新上海的摩天大楼下，过去的里弄居民对这个砖木结构的壳子已是无缘触摸，无迹可寻。

包括石库门在内的上海里弄民居，以战争始，以市场兴，又因市场衰，再由市场推动，留下几个真真假假的古董供人凭吊，真可谓成也萧何，败也萧何。但真正的石库门文化，也即一个多世纪上海（某种程度上也是中国）政治与市场因缘际会所产生的颇有特色的非物质文化遗产，已是人去楼毁，恐怕最后只能以一声"无可奈何花落去"的叹息终了。

---

[1] "FT中文网"，http://m.ftchinese.com/story/001049142。
[2] Merriam-Webster dictionary on nostalgia: "A wistful or excessively sentimental yearning for return to or of some past period or irrecoverable condition."
[3] Merriam-Webster dictionary on complex: "A group of repressed desires and memories that exerts a dominating influence upon the personality." Also, "A system of interrelated, emotion-charged ideas, feelings, memories, and impulses that is usually repressed and that gives rise to abnormal or pathological behavior."

媒介、影像档案与城市记忆的建构

苏宏元[*]

与一个人一样，记忆使一座城市变得更为丰富、更有内涵，但当代城市的飞速发展不断改变着城市的形态和风貌。如何保存城市的记忆？这已是一个迫切需要解决的课题，在此，媒介和档案无疑可以有效地发挥其独特的功能，这正是本文立论的起点。

一　城市记忆与媒介记忆

所谓城市记忆（urban memory）是城市形成、变迁和发展过程中具有保存价值的历史记录，是人们对这些历史记录以信息的方式加以编码、储存和提取过程的总称。[1]它的形式十分多样化，如文字记载、艺术、建筑物等。北京的故宫、王府建筑、有一定规制等级的四合院和串联起来的小胡同等，都见证着这座有着悠久传统古代帝都的历史变迁。但是，由于自然灾害、战争以及经济的急速发展等其他人为因素，城市的历史建筑不断受到损毁甚至消失。根据北京市地方志编纂委员会办公室编纂的《北京四合院志》一书介绍，清乾隆时期的 26 000 多处北京四合院总量锐减，截至 2012 年，形制较完整的四合院仅存 923 座。

除了物质性的记忆，城市记忆依赖的主要手段其实是媒介。所谓媒介记忆（media memory），或者可称之为新闻记忆，指的是媒介保留某些信息的能力和属性。通过媒介，人类可以将历史事件和信息再现与还原，并影响人类的个人记忆、集体记忆与社会记忆。

---

[*] 苏宏元，华南理工大学新闻与传播学院教授。
[1] 王军：《城市记忆：西安 30 年》，西安：西安出版社，2008 年。

所谓个人记忆是个人对亲身经历进行回忆的过程，是群体记忆得以实现和表现的基础，而集体记忆则是一个群体的共同记忆，包括共同经历的空间环境、社会事件、机构设置以及相关的文字和口头档案材料等。社会记忆既是一种认识活动，也是一种情感体验过程，或者说是社会群体对历史事件的一种态度，从而唤醒人们的历史意识，如各种仪式、神话、集体的叙述、朝圣等。媒介记忆与个人记忆、集体记忆和社会记忆存在着交互关系。媒介组织、机构在完成新闻传播的过程中，集合与凝聚了当事人、新闻工作者等数量众多的个人记忆。与此同时，集体记忆与社会记忆需要使用一定的媒介来进行整理与记忆，尤其是在媒介空前发达的当下，媒介记忆成为社会记忆的重要组成部分。因此，媒介记忆架起了个人记忆与社会记忆之间的桥梁，数量众多的个人记忆可以通过媒介形成社会记忆，达到个人与社会间的认同。

媒介记忆中的媒介形式，包括传统媒介、大众媒介以及数字化时代的新媒体，涵盖岩石甲骨、蜡板羊皮、竹简纸张、电话广播、电视电影乃至今日网络、电脑、手机等形态。在初始阶段，由于壁画、甲骨、钟鼎、竹简等媒介信息承载能力小、传播速度慢，人类利用媒介进行事件记忆。造纸术的诞生使国家有了思想交流的正式媒介，由此产生了一种大范围的集体的"认同式"的记忆，社会记忆也因此逐渐成形。到了电子媒体时代，文字、声音、图像信息的同步储存，使电子媒介具有强大的扩散和放大力量，媒介对个体记忆、社会记忆的影响力大大增强。

20世纪下半叶崛起的数字媒体存储量大、传递速度快、轻便易携带，它使媒介记忆变得强大。它超越了民族、国家的边界，在全球流动并不断地传播和重构，这使得国家记忆文化转变到世界记忆文化成为可能。例如，全世界各媒体都刊发了"911"事件十周年纪念报道，不同国家地区虽然构建了差异化的记忆版本，但是这一过程创造了一种"世界主义记忆"。同时，人类在媒介记忆面前的自由选择权越来越大，可以自由选择载体和信息，选择感兴趣的、愿意去记忆的内容。

阿斯特丽德·埃尔在《文化中的记忆》一书中提出："文化记忆离开了媒介是不可思议的。若无媒介在个体和集体这两个层面所扮演的角色，文化记忆根本无从想象。"[1] 就某种角度而言，社会记忆史，包括城市记忆史，也就是媒介记忆史。

1　Astrid Erll, *Memory in Culture*, Palgrave Macmillan, 2011, p.113.

二　城市影像档案

目前学术界关于档案的定义还不统一。一般而言，档案是指人们在各项社会活动中直接形成的各种形式的具有保存价值的原始记录，原始记录性是它的本质属性。[1]

档案是记录历史文明最重要的载体之一，其形态与社会发展俱进。商代的甲骨档案解决了刀刻斧凿和岩壁绘画承载信息量少、不易传播的问题，体现了媒介极大的进步性；商、周时期青铜冶铸工艺发展成熟，金文档案被王室贵族广泛应用，其工艺复杂，材料局限性大，也很难广泛传播；随着战国时期丝织业的发展，缣帛档案开始占据一席之地；竹简的诞生是中国媒介发展的一个里程碑式的突破，竹简档案的信息承载能力、便携性和传播速度大大增强。汉代造纸工艺的完善和成熟，使纸质档案取代帛、简成为国家正式书写材料，一直沿用至今。

传统的档案中，除了文字档案，还有图像档案。例如《清明上河图》，记录了北宋时期都城汴京的城市风貌。进入工业社会以后，照片、影片、唱片、录音带和录像带等声像档案登上了历史舞台。20世纪中期以后，电子档案的出现是档案载体发展历程中革命性的突破，电子档案文件可以储存在磁盘、光盘、云端的网络空间等上面。

城市影像档案通过照片、影片等纪实手法记录城市的发展动态，与文字相比更加形象生动。同时，文字的地域差异性使其在传播过程中具有一定的局限性，影像则是一种更加直观便利的沟通工具，在向外界传播城市记忆方面具有优势。城市影像档案涵盖城市的政治、经济、军事、科学、文化等多方面内容，它是城市记忆的重要载体，也构成了城市记忆的核心要素。它将日新月异的城市风貌、沉淀着城市历史文化的人文景观、体现城市变迁过程的建筑客观而立体地记录下来，从而合成一部"城市通史"，留存一段"城市记忆"。

1992年，联合国教科文组织发起了世界记忆工程，我国的《中国传统音乐录音档案》《清代科举大金榜》入选其中。在这样的发展背景下，青岛市档案馆在2002年率先开展了城市记忆工程，对小区、街道、特色建筑，具有悠久历史的机关、企事业单位工作场所进行拍摄，收集了12万余张城市照片和17万多分钟录像资料。不少城市紧随其后，相继开展城市记忆工程，例如天津开展的"天津方言语音建档工程"、上海浦东档案馆开展的知青档案网站项目等。

广州市自2003年开始记录影像档案的拍摄工作，并通过实践制定了一套符合当地实际

---

[1] 冯惠玲、张辑哲主编：《档案学概论》，北京：中国人民大学出版社，2006年，第6—8页。

的影像档案资料管理的系列标准。在大力发展城市文化的号召下，记录影像档案通过对广州自然景观、人文景观的拍摄，成为广州文化城市品牌的有力塑造者。

2016年，广州市出台《城市更新总体规划（2015—2020）》，规划要求必须坚持提升城市核心竞争力和可持续发展能力的城市更新主线。保护历史文脉作为三大更新目标之一被提上日程。广州市档案馆作为国内唯一一家拥有音像资料馆的档案馆，其下属的广州音像资料馆目前正进行"纪录影像档案"的拍摄及整理工作，同时，"广州记忆"系列活动向民间广泛征集了影像档案资源。在"广府文化""影像记忆""城市变迁""名胜古迹""重大事件"等一个个影像主题的镜头追踪下，我们不仅看到了广州市的历史旧貌、建设成果、人文景观与城市精神的各类珍贵影像资料，而且切实感受到了广州这座具有岭南文化底蕴名城的历史变迁。

城市影像档案在城市记忆构建工程中承担着主要建设者的角色，它呈现城市的标志性形象，并将城市形象符号化，这对于记录城市发展、传承城市文化、推动城市传播、提升城市文化软实力具有极为重要的作用与价值，因而应加以重视。同时，应利用现信息与传播技术手段，进行一体化的数字化平台建设。

无论是平台建设还是影像档案研究目前只是起步阶段。就研究而言，目前主要在信息科学或者地方志研究范畴中展开。其实也可以从影视史学、视觉文化或者城市文化的角度去研究。

三 城市的媒介记忆不只是文本，还是一种生产实践

通过媒介记忆（包括对文字和影像资料的整理、发掘、理解、报道制作和传播，乃至大众文化的形式和商业化的运作）重现城市的历史变迁，或者说重访城市的过去，可以说是对城市历史文化的想象性建构。因而，城市的记忆不只是"僵死"的历史档案或文本，更是能动的生产实践。

广州市档案馆的创新之举在于有意识地系统拍摄和整理当下的自然村和城市（街巷）风貌，为城市的未来保存记忆，这是一种记录未来历史的生产实践。其中可能有许多有意思的研究视角可以挖掘，譬如媒介记忆（城市影像档案）的生产机制、影像档案与文字档案的差异性、媒介记忆与城市变迁、媒体记忆与全球化、媒体记忆与文化或者民族认同、媒介记忆与城市日常生活、媒体记忆与权力的关系等等。

四 结语：城市记忆真的存在吗？

19世纪美国著名作家爱默生（Ralph Waldo Emerson）说过：城市是靠记忆而存在的。我非常乐于赞同这位伟大的超验主义运动领袖的观点，但最后我还是想怀疑：城市记忆真的存在吗？在这个全球化的时代，在这个后现代和极度商业化的社会中，人们的记忆力是很差的，而遗忘则更为正常。因此，与其说人类是所谓"记忆的动物"，不如说是"遗忘的动物"。如果今天的游客们站在纽约或者香港的高楼上眺望城市辉煌的灯火，很难想到希腊的雅典或者中国的西安曾经也是那么繁华。

此外，数字化媒介也是一位"健忘的巨人"，由于储存空间的有限和昂贵、储存介质的多样化、储存信息的抽象化和储存技术的不稳定性，信息爆炸、信息黑洞和媒介失忆等问题也越来越显著。

在大众文化极为发达的当代社会，我们对于古代社会和历史包括城市的记忆其实很难说得上是真实的记忆，更多的是一种选择性的记忆，或者说是一种想象。因而，城市记忆也是可以从批判性的视角去研究的。

城市，这一人类文明史中最具代表性的缩影，许多已经随着历史的沧桑和岁月的流逝变得面目全非甚至烟消云散，从而成为当代意大利作家卡尔维诺笔下那"看不见的城市"。

图画与影像：城市人文遗产的呈现与解读

胡 波[*]

一 问题的提出：图画与影像的双重价值

过去人们常说，文以载道、史以文存，强调文字表情达意和思想交流的作用。其实，左图右史的表现形式和注重书籍插图的现象，在古代中国社会一直受到青睐。尤其是在绘画技术臻于成熟和现代摄影技术不断改进的时代，图画和影像比文字更能传真纪实，其作用和影响几乎为文字书写所不能媲美。图画和影像，不仅用临摹、写生、照相以及录音、录像表达着价值取向，以位置、结构、形式等传递着审美评价，以比例、规模和情态暗示着思想观念，更以精心设计和形象变异等方式凸显时代的想象和对象的独特。图画和影像不仅以"全息性"记录了社会历史变化中的瞬间，而且以"现场感"保存了特定时期历史文化的真实。其呈现国家和民族历史文化，以及城市与乡村人文遗产的价值与意义，也是文字和想象所无法替代的。

翻阅人类的理念和意识的形成史，常常会出现一些跟视觉有关联的词汇，如"目迷五色""察言观色""色香俱全"，从视觉观感的"色"，到景或境，如"触景生情""睹物思人""情景交融"等，这些由色到景至境的物化状态最后都变成图。由图到像，最后形成图像，这是人类走向人之为人的第一步。正如有学者所言，"制像和绘图昭示着人类有了记录自然、控制自然的愿望和能力，人有了自我意识和自然的意识，这就产生了文明的痕迹"[1]。从早期相对原始的岩画、沙画、壁画，到近现代的版画、油画、漫画，都是人类在认识自然、社会和人自身过程中的最富有意义的创造。因此，左图右史、图文并茂的呈现方式一直

---

[*] 胡波，广东省中山市文联主席。
[1] 王海龙：《视觉人类学新编》，上海：上海文艺出版社，2016年，第21页。

备受欢迎。在古代中国文人眼里,"图,经也;书,纬也。一经一纬,相错而成文"。宋代郑樵就指出:"古之学者为学有要,置图于左,置书于右;索像于图,索理于书。"[1] 象中运理,理以象出,图史互证,可以补文字文献资料的单一和片面。古人所谓"郢书燕说",就是对文字的误读;今人常言"百闻不如一见","耳听为虚,眼见为实",就是对文字表现力的疑惑。摄影技术发明并被广泛推广后,给我们留下了许许多多珍贵的照片和影像资料。而且,一个毋庸置疑的事实是,当代社会生活的文化建构中,最重要最普遍的生活内容大多变成了视觉事物——图画和影像。诚如吉利恩·萝丝所言,"人们常认为意义乃由视觉图像传递。当然,我们被各种视觉技术(摄影、电影、录像带、数字图像、电视、亚克力画等)以及它们展现的影像(电视节目、广告、生活照、公共雕塑、电影、监视录像、报纸照片和图画等)所围绕,种种不同的技术和影像,提供我们看世界的视野;它们用视觉语言转述世界"[2]。人们通过图像了解社会,观察自然,探究奥秘,成就梦想,在当今社会里已是一件极其普遍极其平常的事情。有人就指出:"在自然科学方面,图像不但是再现或诠释自然科学的工具,而且本身就成了自然科学研究的对象,在社会科学方面,图像是传播知识和建构文明社会的重要媒介,建构着人们对世界的认知想象与认知想象的方法。"[3]

相对语言文字而言,图画与影像的独特之处在于:它既是技术层面的内容,又有文化层面的意味;它既是人们描述事物和事件或将知识和体验视觉化的有效方法,又是社会文化和人文遗产的重要内容。尤其是在互联网高速运行的社会里,生活照片、医学图谱、影视图像、广告图画、数字图像等,都已成为家庭主妇和老人、孩子,甚至一些年轻人的日常视像,就连星空探秘的高科技图像,也被电视机前的儿童津津有味地言说着。可以说,图像已经成为人们描述事物或将知识视觉化的有效载体,图像成为视觉对意义的创造或争斗的一个场所,成为消费者的消费必需品,成为投资者获得最大利润的有效手段。有人甚至认为,图像思维已成为当今社会一种"结构性观看"的视觉经验。[4]

图画和影像不仅仅具有文化的和社会的价值,而且还存在着心理的和精神的价值。鲁迅先生曾在《从孩子的照相说起》一文里谈到照相在技术上表现出的民族文化差异。他认为同一个中国的孩子,在中国照相师和日本照相师的技术处理下,就表现出不同的性格和气质。他说:"这不同的大原因,是在照相师的。他所指示的站或坐的姿势,两国的照相师先

---

1 (宋)郑樵:《通志·图谱略》,上海:上海古籍出版社,1990年,第929—930页。
2 吉利恩·萝丝:《视觉研究导论——影像的思考》,王国强译,台北:群学出版社有限公司,2006年,第7页。
3 韩丛耀:《图像:一种后符号学的再发现》,南京:南京大学出版社,2008年,第4页。
4 同上书,第6—7页。

就不相同,他就瞪起了眼睛,伺机摄取他以为最好的刹那的相貌。孩子被摆在照相机的镜头之下,表情总是在变化的,时而活泼,时而顽皮,时而驯良,时而拘谨,时而厌烦,时而疑惧,时而无畏,时而疲劳……照住了驯良和拘谨的一刹那的,是中国的孩子相;照住了活泼或顽皮的一刹那的就好像日本孩子相。"[1]可见,照片、图画和影像背后,隐藏着的都是社会的思想史、文化史、心灵史或经济社会发展史,其本身就是一份富有文化、技术、经济、社会内涵的人文遗产。

但是,在城市人文遗产的抢救、保护和研究过程中,仍然存在着重实物、遗址、遗迹和文字、文物、文献的抢救保护,轻学术研究和理论探索的现象,尤其是对那些生动形象、具有视觉冲击力的图画和影像,一直没有引起学界和地方政府的足够重视,对其缺乏深入研究和有效保护。在欧美学术界也存在着相同的现象,如历史学家宁愿处理文本以及政治或经济的事实,而不愿意处理从图像中探测到的更深层次的经验,而且使用摄影档案的历史学家人数也相当少,绝大多数历史学家仍然依赖档案库里的手抄本和打字文件。历史学的专业杂志也很少刊登图片,即使杂志同意刊登图片,愿意利用这一机会的作者也很少。虽然有些历史学家使用了图像,在一般情况下,也仅仅是将它们视为插图,不加说明地复制于书中。少数历史学家如果在行文中讨论了图像,这类证据往往也是用来说明作者通过其他方式做出的结论,而不是为了做出新的答案或提出新的问题。[2]尽管大气候如此,但在欧美学术界,还是有不少人对图像倾注了极大的热情。如文化史家布克哈特和赫伊津哈,他们对意大利和荷兰的文化所做的描述和解释,不仅依据那个时代以来的文本,而且也依据拉菲尔和凡埃克等艺术家的绘画。布克哈特把图像和历史遗迹看作"人类精神过去各个阶段的见证",相信通过这些图像"才有可能解读特定时代思想的结构及其表象"。[3]另一位历史学家菲利普·阿里耶斯在他关于童年史和死亡史的论著里,均把图像作为起点,那些可视的史料也被他当作"感知和生活的证据",同"档案馆的文献和档案"一样,都成为他论著的重要支撑。荷兰史学家古斯塔夫·雷尼埃更加强调,应当用存留至今的过去的"遗迹"的观念取代"史料"的观念。在他看来,"遗迹"不仅指手稿、印刷的书籍,以及建筑物、家具、因人类的利用而发生变化的地貌,也指各种不同类型的图像,包括绘画、雕像、版画、摄影照片等。因为它们可以让人共享未经用语言表达出来的过去文化的经历和知识,能带回给人们一些以前也许已经知道但并未认真看待的东西。陈平原先生在《触摸历史:五四人物与现代中国》一书中就

---

1 《鲁迅全集》第6卷,北京:人民文学出版社,1989年,第81页。
2 [英]彼得·伯克:《图像证史》,杨豫译,北京:北京大学出版社,2008年,第4页。
3 同上书,第4—5页。

根据图片和影像资料以及当事人的忆述文字，重构了1919年"五四"那天的历史情景。他说："以红墙为背景而又无意于观赏花木的三千青年学生，手举白旗，列队示威，除了记录在案的标语口号，其衣着如何，是我们复原现场的另一重要因素。……如果说考证衣着，只是为了视觉形象，那么衣着与天气配合，却关系游行者的心境。"[1] 总之，在西方学术界尤其是史学家的心目中，图画和影像可以让人们生动地想象过去，可以更加真切地触摸历史，感受历史，从而进入历史现场。

正因为图画和影像不仅仅是通过模仿、复制或摄影、录像等方式视觉化地呈现自然环境和社会风貌以及时代的生活状况和精神面貌，而且图画和影像本身作为社会文化的一部分，尤其是当它成为人们社会文化生活中的重要内容，成为一种最有效的传播方式和一种不可或缺的社会生产力，甚至成为一种创造性思维活动和人们观察自然、社会以及人类自身的有效工具时，则更是一种社会文化的力量。图画和影像的双重价值，在城市人文遗产的研究和保护中的地位和作用，也因此不言而喻。

二 物质与精神：图画与影像的立体呈现

虽然有不少人怀疑图画和影像所呈现的内容是否真实，认为不能用图画和影像作为历史的证据，只能作为文本的辅助手段，但是更多的文化艺术研究者和史学家还是相信图画和影像"见证了过去的社会格局，尤其是见证了过去的观察和思维方法"，甚至认为"在经济史和社会史的研究领域中，图像提供了特别有价值的证词，可以用它来证明街头贸易的习俗"，"可以用来补充行会档案提供的证据"。[2] 也就是说，图画和影像不仅重视了过去的物质文化和生活场景，而且还暗示或揭示了各个不同时期的思想、态度、精神和心态。

无论是早期体现日常工作和生活的图画、版画、壁画，还是反映当今时代的重大事件、特殊节日、重要人物等的油画、水彩、版画、漆画、漫画、广告画等艺术作品，都不仅仅具有美学意义上的价值，而且还透露出时代的物质文化和精神状态。著名的文化史家彼得·伯克就指出："许多画家都可以称作社会史学家，理由是他们制作的图像记录了形形色色的社会行为，包括日常和节日期间打扫清洁，坐在桌边吃饭，参加宗教游行、赶集、打猎、滑

---

1 陈平原、夏晓虹主编：《触摸历史：五四人物与现代中国》，广州：广州出版社，1999年，第17—18页。
2 ［英］彼得·伯克：《图像证史》，第266页。

冰、海滨度假、上剧院、观看赛马、听音乐会或观赏歌剧、参加舞会、观看板球比赛等等。研究舞蹈、体育运动、剧院或其他专门领域的历史学家都认真地研究过去这些绘画所提供的证据，而且对细节特别注意。没有这些绘画，例如文艺复兴时期佛罗伦萨的足球比赛的实况，实际上就不可能重现。"19世纪美国画家乔治·加勒布·宾厄姆也在《论画家的目的》一文中指出："我们年年日日展示的社会和政治特征不至于在时间的流逝中丢失，因此要用艺术完全公正地将它们记录下来。"他因擅长绘画日常生活的场景，而被称作他那个时代的社会史学家。[1] 宾厄姆的绘画作品描述了当地的生活，包括皮毛商人、平底船夫、小镇里的生活，特别是政治选举期间举行的庆祝活动。他自己甚至把画家视为纪实天使或记录者。

在我国历史上同样不乏这方面的艺术家，如五代南唐宫廷画家顾闳中的《韩熙载夜宴图》，就是我国现存最早的一部记录当时生活的纪实体连环画长卷。[2] 宋代张择端的《清明上河图》曾生动地表现了公元1100年前后开封的城市风貌。该作品描绘的是唐代后期演变成上坟扫墓的二十四节气之一清明节的景象。表现的是贯通开封南部的汴河上游的街景。作品把生活在这里的人们缜密写实地描绘出来，给我们带来大量从《东京梦华录》一类文献资料的文字罗列中所不能获得的直观信息。文献资料不会收录的，对当时的人来说属于极为平凡的日常常识，该绘画作品都真实地传递给我们。比如通过坐在商店前边椅子上女人的姿势，可以知道当时人的坐姿，通过漂浮在河上的大量船只外形，可以复原其骨架和构造。[3] 元代山西永济县的永乐宫的壁画，称得上是一幅图画风俗百科全书。它综合了山水画、人物画、界画、花卉画各种体裁，并巧妙地把这些画种融为一体，构成了一幅通景巨作，从远处看像是一幅大山水画，近处细看，则画出了五六百人的社会活动。有平民的日常生活，如梳洗、打扮、吃菜、煮饭、卖鱼、打柴、耕田、采药、教书、闲坐谈天，以及生育分娩等；有贵族生活，如宫殿朝拜、君臣相见、鸣锣开道等；有宗教活动，如道士醮会、和尚诵经等。其中还着重刻画了各色人物，有养尊处优的帝王、皇后，凶相毕露的文武官员，朴实善良的渔翁、樵夫、农民，地位低贱的仆役、酒保、厨夫和杀手，以及流离失所的饥民，满怀冤抑的囚犯，铤而走险的强盗等，可谓应有尽有，把封建社会统治阶级与被统治阶级间的矛盾，绘形绘色地活现在壁上。[4] 它不仅较真实地反映了宋元时代社会生活，不仅加速了图画的创作和制作，而且也使图画得到更广泛的传播。在古代，尤其是明清以来的中国，文学与绘画的

---

1 ［英］彼得·伯克：《图像证史》，第138、139页。
2 白宇：《连环画学概论》，济南：山东美术出版社，1997年，第31—37页。
3 ［日］小岛毅：《中国思想与宗教的奔流：宋朝》，何晓毅译，桂林：广西师范大学出版社，2014年，第65—66页。
4 白宇：《连环画学概论》，第49页。

结合，产生了一大批绣像全图的小说，戏剧方面的连环画，书籍里面的插图，如近代上海生产和销售的石印年画、回回图、新闻连环画刊、单本连环画册，其中以《点石斋画报》和《三国演义》连环画册最有规模和影响。[1]

除了图画或绘画在反映时代历史变迁和人文社会风貌方面具有纪实或传真的作用外，摄影和影像技术带来的照片、影片等更能让人身临其境。尽管用影片或照片呈现的历史画像中的历史和文字写的历史一样，也属于解释的行为，但"影片可以用画面来表现过去，也可以通过表面和空间来概括过去的时代精神"[2]。所以有人甚至认为"电影应当成为写作历史的手段之一，或许，它比其他的手段更有价值"[3]。的确，影片"通过在特写镜头和长镜头之间、仰视镜头与俯视镜头之间，与某个人物正在思考的东西有关和无关的画面之间不断地切换，取得了许多非常逼真而且难忘的效果"[4]。因此，照片和影片不仅能够形象地反映特定时期特殊节点中的人物或事件的情态和情景，而且它们本身也是特定时期特殊节点中的产物，也是一种科技与人文相结合时代里的一道风景。正如卞之琳诗所言，你站在桥上看风景，看风景的人在楼上看你；明月装饰了你的窗子，你装饰了别人的梦。

照片、影片等视觉图像一旦形成，其价值不仅仅在于它所反映的内容，它自身的性质和特点也反映了时代的物质文化和精神文化的本质和特征。海洛庞蒂就曾指出："尽管电影作品中称得上彻头彻尾的艺术作品的创作还为数不多，尽管电影的制胜之处——人们对电影明星的迷恋、眼花缭乱的镜头变化，或扣人心弦的情节、精美的摄影画面，或引人入胜的对白——往往喧宾夺主而令人忽略电影最本质的表达方式……尽管在所有这些因素制约下，我们至今还未看到一部完整纯粹的电影，我们还是可以从中隐约辨认出它的轮廓，人们将会看到与所有艺术作品一样，它也是我们知觉到的某物。"[5]梅洛-庞蒂还指出："电影的意义寓于它的节奏之中，就如同手势的意义总是在做出的同时即刻被领会，电影所表达的别无他物，就是它本身。在这里理念，被还原为它的初生状态。"[6]"电影的意义就如同我们前面说的事物的意义，它们并非诉诸分别的执行领悟力，而是诉诸我们在整体上对世界与人类的理解，并

---

1 白宇：《连环画学概论》，第75页。
2 [英]彼得·伯克：《图像证史》，第228页。
3 同上书，第222页。
4 同上书，第236页。
5 [法]M.梅洛-庞蒂：《座谈》，转引自[法]莫罗·尤波内：《图像的肉身：在绘画与电影之间》，曲晓蕊译，上海：华东师范大学出版社，2016年，第118页。
6 [法]M.梅洛-庞蒂：《意义与无意义》，转引自[法]莫罗·尤波内：《图像的肉身：在绘画与电影之间》，第98页。

促使我们与它们友好共存。"[1] 电视连续剧《买办之家》所再现的故事，发生在 19 世纪末中西文化碰撞交融的天津。全剧通过对一个买办家庭及其社会关系网络的全景式描写，展示了买办群体在近代中国社会的历史命运及其变迁。虽然电视剧《买办之家》不是原生态的买办生活的记录，但创作者们充分运用视觉符号营造历史感，用观众熟悉的和可以接受的画面语言把买办的故事装扮成事实，使观众跨越时空，进入到买办生活的年代。《买办之家》一方面发挥剧情片在再现人物、还原历史上的某些优势，通过真实或虚构的人物、情节、场景，与时代相应的服装营造出一种可视性的历史氛围；另一方面也借鉴了纪录片的某些拍摄手法，透过故事发生地的场景和极具地方特色的故事，再现历史风貌，从而唤起观众的历史记忆和想象。[2] 因此，有的学者就指出："影视既是承载和强化历史记忆的载体，又是塑造和改变历史知识传播方式的媒介。它以图像为中心，以叙述为基础，提供给人们认识和体验过去的一系列手段，并借助这些手段形成被想象出来的历史及其认知。这些被想象出来的历史既是创作者的，更是生活在别处的观众的。"[3]

相对于电影、电视剧而言，纪录片的真实性和史料价值就更容易被接受和被肯定。最早的纪录片大概是光绪跟慈禧太后出殡的纪录片，随后便出现了大量关于辛亥革命、孙中山，以及民国一些重大活动的纪录片，如伊文思所拍摄的以武汉抗战和黎民伟制作的以"淞沪抗战"为中心的《四万万人民》和《淞沪抗战纪实》等影片，就具有较高的史料价值。[4] 它为人们了解抗战时期的中国社会物质、精神等方面的状况提供了视觉性的图像资料，从而在根本上弥补了文献资料的抽象和零散。也正因如此，纪录片的史料价值一直为中外研究者所重视，其方式和方法也为抢救和保护城市人文资源的人们所采用。

总之，相对文字而言，图画和影像所呈现的社会历史中的物质文化和精神文化更加生动具体，更加富有整体性和真实感。尽管图画和影像受制作者个人的知识、思想、态度、情绪、技术等的影响和时代条件与社会背景等的制约，其真实性和代表性也常常引起人们的质疑，但是，如同彼得·伯克所言，图画和影像不能让我们直接进入社会的世界，却可以让我们得知同时代的人如何看待那个世界、男人如何看待女人、中产阶级如何看待农民、平民如

---

[1] ［法］M.梅洛-庞蒂：《意义与无意义》，转引自［法］莫罗·尤波内：《图像的肉身：在绘画与电影之间》，第 99 页。
[2] 侯杰、王小蕾：《影视史学视域中的近代中国买办形象——以电视剧〈买办之家〉为中心的考察》，刘维开主编：《影像近代中国》，台北：政大出版社，2013 年，第 189 页。
[3] 参见［美］尼古拉斯·米尔佐夫：《视觉文化导论》，倪伟译，南京：江苏人民出版社，2006 年，第 239—240 页。
[4] 刘维开主编：《影像近代中国》，第 79—121 页。

何看待战争,等等。[1]图画和影像不仅通过临摹、写生、笔法、构图、色彩、比例、用墨、光线、节奏、聚焦、画面和蒙太奇手法,生动形象地呈现特定时期的社会物质构成、空间结构以及生活场景,给人们以视觉印象。英国著名中国艺术史专家柯律格就认为"每一个视觉文化的作品具有物质性,即使是数字图像,也必须通过技术才能实现,每个物质文化的对象具有视觉的维度。对我而言,它们是不可分离的,只有当它们合在一起才有意义",而且它还以其特定的场景、表情、色彩、图案等特殊符号构成的图像呈现时代的精神气象和人文风貌。[2]在这里,我们有理由更加相信弗朗西斯·哈斯克尔所说,"绘画、雕塑、摄影照片等等,可以让我们这些后代人共享未经用语言表达出来的过去文化经历和知识"[3]。由此不难发现,图画和影像既是人类社会人文遗产的重要组成部分,又较真实地呈现了城市社会的历史与人文。

三 历史与人文:图画与影像的双重解读

图画与影像在呈现物质文化和精神文化方面的价值和意义已是不争的事实,古今中外利用图画和影像记录历史、讲述故事、表达感情、保留记忆的现象也不少见,但是人们对图画和影像的史料价值和文化意义的认识和理解却十分有限。在欧美学术界虽有一些从事文化史和艺术史的研究者已经注意到了图画和影像的"证据"作用和"史料"价值[4],中国近现代以来也有不少文学史家和文化艺术研究者开始尝试"图像证史"和"看图说话"[5],但是,大都仅仅是将图画和影像作为历史研究的材料或文字文本的补充,既缺乏对图画和影像的真假辨识和生产过程的历史考证,又没有深入地研究图画和影像所呈现的内容和形式,更没有全面

---

1 [英]彼得·伯克:《图像证史》,第269页。
2 陈芳:《物质文化与艺术史研究:英国牛津大学柯律格教授访谈录》,《美术研究》2013年第3期。
3 [英]彼得·伯克:《图像证史》,第9页。
4 参见[英]彼得·伯克:《图像证史》;[英]柯律格:《明代的图像与视觉性》,黄晓鹃译,北京:北京大学出版社,2011年;[英]柯律格:《雅债:文徵明的社会性艺术》,刘宇珍等译,北京:生活·读书·新知三联书店,2012年;[英]柯律格:《长物:早期现代中国的物质文化与社会状况》,高昕丹等译,北京:生活·读书·新知三联书店,2015年;[英]苏立文:《山川悠远:中国山水画艺术》,洪再新译,上海:上海书画出版社,2015年;[美]文以诚:《自我的界限:1600—1900年的中国肖像画》,北京:北京大学出版社,2017年;[美]孟久丽:《道德镜鉴:中国叙述性图画与儒家意识形态》,何前译,北京:生活·读书·新知三联书店,2014年;于德山:《中国图像叙述传播》,济南:山东文艺出版社,2008年。南无哀:《东方照相记:近代以来西方重要摄影家在中国》,京:生活·读书·新知三联书店,2016年。
5 陈平原、夏晓虹编注:《图像晚清》,天津:百花文艺出版社,2001年。

地揭示隐藏在图画和影像背后的动机和目的以及历史和文化。因为图画和影像不仅见证了过去的社会格局,尤其是见证了过去的观察和思维方法[1],而且也在更加视觉化的意义上呈现了过去时代的历史与人文。

但是,诚如彼得·伯克所言,首先,图像提供的证词需要放在"背景"中进行考察,更准确地说,需要放在一系列多元的背景(文化的、政治的、物质的背景等)下考察,包括在特定的地点和时间(比如说)表现儿童的艺术套式,艺术家以及当初的赞助者和顾客的爱好以及准备让图像发挥什么作用。其次,无论历史学家关注的是所有保留下来的、观赏者在某个特定的地点或时间所能见到的所有图像,还是关注(比如说)炼狱的形象在时代的长期推移中发生的变化,系列图像所提供的证词总会比单个图像提供的证词更为可信。再次,无论是用图像证史还是用文本证史,历史学家都需要解读字里行间的内容,注意到微小而有重大意义的细节,包括具有重大意义的缺失,并把它们当作线索,以便寻找图像制作者并不知道他们已经知道的信息,或者寻找他们并不知道自己所持有的那些看法。[2] 也就是说,运用图画与影像研究历史,了解过去时代的人文的时候,要格外小心谨慎地理解、认识和使用。因为图画和影像不仅是制作者个体主观意图主导的结果,也是时代和文化介入的产物,其内容和形式之中,既有制作者个体的局限,也有时代和社会的偏好,因而不可能是客观的和全面的。

但是,无论是从图画和影像的制作者这个角度看,还是从图画和影像本身呈现的内容和形式这个方面看,图画和影像都是对过去时代的历史与人文的一种视觉呈现。对图画和影像的观看与解读,不是一件轻而易举的事情。这里既需要观看者有相当专业的知识和能力,更需要有"了解之同情"的心态。对图画和影像背后的历史与人文、价值与意义的揭示,既取决于研究者的观看之道,也受制于观看者的体察之法。"因为观看者的视点并非通过对一种超越历史的(纯粹的)视点的构建而将这些概念非历史化,我们才能充分地理解过程本身。"[3] 图画和影像呈现的不仅是过去时代的物质文化和人们的社会生活,而且还体现了特定时代的精神状态和人文风貌。因此,解读图画和影像就是对其呈现的过去时代历史的人文认识与了解。

借图画和影像来讲述历史故事和人文风物,在欧美学术界早已盛行,在中国亦有不少这

---

1 [英]彼得·伯克:《图像证史》,第266页。
2 同上书,第269—270页。
3 Peter Wagner, *Reading Iconotexts: From Swift to the French Revolution*, London: Reaktion Books, 1995, p.171, 转引自[英]柯律格:《明代的图像与视觉性》,第128页。

方面的先行者。出生在四川而生活学习在北京的巫鸿，对武梁祠画像的深入细致的研究，就揭示了古代中国的思想特质和人文风貌，将"武梁祠石刻画像视为一部表现人类思想的史诗性作品，在世界美术史上可以与西斯廷教堂的壁画或者夏特尔大教堂的雕塑相媲美"[1]。在巫鸿看来，"任何被用来装饰祠堂的题材都起到双重的隐喻作用。在武梁祠画像中，故事和征兆的图像来源于图籍和其他流行画集。这些图籍中的素材既隐喻着抽象的观念，又是表达个人思想的参考书和索引。经过选择和重新组合，一套现有的画像被装饰在武梁祠上。作为抽象观念的体现，这些画像是非人格化宇宙的微观模块；作为个人思想的表达，它们揭示了武梁祠的知识倾向和政治抱负"，"武梁祠画像的这种内涵意味着中国艺术中的'个性'之肇始。但是在这个历史阶段，个性还只能通过运用陈规化的形式实现。形式被当成语汇，艺术家是修辞学家，而'意义'则在象征性和在再现性艺术的微妙交接处显露出来"[2]。近代文学史家郑振铎和鲁迅都十分重视书籍的插图，并从插图中探索中国文学发展的轨迹。当代学者陈平原和夏晓虹夫妇对近代画报给予了深度关注，并对《点石斋画报》进行了文化史和思想史的解读，在深度观看和横向比较后，"在《点石斋画报》四千幅画像中，'拟摘取其关于生活状况者'160幅，再加以阐释与补充"，认为"这种工作策略，既符合美查等编者注重时事与新知的初衷，也可为史学研究打开一扇奇妙的小窗。区区一画报，当然无力涵盖晚清社会生活的各个层面，但'中外纪闻''官场现形记''格致汇编''海上繁华'这四大主题，在《点石斋画报》中均有绝佳表现"[3]。也有学者，如马雅贞，以"刻画战勋与清朝帝国武功"为题，对明清时期出现的战勋图和名人勋迹图等进行了历史解读和文化诠释，指出战勋图像"不应是清帝国历史与清代艺术史研究的边缘，而应是重新省思两者核心议题，以及双方关系之关键。不论是清帝国的军事文化，还是清宫的纪实图绘，均非一成不变或理所当然的满洲特质，而是需要透过转化汉人精英视觉文化而建立的皇清文化霸权。尤其乾隆朝最后形成以战勋图像等为核心的满洲帝国武功，更是历经长期试验发展的结果"[4]。在马雅贞看来，"从明代流行的个人勋迹图、皇太极时制作的'太祖实录图'、康熙朝的武勋文化，到乾隆朝逐步建构武勋图像的复杂历程，如此的长期观察既勾勒出明清战勋图从个人事迹到帝国武功的发展轨迹，亦是理解晚期中国艺术与文化不可或缺的取径，更是突破'新清史'与'汉化

---

[1] [美]巫鸿：《武梁祠：中国古代画像艺术的思想性》，柳杨、岑河译，北京：生活·读书·新知三联书店，2015年，第82页。
[2] 同上书，第249页。
[3] 陈平原、夏晓虹编注：《图像晚清》，第22页。
[4] 马雅贞：《刻画战勋：清朝帝国武功的文化建构》，北京：社会科学文献出版社，2016年，第15页。

说'来思考满人何以统治汉人近三百年的新尝试。位处画史与正史的边缘地带的战争图绘，在明清时期的跨界与发展，彰显了过去鲜少受到重视的官员视觉文化之存在，其于清代的变化更凸显了清皇权转换汉人精英视觉文化，逐步建立文武双全的皇清文化霸权的意义"[1]。可见，在图画与影像的背后，隐藏着深刻文化背景和心理动因，需要研究者们潜心挖掘和深入探究。

其实，对图画和影像的观看和解读，常常因人因方法而异。陈平原在《以"图像"解说"晚清"》一文中就认为："以'图像'解说'晚清'，可以有两种不同的叙述策略：或杂采众长，或专攻一家。前者的好处是不受任何限制，只要是生产于晚清的图像（包括中外人士制作的照片、画报、绘画、雕刻、书籍装帧等），均可为我所用。因选材极为广泛，图文之间很容易做到'若合符节'。缺点则是仍以文字为主，图像只起辅助作用。而且，脱离了具体时空以及生产机制的图像，尽管灿烂辉煌，毕竟是一地散珠。后者的局限性一目了然，图像很多，再精彩，说到底，只是一家之言。可好处也很明显：整个生产过程以及作者与读者的关系比较完整，便于论者深入考辨与分析。"[2]在他看来，"对于《点石斋画报》的解读，可以侧重雅俗共赏的画报体式，可以看好'不爽毫厘'的石印技术，可以描述新闻与美术的合作，可以探究图像与文字的互动，可以突出东方情调，可以强调西学东渐，可以呈现平民趣味，也可以渲染妖怪鬼魅……所有这些，均有所见也有所蔽，有所得也有所失。因学识浅陋而造成的失误，相对容易辨析；至于因解读方式不同导致的众说纷纭，则很难一言以蔽之。因为实际上，所有研究者都是带着自己的问题意识来面对这四千幅画像的，不存在一个可供对照评判的'标准答案'"[3]。由此可见，观看或解读图画和影像，不仅要了解图画和影像背后的历史和故事，而且还要探究图画和影像构建的视觉文化所要表述的思想和观念，更应准确把握图画和影像呈现的社会风貌和人文精神。

四 保护与利用：图画与影像的双重使命

图画和影像最初只是为了保存记忆和审美需要而制作，但随着15、16世纪印刷图像的出现（木版画、雕版画、铜版画）和19、20世纪摄影图像的出现（包括电影和电视等）。越

---

1 马雅贞：《刻画战勋：清朝帝国武功的文化建构》，第244页。
2 陈平原、夏晓虹编注：《图像晚清》，第2页。
3 同上书，第3页。

来越多的图画和影像制作者不仅把它当作证据或史料来使用,而且还希望让它们发挥各种不同的功能作用,包括宗教的、美学的、政治的以及其他方面的各种功能作用。图画和影像往往在社会文化建设和宣传教育中发挥文字所不能替代的作用。

图画和影像不仅仅可以让人们生动地想象过去,也常常是对可见的世界或社会的真实反映。晚清时期创刊出版的《点石斋画报》,就是以"奇闻""果报""新知""时事"四者作为其绘画表达的主体,目的"非徒以笔墨供人玩好,盖寓果报于书画,借书画为劝惩;其事信而有征,其文浅而易晓。故士夫可读也,下而贩夫牧竖,亦可助科头跣足之倾谈;男子可观也,内而蟾首蛾眉,自必添妆罢针余之雅谑。可以陶情淑性,可以触目惊心;事必新奇,意归忠厚。而且外洋新出一器,乍创一物,凡有利于国计民生者,立即绘图译说,以备官商采用"[1]。近代中国,受西洋绘画的影响,上海、广州、北京等城市,先后也创办了不同类型的画报,如北京的《启蒙画报》《开通画报》,上海的《图画日报》,广州的《时事画报》《赏奇画报》等,都以"开愚"与"启蒙"为宗旨。创刊于1905年的《时事画报》,是广东最早的石印画报,也是继以上海的《点石斋画报》为代表的中国晚清石印画报第一个繁荣期之后另一个繁荣期的优秀代表。其宗旨在于:"振懦砭愚开通群智,唤醒国民","有造幸福于社会者,则绘以为纪念;有败坏公益与夫国家耻辱,则图之以为水鉴",欲使该刊成为"暗室之孤灯,迷津之片筏"。它继承了此前石印画报贴近社会、贴近时代的特点,以强烈的社会责任感,"血并朱研,泪和墨泼",用非常犀利的笔触切入时弊,具有鲜明的启蒙色彩。其图绘所呈现的视觉图像,堪称当时中国社会一个敏感的缩影,折射出中国社会整体情态。[2] 这些以时事、新知、果报、奇闻等为主要表现对象的石印画报的诞生和流行,不仅生动形象地呈现了晚清时代城市社会的生活和文化,而且也以自己独特的存在方式,不自觉地构成了一道亮丽的城市人文风景,成为城市文化和城市人文的重要组成部分。

其实,中国古代各朝都有一批宫廷画家和民间艺人,他们为后世留下了一大批记录当时人和事的纪实性绘画。大致说来,纪实性绘画分为记人和记事两类。宫廷画家的记人,主要是为帝王后妃或名臣作"御容"或画像;记事主要是用绘画的形式记录当时的重大社会历史事件。西汉毛延寿、唐代阎立本、清代郎世宁等,都是历史上著名的宫廷画家。阎立本的《步辇图》卷,生动地刻画出唐太宗李世民接见吐蕃松赞干布派迎文成公主的使臣禄东赞的隆重场面。宋代的《迎銮图》卷,绘记了南宋曹勋奉命到金国迎还宋徽宗赵佶灵柩的历史

---

[1] 申报馆主:《第六号画报出售》,《申报》1884年6月26日。
[2] 参见广东省立中山图书馆编:《旧粤百态:广东省立中山图书馆藏晚清画报选辑》,北京:中国人民大学出版社,2008年。

事件。清代的《万树园赐宴图》，以纪实手法描绘了蒙古杜尔伯特部的首领车凌、车凌乌巴什、车凌孟克率部内迁，乾隆皇帝亲自在离宫承德避暑山庄接见"三车凌"的情景。《乾隆南巡图》十二卷，虽然以描绘皇帝活动为主，但展现了从北京到江南沿途各地山川河脉、市井乡野、建筑园林、名胜古迹等历史风貌，描绘了大江南北沿途各地士农工商各司其职，以及漕运畅通、商业繁荣等景象。尤其是18、19世纪的外销画，不仅满足了外国人了解瓷器、丝绸、茶叶制作过程的好奇心，而且还呈现了中国民风民俗、风土人情、社会风貌。清代除了纪实性的绘画外，还有相当数量的老照片和影像资料，仅故宫博物院就藏有两万张皇帝后妃、王公大臣等的生活照和个人照片。一些外国传教士和旅行者，也拍摄了不少当时中国社会生活的情景照和影像片。尽管他们拍摄的动机和出发点、角度和技术处理各有不同，但对于我们了解那个时代的社会历史和人文风貌，无疑具有特殊的价值和积极的意义。

但是，对这些反映城市特定时期的历史和文化的图画和影像，目前绝大多数大中城市仍没有采取行之有效的研究和保护措施，大量散落在民间或沉睡在档案馆、博物馆里的图画和影像作品，仍然处于尘封的状态和自然消亡的境地。近年来，国家清史编纂委员会在广泛征求海内外学者的意见的基础上，提出新修清史采用由通纪、典志、传记、史表、图录五大部分组成新的综合体裁体例，图录作为一个创新的部分，纳入新修的大清史。一些有识之士也开始收集、整理和研读解析有关城市人文的图画和影像，并在自觉地将图画和影像纳入城市人文遗产保护和研究的范围同时，也开始采用现代绘图和影像技术对城市人文遗产进行数字化、影像化的抢救保护。[1] 张逸良先生的《另一种表达：西方图像中的中国记忆》一书收集整理了一百多年前的《小日报》封底封面的几百幅彩色照片，并进行了历史分析和文化解读，不仅直观地呈现了当时的历史场景，而且还为我们研究百年前的中国历史文化提供了更生动的细节。[2] 尤其是北京、天津、上海、广东、武汉、西安等地的研究机构，都在这方面做了大量创造性的抢救和保护工作。如上海社科院历史所和上海档案馆就借助各方力量开展上海城市历史与人文遗产的研究和保护工作，并取得了丰硕成果。[3] 广州市社科联和社科院也在抢救、保护大量的图画和影像的基础上，对广州市人文遗产进行学术研究和理论探讨，使湮没已久的图画和影像的历史与人文价值得到充分的挖掘和利用。如《黄埔军校图志》《老广州》《图像与历史》等的出版，既是对老图画和旧照片的抢救和保护，也是对老图画和旧照片的一种诠释和解读。中山市政府也发动社会各界搜集、整理、研究、抢救和保护老照片、

---

1 马学强、杨海生主编：《国际视野中的都市人文遗产研究与保护论集》，北京：商务印书馆，2017年，第297—302页。
2 参见张逸良：《另一种表达：西方图像中的中国记忆》，上海：上海三联书店，2016年。
3 马学强、杨海生主编：《国际视野中的都市人文遗产研究与保护论集》，第297—302页。

旧影像和老图画，先后出版了《中山市古建筑艺术图集》《香山旧影》《影像里的百年香山》《影像中山五十年》《彼岸：海外中国人纪事》《中山影杰》《文艺作品中的百年中山社会》《档案里的中山》《香山商帮》《中山人在上海》《海外中山人》《中山人在京津唐》《辛亥物语》和《明清家具》等图片、影像、纪录片，通过这些图画和影像，人们不仅真切地感受到城市的历史和文化，而且也不难想象过去城市里的社会与人文。

严格说来，图画和影像既较真实地反映了特定时期的城市社会风貌，又能在今天城市人文遗产的抢救和保护中发挥特殊作用。尤其是在数码技术和大数据盛行的时代，借助大数据和数码高清摄影音像技术，对城市人文遗产进行全息性的数字化、影像化处理，更是未来城市人文遗产抢救和保护的必由之路。也就是说，图画和影像的功能作用和价值意义主要表现在两个方面：一方面作为文化遗产或历史文化成果，图画和影像本身就是城市人文的一个重要组成部分，它是特定时代城市经济文化和人文社会发展的重要成果，体现了特定时代城市人文社会风貌。透过这些图画和影像，人们可以直接感受到或想象出特定时代城市的历史文化和人文社会风貌；另一方面，作为一种现代科技和艺术手段，可以广泛运用于城市人文遗产的抢救和保护，将城市物质的和非物质的文化遗产转化成图画和影像，从而有效地抢救和长久地保护好城市人文遗产，使其价值和意义得到充分发挥和有效利用。

因此，运用历史上遗存下来的图画和影像，解读城市历史文化和人文精神，将人文遗产图画化和影像化，使城市人文遗产得以完整地永久性地保存下来，将是一场多学科相互交叉、技术与艺术相互融合的学术研究和文化传承的大变革。

地图编制和杭州城市演进简析

洪　钧　杜浩强*

杭州城市地图编制时间早，前后相循，历代不断；数量大，品种繁多，形式多样；内容丰富，涵盖城垣、水利、交通、地貌、景点等，是研究杭州不可多得的宝贵文献。从地图中看杭州形象比较直观，串联起来更易分析其演变轨迹，探究其变化原因，为杭州未来发展提供借鉴。本文作者从事杭州地图编制20余年，现将所见、所做的相关内容加以总结，不周之处，敬请指正。

一　杭城地图编制的三个阶段

杭州城市地图根据制图方法和技术手段的不同，可以分为舆图、传统地图和信息化制图三个阶段。需要指出的是：（1）三个阶段仅以基础数据、编绘手段的不同进行粗略划分，学术界并无明确定论；（2）三个阶段地图有此消彼长的替代关系存在，但各具特色，生命力旺盛，即便在今日，也相互借鉴，彼此交融，构成了多彩的地图世界。

1. 舆图阶段

杭城舆图最早应该出现在隋朝杭城初建时，但已亡佚。现存最早的是南宋咸淳《临安志》中的《京城图》《皇城图》。现存数量最多的是明清两代的方志图。杭城舆图多以手绘写意鸟瞰图的形式出现。

---

* 洪钧，杭州市勘测设计研究院高级工程师；杜浩强，浙江省测绘质量监督检验站教授级高级工程师。

2. 传统地图阶段

杭城传统地图以"实测数据为基础"和"手工编绘"为两大特色,出现在清光绪十六年(1890)年设立浙江舆图局前后,抗日战争前出现过一个小高峰,20世纪八九十年代达到顶峰。传统地图采用西方现代测绘技术,绘制精细,内容丰富,精度准确。初期舆图向传统制图过渡特征明显,后期比例尺越来越大,应用面越来越广。

3. 信息化制图阶段

随着全球定位系统(GPS)、遥感和地理信息技术的发展,杭州从20世纪90年代中期开始进入信息化制图阶段。21世纪后,基础测绘经费列入了财政预算;地理空间框架建设完成,并得到有效维护,信息化制图迎来了黄金时期。信息化制图利用计算机和分布式地理数据库,借助智能手机、互联网为代表的新介质,颠覆了传统地图的编制方法,入门门槛降低,成图时间缩短,专题内容丰富,跨学科融合发展。特别是卫星影像分辨率变大,更新频率提高,直观、客观、及时地反映了城市建设情况,成了新的地图品种。

二 舆图中的杭州城市

杭城舆地图主要有志书地图和游览地图。其中志书地图主要有南宋咸淳《临安志》中的《京城图》(图1),明成化《杭州府志》、万历《杭州府志》《钱塘县志》中的《杭州府图》,以及在清康熙《浙江通志》的《会城图》,雍正《浙江通志》的《会城图》,乾隆《杭州府志》和《续修杭州府志》的《府城图》(图2)等。游览地图主要有明嘉靖和清乾隆、光绪《西湖游览志》中的《今朝郡城图》等。

舆图数量相对较少,且全部采用手绘写意鸟瞰图形式,故虽图面美观,绘制精良,但只考虑地物相对位置,不讲究实际布局,准确性欠缺,很难考证城市空间曲折而漫长的形成过程。即使如此,仍然提供了许多有用信息,仅举数例。(1)上述地图主要表示城墙、衙署、庙宇、仓库、河道、桥梁、坊巷、山峰,以及西湖等。而据《梦粱录》等书籍,南宋临安就可分为宫廷、行政、商业、仓库、码头、手工业、文教、居住、城防和风景等功能区,明清杭城功能分区也是完备的,但图中基本没有表示,表明地图编制的目的是满足地方治理的需要,侧面反映了当时重农轻商的氛围。(2)图中城垣、河道、桥梁表示完整,表明城墙维护、

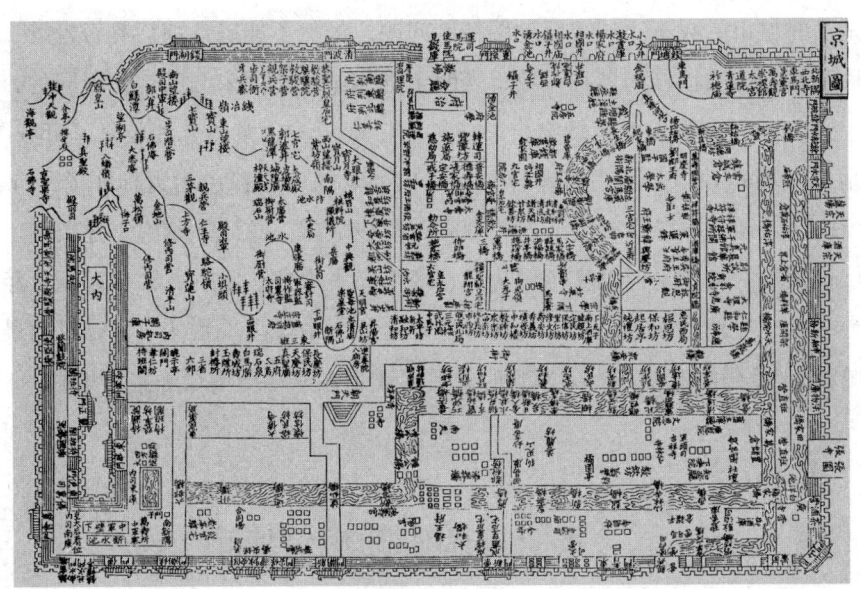

图 1 京城图（据南宋咸淳《临安志》摹绘）

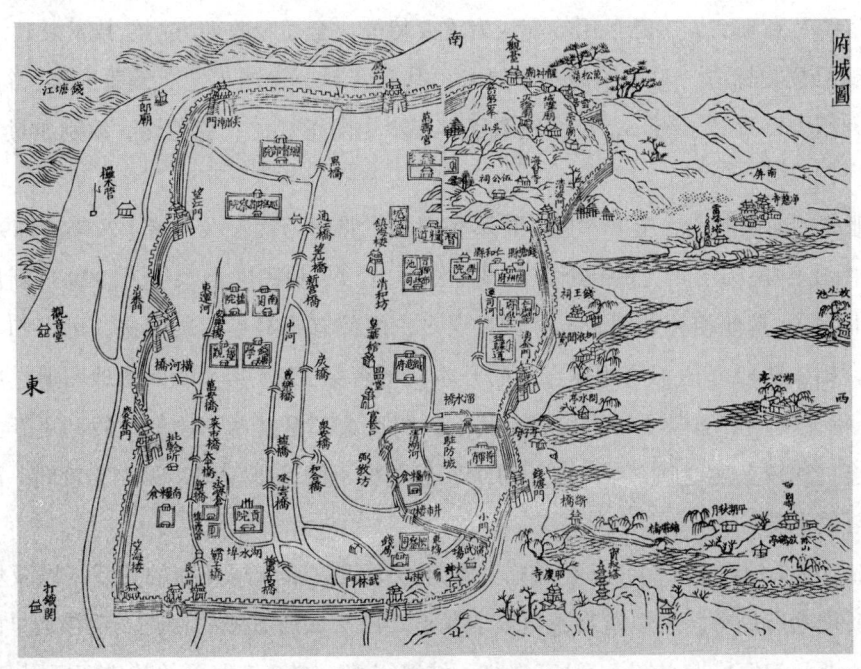

图 2 府城图（据清雍正《浙江通志》摹绘）

水利建设是当时城市的大事。城墙因地图精度问题，虽然不能确认前后是否延续，但宋与明清城门名称不同，而明清城门名称一致，表明了杭州城市范围宋与明清是不同的，而明、清是一致的，这与相关书籍中的记载吻合。（3）比较雍正《会城图》和乾隆《府城图》，可以发现两张地图底图一致，表示内容差异不大，但乾隆图中在孤山附近标注了"行宫""文澜阁"等，反映了康熙、乾隆两帝南巡时，西湖的建设成就。总之，细究上述舆图，定会发现许多关于城市演进的细节。但确实年代久远，今人、古人想法不一，许多问题已经永远没有答案。如为什么现在地图中最为丰富的地名，在上述图中最为丰富的，竟是时间最为久远的南宋《京城图》，是明清时地名不如宋朝时重要？还是古人地图用途确实与我们不同？

三　传统地图中的杭州城市

杭城传统地图也可以分为三个阶段。其一是清末民初，传统制图方法技术开始结合西方测绘技术，过渡特征明显。其二以民国元年（1912）浙江陆军测量局成立为标志，以地图中地貌摒弃传统写意画法，广泛运用等高线为重要特征，全面吸收西方测绘技术。其三以1975年成立省测绘局为标志，对地图的基本要求、基础资料、生产工艺、编稿内容、符号规格、作业技术、印刷质量做了统一，杭城地图逐步逐步走向正规化、规范化，编制质量和水平不断提高。

传统地图的前两阶段，笔者举版本各不相同的三张图为代表：光绪十八年（1892）《浙江省城图》（图3）、民国初年《最新浙江省城全图》（图4）和民国十八年（1929）《新测杭州西湖全图》（图5）。其他相关地图，虽然数量众多，但都有明显借鉴的痕迹，可以归入上述三个版本中。第三阶段考虑不同用途、不同开本，笔者举1981年《浙江省地图册》中的杭州图和1983年《杭州市地名图》为代表，其他各图也大都是这两张图的改版和更新。探究杭城演进，连贯比较上述地图，当然必不可少，但是按不同编制时间，纵向比较同一版本的地图，也是至关重要。

从图3、图4、图5中，可以看到杭城腰鼓城形状，城市与西湖的关系，以及城市内部水网、主要街巷布局等。可以清晰看出以下4点。（1）交通方式的变化。现存最早的图3版本地图是《浙江省垣城厢总图》，没有铁路，城墙完整；图3铁路开始从望江门引支线入城；图4铁路穿清泰门、望江门而出，城墙遭到破坏。图3水系双线、街巷点划线，闸坝表示详尽，水运是主要交通方式可一览尽知；图4开始出现双线（黄底红边）马路，图5道路已用双线，马路长度增加，覆盖范围变大，以汽车为代表的交通工具逐渐占据主要地位。（2）城湖关系的变化。图3因为满营的存在，城湖分离；图4新市场建立，拆除城墙，城湖开始融合；图5拆除了涌金门、清波门、钱塘门三门及其之间的城墙，修筑了南山路和湖滨路，城湖彻底融合。（3）商业设施的变化。图3与舆图一脉相承，士农工商，等级森严，图中没有商业设施标注；图4新市场、城站，以及连接两者的清泰门直街周围出现旅馆、旅社等，新的商业中心开始形成。（4）公共设施的变迁。三个图中政府设施、学校、公众运动场等位置、数量不尽相同，反映了近代杭州公共设施的发展变化。

图6是20世纪50、70、80和90年代四张地图，从中清晰可见现代杭州城市的演进历程。（1）建成区拓展。50年代与民国时期变化不大，腰鼓城外，建成区沿运河，沿铁路发展，但城西、城东已经建设大量文教设施，西湖边、钱塘江南岸有了许多疗养院。70年代，寺庙破坏严重，省展览馆、少年宫、植物园等公共设施大量出现，城东、城北出现工业企业。80年代，建成区块开始摊大饼式发展，到了90年代，城市形态虽然仍然围绕西湖发展，但腰鼓城形态受到明显破坏，团块状布局特征明显。（2）西湖的保护。西湖对于杭州而言，如人之眉目。西湖周围，包括西湖群山，细考4张地图，变化都不大。这当然反映了杭州上下保护西湖的共识，但也有因为地图比例尺偏小，使得许多变化没有及时反映。90年代与时俱进地标注了"新西湖十景"，反映了对西湖前赴后继的保护成果。（3）水系缩减。随着交通方式变化和杭城抵御江潮能力变强，水系及其附属设施与舆图相比，已经不是表示重点。80年代后，交通、居住区用地需求大增，水系用地面积缩小，如城西湖荡、城东华家池等。（4）工业用地激增。70年代地图上，杭州近江、古荡、拱宸桥、祥符桥、半山五个区域工业企业骤然增加，90年代达到顶峰。（5）交通规模扩大。随着城市规模扩大，城市道路网扩张明显，原有道路等级提高，新修道路增加。但由于江河的阻隔，杭州交通东、北发达，西、南欠缺，单极化趋势愈演愈烈。

四　信息化制图中的杭州城市

在信息化制图阶段，百度地图、高德地图、天地图等取代纸质地图，应用最为广泛。但功能限于导航和POI兴趣点查询，数据有变形，移动介质屏幕又偏小，所以考察城市演进还是得借助纸质地图。需要指出的是，近几年，天地图有了各个时空阶段的地理信息，成为研究城市演进的重要基础数据。

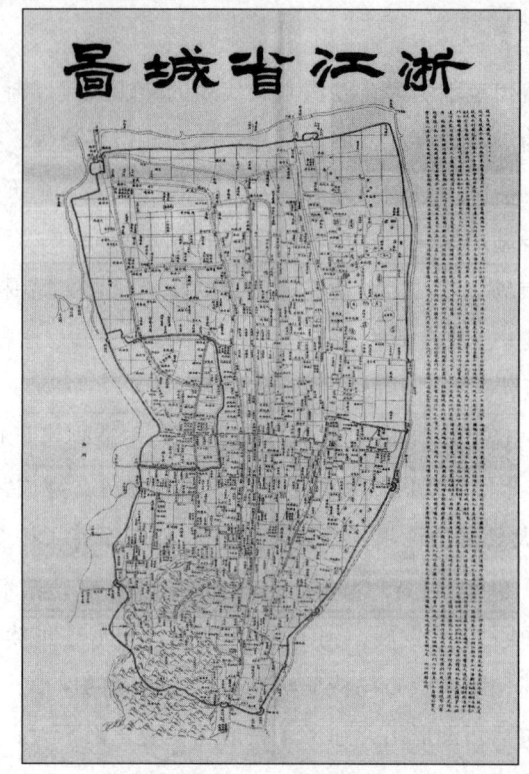

图 3 浙江省城图[1]

图 4 最新浙江省城全图[2]

---

1 图片说明：光绪十八年（1892），图幅 97×58 厘米，墨印，每方为 60 丈。
2 图片说明：民国初年，杭州华兴石印公司彩印，图幅 69×47 厘米，浙江图书馆藏。

图5 民国十八年（1929）新测杭州西湖全图

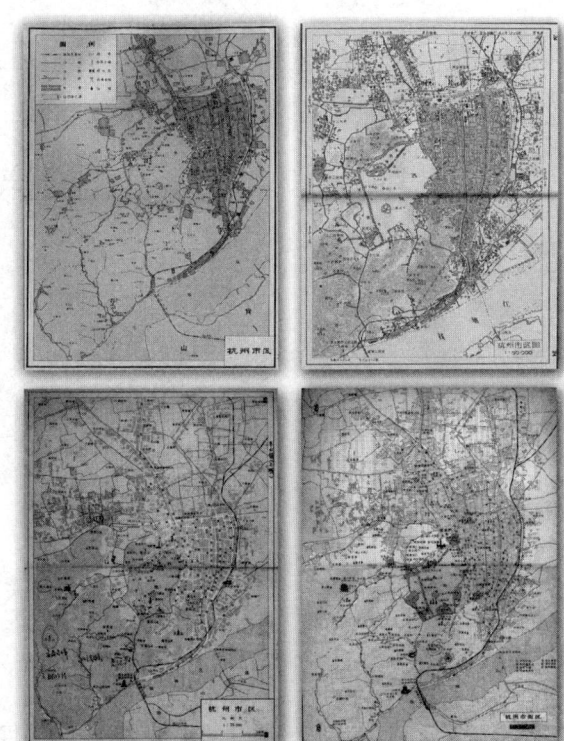

图6 20世纪50、70、80、90年代杭州地图

杭城纸质制图现以浙江省测绘与地理信息局、杭州市勘测设计研究院两个单位为主。尤其是后者，除了定期更新城区图、政区图、交通图等常规地图外，还形成了以下特点。（1）系列化。2009年起，每逢奇数年编制一本《杭州市影像地图集》，至今已完成4本，正在编制第5本。（2）综合性。2003年的《杭州地图集》、2010年的《杭州经济开发区图志》、2011年的《萧山地图集》、2014年的《余杭图说》，都以地图为主，文字、照片为辅介绍了制图区域的自然资源、人文历史、社会经济和区域地理四个方面。（3）精细化。内容上，出现细分专题地图册，如2006年、2009年、2015年的《杭州市汽车生活地图册》和2012年的《杭州地铁生活地图册》，大比例尺地图频频出现，如2011年的《杭州市街道社区图册》，2016年的《瓜沥图说》等。（4）动态化。充分利用中华人民共和国成立后各个历史时期的地形基础资料和影像资料，针对特定专题，或特定区域编制演进地图，如《杭州规划60年图集》《杭钢地理信息图说》等。以下，试举两例做简要说明。

例一：图7是图6系列地图的延续。图中可见以下几个变化。（1）城市格局转变。以旧城为核心的团块状布局转变为以钱塘江为轴线的"一主三副"跨江、沿江、网络化组团式布

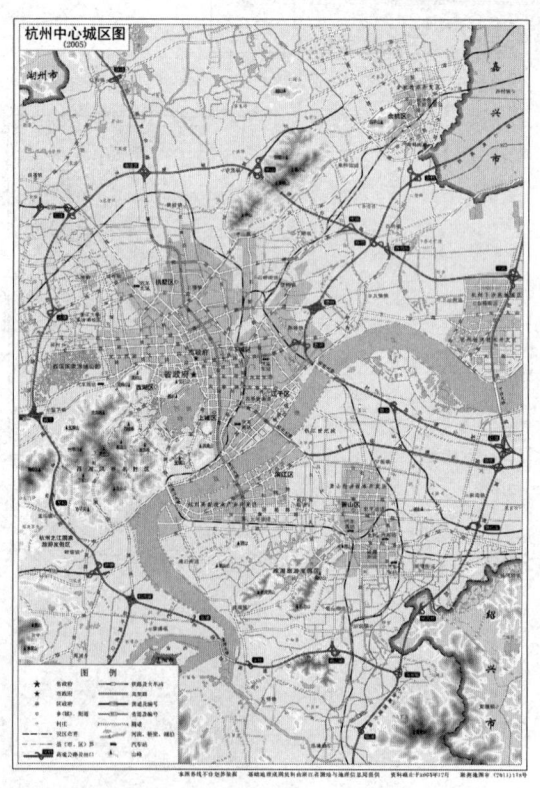

图7　2005年杭州中心城区图

局。（2）交通成网。对外形成以绕城高速为圆心的"一绕七射"高速路网体系，对内"三纵五横"快速路网成型，紫之隧道和西湖周边隧道群的建设构成了西湖环线交通，钱塘江上桥梁、隧道的建设改善了过江交通，杭城交通东北重西南轻的传统格局彻底改变。（3）景观增多。西溪湿地、湘湖、半山等景观建设，改变了西湖独大的单一格局，有效改善了杭城生态环境。（4）工业向外集聚。主城内的工业企业从20世纪80年代末，开始逐渐外迁，副城内的杭州高新技术开发区、杭州经济技术开发区、萧山经济技术开发区和余杭经济技术开发区等现已成为杭州工业的主战场。（5）高校重新选址。杭州高校原来大都位于城市西部、北部，21世纪后，浙大、杭大、农大、医大合并成立新浙大，建设了浙大紫金港校区。丝绸学院、理工大学等迁入下沙、小和山等高教园区。

例二：图6、图7是从宏观角度演绎杭城演进过程。图8选自《杭钢地理信息图说》，则从一个微观的角度，通过半山区域工业用地和居住用地的变化，反映了杭州郊区从农业社会进入工业社会，现在进入后工业社会、融入主城区的过程。

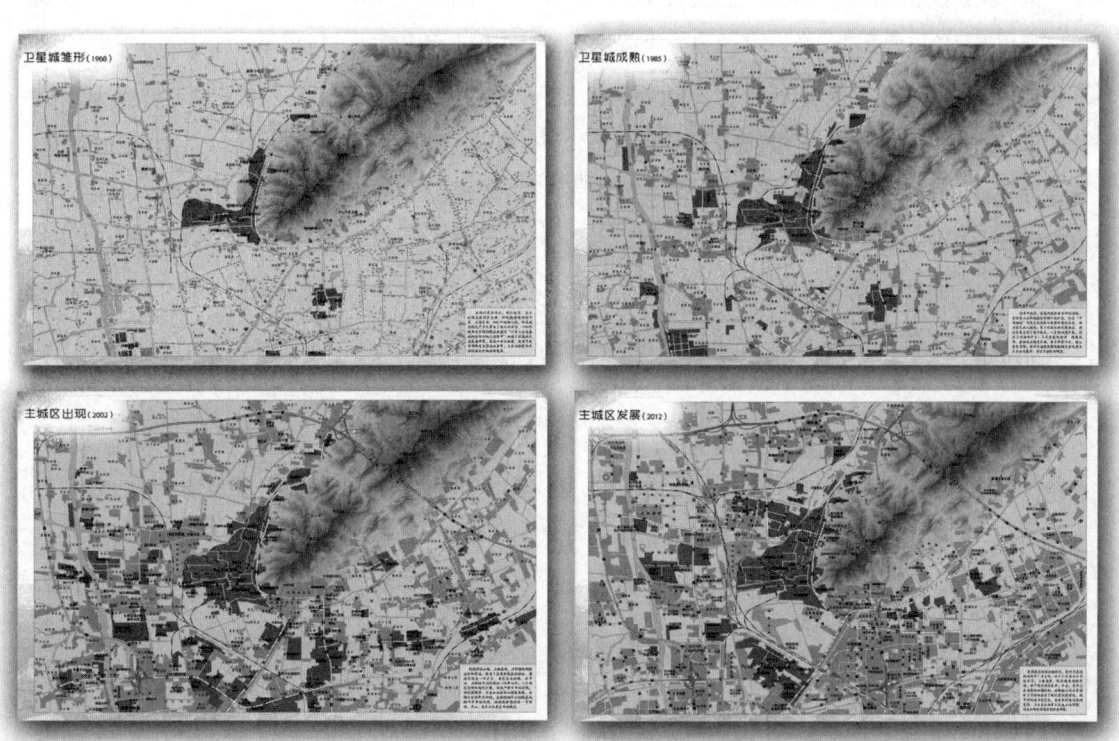

图8　杭钢半山区域20世纪60、80年代，21世纪前20年地图

五　总结和愿想

地图历来是空间可视化的主要表现形式。利用不同时期的地图，可以发现十分丰富的城市演进历程。特别是信息化制图时代，地图内容更加丰富，表现形式更加多样，生产效率更加提高，参与人群越来越多，其表现城市演进的深度和广度都会进一步提高。为了让更多的人更加便捷、形象地了解城市演进历程，我和我的团队目前正致力于利用不同时期的地图，作为基础资料，借助信息化工具，重新编制杭城演进地图。图海浩瀚，愿你我一起遨游其中，用地图探索城市发展规律，服务美丽杭州建设。

参考文献

［1］杭州市余杭区住房与城乡建设局、杭州市规划局余杭规划分局：《余杭图说》，北京：中国地图出版社，2015年。

［2］杭州市档案馆：《杭州古旧地图集》，杭州：浙江古籍出版社，2006年。

［3］阙伟民：《杭州城池暨西湖历史图说》，杭州：浙江人民出版社，2000年。

［4］浙江省测绘志编纂委员会：《浙江省测绘志》，北京：中国书籍出版社，1996年。

［5］余定国：《中国地图学史》，北京：北京大学出版社，2006年。

［6］卢万发：《方志学原理》，成都：巴蜀书社，2007年。

［7］洪钧：《杭州市地图集的设计和编制》，《测绘通报》2006年第5期。

［8］成一农：《"非科学"的中国传统舆图：中国传统舆图绘制研究》，北京：中国社会科学出版社，2016年。

［9］杭州市规划局、杭州市城市规划编制中心：《杭州城市交通发展战略与规划》，上海：同济大学出版社，2006年。

标志性图像与（人造）废墟之间：
上海四行仓库和"二战"的视觉性在现代中国

潘 律*

引 言

在第二次世界大战抗战胜利 70 周年到来之际，上海一座焕然一新的战争纪念建筑——上海四行仓库纪念馆于 2015 年 9 月盛大开幕。事实上，尽管在全中国已存在多处纪念抗日战争的场所，但四行仓库纪念馆的诞生依旧值得我们注意。在中国，四行仓库因为淞沪会战（1937 年 8 月至 11 月）期间持续四日的"四行仓库保卫战"而广为人知。1937 年 10 月 26 日，国民党军队失去位于上海北部闸北区的阵地，当时只有一个团的兵力留了下来以掩护大军尽可能地往城市西边进行大规模撤离。在团长谢晋元的领导下，国民党 88 师第 524 团的 423 名士兵开始将仓库作为临时师总部，誓死抵抗敌人的入侵。于是，四行仓库很快引起了海内外的注意：一是因为上海其他地区的人密切注意中国军队在上海的最后壁垒，更重要的是，由于仓库坐落在上海公共租界（即英美两国在上海拥有治外法权的领地）与华界边缘位置，这场战役在当时也广泛地被西方的主流媒体所报道。在中国方面的士兵损伤较少的情况下，孤军营于停火后的 11 月 1 日撤退至公共租界。尽管中国国民党军未能取得淞沪战役的最终胜利，但他们表现出了大无畏精神，包括谢晋元及其士兵在内的共计 423 人（研究表明 800 人可能是为迷惑日军而虚报的数字）[1] 因此而成了国家英雄——"八百壮士"。因此，四行仓库也被视为象征着中国军队在抗日战争中坚毅精神的圣地（图 1）。

---

* 潘律，香港理工大学中国文化学系助理教授。本文译自英文原稿 Between Iconic Image and (Artificial) Ruins: Shanghai Sihang Warehouse and Visuality of WWII in Modern China，符梦青译，潘律校。

1 参见苏智良、胡皓磊：《四行孤军光与影（二）》，《档案春秋》2015 年第 8 期，第 37—38 页。

图 1　四行仓库目前外观全景[1]

尽管在很长一段时间里，不论是在中国大陆还是在台湾，四行仓库保卫战的故事几乎人尽皆知，但直到最近，四行仓库才被作为大陆境内的"二战"纪念馆开放，它的出现具有很多独特意义。首先，四行仓库纪念馆的设立体现了国民党正面战场的作用，这与以往强调共产党军队抗日贡献的官方宣传不同。[2] 因此，一座专门用于纪念一场国民党军队所参加战役的战争纪念馆在当代中国是极为少见的。第二，四行仓库纪念馆不仅在真实的战争遗址基础上建成，同时它还建立在一座半殖民地时期上海的现代实用性商业建筑之上。从这一方面来看，四行仓库的历史同样与现代中国城市的日常生活空间紧密相连。第三，这座纪念馆使用了一种很难在其他现当代中国"二战"纪念建筑中看见的美学要素：作为仓库改造成为战争纪念馆的一部分，影像资料中的战争印记在新的纪念馆西墙上获得了"重生"，仿真的弹孔

1　图片来源：2016 年，笔者摄于上海四行仓库纪念馆。
2　但还是要指出，事实上谢晋元直至 2016 年才被追认为烈士，而四行仓库则是在 2015 年才入选第二批"100 处国家级抗日纪念遗址名录"，这说明四行仓库已经作为一个重要的国家级的"二战"记忆地点，公开为人所知。四行仓库在中国主流论述的战争记忆被遗忘（尽管不是完全），其中可能的原因笔者已在以前的研究中讨论过。笔者总结出两个对制造四行仓库战争记忆也许有主要影响的情况：内战论述中将国民党的抗日功绩边缘化，这盛行于 1949 年以后的中国；而国共两党的合作抗战如何被铭记和叙述都取决于两岸关系的变化。参见 Lu Pan, *In-Visible Palimpsest*: *Memory*, *Space and Modernity in Berlin and Shanghai*, Bern: Peter Lang, 2016. 另参见 Kirk A & Denton, *Exhibiting the Past*: *Historical Memory and the Politics of Museums in Postsocialist China*, Honolulu: University of Hawaii Press, 2014, p133。Denton 在书中论述道："抗日战争已在中华人民共和国共产党改革的宣传论述中扮演了重要角色……（并且）在中国共产党对现代历史的陈述里占据了决定性的位置。"

模拟了激战后仓库的样貌,而这一"修复"工程也使得纪念馆的主要视觉印象集中在了一个人工制造的战争废墟上。不同于其他许多中国的"二战"纪念物在美学上通过士兵的身体形象、战争场景来强调与敌人的英勇奋战,四行仓库突出了废墟,更准确地说,成为废墟的建筑本身才是表达主体。

事实上,从第一次有人提出应该在四行仓库内建立纪念设施,到纪念馆的最终落成,已经过了七十多年。今天我们无法在四行仓库纪念馆里看到的,正是在这场战役之前和之后这座建筑所经历的种种。四行仓库的最初所有者,就如其名称所表明的("四行"代表"四家银行"),是四家私人银行的联合:金城银行、中南银行、大陆银行及盐业银行,亦被称为"北四行"。四行仓库最初的全称为"上海四行储蓄会堆栈"。于1935年完工,它的一部分曾被用作储存不同货物的仓库,包括银行客户们的纺织品、谷物和建筑材料,而一部分则用于出租给其他的公司。四行仓库一役结束之后,日本军队占领闸北。在"和平反共建国"(1940—1945)期间,即更为人所知的在日本人控制下的"汪精卫伪政府"期间,仓库及其北边的区域曾作为中央市场的新址,日本人试图以此"施行对上海的租界区进口蔬菜、盐、粮食和水果的全面控制"[1]。抗战结束后,原先的四家银行要求收回原本存于仓库的财产,而当时亦有闸北市民向上海市社会局建议要建一座纪念塔来纪念发生在四行仓库的孤军战役,但这个计划最终没能实现。[2]

可是1949年后,仓库仍旧用作储物,没有任何将要改建为纪念馆的迹象。[3] 直到1985年,抗日战争胜利40周年的这一年,在仓库建立纪念碑这一事项才再次被正式提上议程。这一年的5月,谢晋元的小儿子谢继民通过上海市文物保管委员会向上海市政府提交了提案,在8月得到了许可。仅一周之内,指令就被提交到了委员会,四行仓库将被列为抗日战争纪念地,同时一座刻有"八百壮士'四行仓库'抗日战争纪念地"铭文的石碑(长105厘

---

[1] 参见"New Central Market Established", *The North China Herald*, Shanghai, Mar. 14, Mar. 20, 1940。在政府傀儡媒体《太平》的报道中,中央市场的开张和顺利运行被形容为由日本人在上海领导新政权善治的讯号,也被认为是"东亚共荣圈的关键部分"。见《新组织的中央市场:忙碌着搬运》,《太平》(上海)第2卷第7、8期,1943年4月,第10页。

[2] 《上海市社会局关于建议四行仓库建立抗战孤军纪念塔案》,1946年10月18日,档案号:Q6-10-382,上海市闸北区档案馆。

[3] 谢晋元墓原本位于靠近在孤军营撤退到租界区胶州路的胶州公园(1948年更名为晋元公园以纪念谢晋元)。在1956年,谢晋元的遗孀凌维诚写了一封请愿书给上海市民政局,请求为她去世的丈夫追加国家烈士的称号并维护他的墓地。这一要求被否决,关于原因,反馈有两点:第一,没有必要也没可能让现在的政府去代替国民党政府解决老将的问题,虽然政府还是给予谢晋元的遗孀和子女一些经济补助。第二,尽管事实上谢晋元的确为抗日战争做出了很大的贡献,但他是被下属所暗杀而非死于战场。参见《上海市民政局关于谢晋元是否可以给予烈士称号的报告》,1950年10月15日,上海市档案馆藏,档案号:B2-2-48-27。

米，高70厘米）将竖立于此。[1] 石碑的矗立并没有从根本上改变其作为仓库的主要功能，随着改革开放后上海房地产的快速市场化，四行仓库在之后的几年里一直保持着它的商业功能。20世纪90年代，作为上海时运物业（集团）公司产业的一部分（该公司成立于1992年，下属于上海财贸办），四行仓库的主要职能是存储从中国其他地方进口的产品。[2] 1995年，又一个十年过去之后的抗战50周年纪念年，上海时运公司开设了一间"纪念'八百壮士'历史事件的展览室"。这是一间在建筑顶层临时搭建，每周只向公众开放几小时的50平方米房间。[3] 2001年，在各式"创意产业公园"井喷式出现时，四行仓库曾被重新改造为"创意仓库"，被各类建筑、设计和其他与文化产业相关的商业性工作室填充。[4]

因而，事实上是在过了20年之后，新纪念馆的建造才开启了一个重构中国现代战争记忆的特殊转型阶段。在闸北区（现静安区）政府与四行仓库的现产权人上海百联集团几轮谈判之后，现在的纪念馆在当时重新取得了四行仓库所有主建筑群共占地4 000平方米的使用权。在区政府的全力支持下，纪念馆得到了更多可靠的一手和档案性材料，可用于馆内展览，并配备有多媒体展示以丰富观者的感官体验。建筑本身上，临时附加的建筑结构（包括其中的一间展览室）理所当然地被拆除；原本建筑正立面的入口被翻新。最值得注意的是，仓库西面因战争轰炸遭到严重毁坏的墙，被"复原"为战争之后废墟的状态，这也是笔者将在后文详细阐述的。

因此，四行仓库纪念馆这些有趣的特点促使我们重新多层面地去思考战争记忆、城市空间的演变以及现代纪念空间的美学形式与今日中国的关系。因此本文将尽可能试图将四行仓库这一空间从以往大多关于战争背景本身的研究中，带入到更为复杂的意义、图像、战争记忆以及现代中国的空间转型的关系网络里。笔者将从两个主要的方面来探究在四行仓库内部、外部环境及其本身表述中所发生的变化。首先，笔者将会描绘四行仓库在其功能、所有权和它的（有时是不可见的）符号性意涵。随后，笔者将会讨论四行仓库如何在建筑和图像上与流变的战争影像结构、战争宣传和中华民族的标志性图像中进行（再）生产。一方面，是四行仓库在战争前后所引起的跨国现代性和现代战争之间的有趣联系；另一方面，四行

---

1 《关于将"四行仓库"列为抗战纪念地点的请示》，上海市档案馆藏，档案号：A22-3-255-38。
2 《上海日用工业品商业志》编纂委员会编：《上海日用工业品商业志》，上海：上海社会科学院出版社，1999年，第388—389页。
3 马承源、黄宣佩、李俊杰编：《上海文物博物馆志》，上海：上海社会科学院出版社，1997年，第283页。另见笔者对展览室的调查研究，Lu Pan, *In-Visible Palimpsest: Memory, Space and Modernity in Berlin and Shanghai*。
4 创意仓库的设计者为刘继东工作室。参见薛顺生：《回眸苏州河畔建筑》，上海：同济大学出版社，2004年，第100页。

仓库已经被多次视为不同的媒介形式——油画（最为知名的当属刘海粟创作于1938年的作品），记录了当时战争时期四行仓库的摄影作品及其后在大众媒体中的废墟形式，与战争宣传纪录片中的电影化展现。最后，笔者将目光集中于目前的四行仓库纪念馆，一座在今日中国战争纪念文化中极为罕见的人工废墟上。笔者不仅仅将图像放置于废墟在中国的视觉历史里，还会将其放入与四行仓库这个"失而复得"的国家战争标志性符号（iconic image）发生对话的周遭城市环境中。

四行仓库可以被视为法国历史学家皮埃尔·诺拉（Pierre Nora）的"记忆所系之处"，"一个特定的历史瞬间，它是一个转折点，在那里，对断裂于过去产生的意识与对记忆被撕裂的感知互相纠缠在一起——而这个撕裂的过程向人们提出了问题，即该如何在那些试图保持历史延续感的特定场所去表现这种被撕裂的记忆"。[1]正如我们将在四行仓库的案例中所见，遗址空间本身不断发生断裂和毁坏，而它们似乎都被新落成的纪念馆代表的历史性连续性所掩盖，而本文的目的就是向通过四行仓库的触觉（即空间和建筑的）历史以及视觉历史，来探索"二战"纪念空间如何在现当代中国的战争记忆及其意义中被建构、解构和重塑的过程。

一 从仓库到战场：现代建筑与战争在半殖民都市

四行仓库一直被大众误认为是匈牙利建筑师邬达克（László Hudec，1893—1958）的设计，虽然他的确在20世纪二三十年代设计完成了上海多座最具代表性的新古典主义风格建筑。但四行仓库的建筑任务是由一间成立于1898年的苏格兰公司（Atkinson & Dallas, Ltd. Started）所承接的，该公司主要的客户来自上海和天津，也就是大英帝国当时在亚洲新取得的城市土地。[2]在设计四行仓库以前，20世纪头两个十年通和洋行（Atkinson & Dallas）的上海建筑项目囊括了广泛的风格及应用类型：他们曾完成位于虹口的百老汇大厦（圣安德鲁海员教堂），位于圣约翰大学内的欧式风格建筑，租界区的意大利领事馆，位于南京路和西藏路交界口的折中主义西式风格的"大世界"娱乐城，英国复兴主义风格的中国人寿保险股份

---

[1] Nora, Pierre, "Between Memory and History: Les Lieux de Mémoire", *Representations*, No.26, Special Issue: Memory and Counter-Memory, spring, 1989, p.7.
[2] "苏格兰建筑师字典，1660—1980"，参见 http://www.scottisharchitects.org.uk/architect_full.php?id=202154，2017年7月11日。

有限公司，法国文艺复兴风格的印度中国银行，以及著名的靠近外滩的新古典主义巴洛克式的礼查饭店。[1]

尽管现在难以确定四行仓库设计师的身份，但可以确定这是通和洋行1935年落成的建筑，相对于其公司早期的建筑风格而言，显得更为简洁，复杂的装饰性元素减少。[2] 对一座仓库而言，这样偏向于便利储藏和更有效全面利用空间的设计并不奇怪。不同于其他由砖块和木头筑成的小规模仓库，四行仓库是城中最早的坚固钢筋水泥建筑。[3] 它的巨大长方形铁质栅窗和门面配有的小图像装饰造就了极强的整洁感。四行仓库外形庞大，灰色的建筑占地超过 20 000 平方米，曾是方圆 0.35 英亩内最高的建筑之一。它原本宽度是 64 米，深 54 米，高 25 米，共有 5 层。内部结构分为三个部分，其中两部分在西边，另外一部分则在东边，两者之间通过走廊、守卫和楼梯联通。四行仓库的内部由典型的水泥加固的教堂风格高柱所支撑，它的楼板由坚固的预制板制成，开创了中国仓库的建造模式先例。[4] 而作为一座现代建筑，四行仓库曾经配备有电话，这一在当时最为先进的通讯方式。

四行仓库（warehouse）原本被通和洋行命名为"godown"，该词特指东亚、南亚一带的仓库，在语言学上属于泰米尔语、卡纳达语和马来语的结合，第一次被应用于葡萄牙语，随后在 16 世纪后期进入英语体系，这揭示了一条现代资本主义通过殖民及其语言在空间旅行的轨迹。四行仓库的位置同时也诉说着它的跨界性质。随着清帝国在 1842 年第一次鸦片战争中战败，上海被划分为主要受到英美力量控制的公共租界、法租界和华界。四行仓库位于华界的闸北区内，与公共租界区只是一座"新垃圾桥"（今天被称为西藏北路桥）之遥。闸北区在历史上曾是上海的工业区，同处于区内的还有上海的铁路交通枢纽上海北站，它在实际与象征意义上都是中国早期交通现代化和通讯基础设施的中心。四行仓库的南面是苏州河，这使得长江流域上游的船只和外国租界区都很容易就到达仓库。如此便利又相对租金低廉的位置使得它邻近的区域也成为其他仓库选择落址的原因：一过四行仓库东侧的西藏北路，便是大陆银行仓库和中国银行仓库，它们有时甚至会被误以为是四行仓库的一部分。在设计规

---

[1] 参见 Edward Denison，*Building Shanghai：The Story of China's Gateway*，New York：Wiley-Academy，2006，pp.69，71，88，95，98，109，113。

[2] 这股跟随全球的现代建筑流行趋势可在 20 世纪 30 年代很多其他住宅或商业建筑中看见。20 世纪 30 年代的上海，新功能性建筑如中国工商银行（1934）、震旦大学（1936）、法国邮船公司（1936—1939）、迦陵大楼（The Liza Hardoon Building，1938）都以方正的外观和硬朗而直冲天际的线条为特点。参见 Edward Denison，Chapter 5 "Rise and Fall"，*Building Shanghai：The Story of China's Gateway*，New York：Wiley-Academy，2006，pp.126—193。

[3] "Preservation and Restoration of the Joint Trust Warehouse，Shanghai，China，2015"，in *Tongji University Architecture Alumni*，May，2016，p.90.

[4] 薛顺生：《回眸苏州河畔建筑》，上海：同济大学出版社，2004 年，第 100 页。

划的蓝图中，清晰地表明租界区的边界正好将建筑的东面划分为两半，这使得四行仓库毋庸置疑地处于闸北（现为静安区）和公共租界区之间。[1]

正是四行仓库本身的风格、结构、材料、地理位置以及建筑本身的功能让它成为战争时的必争之地。建筑物正面绵长的窗口形成了天然的交火地带。作为一座坚如堡垒的建筑，仓库的无数个房间继续履行着储存战斗所需物资的功能。保卫战前后，四行仓库成为了国民党第88师部队的指挥总部，提供食物、药物器具和弹药，同时还有大量可用于防御工事的麻袋物料。在1946年发行的《四行孤军纪念特辑》中，有一篇当时同守仓库的杨瑞符营长的采访记录，他详细描述了四行仓库在当时如何自然而然地成为战争的防御工事：

> 这所仓库，真是一个"天然堡垒"，储存了几千万包粮食，第一二三层都是小麦杂粮之类，四层与五层是牛皮与丝茧，都是很有用处。一层至三层，我们作了三天就完全告成。将每个窗户门口封闭了，南墙边的麻包，推挤了五公尺厚，北边各门口，筑有十公尺厚，是从地板到屋顶。第四层因为材料不够，并为引诱敌人多多消耗弹药，实际我们无人住在四层，第五层工事昨天已经完成，这层工事非常好，比敌人侵占的交通银行仓库高得多，我们完全可以控制敌人，敌人对我们没办法。[2]

四行仓库所处的公共租界区边缘的位置也可以看作战役为何发生在仓库而非其他地点的关键。虽然在上海的其他区域也正遭受日本人的攻击，而这些地区所遭受的破坏也许更为严重，但当战争就发生在租界区所属领土的眼前时，四行仓库的战斗也因此更能够让西方媒体关注发生在中国的战争。同时，附近涌入租界区的中国难民也得以近距离观看着自己的士兵与敌军在这片区间最高地标性建筑周围发生的战斗。这样的景观本身空前有效地提升了中国人民的士气。一座现代商业建筑因此在物质和概念上突然成了战争景观和运作机制的一部分。当然，现代战争的运作机制不仅仅以战斗为基础，它也是各种符号、想象、感知和意识的调动和生产过程。毫无疑问，战斗本身并不构成大部分人（不管经历或者没有经历过那场战役）的记忆，真正构成四行仓库保卫战记忆及其历史意义并使其广泛传播的是故事和以视

---

[1] 上海城市规划档案局资料，因版权关系暂时无法在此完整披露。
[2] 《惊天地，泣鬼神：四行仓库坚守记》，《四行孤军纪念特辑》，上海，1946年，第6页。此外，根据日本军队当时的物资记录档案，在战役之后留在仓库中的物资包括有：纺织品、棉花、豆类、木板、竹签、大米等等。参见[日] 上海海軍特別陸戦隊司令部：《支那事変上海戦跡案内骨子》，厚生省引揚援護局整理第二課複寫，亞洲歷史資料中心，1955年。

觉为主导的媒介表现。接下来,笔者将关注不同的媒介是如何表现四行仓库保卫战、仓库建筑的,与之相关的地景和景观又是如何形成民族国家标志性的(iconic)战争图景的。

二 国家标志性图像的诞生:摄影和绘画中的四行仓库

帕克斯·科博(Parks M. Coble)在他的著作《中国战地记者》中称,那些在淞沪抗战期间出现在海内外大众传媒上的关于这场战役的图像(静态和动态的)是如此震撼,甚至如果把它们与几乎发生在同一时期,因毕加索的画作而广为人知的德国轰炸西班牙巴斯克省的格尔尼卡小镇的图像做对比的话,其惨烈程度都毫不逊色。[1] 毫不夸张地说,四行仓库是中国战时摄影中最具争议和最广为流传的图像之一,正是这批图像成了多种物理形态和意识形态所框建(framing)的"新奇"战争影像的重要组成部分。事实上,中国专业的新闻摄影直到20世纪20年代才刚刚起步。[2] 尽管大众传媒早已在中国社会生活中,尤其是在半殖民地上海,扮演着重要的角色。然而直到抗日战争早期,国民党还未建立一个高效的、以图像为中心的战争新闻的制作和宣传机制。[3] 从19世纪中期开始,由外国记者所提供的大量摄影图像同时出现在中国本土和西方媒体中。[4] 然而,那些大量来自中国摄影记者们的淞沪战役图像可以被看作战争视觉性生产在现代中国的一个转折点,对于一场激烈的战争来说,图像比文字性描述更加直接和具有冲击性。摄影图像与现实之间的模仿关系有效地再生产了战争场景、士兵与公众之间密切的关系、日本军队的空袭所造成的破坏,也能更好地在读者中间唤起同情和愤怒的情感,激发他们伸出援手的热情、坚守或反抗的精神。自从1937年8月13日,上

---

[1] 出现在报纸杂志上的静物摄影。新闻影片捕捉到了后来被称为"黑色星期六"或"血色星期六"的大屠杀。尽管这些照片在今日看来都有些恐怖,因为在1937年对非军事目标进行空袭简直闻所未闻,因此也特别令人发指。尽管格尔尼卡的惨剧被广泛报道,并因毕加索的绘画而永留于世,但并没有那么多摄影证据浮出水面。相比之下,上海的情况被生动的照片和新闻影片报道将平民尸体的阴森恐怖的图像更为具体地带到了全球观众的面前。参见 Parks M. Coble, *China's War Reporters: The Legacy of Resistance against Japan*, Cambridge, Massachusetts: Harvard University Press, 2015, p.65.

[2] 张伟:《西风东渐:晚清民初上海艺文界》,台北:秀威信息科技股份有限公司,2013年,第341页。

[3] 高宜宏:《战争记忆之形塑——以1937年淞沪会战为例》,硕士学位论文,台北:台湾师范大学历史学系,2015年,第104页。

[4] 比如可能是西方最为知名的摄影师之一的费利斯·比阿图(Felice Beato),他拍摄过许多19世纪中期第二次鸦片战争的照片,他"荒废的"中国图像,让西方观者看见了东方的滞后并以此抵抗东方落后古老的文明,因此曾受到消费和喜爱。另见巫鸿:《废墟的故事:中国的美术和视觉文化中的"在场"与"缺席"》,肖铁译,上海:上海人民出版社,2012年。

海的画报而非普通报纸曾处于刊载战争图像最前沿的位置。众多的画报，包括《良友》《新生画报》《辛报》《中华图画杂志》都曾出版特刊来跟进战争的最新战况。[1] 四行仓库的图像在战争时期反复出现在上海主要的画报上。[2] 尽管许多图片都是匿名的，但在一些杂志上我们仍旧可以发现一些署名为王小亭、欧阳璞、杜鳌、王开等人拍摄的图片。[3]

在大部分出版于 1937 至 1945 年的画报中，表现四行仓库特征的图片会重复出现一些元素：从南面距离约 1 至 2 公里外的苏州河来看四行仓库的全景，并伴有谢晋元团长的肖像摄影和一面飞扬于屋顶的中华民国国旗（图 2、图 3）。有时，谢的肖像照会带有对谢或是对另外一位在这场战役中的主要将领上官志标的文字描述。这种由四行仓库、国旗和军官图像（有时是上官志标，甚至是杨慧敏的图像）的"标准化"排列组合构成了战争时期对于这场战斗的所有叙述。对于这些四行仓库的摄影图像中有几点或多或少的相似性需要强调。在《战时画报：中华图画杂志号外》（第 18、19 期合刊）上出现的三页的例子可以极佳地说明国家符号性图像的创造过程（图 4）。

这些运用在四行仓库视觉叙事上（重复的）策略不仅仅是为了吸引图像阅读者的注意，更重要的是，它们开始在战争报道的同时形成一种国家符号性图像。无论战争结果是胜利或失败，这些图像都印刻在作为战争见证者、建筑图像记忆携带者的读者身上。图像就如同鼓舞士气的推助器，利用废墟之间的一个神圣的地点将中国的国家精神实体化。标志性图像的民族主义核心，在罗伯特·哈里曼（Robert Hariman）和约翰·路易斯·卢卡斯（John Louis Lucaites）看来，"这些图像或多或少提供了关于我们是谁以及我们应该是谁的理想化意识，并且它们让任何人都能在大的历史事件中拥有个人归属感"[4]。在符号性图像的神圣性与附有手写文字的肖像照之间的紧密性所传达的，是理想化的公民身份。在右下角的图片中，是老百姓在租界区的另一边"看着四行孤军的英勇行为"[5] 四行仓库的摄影叙事中，对性别平等的强调同样值得注意：尽管战斗的士兵是展现中国的阳刚之气最佳例证，女童军的出现也强有力地在图像中诉说现代国家的本质即人人皆为公民，无论他／她是男人、女人或士兵、百

---

1 高宜宏：《战争记忆之形塑——以 1937 年淞沪会战为例》。
2 《战斗杂志》《良友》《中苏文化》《国闻周报》《辛报战情画刊》《抗日画报》《大美画报》《抗战画报》《战时画报：中华图画杂志号外》。
3 其中最著名的王小亭曾因他的作品"血色星期六"而得名，这张照片捕捉了受伤哭泣的孩子坐在被日军空袭的火车北站的废墟中，时间是 1937 年 8 月 13 日。另外一些摄影师在当时曾作为照片记者主动向不同的上海画报提供图像。
4 Robert Hariman & John Louis Lucaites, *No Caption Needed: Iconic Photographs, Public Culture, and Liberal Democracy*, Chicago: the University of Chicago Press, 2007, p.2.
5 Ibid., p.37.

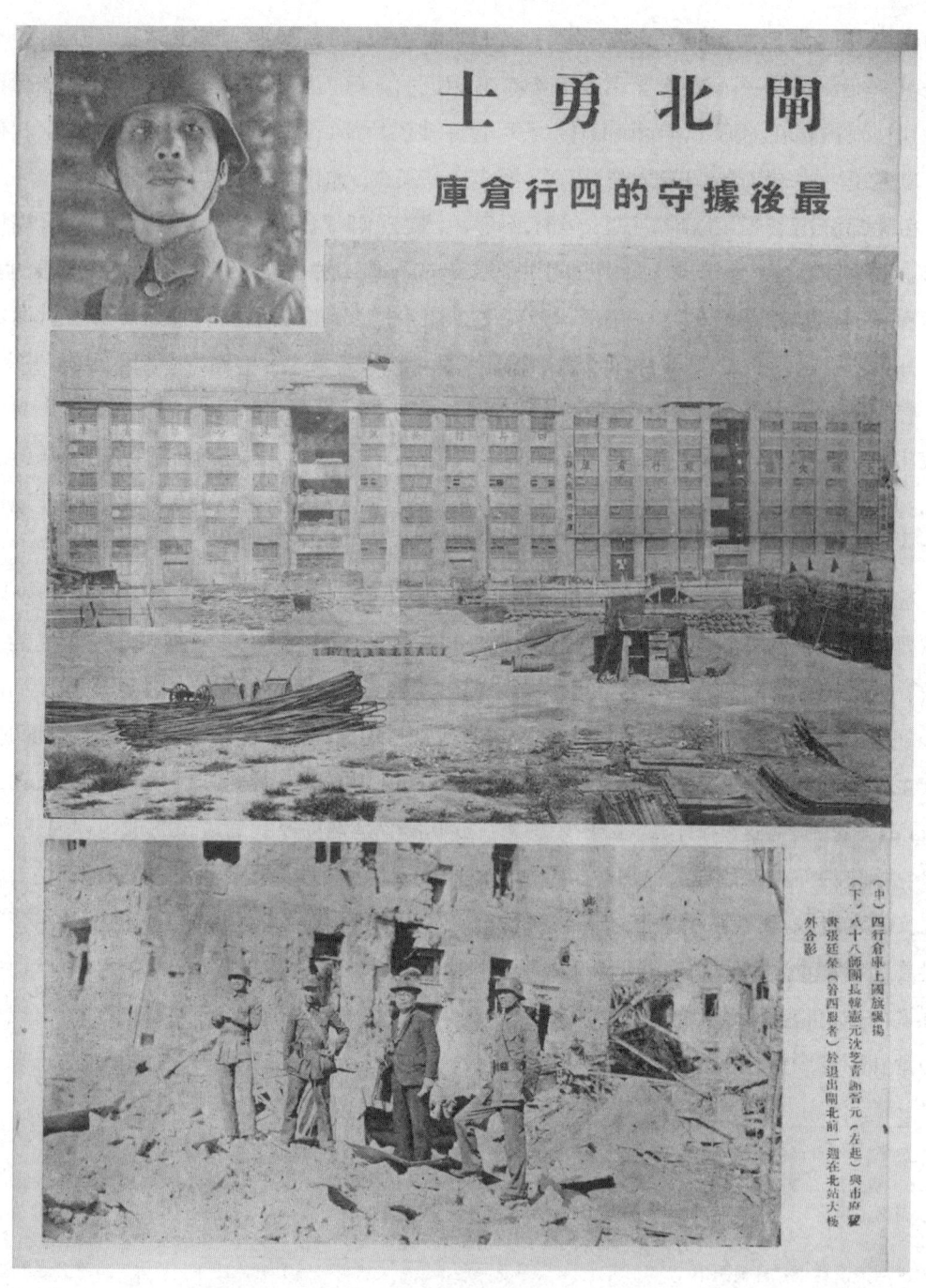

图 2　四行仓库上国旗飘扬[1]

1　图片来源:《国闻周报》第 14 卷第 43 期,1937 年 11 月 8 日,第 1 页。

图 3 名垂不朽的八百壮士和四行仓库 [1]

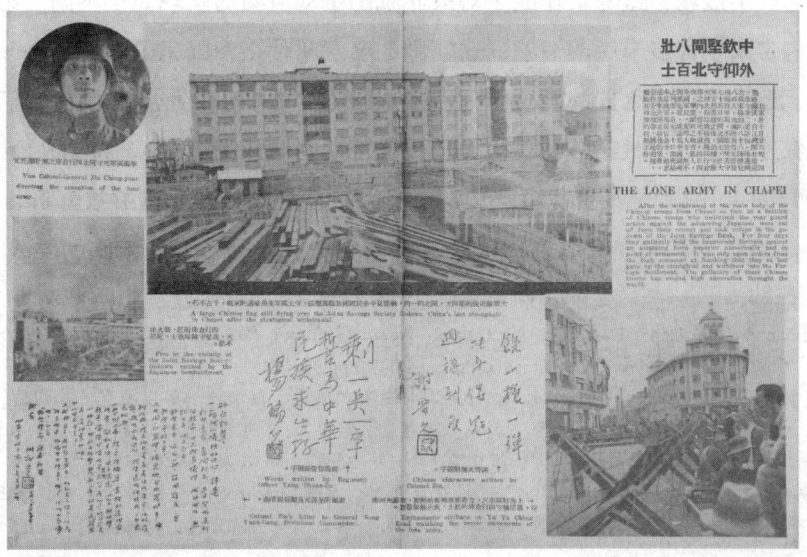

图 4 中外钦仰坚守闸北八百壮士 [2]

---

[1] 图片来源:《抵抗画报》第 2 期,1937 年 11 月 3 日,第 1 页。
[2] 图片来源:《战时画报》第 18、19 期合刊,1937 年 11 月 5 日,第 9 页。

姓，年迈或年轻。一场现代战争是一个集体的视觉事件，尤其当其处于都市环境中时。一场战役因此变成了一个剧场，而身处在内或是观看着大众传媒上的图像的百姓们，都是这场战争的影像及其生产出来的想象的观众。标志性图像可以被看作这场表演的海报。在战役的叙事中，士兵和女孩都被融入这些符号性的摄影中，他们都具备"一个公民表演的模式""一种原初剧场"的功能。[1]的确，它们的本真性（authenticity）并不来源于历史事实的真实性[2]，而是来自图像生产者如何在当时通过某种媒体技术来框建现实，并让公众有机会接触到这一框建的结果。与此同时，与新闻摄影的写实主义能够进一步形成对比的是表现四行仓库的另一种媒介：绘画。

相对于在战争期间广为流传的四行仓库的新闻照片报道，另外一种重要的战争图像介质——四行仓库的油画却相对鲜为人知。其中主要有两张描绘四行仓库的油画分别来自刘海粟[3]和梁又铭[4]。

下文将集中讨论刘海粟的作品《四行仓库》（图5），原因有以下几点。第一，这幅画作相对而言较弱地暗示"抗日"主题，这便使得它更为开放，成为一幅能够解释和重新解释的有趣图像。若将这两幅画作放在一起对比，刘的油画是近乎静止地去重新刻画建筑本身，而没有将其作为一个战场，这与梁作品中对战斗氛围主动渲染的呈现完全不同。第二，刘海粟的油画给我们带来了许多未解的谜题：这幅画的名字叫什么？国旗的颜色被修改过吗？这是一幅写生画，还是对广为流传的四行仓库新闻摄影图片的临摹？这幅油画向我们深深揭示了四行仓库在叙述不同历史时刻时的思想挣扎：战争期间的孤岛时期（上海的公共租界区被日本所侵占所包围），战后早期和1949年以后。对它的生产过程进行细致分析也许能引起我

---

1 Robert Hariman & John Louis Lucaites，*No Caption Needed: Iconic Photographs, Public Culture, and Liberal Democracy*，Chicago: the University of Chicago Press，2007，pp.30—31.

2 正如已经有很多关于战役细节的提问，比如，士兵具体真实的人数，献旗的过程以及双方确切的伤亡数，这些事实都曾被今天的历史学家再次发掘和验证。例如，苏智良、胡皓磊：《四行孤军光与影》，《档案春秋》2015年第7期，第13—16页；第8期，第37—38页；第9期，第27—30页；第10期，第32—35页。

3 刘海粟（1896年3月16日—1994年8月7日），原名刘槃，字季芳，号海翁，室名艺海堂、存天阁。江苏武进（今属常州市）人，中国书画家，艺术教育家。专长国画、油画、书法、诗词。与林风眠、徐悲鸿和颜文梁并称"四大校长"。

4 梁又铭（1906年5月24日—1984年9月26日），为近代中国画家，出生于广东顺德。梁又铭与双胞胎弟弟梁中铭自幼随其兄长梁鼎铭学习水彩、油画与素描，尔后投笔从戎，效命革命军，曾主编革命画报、中央画刊、文华画报等抗战文献。传世作品包括油画、水彩画、漫画、水墨画，并以人物画见长。无数忠孝节义之历史典故在其笔下重新被世人重视，故又称"史画画家"。他终生以绘画教学为业，重新注解"墨分五彩"的道理，认为绘画应该是一种人生哲理，亦即中国老庄思想，天、地、人中，应以"人"为重心，"人"是万灵之首，观"人"观"心"。并提倡现代人物画，用水墨来宣释当时民生甘苦。

标志性图像与（人造）废墟之间：上海四行仓库和"二战"的视觉性在现代中国

们对中国 20 世纪的艺术作品、媒体间的形式转换和竞争，以及国家神话的制造之间关系的思考。

图 5　刘海粟画作《四行仓库》[1]

刘海粟如何创作《四行仓库》这幅油画是接下来要解答的主要难题。这幅画究竟是写生的结果还是对摄影作品的临摹？在上海刘海粟美术馆里，挂在《四行仓库》原作旁边的说明板上引用了刘海粟的艺术家朋友温肇桐的描述，他本人称亲眼见证了此幅油画是一幅写生画作：

> （海粟）走上苏州河南岸对面四行仓库的高楼顶上，撑起画架，调着油色，在一块大幅画布上，挥笔把四行仓库描绘下来。[2]

但是，有几点矛盾之处指向了以上见证的陈述。如果这是一张刘的户外写生，那么签名的署名日期应该是 1937 年，而非签于油画右下角的 1938 年。另外一个谜团是油画与摄影图像之间带有高度相似的构图和视角。照片在战争前后期间时常出现在杂志上。1937 年，如

---

[1] 图片说明：1938 年首次刊登于《美术界》。
[2] 温肇桐：《刘海粟的油画〈四行仓库〉》，《常熟日报》1985 年 9 月 3 日。

《创导》(第 2 卷第 1 期，第 48 页)、《中苏文化》(第 1 卷第 2 期，页码未知)和《辛报战情画刊》(第 5 期，第 4 页)等杂志在对四行仓库战役的报道中都出版了相同的图片(剪裁的角度有微妙差别)。1941 年 4 月 20 日谢晋元团长遭到旧下属的暗杀，《东方画刊》(第 4 卷第 4 期，第 9 页)在纪念他殉难的特刊中用了同一张四行仓库的图像。在《抗战建国大画史》中可以找到一张在 1948 年出版，位于第 54 页的完整彩色图片(图 6)，这张图片是从苏州河南岸的视角展现了四行仓库。图片上的国旗的红色和清晰程度看起来极不自然——或许是经过了后期处理的结果。若对比此照片和刘海粟的图像，我们可以发现其整体的相似性。在刘海粟的画里，他运用写意的方式简化了仓库的细节以及图像前景中的巷弄屋苑，融合了印象主义的色彩，用了鲜艳的红、绿、蓝、黄色。弄堂屋顶上浓重油彩的运用是他作品的特点，这很可能是受到了西方后印象派的影响。[1] 要对比这两张图像，很难不本能地猜测，刘是否曾临摹了这张或者类似的照片，或者至少看过这些摄影图像并将它们作为其绘画的参考。

笔者的主要目的并不是去找到背后的"事实真相"——即刘海粟是否临摹了照片；相反，

图 6　四行仓库 [2]

1　参见倪贻德：《刘海粟的艺术》，《艺术旬刊》第 1 卷第 6 期，1932 年 10 月，第 2—4 页。
2　图片来源：《第一期、国土保卫战：自七七至武汉会战：孤军据守四行仓库》，《抗战建国大画史》(上海)，1948 年 4 月 3 日，第 54 页。

美术馆或温肇桐可能存在的"谬误"与"误解"也许揭示了更多关于不同媒介在战争时期对于事实的表现，如何将共同体和国家紧密相连的"真相"。对此的思考笔者关键词是"写生"和"写实"，以及它们在 20 世纪早期的语境。当我们讨论到现代写生概念作为一种主要的西方艺术生产特点在中国形成时，我们无法略过刘海粟，正是由刘海粟建立的上海美专将西方的"写生"，尤其是素描与户外写生带入了中国现代美术教育。[1] 正如其他许多词汇一样，现代汉语的"写生"是以一个从日语"shasei"（写生）中借来的词。顾伊认为上海美专之所以将"新写生"描述成全新的或者说不同于中国画原本强调研习并模仿前人经典的临摹风格的"旧写生"，目的是为了吸引学生去接受新的绘画技巧。[2] 顾的观点是，20 世纪早期中国对写生的讨论曾与新文化运动的讨论紧密相连，现代性的概念——写生可以是培养一种科学观与强化人对外在现实世界进行视觉观察的能力。因此，在对写生的西方性的故意"夸张"中其实有意弱化了中国艺术中的写生传统。顾伊总结道：作为中国现代艺术的关键概念，"写生已经是跨语际实践的结果，它既不同于'正宗'的西画概念，也不同于主要关注于花鸟的中国古画传统"[3]。

当写生一词与现代性紧密相连，自然也就保证了其相比临摹创作的绘画来说，与现实有着更为直接的联系，因为临摹充其量也就是对中介（mediation）的完美再中介（remediation）。写生本身是一个公共的表演；它直接与表演发生的地点对接，从而使这个地点被赋予更多的"鲜活"性，作为"真实"体验和见证而存在的场域。可以这么说，写生作为创作手段而给作品带来的这种"鲜活性"（life-ness）让作品显得更为本真，并且也因此更具有孕育出对所描绘地点产生情绪的力量。在这个例子中，这个地点不仅是四行仓库本身，也是纪念国军对敌人的英勇奋战的纪念碑。写生油画通过作品的神韵（aura）来抚慰观者，增强了四行仓库图像在战争叙述中的标志性，这便是摄影图像无法取代绘画的地方。与写生绘画一样，国家创伤和记忆是独一无二的，也是不可复制的。

当然，温肇桐对于刘海粟写生过程的陈述或许并非完全捏造，我们已经无法证实当时究竟发生了什么，但我们仍然可以将温的选择性陈述，视为一个极好说明了写生话语在生产战争

---

[1] 参见 Jane Zheng, *The Modernization of Chinese Art: The Shanghai Art College, 1913—1937*, Leuven: Leuven University Press, 2016. Chapter 3 and 4。

[2] 参见顾伊：《再论写生》，孔令伟、[德] 尤莉编：《黄宾虹与现代艺术思想史国际学术研讨会文集》，杭州：中国美术学院出版社，2014 年，第 126—135 页。另外，关于写生作为内在观看风景的描绘方式亦可参考柄谷行人：《日本现代文学的起源》，赵京华译，北京：生活·读书·新知三联书店，2003 年，第 16—21 页。Wu Hung, *Monumentality in Early Chinese Art and Architecture*, Redwood: Stanford University Press, 1996, pp.18—19。

[3] 顾伊：《再论写生》，第 135 页。

记忆时是多么强大且必要的叙述方式。但是这个问题提醒着我们,若刘海粟的油画来自对照片的临摹,那么我们如何去理解从新闻摄影到油画创作这一媒介转换过程中对写实主义的美学争论。反过来,写实主义与战争时期现代中国的艺术和视觉记忆构建的关系又是怎样的。

在 20 世纪初关于何为新写实主义的讨论中,刘海粟并不是局外人。[1] 1936 年,他曾写过一篇名为《艺术的革命观》的长文告诫青年画家。在这篇文章中,刘海粟虽然没有直接提到"新写实主义"这一词,但他对何为艺术的主张恰恰也与艺术家的内在自我和外在现实世界的关系这一问题有关:

> 艺术是表现,不是涂脂抹粉。这点是我个人始终不能改变的主张。表现两个字,是自我的,不是客观的。我对于我个人整个的生命,人格,完全在艺术里表现出来。时代里一切情节的变化,接触到我的感官里,有了感觉后,有意识,随即发生影响。倘若看见什么东西,随手拿出来的还是那东西,只能叫"摄录",同照像一样。[2]

如果刘海粟这张描绘四行仓库的作品也成了抗战艺术的一部分,那么它则在很多方面都回应了新写实主义的理念。一方面,这幅图的宣传效果相对较弱——也因此使它看上去更真实;如果一个人没有对四行仓库战役背景有所了解,它看起来就只是一张再普通不过的风景画(画作首次出版于上海孤岛时期的美专期刊《美术界》的首期封面,原名其实是《廿六年十月廿八日》)。另一方面,这幅油画甚至可以看作重塑了这场战役和标志性景观,而将媒介从摄影转变为绘画的结果。这实际上也说明了刘海粟认为完美的摄影记录可以被看成是对艺术的一种否定。通过他对色彩和形状的特殊运用,这幅油画表达的,用柄谷行人的话来说,是一种"内在风景"的主观表达[3],由此展现出他个人的记忆与对建筑的观察视角。

从这一方面看,刘海粟的画作透露出若干我们理解现代视觉性如何在中国形成的有趣视角。20 世纪 30 年代中国战争时期的艺术不仅面临着更需要哪一种新写实主义的问题:是具有强烈思想讯息的苏维埃写实主义革命,还是艺术家作为经历战争主体来反映其内在的主观风格写实主义?另外,当所有的媒介都争相曝光和强化战争的视觉性叙述时,绘画及其本身从摄影的"转化"也构成了一个问题:当面对同样的战争场景,哪一种媒介对现实和记忆拥有更多话语权?是一种通过摄影快速捕捉的记录方式,还是耗费时间的油画创作? 刘海粟的

---

1 关于何为新写实主义的讨论,由于篇幅关系,此处笔者不再详细展开。
2 刘海粟:《艺术的革命观——给青年画家2》,《国画》1936 年第 3 期。
3 柄谷行人:《日本现代文学的起源》。

油画，很有趣地在"孤岛"状态下发现了一个独立但非自由的空间，在这里他或许发展出了他自己与大量吸收了国家战争宣传机器的艺术之间更加不确定和超然的关系。[1] 如果，正如上文所提到的，对摄影图像的操控会进一步削弱它似乎是天然具有的表达现实的力量，而且如果写生曾被视为表达现实最为"科学"的途径，刘海粟的绘画则大胆地挑战了这两种被视为理所当然的表现现实的方法。从刘绘画的媒介转换和写生话语的"创造"中，我们看到的是一个错综复杂的关于视觉现代性和战争的视觉记忆在中国如何被创造出来的故事。

三　从视觉史再回到空间史：废墟，战争奇观，人工废墟

作为一种基于时间流动而存在的媒介，纪录片电影的写实主义似乎比静止图像来得更为可靠。在抗日战争期间，日本和中国的电影人都曾各自发掘活动影像的可能性，不论这些影像是为宣传还是为其他个人目的而服务。如果从中国电影人的角度出发，他们必须要对迫在眉睫的民族抵抗做出回应，那些获得日本国家资助的电影人则必须同时通过影像来建立战争的合法性以及化解敌人的叙述。在本文的语境里，中国方面对四行仓库的象征符号崇拜（iconophilia）可以与日本方面在龟井文夫的《上海——中国事变后方记录》（1938）中对四行仓库的描写来一个有趣的并置。这部具有争议性的记录电影由日本东宝映画的第二部门出品，龟井当时在这一部门里的任务就是随军队深入战场和占领地，以制作用于向日本公众进行战争宣传的"文化映画"。[2] 龟井的电影，虽然表面上看是战争宣传品，但在对理解战争的性质和战时宣传的手段等方面上却无不显露出暧昧的讯息。电影时不时地展现了战争的残酷、中国人的抵抗（尽管事实上他们本该展现与日本人合作的意愿）以及日本士兵（未）战斗的场景。[3] 四行仓库在《上海》中出现了两次，其暧昧性也十分地明显。以下我将着重讨论第二次出现的四行仓库，因为这个图像会与今天我们看到的四行仓库纪念馆的人造废墟有着微妙的关系。

影片中，四行仓库的第二次出现大约发生在进行到41分50秒时对四行仓库一役的动画示意图

---

[1] 在蔡涛对倪贻德的讨论中，看到了倪在孤岛时期相似的处境。参见蔡涛：《新写实主义的流变——折衷的理论策略与"孤岛"时期倪贻德的洋画创作》，《文艺研究》2014年第2期，第148页。

[2] Kees Bakker, "They are Like Horses With Blinders on", Studies in Documentary Film, Vol.3, No.1, p.20.

[3] Fedorova 指出，在对日本士兵的反复描写中，他们从未出现在战场上，而是与狗、孩子在一起和喂食，这种阉割了他们同时又传达友好信息的特点，参见 Fedorova, Anastasia. "The Aesthetic of Montage in the Films of Kamei Fumio", Cinema Studies, No.10, 2015, p.15。

图7 《上海——中国事变后方记录》电影截图之一[1]

图8 以四行仓库西墙为画面的日本战时明信片

图9 《上海——中国事变后方记录》电影截图之二[2]

---

1 图片说明：1938年，龟井文夫导演。
2 同上。

图10 《上海——中国事变后方记录》电影截图之三[1]

图11 《上海——中国事变后方记录》电影截图之四[2]

图12 《上海——中国事变后方记录》电影截图之五[3]

---

1 图片说明：1938年，龟井文夫导演。
2 同上。
3 同上。

开始,然后转入真实的战争地点,此时摄影机镜头跟随着其袭击的路线来进行运动。然后镜头给了布满了弹孔的西墙一个全景(图7),正是这个角度相似的全景似乎也被日本的战争宣传作为纪念战役胜利的标志性遗留战场(《戰跡》, senseki)的标准图像而出现在当时的明信片上(图8)。

废墟的影像并未止于此。接下来龟井对四行仓库的描述是我们从没在其他任何(中方的或是西方的)表现方式和媒介中见到过的——从建筑内部出发的视角。在阴郁的背景音乐中,摄影机从四行仓库漆黑的内部看向充满阳光的外部。又一次,我们看见了一系列的暧昧不明,甚至是美化了的战场镜头:钢铁样式的入口形状,从四行仓库内的弹孔看向废墟般的城市,强光投射在麻袋上,天花板上悬挂的吊灯如鬼魅一般反射的灯光和士兵们在镜子中移动的影子,从被毁坏的墙的框架中看见走动的英国士兵(图9、图10、图11、图12)。摄影机邀请影片观者将自己视为建筑本身,而不是像其他所有对仓库建筑的视觉呈现中那样,观众只能把建筑物看作一个凝视的对象。影片的镜头效果令人惊叹之处在于它们几乎解构了四行仓库的纪念碑性——无论是对中国方面来说的作为爱国或抵抗精神的象征性场域,或者是从日本角度来看的作为宣示其胜利征服的地点。在这组镜头中,仓库变成了对灾难过后残破景象的支离破碎的印象,似乎在向试图通过"真实"摄影技术来制造战争记忆的国家宣传机制发动一场"从外向里"的批判。对巫鸿而言,"战争废墟中的人像为我称为'战争废墟内化'的过程提供了关键的发生机制……当观者将自己认同于照片里的受难者/幸存者/目击者之后,战争废墟的场景就把对事件的指涉变成了自我指涉,而关注点则从事件本身转换到了主体的自我再现"[1]。龟井对四行仓库"偶像厌恶"(iconoclastic)的描写同样可以被放入与另外一个在《上海》中反复出现的意象的关系中:龟井在城市中发现许多随处可见的用于临时纪念死去日本士兵的长条木板。这些木板让不可见的士兵和他们的尸体实体化,而这对于要承担为帝国伟大事业而牺牲的他们来说,看起来过于简陋和脆弱。但毕竟,日本政府在文化映画的摄制中所下达的指令之一,就是不要过于真实的描写来夸大战争的残酷。[2]

如果我们从龟井的四行仓库废墟图像出发,再来思考现在以布满弹孔的西墙为主要意象的四行仓库纪念馆的话,情况就会变得十分奇妙。本文从四行仓库曲折的空间历史开始,继而分析与之相关的视觉历史,最后又回到了空间本身。而四行仓库的例子也向我们揭示了更多关于中国战争标志性图像是如何反过来影响到纪念地物质存在本身的过程。如果在中国的表述中——不管是在摄影、绘画还是活动影像里——四行仓库的标志性(iconic-

---

[1] 巫鸿:《废墟的故事:中国的美术和视觉文化中的"在场"与"缺席"》,第140—141页。
[2] Kees Bakker, "They are Like Horses with Blinders on".

ness）是由建筑的完整性来保证的话，废墟的图像只会出现在哀思、痛苦和仇恨的情绪以及抵抗行动需要被动员起来的时候，又或者是观者需要见证国家觉醒的时刻。中国现代战争废墟的视觉呈现可以追溯到第二次鸦片战争时期。如巫鸿在他的作品《废墟的故事：中国的美术和视觉文化中的"在场"与"缺席"》一书中所提到的，当英籍意大利裔摄影师费利斯·比阿图（Felice Beato）放弃了他对中国"如画的废墟"的描绘，而转向了"作为一个英国臣民的目击见证，这些图像最令人信服地赞美了英法联军击败中国的一个关键性战役"。[1] 标志性宫殿、寺庙和宝塔的废墟"既象征了中国未能成为现代国家的失败命运，也因此把外国侵略合理化为把这个古国带进现代历史的必要一步"[2]。中国的战争废墟因此是一个既帮助了殖民化进程又能引起恐惧的殖民者视角。[3] 事实上，在广为流传的影印和电影拍摄技术的帮助下，正是抗日战争改变了中国战争废墟的符号性和标志性含义，这些图像由中国战败的证据，转化成了一个崭新的现代中国处在这生死攸关的历史时刻的目击证据。巫鸿称抗日战争时期的废墟摄影构成了"'受难'与'幸存'双重主题的民族寓言"的重要部分。[4]

现在回过头来看四行仓库纪念馆的废墟意象（图13）。如果我们将四行仓库与其他作为纪念空间的战争废墟进行对比的话，大概可以发现有三点不同之处。首先以废墟为外形的战争纪念物大多建立在真实的废墟基础之上，真实废墟本身就是主要的讯息，这样的纪念物要保存的，就是那些经久保存至今的第一手空间的"档案状况"（archival state）。第二点不同之处是，现有的由废墟转换而成的纪念馆通常用来警醒后人战争的灾难性破坏，它是一个供人们反思和铭记苦痛及其缘由的地点，并常常让人们在此祈祷永久的和平。因此，并不太令人讶异的是，世界上最为著名的废墟纪念碑，如柏林的威廉皇帝纪念教堂（Kaiser Wilhelm Memorial Church），以及日本的广岛的和平纪念公园（Hiroshima Peace Memorial）都是伫立在发起战争的国家。这样来看，废墟纪念碑的一个关键作用便是引起自我反思。第三点，其他的废墟纪念碑通常都为受到摧毁的"客体"，是一种被动的实体。这一被动制造出一种特别的乐趣：废墟在可见与不可见之间天然的张力无可避免地鼓励着观众运用想象去修复它，与废墟感同身受般地体验所失。战争废墟常常会唤起一种混杂的感情"失落，自豪，身份认

---

1 此段翻译参见巫鸿：《废墟的故事：中国的美术和视觉文化中的"在场"与"缺席"》，第123页。
2 同上书，第129页。
3 同上书，第134页。
4 同上书，第137页。

图 13　四行仓库目前外观近景[1]

同，连续性，苦难和幸存感"[2]。我们可以以今日中国纪念碑中"仅存"的废墟图像，圆明园，这座"在 1860 年几乎完全被英法联军掠夺和毁灭"的皇家园林的废墟作为例子来思考这种感情。[3] 我们会发现这一废墟的意义一方面在于提醒中国人勿忘国耻和西方帝国主义入侵的惨痛历史；另一方面，一种"同时赋予了美丽和悲剧的感受"的乐趣，由此"带来游览者身处当中的感官愉悦熏陶，真正地寓教于乐"。[4] 圆明园遗址公园在 1988 年设立伊始还只是北京国家爱国主义教育基地，到了 2009 年却已经成为"新北京十六景"之一。可以这么说，圆明园遗址为我们提供了一个并不多见却十分有影响的废墟纪念碑范式，即废墟如何同时既是爱国主义教育基地又是旅游热点。

但是，四行仓库纪念馆和它的人造废墟似乎已经颠覆了以上所有战争废墟纪念碑特点的三个方面，仓库的废墟是人造的；废墟并不旨在警醒（至少在自我反思的层面上不是）并且它的人造性将废墟的文法从被动转换为了主动。甚至不同于圆明园遗址，连耻辱和苦痛都不是其主要讯息。更重要的是，如果四行仓库的废墟图像被用作日本的胜利宣传，我们该如何理解在 21 世纪中国，人工修复的战争废墟作为纪念这场战争的记忆场所的一部分？四行仓

1　图片来源：2016 年，笔者摄于上海四行仓库纪念馆。
2　Ginsberg, Robert, *The Aesthetics of Ruins*, Amsterdam: Rodopi, 2004, p.109.
3　Lilian M. Li, "The Garden of Perfect Brightness-I", MIT Visualizing Cultures, https://ocw.mit.edu/ans7870/21f/21f.027/garden_perfect_brightness/index.html, 2017 年 12 月 14 日。
4　Lee, Haiyan, "The Ruins of Yuanmingyuan: Or How to Enjoy a National Wound", *Modern China*, Vol.35, No.2, 2009.

库的废墟图像以及它的再生废墟之间的关系又是什么？纪念馆馆长马幼炯的回答或许能带来一些提示：

> 我们这个馆最大的特点，是在全国抗战旧址上从建筑本身去建造这样一个纪念馆，这个是比较少见的，建筑本身就有它的一个遗址性……最后就是现代集团的上海院在做整个建筑设计的时候就提出来要复原西墙的弹孔。并且西墙本身不是我们臆想和重新创造出来，而是根据很多历史的材料，包括照片、回忆录的东西把它复原出来……原来一直是计划想要在旁边做一个很大的照片来做一个对照，这个可能后期会去做的。[1]

从这些回答中我们可以看到四行仓库的视觉表现，尤其是摄影作品，直接影响了人工废墟的制造。[2] 在此处，笔者认为一种新的创造现代中国的战争纪念空间的方式在运转。这种方式不受西方"原始"和"复制"二元对立的束缚，中国的纪念碑建造者似乎不太被其他文化中对由"一手性"（first-hand-ness）观念构成的本真性的坚持所困扰。相对于"物件-中心主义"，我们在人工废墟的构建中看到的是一种"图像-中心主义"，它优先考虑一种如电影般的景观（spectacle）本身——的确如此，要知道这些重造的弹孔都是由中国最重要的军事电影制作机构——八一电影制片厂的道具师傅负责制作的。废墟的重造作为壮观的景象，有趣地颠倒了纪念碑作为完成了的建筑与其废墟之间的时间先后关系。现代建筑，如同它在其他许多的高度以生产—消费为导向的社会中的物品一样，不是为了如纪念碑般长时间的耐用所设计，而是从开始建构它时就已经决定和计划了它的可消费性。正如德里达在他《给彼得·艾森曼的一封信》中所问，"如果所有的建筑都是完成了的，如果它自带未来毁灭的痕迹，那个过去未来时、未来完成时的废墟的痕迹，而每一种痕迹都是常换常新，如果所有建筑物都被这一废墟的魅影缠绕，甚至在它的基石、构成它的金属、玻璃中都有废墟的鬼魂留痕，那么究竟是什么能把'这一时期'（昨天、今天、明天，不管你用什么方法叫它，现代、后现代、后后现代，或者非现代，等等）的建筑又变成废墟，以体验'它自身的'的废墟

---

[1] 材料来自笔者于 2017 年 5 月 5 日在四行仓库纪念馆对马幼炯馆长的采访记录。

[2] 当然，中国的城市以对"新"的投入去重获已遗失的"文物"，以一种对"重建旧物"的迷恋而闻名。一个让人震惊的例子是山西省大同市中心的重建，上百万的居民搬迁，整座毛泽东时代的城市都被拆毁以复制一座唐朝风格的旧城。参见 Debra Bruno 在 "The Strange Case of Datong, China's Half-Finished Faux 'Ancient' City" 中的报道。https: //www.citylab.com/design/2014/06/the-strange-case-of-datong-chinas-half-finished-faux-ancient-city/372971/，2017 年 12 月 14 日。

呢?"¹四行仓库纪念馆的废墟提供了令人意想不到的答案：废墟真的被重建了。

如果我们用斯维特兰娜·博伊姆（Svetlana Boym）的说法，去重建一个完整建筑的废墟暗示着一种"修复性怀旧"（restorative nostalgia），现代建筑的废墟则应该被归为"反思性怀旧"，这种怀旧的"对象是未来的可能性而不是对于过去的想象"（Boym，废墟狂热）。²而且，现代建筑的废墟不仅是指它的物质上的腐坏。正如博伊姆和墨菲所形容的"废墟狂热"（ruinophilia 或 Ruinenlust）那样，因为人们对 20 世纪的建筑所"抱有的政治和文化态度"始终在快速变化³，这些建筑总是很短命，它们总是在等待一个最佳时刻重新带着它们"对明天表达"的再登场。⁴现代建筑的废墟可以被视作本雅明所说的那种当下的"辩证时刻"（dialectical moment），它代表了一种层层叠叠的时空关系（palimpsest），一种同时在时空层面上的视觉化记忆和遗忘。随着工业化和现代化如此极速地发生，以至于"这一新的对于过去的迷恋里包含着一个遗忘的深渊，越是着迷于过去，保留下来的东西也就越少……仿佛纪念仪式能够弥补时间的不可逆"。

然而四行仓库的人工废墟，似乎发明了一种奇妙的混杂了两种形态的怀旧，一种"以反思性为形式的修复性怀旧"。对博伊姆而言，"修复性怀旧的表现形式就是重建纪念过去的纪念碑，而反思性怀旧则在废墟周围、在时间和历史的铁锈周围徘徊，它做的是关于另一个地点和另一个时间的梦"⁵。通过对过去"原件"的模仿，现在我们看到的四行仓库纪念碑采取的是一种反思的形式，但在本质上却是修复性的。实际上，四行仓库纪念馆在空间上对历史时刻的"再演"（reenactment）抹去了建筑和记忆的空间历史，将它简化成了一座被重新想象的战争记忆的奇观。新建成的纪念馆不仅将在战后发生过各种变化的仓库本身恢复了原貌，而且这种复原也包括了文章最开始所追溯的空间和象征意义上的变化。复制的废墟尝试去寻回仓库曾失去的战争灵韵，而那些不符合现今目的（在四行仓库纪念馆的案例中，这个目的可以是中国官方对抗战 70 周年胜利的纪念，也可以是界定两岸关系在 20 世纪头十年的新发展趋势）的记忆则是可以被遗忘的。

今天，四行仓库纪念馆的废墟图像当然已与我们现在所能看见的当时日本军事宣传的图

1　Derrida Jacques & Hilary P.Hanel, "A Letter to Peter Eisenman", *Assemblage*, No.12, Aug., 1990, p.11.

2　Boym 曾构想出两种知名的对怀旧的分类：反思和修复。当修复性怀旧"将关注点放在 nostos，并以重建失落家园和修补记忆空缺为目的"时，反思性怀旧"驻留在 algia，在渴望和失败之中，在不完美的记忆过程中"。参见 Svetlana Boym, *The Future of Nostalgia*, New York: Basic, 2001, p.41。

3　Douglas Murphy, *The Architecture of Failure*, Ropley: Zero, 2012, p.60.

4　Ibid., p.1.

5　Svetlana Boym, *The Future of Nostalgia*, p.41.

像不再相同；如今新的废墟的确将其原本影像化的处理转译成了一种见证，尽管它是重建的，但仍旧达到了表现战争之惨烈的效果。可是它也过于追求"填补战争记忆的空隙"[1]，而没有仔细地对这些空隙做出省察。这也呼应了纪念馆的马馆长所提到的非常有意思的一点，就是建立纪念馆最大的困难在于馆内缺乏原始一手材料。[2] 这恰恰是因为真正的废墟已经曾经被遗忘而又未被说明，如果不是被压抑，并因此生产出了那些记忆的空隙，新建的废墟所面对的不是未来，它只是让过去变得更加模糊不清了。在这个意义上，博伊姆所形容的"体制性怀旧的悖论"仍然可以用来解释四行仓库的人造废墟："失去的东西越多，纪念性的过度补偿也越多，未来越是遥远，理想化的成分也随之增加。"[3]

笔者会将四行仓库纪念馆新的纪念设计称为一种"负标志"（negative icon），它与前文提到的所有的媒介尝试把四行仓库构建成为的那些标志性图像有些许不同。这个标志图像不再追求真实和完整性，并且采用了"反思"的形式。但是，这一反思的形式是拟真和重造的，它仍然留在了那个具有既定意义的安全领域之内——一个语义场域（a milieu de signification）。所以，四行仓库纪念馆还未能完全算得上是（如果不是相反于）一座反纪念碑（counter-monument）建筑，詹姆斯·杨（James Young）将其定义为一个"不怕出丑、具有痛苦自觉性的记忆空间，构建这个空间的目的，就是要去挑战它们本身存在的先决条件"[4]。

四　结语：一个仍然待续的故事

我们依旧不得不承认，四行仓库纪念馆在美学形式上的独特和对历史记忆的重新审视的确展示出了一些在中国大陆纪念空间文化的新趋势。在很长的时间里，自1949年以来的很长时间里，国家的战争纪念碑曾主要都是刻有政治领导人手写题字的直立而巨大的石碑。然而这一美学转向不只是风格改变的结果，建筑周围区域的重建计划也曾经并将在四行仓库的意义生产中扮演重要角色。作为被战争中断了的"大上海计划"的一部分，早在1947年就

1　Svetlana Boym，*The Future of Nostalgia*，p.41.
2　材料来自笔者于2017年5月5日在四行仓库纪念馆对马幼炯馆长的采访记录。
3　Svetlana Boym，*The Future of Nostalgia*，p.17.
4　James E. Young，"The Counter-Monument: Memory against Itself in Germany Today"，*Critical Inquiry*，Vol.18，No.2，1992，p.271.

曾经有过一个名为"闸北西区重建计划"出台，此计划准备将战争毁坏区域重建为新的交通枢纽。[1] 然而这个计划因为内战所导致的政权更替而没有机会实现。20世纪90年代开始的那些仓库复兴计划也同样不怎么成功，失败的原因或许有两个方面。一方面，尽管事实上四行仓库当时还没有完全成为一个官方的纪念性空间，但作为一个有历史价值的地点，它那"不可见"的价值也并非完全消失殆尽，这造成了建筑从功能和定位两个角度而言均进退两难。另一方面，之前四行仓库的发展计划几乎都是短期和突发的，直到近来，随着苏河湾大型城市地产复兴计划的启动[2]，资本和行政力量的结合才最终构想出一个对整片区域进行全盘考虑的计划。因此，四行仓库的图像和含义不再只由它自身的过去所决定，而也是由区域所计划的长期目标和构想所决定。今日的中国城市"突然地"对一段特殊的被遗忘的战争记忆的唤起，也许不再只是政治或历史的"顿悟"或对无法言说的过去的弥补，而可能是某种新的合法性诞生的讯号，这个讯号关注现在和未来多于关注过去。这一过程无法避免地包括真实的和象征性的暴力：拆除附近区域，为土地士绅化（gentrification）而铺平道路的暴力，以及忘却仓库多重层次历史的暴力。

四行仓库纪念馆因此不是一个"理所当然的"战争纪念空间。这座仓库作为民族抵抗标志的重要性、它在后来那么长时间之内的不可见性以及它的重生，都向我们很好地展现了战争记忆在现当代中国的脆弱和不可预见。从空间历史和视觉历史的角度而言，我们可以看见四行仓库常常在纪念碑和废墟两者之间徘徊。不同媒介同时竞相想把它塑造成一个标志图像和反标志图像，制造出记忆和反记忆。正是这些竞争和张力构建起了战争的视觉现代性、战争记忆，以及围绕着它们存在的那些场所——记忆所系之处（*the lieu de memoire*）。同时，四行仓库的故事也促使我们去重新思考那些已经构成或即将形成我们如何想象中国现代国家的素材的稳定性和不稳定性。

最后想说一下发生在2017年8月3日的一件事。四个中国青年男子穿着战争时期日本海军和陆军制服在四行仓库纪念馆入口以及重新修复的入口前拍照，并将照片放在个人社交平台上。这些照片在中国的社交网络上引起了巨大的反响，被认为是对抗日英灵不可原谅的侮辱行为。五个包括摄影师在内的青年男子，都属于中国的一个亚文化群体——"精日"，即"精神日本人"的简称。他们是中国人，但同时也是极端的日本支持者。很快，他们公开为"伤害了那些永远铭记"二战"中死去的三千五百万同胞的中国人的感情而道歉"，并且解释

---

1 参见"上海是闸北西区重建计划概要"，1947年，上海市档案馆藏，档案号：Q5-3-5600-51。
2 参见"苏河湾"，http://www.suhecreek.com/。

道他们只是军装爱好者。尽管如此,他们中的三个人仍然被警察拘留,以违反公共安全的理由被处以罚款。[1] 所以,四行仓库的重建和它回归了的"原貌"不仅召唤了人们对中国士兵英勇的抵抗精神,也出乎意料地,同时召唤了侵占上海的已死的日本幽灵,而更令人惊诧的是,他们的肉身竟然是中国的年轻一代。最后,正如"精日事件"曾造成的震惊和困惑,四行仓库很好地例证了一座纪念碑在过去和未来的含义可以有怎样的不可预见性。四行仓库的故事仍旧继续着。

参考文献

1. 中文书目

[1] 蔡涛:《新写实主义的流变——折衷的理论策略与"孤岛"时期倪贻德的洋画创作》,《文艺研究》2014年第2期。

[2] 顾伊:《再论写生》,孔令伟、(德)尤莉编:《黄宾虹与现代艺术思想史国际学术研讨会文集》,杭州:中国美术学院出版社,2014年,第122—135页。

[3] 倪贻德:《刘海粟的艺术》,《艺术旬刊》第1卷第6期,1932年10月。

[4] 苏智良、胡皓磊:《四行孤军光与影》,《档案春秋》2015年第7—10期。

[5] 巫鸿:《废墟的故事:中国的美术和视觉文化中的"在场"与"缺席"》,肖铁译,上海:上海人民出版社,2012年。

[6] 薛顺生:《回眸苏州河畔建筑》,上海:同济大学出版社,2004年。

[7]《上海日用工业品商业志》编纂委员会:《上海日用工业品商业志》,上海:上海社会科学院出版社,1999年。

[8] 张景岳:《尘封八十年的中国记忆——淞沪抗战摄影史上一段闻所未闻的传奇》,《尘封八十年的中国记忆——海岚·里昂的东方传奇》,《中国嘉德2014秋季拍卖会图录》,2014年11月23日。

[9] 张伟:《西风东渐:晚清民初上海艺文界》,台北:秀威信息科技股份有限公司,2013年。

2. 英文和日文书目

[1] Anastasia Fedorova, "The Aesthetic of Montage in the Films of Kamei Fumio", *Cinema Studies*, No.10, 2015, pp. 4-26.

[2] Anonymous, "Defense of Sihang Warehouse", *Fox News*, 1937, Shanghai Video and Audio Archives.

[3] Derrida Jacques & Hilary P. Hanel, "A Letter to Peter Eisenman", *Assemblage*, No. 12, Aug., 1990, pp. 6-13.

---

1 Huizhi Chen, "5 punished over Japanese uniforms outrage", *Shanghai Daily* (Online), Aug. 24, 2017. https://www.shine.cn/archive/metro/society/5-punished-over-Japanese-uniforms-outrage/shdaily.shtml,2017年12月17日。

[4] Douglas Murphy, *The Architecture of Failure*, Ropley: Zero, 2012.

[5] Edward Denison, *Building Shanghai: The Story of China's Gateway*, New York: Wiley-Academy, 2006.

[6] Fumio Kamei（亀井文夫）, *Shanghai: Shinajihenkohokiroku*（上海——支那事変後方記録）, 東宝映画文化映画部, 1938.

[7] Haiyan Lee, "The Ruins of Yuanmingyuan: Or How to Enjoy a National Wound", *Modern China*, Vol. 35, No. 2, 2009, pp. 155-190.

[8] James E. Young, "The Counter—Monument: Memory against Itself in Germany Today", *Critical Inquiry*, Vol. 18, No. 2, 1992, pp. 267-296.

[9] Jane Zheng, *The Modernization of Chinese Art: The Shanghai Art College, 1913—1937*, Leuven: Leuven University Press, 2016.

[10] Kees Bakker, "They are Like Horses with Blinders on", *Studies in Documentary Film*, Vol.3, No.1, pp. 19-33.

[11] Kirk A Denton, *Exhibiting the Past: Historical Memory and the Politics of Museums in Postsocialist China*, Honolulu: University of Hawaii Press, 2014.

[12] Lu Pan, *In-Visible Palimpsest: Memory, Space and Modernity in Berlin and Shanghai*, Bern: Peter Lang, 2016.

[13] Parks M. Coble, *China's War Reporters: The Legacy of Resistance against Japan*, Cambridge: Harvard University Press, 2015.

[14] Peter Eisenman, *Written into the Void: Selected Writings, 1990—2004*, New Haven: Yale University Press, 2007.

[15] Pierre Nora, "Between Memory and History: Les Lieux de Mémoire", *Representations*, No. 26, Special Issue: Memory and Counter-Memory, Spring, 1989, pp. 7-24.

[16] Robert Ginsberg, *The Aesthetics of Ruins*, Amsterdam: Rodopi, 2004.

[17] Robert Hariman & John Louis Lucaites, *No Caption Needed: Iconic Photographs, Public Culture, and Liberal Democracy*, Chicago: University of Chicago Press, 2007.

[18] Svetlana Boym, *The Future of Nostalgia*, New York: Basic, 2001.

[19] Svetlana Boym, *Architecture of The Off-Modern*, New York: Architectural Press, 2008.

[20] Torao Nagazawa（長澤虎雄）, *Shanghai Front Pictorial: Sino-Japanese Incident 1937*（昭和十二年支那事変上海戰線写真帖）, 尚美出張所, Shanghai, 1937.

[21] Walter Benjamin, *The Origin of German Tragic Drama*, London: NLB, 1977.

[22] Wu Hung, *Monumentality in Early Chinese Art and Architecture*, Redwood: Stanford University Press, 1996.

3. 网络参考资料来源

［1］ Huizhi Chen,"5 punished over Japanese uniforms outrage", *Shanghai Daily*(Online), Aug., 24, 2017. https：//www.shine.cn/archive/metro/society/5-punished-over-Japanese-uniforms-outrage/shdaily.shtml, 2017年12月17日。

［2］ Lilian M. Li, "The Garden of Perfect Brightness-I", MIT Visualizing Cultures, https：//ocw.mit.edu/ans7870/21f/21f.027/garden_perfect_brightness/index.html, 2017年12月14日。

［3］ "苏格兰建筑师字典,1660-1980", http：//www.scottisharchitects.org.uk/architect_full.php?id=20215, 2017年7月11日。

历史音像在上海城市人文遗产保护中的特殊价值研究
——以上海音像资料馆专业化路径与产品化尝试为视角

沈小榆 *

2017年6月，巨鹿路888号的上海优秀历史建筑被违规拆除，后有关部门被政府重罚，引起社会各界的极大反思。关于历史建筑保护的重要性已毋庸赘述，但该事件反映出仍有个别人对城市历史文化保护缺乏意识，这正是城市的文化软建设还未能与经济发达程度相匹配，需要我们正视与深刻反思的地方。简·雅各布斯曾说过："当我们面对城市时，我们面对的是一种生命，一种最为复杂、最为旺盛的生命。"[1] 一座城市的历史和人文是一座城市最具独特魅力的气质来源，这需要我们加强对城市人文遗产的研究与保护。

人文遗产研究与保护是一项系统的、跨多种学科的工程。自20世纪60年代开始，以马克·费罗、海登·怀特等为代表的欧美史学家逐渐发现了历史音像（电影）对于历史研究的价值，并开始从方法论、史料化、历史写作等角度，展开对历史音像进行研究。随着学界研究的深入与拓展，在挖掘和创造记忆的过程中，人们逐渐认识到音像资料的多重作用，一是历史音像是过去记忆的载体和表现形式，是一种档案、史料；二是用音像记录当下正在不断更新的城市，是一种记录手段和工具；三是用历史音像的多维度开发产品，推动城市人文遗产的研究与保护，是一种宣传媒介。早在1927年，《中国电影杂志》一记者便写道"电影负有宣传教育之使命"[2]，那时的人们便认识到音像资料在娱乐功能之外的宣传、教育功能。当下，具有记录功能的历史音像在推动城市更新、人文遗产保护中，成为找寻文脉、唤起"记忆"的源泉。有专家认为，在当下这个文化多元的时代大背景下，历史影像的挖掘与使用，

---

* 沈小榆，上海音像资料馆副馆长。
1 ［加］简·雅各布斯：《美国大城市的死与生》，金衡山译，南京：译林出版社，2006年，第341页。
2 文宪：《第八届远东运动会小言》，《中国电影杂志》1927年第9期。

很大程度上推动了固有的记忆的结体与重构。[1]因此，本文从专业机构馆藏、音像资料专题片制作与音像产品开发三种角度，试讨论历史音像在上海城市人文遗产保护中的特殊价值。

一　上海音像资料馆：专业音像资料馆藏建设

口述史、影像史资料的采集与整理，是中国记忆资源建设的主要手段。[2]作为上海城市历史文化的研究与保护的从业者，上海音像资料馆依托专业、丰富、特色的馆藏音像资料，在上海城市更新与人文遗产保护中找寻其自身方位。

上海作为一个主要在近现代历史阶段塑形的城市，它的发展过程与现代音像技术的诞生和发展过程，恰巧有着并行与重合的机缘。因此，收集和保护相关历史影像，对重建上海城市历史，尤其是上海近代史有着不可估量的重要意义。因此，我馆媒资馆藏建设的主要方向，就是精耕于上海历史影像的收集、保护和开发。

上海音像资料馆是上海广播电视台（SMG）的下属单位，是国内率先开展珍贵广播电视音像资料抢救工作的专业音像档案馆，在国内乃至在亚洲一直处于领先地位。依托上海广播电视台，总馆藏量目前达到节目带1 350 000（盘），其中完成了数字化转存570 000（小时），年新增55 000（小时）。

上海音像资料馆的工作重点是收集和保护与上海历史密切相关的音像档案，已建立起"上海百年音像史志"主题媒资库，按年代线索对相关音像资料做了整理归档和初步研究。目前，上海音像资料馆储备的上海百年音像史志音像资料包括：第一阶段，清末民初（1898—1927）100分钟的影像，早期留存的影像非常稀缺，因此异常珍贵；第二阶段，国民政府时期（1927—1949），在这20余年间，共有1 000分钟的珍贵资料；第三阶段，中华人民共和国成立到改革开放前的30年（1949—1978），有10 000小时的资料素材；第四阶段，改革开放至今（1979—　），影像总量在100万小时以上，约七分之一是以系列专题片形式出现。这是上海音像资料馆，也是上海历史研究的一笔巨大财富。

因为历史音像所具备的真实性、不可逆性等特质，记载历史事件信息较为丰富，使上海的历史音像为上海近代历史研究提供史实佐证，以及感知历史原貌，具有无可替代的重要价

---

[1] 王灿：《历史影像与当代中国社会记忆变迁——兼谈历史再现与影像史学》，《社会科学论坛》2017年第1期。
[2] 全根先：《口述史、影像史与中国记忆资源建设》，《国家图书馆学刊》2015年第1期。

值。上海音像资料馆利用历史音像媒资在上海城市文化遗产保护方面也做出了一些努力和尝试，总结以往经验，可暂且粗略地归纳为专业化路径与产品化尝试两个方面。以下主要通过纪录片专题《上海石库门》与书籍《那年今日，听历史说话》为例，说明上海音像资料馆在这两个方向上的探索。

二　专业化路径探索：以纪录片《上海石库门》为例

上海音像资料馆在历史音像的保护、整理、研究方面开展的工作包括：在充分考证的基础上，通过电视专栏有效宣传上海城市文化、定期定点拍摄上海地标性建筑、抢救性拍摄上海非遗产传承人口述、对特定音像文献材料开展学术研究并发表专业性论文，此外，还注重与上海社会科学院、上海交通大学等专业院校以及与上海图书馆、上海档案馆等专业研究机构开展合作，力求将历史音像保护与上海城市历史研究更好地结合，在研究开发历史音像价值的过程中，做出了专业化的努力。现以系列专题纪录片《上海石库门》为例，说明我们在历史音像档案研究保护过程中采用的工作方法。

1. 开展音像档案的专题性研究

数年前，上海音像资料馆就开始酝酿根据丰富的馆藏资源，打造"上海城市历史影像志"，并于2016年正式立项制作系列专题纪录片《上海石库门》。根据2017年年初中办、国办联合发文《关于实施中华优秀传统文化传承发展工程的意见》，《石库门》选题非常切合文件精神，而上海音像资料馆依托丰富的上海影像馆藏与立足上海的定位，在文化传统传承上已占据先机。

根据上海音像资料馆藏音像档案的资料编目，以"石库门"为主题的相关条目达3万条以上，包括《追忆——档案里的故事（1）：远去的风景 石库门》《纪录中国：留住城市的记忆——来自苏州河的城建档案（3）》《海上风流：石库门印象》《南希看上海（2）：情系石库门》《二十世纪二十年代建造的石库门房屋》《苏州河畔平民生活》，等等。以上资料还不包括其他主题档案中涉及"石库门"的内容。而且，这些历史音像资料收集入库的时间又分布在一定的时间跨度之间，呈现了石库门不同年代的历史面貌，也记录了不同历史时期社会民众对石库门生活的差异化的情感和态度。这些历史音像资料，为做好一部专题纪录片提供了非常扎实的基础。

同时，依托上海音像资料馆覆盖全球的采集网络，并根据"石库门"的内容主题发起专项搜索和采集。面向社会大众的民间采集渠道也发现了令人惊喜的内容和线索。当下，生活中充满了各种拍摄主体所拍摄的不同视角的纪实影像，专业机构渠道和社会民间渠道双管齐下，有助于石库门纪录片内容的充实丰满。

"上海百年音像史志"主题工程的第一系列将以上海近代建筑的分类研究为切入口，并率先聚焦到《石库门》选题。以上海的代表性建筑"石库门"为对象，通过对馆藏与"石库门"相关的历史音像进行专题化研究，在有关资料之间进行充分勾连与解读，通过石库门建筑保护状态与石库门建筑内市民生活与态度的变动变化，折射出上海城市的发展变迁并形成相关社会记录，以便保留最能反映城市历史风貌的建筑样态。

2. 保持音像档案的连续性记录

除在石库门相关音像资料方面做大量的收集整理工作之外，上海音像资料馆还开展一项基础性工作，为今后开展"石库门"专题性研究做相关准备。

出于"今天的现实就是明天的历史"的工作理念，上海音像资料馆自2006年起开设"上海人文历史景观拍摄"项目。针对上海城市发展过程中涉及的人文历史景观变迁、相关重大建设工程过程中的重要节点，以及上海建设过程中的新地标等一系列城市风貌景观，开展有针对性的影像采集与保护性、抢救性拍摄的专题项目，现已将该项目作为单位的基础性工作。

该项目自2006年起已持续了近12年时间，拍摄对象包括豫园民俗灯会、苏河湾地区的河南路桥改造、苏州河沿岸石库门建筑群拆迁、吴江路及大中里改造、三山会馆、苏州河全线新貌（每10年左右拍摄一遍）、大世界改造全过程、静安区四明村等风貌里弄改造、南市老城厢、甜爱路、安康苑等。通过开展对特定对象音像档案的连续性记录，积累了大量珍贵的影像资料。

在"上海人文历史景观拍摄"项目中，苏州河沿岸石库门建筑群拆迁，南市老城厢拆迁等均涉及上海石库门建筑的变动和保留情况，为"石库门"专题研究提供了重要依据。

3. 通过对音像档案的考据来实证历史

历史影像最大的用处在于还原真实的历史，其真实度是其他历史记录手段所不能替代的。随着时间的推移，历史影像记录历史的地位将越来越高，越来越稳固。为了最大限度地将历史音像所呈现的图像内容找到最为准确的标引，上海音像资料馆的研究者针对"石库门"影像做了大量扎实的考据工作,现举数例说明。

一是"纵向论据作用"。石库门作为近代中国江南城市的重要建筑与住宅类型,19世纪中叶起开始流行于上海、宁波等口岸,源于传统江南民居与西方联排建筑,是中西结合的产物。在1872年《申报》刊登的广告中,最早出现了"石库门"出租广告的记载。[1] 此后,1910年出现的后期石库门、20世纪20年代初出现的新式石库门、20年代后期出现的花园里弄,无论在样式、布局上都带有老式石库门的痕迹。由于当时地价上扬,建筑向高处发展,传统两层高石库门住宅逐步向三层发展,室内煤卫设备也开始出现。这个石库门历史的纵向发展过程,在影像资料中得到了佐证。

二是"横向论据作用"。石库门是对一种建筑样式的统称。同样是石库门,在结构和内部布局上都有很大的差异。早期有五上五下、三上三下的石库门,主要为四世五世同堂的大家庭居住,能满足舒适、安全的居住需求和长幼有序的封建家族规矩。而后续家庭结构不断小型化,出现了两上两下、一上一下的石库门。在沪东一带,还出现了单开间,高二层,有的省略掉天井的旧式房屋,被称为广式里弄。石库门里弄规模大小也有很大的差别,小型的里弄只有十多个单元,最大的石库门里弄为山海关路上的斯文里,多达600多个单元。在影像资料中,能够了解到同一时期石库门形态的多样性。

三是对"上海城市变化"的论据作用。在上海音像资料馆以"石库门拆迁"为主题的影像资料在40 000项以上,在上海解放直到改革开放初期,老式石库门的总体面貌是破旧拥挤的,随着改革开放深化,特别是1992年上海提出"三年大变样"的口号,石库门开始经历一拆二改三保护的过程。我们库存的纪录片《大动迁》《德兴坊》《步高里》《久兴里8号》等详细地记录了这些石库门动迁、改造的过程,对上海的两个石库门成功改造的例子"田子坊""新天地"的改建理念和改造过程都有详尽的记录和阐述。

三 历史音像档案的产品化开发探索:电子音像图书《那年今日,听历史说话》的创新尝试

通过多种传播方式将历史音像的力量传递到社会各个领域,对有效推动人文遗产保护工作的开展,具有十分重要的积极意义。在传播影像力量的过程中,打造与业务相关的内容产

---

[1] 《申报》1872年10月28日第6版。

品为工作的重中之重。上海音像资料馆除继续在广播电视节目中发挥力量外,还先后推出音像制品、图书、公益讲座、国际交流活动,并积极研发新媒体产品,力求为提升全社会的保护意识做出努力。2017 年,上海音像资料馆编著出版新媒体著作——《那年今日,听历史说话》[1],在历史音像的产品化上做出探索与尝试。

1. 积极尝试新媒体手段

城市形象的构建需要凝聚城市精神的可视化符号来进行宣传,其中,影像产品是这种可视化符号系统中的主要产品。在当下这个互联网＋的信息化社会,城市形象的有效传播要求新旧媒体的进一步融合,选择适配的媒介语言,于无形之中传递观点,增加公民的参与和互动。[2]

《那年今日,听历史说话》上下两册书籍,以上海音像资料馆策划编辑的日播广播节目《历史上的今天》的文稿和音频内容为基础编撰而成,从历史资料为主的播出节目到正式出版的纸质书籍,并不是节目文稿的简单结集,而是对 60 余年库藏音视频资料素材的一次多样媒介的全新展示。366 篇作品,由旁白文稿、亲历者口述文字、资料照片、历史原音音频二维码组合而成。366 个微主题,共同构成了"史上今日"主题资料库。

除了用图书形式呈现的文字内容,广播新媒体应用"阿基米德"上还配合图书开设了一个专门的音频资料库。读者在阅读图书的过程中,通过手机扫描二维码,即可聆听相关主题的历史原音。由此,图书出版与二维码音频资料库相结合,呈现给读者一段可读、可听、可感知的历史,有效地扩展了社会影响力和感染力。

这款产品是我们将海量音视频资料素材以不同媒介形式产品化的一次有益尝试,是应当下融合媒体传播之需的一次主动作为,在有关研讨会上,获得了与会专家的高度肯定。

2. 以严谨性确保产品质量

《那年今日,听历史说话》上下两册共 70 万字,收录 366 篇文稿、732 幅历史图片以及 700 余个音频二维码。作为历史类读物,如此丰厚的内容,在史料遴选和甄别、原音寻找与匹配等环节上,都需要大量认真细致的考证,包括二维码的建立及校对,投入的工作量是一般读物的数倍。但正由于我们是出于严谨的研究性态度来从事相关节目生产与图书的开发,

---

1 上海音像资料馆、上海广播电视台版权资产中心编:《那年今日,听历史说话》,上海:上海书店出版社,2017 年。
2 郭子辉、张阳:《新媒体环境下影像文本中的城市形象构建与传播》,《新媒体研究》2017 年第 21 期。

相关内容的真实准确得到了保证。

从受众角度来讲，本书具备较为宽泛的用途，除了对一般读者而言兼备知识性和教育性之外，大量历史原音的提供，对历史研究者从事相关研究也能起到论据支持作用。同时，本书呈现的形态是以时间为线索，对历史原音进行主题性编目，是一个专题性的历史音档展览。对观展的普通百姓而言具趣味性，而对研究领域的专业人士而言，一个个具体的音档文物，也能对专业研究带来启发和帮助。

3. 热点效应融入产品运营

由于我馆隶属上海广播电视台，我们的基础业务是广播电视节目生产，因此广播电视节目是我们比较擅长的产品。本次会议的开幕影片《人民的上海》就是我馆的内容产品。与此同时，我们对新闻的时效作用相对敏感。因此，我们在产品开发的过程中注重与重大节点、社会热点等时效性因素相结合，以期得到更大的社会关注度。

比如，7月5日新华社以"上海公布两段最新发现的抗战历史珍贵影像"为题，报道了我们与民革上海市委合作的活动。有关报道在新华社客户端获得了28万（截至7月10日）以上的阅读量，活动的社会关注度得到了放大。

出于同样考虑，我们把《那年今日，听历史说话》电子图书首发活动，与2017年6月的"国际档案日"活动有机结合起来，策划在档案日主题活动上正式推出该出版物，也获得了较好的推广效果。

在接下来的工作中，上海音像资料馆将继续秉持专业化的研究态度，深度开发馆藏珍贵音像档案，推出更多优质的内容产品。

四　余　论

历史音像档案是一座城市地方知识体系的重要部分。在梳理城市文脉的过程中，历史音像档案以自身特性，凝聚记忆、唤起记忆、升华记忆，成为再现历史真实场景最可靠的介质，其本身就是珍贵的城市人文遗产。

发挥历史音像档案的特殊力量，可以极大地推动城市人文遗产保护。纪实音像具有全息性、客观性及不可逆性，在记录历史事件、记录城市风貌与社会变迁等领域，是最佳的历史记录方式，也是最佳的历史阅读方式，可以为城市历史人文研究提供内容丰富、生动形象的音像史料。

城市，是人类生活的容器，承载着当下人们生活的全部记忆。上海城市人文遗产保护是上海城市未来可持续发展的强大力量源泉。上海音像资料馆通过自身专业音像资料馆藏建设、推动自身编研能力的提高，并通过专题片制作，定位历史音像编辑的专业化路径，通过编辑出版电子音像图书等多种途径，积极探索历史音像资料的产品化开发，从多个维度全力发挥历史音像在上海城市人文遗产保护中的特殊价值。

苏州河镜像：中外影像资料解读

汪 珉 施依娜 李东鹏[*]

摄影摄像技术诞生以前，人们主要通过文字记述去了解历史，至多还可以通过雕塑、建筑、绘画和出土的实物去触摸和感知过去。技术的发明，使得历史可以通过照片或影像的方式反复观看，变得更直观、更生动、更确定，并提供一种新的社会历史研究方法。正如英国历史学家彼得·伯克所述，影像"所提供的有关过去的证词有真正的价值，可以与文字档案提供的证词相互补充和印证"[1]。

苏州河，本名吴淞江。"苏州河"一名，是在近代上海开埠后才出现的。上海开埠后，来上海的外国人认为它是"通往苏州的吴淞江""苏州河"，并在地图上标注。久而久之，外国人在官方外交文件上都将吴淞江称为"苏州河"，而吴淞江一名则被淡化甚至遗忘。苏州河流经上海公共租界最繁华的区域，在苏州河与黄浦江交汇处形成的外国人在上海最早的聚居地，成为上海开发最早的区域之一。"苏州河自西迤逦而东，至外白渡桥而入于黄浦江，横贯本市最繁盛地区，各种船舶，麇集其间。"[2]

随着上海城市的发展，沿苏州河而上，形成了码头货栈、工业区和居民生活区三大功能区。苏州河的地位如此重要，所以近代众多中外纪实摄影师，无不拍摄苏州河的有关影像，作为上海的印象之一。

电影的产生是一个技术渐进的过程。1895年12月28日，法国人路易·卢米埃尔（Louis Lumiere）在巴黎正式放映《工厂大门》《火车到站》，被世界公认为电影的诞生。电影技术发明后，被很快引入上海。1896年5月8日，上海的《字林西报》（The North-China Daily

---

[*] 汪珉，上海音像资料馆副研究馆员；施依娜，上海音像资料馆馆员；李东鹏，上海音像资料馆馆员。
[1] ［英］彼得·伯克：《图像证史》，杨豫译，北京：北京大学出版社，2008年，第265页。
[2] 《业务辑要：整理苏州河航运》，《公用月刊》1946年第7期。

News）报道："4月3日纽约电报对爱迪生活动电影放映机的进展做出报道，最近在伦敦展览馆展出相似的发明。"[1]

其实，早在1869年9月18日，《上海新报》就有报道《上海大马路旧时洞天福地戏院之房屋有人租演影戏》："上海大马路旧时洞天福地戏院之房屋有人租演影戏，七月二十九日为始，八月初三日即止。开仅四日耳，而有一异事，此戏馆门前悬挂玻璃灯四盏，宵深锣鼓喧天，人目甚众，四灯忽为剪绺者窃去，竟无一人看见，亦一奇也。明日又见小押店中四灯宛在，乃以钱赎归，更一奇也。"[2]此时的影戏应该为幻灯片放映。

1896年8月11日，是中国有记载的最早公开放电影的日期。这一天，在上海徐园内的"又一村"茶楼放映了《马房失火》《足踏行车》等14部短篇。[3]此后，徐园内的放映持续了多年，1903年曾有关于徐园放映影戏的报道：

> 闸北徐园结构精密，素推沪上花园之冠，惟此间人士不分雅俗，故除借作宴会之所以外，游人总计甚希。然而莽莽俗尘，不能飞到，故凡抱雅人深致者，俱喜至此沦茗清谈也。近数夜中，有天水君者，以所藏活动影片三百余套，借座于此，招人往观，五光十色，令人目眩神迷，秉烛夜游，至足乐也。[4]

上海作为近代中西文明交流的桥头堡，在历史上一直是中国电影业的中心："上海影戏之盛，甲于全国。"[5]程步高在1926年统计上海有60家从事电影拍摄的公司。[6]1931年，上海可播放电影的影戏院有43家，还有许多小影戏院并未列入统计，其中可播放有声电影机器者，不下14家。[7]本文主题为中外历史影像中的苏州河与城市记忆，主要基于以直接记录历史事件为对象的历史影像及其素材，包括纪录片、新闻片、专题片、纪实摄影、新闻摄影等。由于历史影像学是新兴学科，在此首先对当下国内历史影像学的概况及其主要功能定位进行介绍。

---

1 "A New York"，*The North-China Daily News*，1896年5月8日第3版。
2 《上海大马路旧时洞天福地戏院之房屋有人租演影戏》，《上海新报》1869年9月18日第2版。
3 《申报》1896年8月10日。
4 《名园影戏》，《消闲录》1903年第39期。
5 张纬明：《上海之影戏事业：以经济的眼光记述上海影戏业之过去及现在状况》，《商业月报》1931年第4期。
6 程步高：《上海影戏业之调查》，《国闻周报》1926年第1期。
7 张纬明：《上海之影戏事业：以经济的眼光记述上海影戏业之过去及现在状况》，《商业月报》1931年第4期。

一 历史影像学发展概况

1. 历史影像是一种新型史料

历史影像特指拍摄时间久远,主要以记录历史事件、自然风光、社会人文为目的的影像素材。历史影像可以作为一种史料,是因为历史影像对历史场景、历史事件的现场拍摄是对历史的真实记录,是一种值得信赖的史料。

电影在发明之初首先是作为记录手段而存在的,故众多历史影像以文献纪录片的形式存在。文献纪录片是指利用以往的资料片编辑的纪录片,在西方通常称为"汇编影片"(Compilation Film)。历史影像有三个构成要素:一是文字文献;二是影像画面;三是声音与解说。如果说历史文字的记录方式是一维的,照片是二维的,那么影像则是三维的,它比照片多了时间的维度,可以让我们以时间为脉络看到影像所记录的事件的展开。

2. 历史影像学研究现状

历史影像学的建构时间并不长。1988年,美国学者海登·怀特(Hayden White)发表《影视史与书写史》(*Historiography and Historiophoty*)[1],宣告历史影像学研究的开端。怀特解释"Historiophoty"为"the representation of history and our thought about it in visual images and filmic discourse"(以我们在视觉图像和电影叙述中对历史的思考呈现历史),解释"Historiography"为"the representation of history in verbal images and written discourse"(以言语图像和文本叙述来呈现历史),他建议通过拍摄的办法记录历史,构建历史与电影之间的有机关系。国内历史影像学研究起步并不算晚。1993年,台湾中兴大学教授周梁楷在《书写历史与影像史学》中,将"Historiophoty"一词译为"影像史学"。[2]张广智《影像史学:历史学的新领域》一文,认为历史题材影视剧是历史研究的重要对象。[3]王镇富《影像史学研究》较系统地梳理了影像史学的概念和相关理论,并探讨了影像的当下功用问题。[4]吴琼《从影像史料到影像史学》认为当下对影像史料的广泛应用,促进了影像史学的开拓。[5]此外,法国年鉴学派马克·费

---

[1] Hayden White,"Historiography and Historiophoty",*American Historical Review*,Vol.93,No.5,December 1988.
[2] [美]海登·怀特:《书写历史与影像史学》,周梁楷译,《当代》1993年第88期。
[3] 张广智:《影像史学:历史学的新领域》,《学习与探索》1996年第6期。
[4] 王镇富:《影像史学研究》,山东大学博士学位论文,2011年。
[5] 吴琼:《从影像史料到影像史学》,杨共乐主编:《史学理论与史学史学刊(2013年卷)》,北京:社会科学文献出版社,2013年。

罗（Marc Ferro）《电影与历史》是首位把电影作为史料来研究的学者，认为电影一直具有见证历史的功能。[1] 翁海勤《陈独秀、瞿秋白等早期珍贵影像发现记》记述了发现王尽美、刘仁静、张国焘等人早期历史影像的过程，探讨了影像考证中影像、文献和照片的"三重论证法"。[2] 全根先认为口述史和影像史资料是中国记忆资源建设的重要部分。[3] 2015年1月10日，全国首届"历史影像研究与社会——首届全国影像史学学术研讨会"在北京师范大学召开，标志着我国历史影像的研究已从单纯的功能研究上升为全面的系统的社会研究。[4] 韩丛耀主要研究新闻图像史，他认为新闻图像史用一种以图像新闻为主、文字勾连为辅的文本样式连缀历史时刻，直观形象地表征历史，通过对相关历史图像新闻的关联性呈现、复原或"原境重构"，达到描述历史及历史文化理解图像的目的。[5] 王灿认为从再现历史、建构记忆的角度来看，影像史学作为一种历史研究方法乃至一种历史书写手段，其必须对历史主体和历史真实保持绝对尊重，从而达到叙述逻辑与历史事实逻辑的一致性。[6]

历史影像的研究仍然要求掌握一手资料，考镜源流，爬梳整理，其所依据的素材必须是记录历史的影像。约翰·格里尔逊把所有根据自然素材制作的影片（film made from natural material）都归入纪录电影范畴，是否使用自然素材被当作区别纪录片与故事片的关键标准。他认为，凡是实地拍摄的影片都被称为纪录电影，无论是新闻片还是杂志片，无论是旨在漫谈还是旨在结构情节的影片，无论是教育片还是正经的科学片。[7] 而近代国内拍摄的历史影像，大都以新闻纪录片的形式而存在。方方认为："对于老一代的电影工作者来说，新闻纪录片几乎成了中国纪录电影史的全部。"[8]

研究影像素材，还要对史料进行解释，形成一种解释历史影像的范式。王镇富认为：影像资料仅限于提供某种研究历史的素材，影像史学则着重于以自己独有的方式阐释历史。[9] 历史影像不仅有见证的作用，而且还可以提供历史研究的角度和方法：通过历史影像的播放唤起历史记忆的共鸣。

---

1 ［法］马克·费罗：《电影与历史》，彭姝祎译，北京：北京大学出版社，2008年。
2 翁海勤：《陈独秀、瞿秋白等早期珍贵影像发现记》，《档案春秋》2012年第7期。
3 全根先：《口述史、影像史与中国记忆资源建设》，《国家图书馆学刊》2015年第1期。
4 吴琼、危文瀚：《"历史影像研究与社会——首届全国影像史学学术研讨会"综述》，杨共乐主编：《史学理论与史学史学刊（2015年卷）》，北京：社会科学文献出版社，2016年。
5 韩丛耀：《用新闻图像勾画时代脸谱》，《中国社会科学报》2017年6月4日第7版。
6 王灿：《历史影像与当代中国社会记忆变迁》，《社会科学论坛》2017年第1期。
7 ［英］约翰·格里尔逊：《纪录电影的首要原则》，单万里主编：《纪录电影文献》，北京：中国广播电视出版社，2001年。
8 方方：《珍贵的影像——电影纪录片中的中国少数民族》，《中国民族》2005年第12期。
9 王镇富：《影像史学研究》，第26页。

二　1949年前影像中的苏州河

在近代上海，苏州河区域不仅是最早建设的地方，苏州河同时是上海对外交通动脉之一，其发展变迁与上海城市发展同步。在这百年历程中，留下了许多关于苏州河的历史影像，是上海城市社会记忆不可或缺的重要部分。

1. 抗战前的苏州河影像

前文已讲述早在1896年徐园便放映电影。1897年7月，美国电影放映商雍松来到上海，先后在天华茶园、奇园、同庆茶园等处放映电影，放映的节目有《俄国皇帝游历法京巴里府》《罗依弗拉地方长茅跳舞》《马铎尼铎名都街市》等。[1] 中国自己拍摄的第一部电影是在1905年，记录了一出京剧表演。这部电影由任庆泰开办的北京丰泰照相馆拍摄，记录了著名京剧演员谭鑫培表演京剧《定军山》的三个片段，这是有记载的中国人自己拍摄的第一部电影。

目前，最早涉及苏州河的影像出现于1898年。这一年，爱迪生公司派出一名摄影师在世界各地进行拍摄，他来到中国，拍摄了一批关于香港和上海的素材。这名摄影师在上海、广州等地摄制了上海街景、上海警察，广州码头、河景以及载着客人的广州汽轮，记录下19世纪末中国南方的情景，编成《香港商团》《香港总督府》《香港码头》《香港街景》《上海警察》《上海街景》（图1）6个短片，在美国发行。

其中的《上海街景》短片，记录了苏州河以南往来的手推车、黄包车、自行车、马车、马嘉理纪念碑、电灯柱，这是有关外滩和苏州河地区最早的影像。图2左侧是马嘉理纪念碑，右侧是木质结构的外白渡桥。这段摄于19世纪的影像是现存最早的关于苏州河地区的历史影像。

稍后来到上海的俄裔美国人本杰明·布洛斯基（Benjamin Brodsky）（1877—1960），是近代著名的来华摄影家。布洛斯基的后人于1998年在他洛杉矶家中的阁楼里，发现一部布洛斯基当年拍摄的影片《经过中国》（A Trip Through China）。拍摄这部纪录片的1909至1912年期间，正值辛亥革命前后。影片记录了北京、上海、香港、天津等多个中国重要城市的影像，末代封建帝国与民国新气象的迥异风貌尽收片中。片中"上海部分"摄录的清末时外滩、南京路等地标性建筑以及市民的日常生活，都是不可多得的近现代历史研究资料。其

---

[1] 单万里：《中国纪录电影史》，北京：中国电影出版社，2005年，第7页。

中，涉及苏州河的共有三段字幕信息。

（1）对所有国民开放的公园和游乐场。从埃及引进的梧桐树。（图3）(The public park and playground of all nations. The sycamore trees were brought from Egypt.)

（2）从公园看繁忙的苏州河。（图4）(View of busy Soochow Creek as seen from the park)

（3）降帆过桥的平底船。中国人太穷而买不起帆布来建造他们的篷船。（图5）(A san pan lowering its sail to pass under a bridge. Chinese too poor to buy canvas make their sails of matting.)

布洛斯基还创办了上海早期的影戏公司——亚西亚制造影片公司。[1] 公司成立初期在上海拍摄过纪录片《西太后》和《不幸儿》。1912年，因经营不善，布洛斯基将公司转让给上海南洋人寿保险公司经理依什尔和另一个美国人萨弗。

中国民族工商业界也投资拍制电影，其中形成一定规模的是商务印书馆影戏部。1919年4月，商务印书馆曾递交给北洋政府农商部一份题为《为自制活动影片请准免税》的呈文，在谈到制作影片宗旨时写道：由于在中国上演的外国影片"轻薄险诈，甚为风俗人心之害"，而外国人在中国拍摄影片运往国外者"又往往刺取我国下等社会情况，以资嘲笑"，因此商务印书馆准备自己拍摄影片，分运各省择地开演，目的是"借以抵制外来有伤风化之品，冀为通俗教育之助，一面运售外国，表彰吾国文化，稍减外人轻视之心，兼动华侨内向之情"。[2] 商务印书馆影戏部拍摄电影的方针与商务印书馆经营教科书的方针大致相同，都有为新学教育服务的内容。影戏部拍制的影片总共分为5类：风景片、时事片、教育片、古剧片、新剧片。可惜由于战争等历史原因，商务所摄影片大多未能留存。

20世纪20年代以前，纪录片的制作很大程度上被局限于新闻影片和风光短片，偶尔也有一些长纪录片制作出来，但没有大的社会反响。至20世纪20年代，纪录片也逐渐被认为是艺术性电影，获得了新的社会地位。这一时期的纪录片主要有三种倾向：描述异国情调的影片、力图直接记录现实的影片以及资料汇编纪录片。[3]

1925年，苏联导演B.A.史涅伊吉诺夫（Vladimir Adol'forich Shneyderow）随同开辟莫斯科至北京远程航行的苏联飞机来到中国，在北京、上海、广州等地拍摄了一些素材，编成

---

[1] 以往研究都将布洛斯基创办的公司中文名称写为"亚细亚公司"，查当时的报刊、杂志皆写为"亚西亚影戏公司"，应该是为了避免与当时著名的亚细亚火油公司重名之故。见 The North China Desk Hong List，1915年1月，第6页。另见《亚西亚影戏公司之真相》，《新剧杂志》1914年第2期。

[2] 高维进：《中国新闻纪录电影史》，北京：中央文献出版社，2003年，第11页。

[3] [美]大卫·波德维尔、克里斯汀·汤普森：《世界电影史》，范倍译，北京：北京大学出版社，2014年，第243页。

图 1 《上海街景》字幕信息[1]

图 2 1898 年马嘉理纪念碑周边景象

---

[1] 图片来源:爱迪生公司(Thomas A. Edison)所摄《上海街景》(*Shanghia Street Scene*),1898 年。除非另有说明,本文所用图片均来自上海音像资料馆馆藏历史影像。

图 3 外滩公园景象，内有穿和服的日本人

图 4 苏州河上航行的船只

图 5 正在收帆的船只

纪录片《伟大的飞行与中国的国内战争》。影片共 6 部，后 3 部是关于中国的，北京、上海、广州各占 1 部。苏联《真理报》曾高度评价其为 "不是通常所理解的新闻片"，而是达到了 "社会生活史诗的宏大规模"。[1] 后来这部影片更名为《东方之光》，作为苏联在国外上映的第一部新闻纪录片在西欧许多国家放映。这部片子拍摄了黄浦江、外滩、南京路、耶松船厂、招商局码头等处镜头。

其中也有涉及苏州河的镜头：站在苏州河北岸有一组从拍摄外滩公园、苏州河黄浦江交汇处的镜头，画面中有外白渡桥、英领事馆、天安堂，还有苏州河边面粉厂（图 6）。

1927 年，雅科夫·布里奥赫（Yakov Blyokh）摄制新闻纪录片《上海纪事》（*Shanghai Document*）记录了大革命前后上海的斗争和生活情况，如上海第三次工人武装起义胜利后工人纠察队的雄姿、群众游行示威的情景，帝国主义者增兵租界、构筑工事的行为，蒋介石叛变革命的罪行等。片中还有公济医院（现上海第一人民医院）、生活在船上的居民、拉船纤夫等画面（图 7、图 8）。

片中充满强烈的对比，以表达作者的对社会的思考，如上图苏州河中凄惨女纤夫和高贵洋贵妇的对比。还有一些是镜头与镜头之间的对比：洋人的儿女在坐转椅，而中国的孩子却在当童工。该片虽然是默片，但在字幕中就含有强烈的政治倾向，如 "外国洋行和银行，几乎控制了上海全部的工厂企业"，"蒋委员长靠出卖他的家乡来与外国结盟"。[2] 该片是典型的 "形象化的政论" 式纪录影片。[3]

法国人约瑟夫·赫斯（Joseph Hers）拍摄的《中国》（*La China*），记录了外滩源、英领事馆、从英领事馆看百老汇大厦、苏州河运输的场景：船夫费力地摇动着船桨，让船在拥挤、狭窄的河道中通过，苏州河大部分的船还是靠人力。还有一幕较长镜头，是岸边停靠的运西瓜的船，通过抛掷接力的方式搬卸西瓜。这是苏州河边交通功能、生活功能的一个真实写照（图 9）。

《与亚洲舰队同行》（*With The Asiatic Fleet*）是一部由美国赫斯特新闻社摄制的纪录片，拍摄于 1934 年。片中主要为外滩公园的场景，还有拉平板车的车夫经过乍浦路桥，背景是苏州河和外白渡桥。该影像为上海音像资料馆采集自美国加州大学洛杉矶分校。

赫斯特新闻社到底是怎样一家机构？由它所拍摄的影像在当时的影响力如何呢？美国现代报业发展史上有两个不得不提的名字，一个是普利策（Joseph Pulitzer），另外一个就

---

[1] 苏联科学院艺术史研究所编：《苏联电影史纲》，北京：中国电影出版社，1959 年，第 100 页。
[2] 据片中俄文字幕翻译。
[3] 方方：《中国纪录片发展史》，北京：中国戏剧出版社，2003 年，第 63 页。

图6 苏州河及南岸的新天安堂

图7 远处的公济医院和乍浦路桥

图8 苏州河上女纤夫

图9 苏州河上船只接力卸西瓜

是赫斯特（William Randolph Hearst）。赫斯特是美国报业乃至世界报业史上最著名的人物之一，其新闻生涯横跨19世纪末至20世纪前半期，是美国新闻业转型的领军人物。在大力发展报业的同时，赫斯特也开始发展新闻片的拍摄和制作。赫斯特新闻社在1914至1967年间，在世界各地拍摄和制作了大量的有声和无声的新闻片，这些画面在当时的美国甚至欧洲等地被广泛播出。1981年，现存的《赫斯特新闻集1915—1977》(*The Hearst Metrotone News Collection 1915—1977*) 被完整地移交于加州大学洛杉矶分校影视档案馆保存。从加州大学洛杉矶分校的赫斯特新闻集目录中可查知，赫斯特新闻社早在20世纪初就将新闻镜头对准了中国，记录和拍摄了大量与中国有关的历史影像。

赫斯特新闻社还拍了片子《今日中国女性》，摄于20世纪30年代，主要讲述新时代中国各领域时髦、开放女性的生活姿态。其中一段视频的画面中，两位新潮女子，在外滩公园打羽毛球，着装非常现代，背景就是著名的百老汇大厦。片中还有两位女性驾驶一辆敞篷跑车，从苏州河北岸驾车通过外白渡桥至外滩的镜头。

由美国制片人霍夫伯格（J. H. Hoffberg，1895—1969）出品的《在上海》(*In Shanghai*)，摄于1933年，主要介绍上海的各种风俗、景观、商业等。该片第一幕就是苏州河黄浦江汇流处，片中还拍摄了许多苏州河船只航行的镜头，有一幕镜头是船只运输面粉、木材，背景为四川路桥、邮电大厦（图10）。片子还拍摄了京剧表演的情景、结婚时的中式轿子、彩票开奖、商业街购物和龙华寺内景等。

同时期国内也非常注重新闻纪录片的拍摄。著名新闻学家戈公振在1924年就大力呼吁，通过影戏加强新闻宣传的作用。[1] 至20世纪30年代，中国的新闻纪录电影业获得了初步发展，初步形成了以"明星""联华""天一"三大公司为主的民营影片公司格局。国民党政府也越来越重视新闻纪录电影的作用，并与1934年成立了中央电影摄影场，简称"中电"。

其中摄于20世纪30年代的两部新闻纪录片《上海》《上海是世界有名的都市》，两部短片《兆丰公园》《外滩公园》，都对苏州河及周边区域进行了拍摄。其中，《外滩公园》记录了苏州河两岸的场景，两位中年妇女推着一辆婴儿车，背景是外白渡桥和苏州河，外白渡桥上有行驶中的公共汽车。由于苏州河背景中并未出现百老汇大厦，摄制时间应该在1934年以前。这幕中国妇女推婴儿车的镜头，是20世纪30年代育儿妇女生活的真实记录。

这一时期纪录电影的教育价值也逐渐彰显，金陵大学自1930年开始推行电化教育，于

---

[1] 戈公振：《影戏和新闻事业》，《电影杂志》1924年第1期。

1934年开始自制影片。1936年金陵大学理学院教育电影部成立。[1] 1936年，金陵大学教授孙明经拍摄的科教片《交通》摄录了外白渡桥一带的活动。

2. 淞沪抗战时期是上海纪录电影拍摄的一个重点

中外摄影家纷纷记录这场伟大的淞沪抗战，其形式包括抗战电影和新闻短片。1933年国民政府新闻片《民族英雄》报道了东北义勇军将领李杜将军抵沪，马占山、苏炳文二将和各界人士均到码头迎接，并在苏州河边上的上海市商会国货展览会（上海商会议事厅）开会欢迎三位抗日英雄。在"九一八"和"一·二八"抗战的大背景下，该片以报道三位抗日英雄为主，同时也记录了当时国货展览会的内景。

1937年，黎北海、黎民伟等拍摄的有关淞沪抗战的一部影片中，开篇就写道："本片在于使海内外同胞明了抗战意义，与一般有结构情节之片，性质迥异，幸观众以新闻片视之。"[2]

与此同时，美籍华人王小亭拍摄了日军进攻四行仓库、中国军队进行抵抗的画面。片中闸北一片火海，石库门建筑被毁。

1937年11月16日，美国福克斯新闻拍了新闻片《四行仓库保卫战》。12月23日，福克斯新闻拍摄了苏州河北岸邮政大楼的全景图像。

采集自美国的电影《中国的战争》（War in China，1937），由沃尔芬斯伯奇（Paul R. Wolfensperger）出品。片中摄制了战火中的四行仓库、苏州河南岸水塔、煤气包，麇集上海大厦前的难民、外侨撤进苏州河南岸的租界。该片还拍摄了同时期工部局的警察，背景为上海大厦。其中有一幕镜头的字幕写道："we take a trip on the whangpoo river to woosung"（沿着黄浦江到吴淞）、"the Jessfield Bridge Bombing where many civilians were killed"（兆丰桥轰炸杀死了许多平民）。片中还有一组从地面仰拍中日战机空战的镜头，极其珍贵（图11、图12）。

另有一部讲述中日战争的同名新闻纪录片《中国的战争》（War In China，1937）。该片第一部分讲述上海，题名为《上海——东方丽人》（Shanghai—Mistress of the East），有开战前航拍上海的镜头，包括苏州河、百老汇大厦等，从图13可以清晰地俯瞰到20世纪30年代苏州河两岸的景象。随后有开战后从外白渡桥涌过苏州河的难民镜头，以百老汇大

---

1 高维进：《中国新闻纪录电影史》，北京：世界图书出版公司，2013年，第28页。
2 《抗战素材精选 1》，上海音像资料馆馆藏。

图10 《在上海》中的苏州河、四川路桥

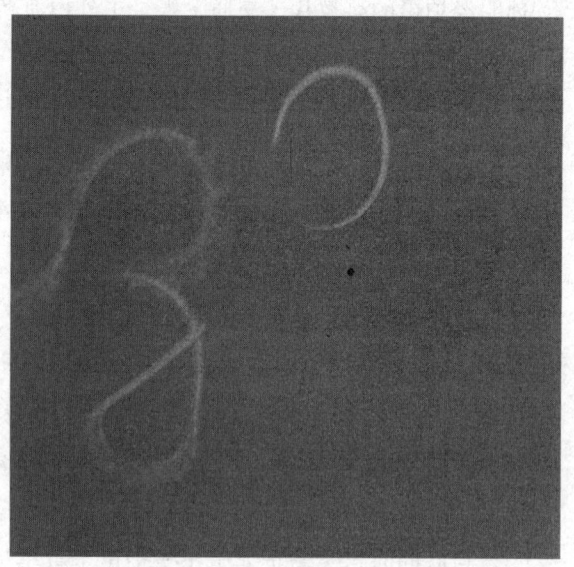

图11 中日战机在上海空战的飞行轨迹

图12 被轰炸的兆丰桥

图13 苏州河两岸航拍镜头

厦为背景。文中提道:"Soldiers and Sailors of all nations rescue hundreds of terror-stricken refugees!"(来自各国的士兵和水手拯救了许多饱受惊吓的难民。)

纪录片《中国:末日四骑士的归来》(China: The Four Horsemen Ride Again,1938年),摄录了近代中国南方、北方的生活、军队及上海租界的历史,还对比了日本与中国的人口、工业,并重点讲述日本的侵华历史。该片有许多日本海军陆战队在上海街头随意搜查、捕杀中国人的镜头,充分暴露了弱国无人权、无主权的事实。最后,片子用一句"Where Will It"结束全片。在讲到上海时,片中有一幕苏州河运输船只的繁忙镜头。

为加强战争宣传,日本政府非常重视电影,意在通过电影这种强大的现代传播手段,大肆鼓吹"大东亚共荣圈"的政策,并为日本侵华辩护。日本的年轻导演龟井文夫,在拍摄时请日本军官一边看地图一边盛气凌人地讲述他们的"战绩",但经常在讲述中插入荒凉的战场和挤满难民的城市废墟等画面。1941年,龟井文夫被捕入狱。[1]

1937年,龟井文夫拍摄了纪录片《上海——中国事变后方记录》,录制了从黄浦江坐船由南向北经过苏州河口的全景,摄制了12月3日日军在公共租界的行军游行。片中展示了日军往返通过外白渡桥、英美军队和日军共同检查往来苏州河两岸人员的景象。他还拍摄了战后的四行仓库,被大规模炸毁的石库门住宅区、几乎被夷为平地的街道、工厂等凄惨景象。片中还引用了华安影业有限公司发行的《抗敌大血战》。

1939年日本人拍摄的《扬子江流域》,展示了孤岛时期的百老汇大厦、虹口一侧的外白渡桥、战后的四行仓库(镜头从苏州河一侧摇至仓库)等建筑的残破景象。

1939年,日本东宝电影公司摄制了纪录片《战友之歌·黄浦江》,拍摄了日军在外白渡桥桥头设岗哨检查过往车辆,然后从上海大厦俯拍楼底的马路和外白渡桥两岸以及苏州河拥挤的船只、英领事馆、新天安堂等景。

汪伪政府也拍摄了大量新闻片。其中,《国府着手取缔投机囤积》拍摄了为稳定上海市场的物价,成立中日合办物资调查委员会,上海商业储蓄银行上海第一仓库、申一信记公司仓库等场景。《接收租界》专题片中,有日军越过苏州河占领租界的景象。

3. 以《上海之窗》节目为载体的战后苏州河影像

抗日战争胜利后,上海回到国人的怀抱。当时国民政府拍摄的《上海之窗》新闻短片是

---

[1] [美]埃利克·巴尔诺:《世界纪录电影史》,北京:中国电影出版社,1992年,第123页。

了解这一时期上海政治、经济、社会人文状况的一个窗口。

《上海之窗》是抗战胜利后由隶属于国民党政府中央宣传部的中电一厂出品。《上海之窗》节目推出后，大受观众欢迎。中电一厂注重拍摄新闻片及纪录短片，当时人评论道："查中国制片家向来忽视配映之短片及新闻片，中电能从此方面努力，诚战后中国电影之进步现象。"[1]《上海之窗》的节目资料尚有待继续挖掘，本文此处仅介绍上海音像资料馆现存的涉及苏州河的《上海之窗》节目内容。

1946年的一期《上海之窗》记录了外白渡桥上挤满了观看龙舟赛的市民，也拍摄了聚集在苏州河口的龙舟，片中画外音道："这半年来，我们的《上海之窗》实在没有特殊材料让大家看个究竟，但是，只要上海存在，我们这扇窗子想来不会关闭的。五月端阳节，卡勒台风吹过后，马上积的大水也退完了，工人放假，商店休息，大伙儿集中到外滩公园，参观应时好戏——龙船竞赛，一方面保存着传承下来的旧习惯，另一方面也掺加了迎合潮流的新花样。人山人海，热闹非凡，观此景象，不就是亲历奇迹吗？"

1946年9月，国民党上海市政府监制、中国电影制片厂代摄的《行车之道》，请市民注意本市改善交通实施办法。该片拍摄了将苏州河南岸的空地辟为停车场的场景，背景为四川路桥和邮政大楼。1948年6月，《上海之窗》又拍摄了恒丰路桥改造施工的通车典礼。

纵观1949年前有关苏州河的影像历史，可以总结出以下特征。

（1）苏州河口（今外滩源）是上海的著名标志。从1898年上海最早的影像开始，现存可观看的涉及上海的历史影像，均以外滩、苏州河口和外白渡桥作为上海的标志。可以说，苏州河的历史影像史，是近代上海纪录电影史的重要内容。

（2）苏州河的镜头分为三种：一是以拍摄外白渡桥为主；二是以拍摄苏州河航行的船只为主；三是1934年上海大厦成立后，从该大厦俯瞰苏州河，因为上海大厦具有相对高度，可以拍摄外滩源的全景影像。这三种镜头在1934年后，几乎成为描述上海的影像中不可或缺的标志性镜头。

（3）直接以苏州河为主题的纪录片、新闻片或电影并未发现，这反映出当时苏州河尚未成为一个独立的摄像题材。

（4）现存的抗日战争爆发前的历史影像以外国人拍摄为主，这一方面是因为外国人来华拍摄数量大；二是国外特别是美国未经历战乱，保存相对较好，而国内一则本身新闻纪录电影的拍摄较少，二则近代中国久经战乱，历史影像保留不多。抗日战争结束后，除《上海之

---

1 《中电一厂摄制纪录片》，《中南电影》1947年第2期。

窗》外，民营公司影片缺乏，这也反映了抗战后民族影业的衰败以及国民党在影视宣传中的垄断地位。

三 中华人民共和国成立后的苏州河历史影像

中华人民共和国成立后，全国的工作重点转向稳固政权和经济建设。纪录电影的内容也转向军事胜利、政治、经济、文化和人民生活等报道。

1. 以政治导向为主的共和国初期的苏州河影像

苏联电影工作者和中国电影工作者拍摄的纪录片《中国人民的胜利》，由瓦尔拉莫夫、鲁金斯基编导，古谢夫、克里洛夫、吴本立、郝玉生、李华、徐来、李秉忠、叶惠摄影，北京电影制片厂、苏联中央文献电影制片厂于1950年联合摄制，记录了解放上海过程中发生在苏州河畔的战斗场景。其中以苏州河为背景，将国民党旗帜从上海大厦丢落的镜头，是上海解放最为经典的场景。另外，片中还有四川路桥奔跑的人群、邮政大楼举白旗等景象。吴本立曾说过，该片许多镜头是补拍，拍摄了住在河上的船民生活（带渔网镜头），画外音讲道："那时候的老百姓，连一片站脚的地方也不属于自己，成百成千的人住在水面上，他们日夜奔忙，得不到一顿饱饭，他们就这样生在水面上，泊着在水面上，死在水面上，中国劳动人民的生活，降落到极度贫困和悲惨的地步。在中国的老百姓只剩下一种权利，这就是为了几分钱去出卖自己的劳动力。中国的土地、中国的城市，并不是属于中国人民的。"

1950年的5、6月间，北京电影制片厂与苏联莫斯科中央文献电影厂联合摄制了纪录片《锦绣河山》，这是一部反映中国秀美壮丽河山和人民生活习俗的彩色纪录片。全片由5部短片组成，分别为：《大江东去》《中国的南方》《江南胜景》《人民的上海》《新北京》，每部约20分钟。在《人民的上海》中也拍摄了苏州河，包括外滩划船俱乐部、光陆大戏院、沪西工业区（叶家宅桥）、棉纺厂（国棉一厂）、工厂区烟囱、公济医院门口码头工人、码头运输、繁忙的水运、乍浦路桥等。片中记录了上海纱厂（国棉一厂）女工的生活，工厂设有托儿所、幼稚园，女工在上班时间对孩子不用多操心。摄影师还行船于苏州河中，拍摄苏州河的繁忙运输，画外音道："河上的交通，日夜不停，船只往来，川流不息。"片中，中山公园内的表演等也展现了中华人民共和国成立后的新气象（图14）。

图 14 《人民的上海》中的苏州河

除了中苏合作拍摄的大型纪录片，中国电影机构自制的新闻短片也是向全中国人民展示新上海气象的重要媒介，这类影片中的大量历史影像是中华人民共和国初期上海城市记忆的珍贵内容。由上海电影制片厂摄制的《新中国简报》第 24 号，讲述了 1950 年 5 月 28 日上海解放一周年纪念日，在外滩黄浦公园举行的人民英雄纪念塔奠基典礼，该片完成于 6 月。《为了人民健康》也是一部新闻片，完成于 1953 年 12 月。该片主要讲述中华人民共和国初期大力开展的卫生运动，其中有组镜头拍摄到了挂在苏州河西藏路桥上的"参加爱国卫生运动"横幅，以及当时苏州河上的交通情景，宣传船沿河开展卫生宣传，岸上的人们将收集的城市垃圾搬运到停泊于苏州河的船上，然后由船只运送到农村或其他地方。当然也有反映百姓生活的短片，如 1959 年 4 月由钱厚祥、殷红摄制的纪录短片《假日的公园》，描述了春天中山公园内划船游玩和外滩公园内孩子游玩的场景。

纪录片在战争年代发挥了巨大的作用。中华人民共和国成立后，周恩来总理曾多次强调影片的宣传教育作用，要求新闻纪录片要"主题突出、交待清楚、有头有尾、层次分明"。1952 年 4 月 4 日政务院 131 次会议上指出："应加强选择题材的计划性，题材的选择必须密切配合国家政治、经济、文化建设的需要，迅速地反映国家建设事业和革命斗争的伟大胜利，塑造工人阶级及其他劳动人民的影戏典型形象，宣传爱国主义及国际主义思想，介绍生产中的先进经验和急需的科学技术知识。"[1]

---

[1] 方方：《中国纪录片发展史》，第 196 页。

譬如彩色纪录片《万象更新》主要介绍 1954 至 1955 年间资本主义工商业接受社会主义改造的情况。片中拍摄了民族资本家荣毅仁建于苏州河边工厂的全景、苏州河边仓库存储的面粉、纱布，福新面粉厂、申新纺织印染第六厂，片中还拍摄了永安一厂庆祝公私合营的队伍去车间报喜的场景。

1959 年 9 月高飞摄像的《赶印花布》拍摄了国营第一印染厂设计花布图样、印制花布的景象。1960 年 8 月拍摄了朝鲜代表参观国棉二厂、阿中友好代表团参观国棉二厂的情况。1960 年，上海市电影局电影科学技术研究所摄制的（上海科影厂）专题片《黄浦江畔》，开篇就是当时苏州河口的外白渡桥、上海大厦、外滩公园、中山东一路以及坐车通过外白渡桥的景况，还有坐船从外白渡桥下通过的镜头，这是对 20 世纪 60 年代上海外滩苏州河区域的真实记录。

中央新闻纪录电影制片厂于 1965 年 12 月完成的《上海在前进》，记录了 20 世纪 60 年代上海城市的发展状况，拍摄了上海的工业、文教事业和市民生活的发展和进步。有部分镜头为原外滩公园，当时已改名为黄浦公园的群众活动场景，该片还拍摄了苏州河边蕃瓜弄的破旧景象。

2. 20 世纪 70 年代外国人摄制的有关苏州河的影像

进入 20 世纪 70 年代，我国对外关系和国际交往打开了新的局面。这时，欧美的纪录片工作者也纷纷来到中国，记录下不同于官方纪录片中的中国形象。

美国国家档案馆收藏的专题纪录片《被误解的中国》摄制于 1972 年，为美国 CBS 新闻台为配合尼克松访华而制作的电视专题片。主要讲述了美国人眼里的近代中国，从早期贫穷落后到传教士来华，逐步成为冒险家的乐园、"二战"时期的盟友，最后成为中国共产党执政下的红色中国。片中有一组俯拍乍浦路桥、四川路桥、邮政局的镜头。

1972 年 5 月 13 日至 6 月 16 日，在周恩来的邀请下，意大利电视台摄影队以科隆博（Furio Colombo）为领队，安东尼奥尼（Michelangelo Antonioni）为导演，来华拍摄《中国》。摄制组来到江南一带的苏州、南京和上海采风，其中，上海有较多着墨。安东尼奥尼主要拍摄人物，各种各样的人物最受其关注。片中，他还拍摄了一组从苏州河北岸大名路坐车上外白渡桥的移动镜头。

此片在国内外获得了巨大的反响。安东尼奥尼作为世界级的大导演，采用实景和自然光，直接拍摄真实的生活，他的自然化、生活化倾向，对当时极其闭塞的中国纪录片导演形成巨大的冲击和震撼，中国的纪录片工作者从中受益良多。

1973年伊文思（Joris Ivens）导演摄制的《愚公移山》也有一组苏州河、四川路桥和乍浦路桥的镜头。这三部片子，构成了当时外国人视野中的苏州河印象。周恩来曾对伊文思提出要求，"中国是什么样，你就按什么样拍"[1]，并为他提供各种技术和人员支持。这部片子被认为是伊文思一生所摄影片中"投资最高、耗时最长、规模最大"者，拍摄时间长达18个月。伊文思的影片，让当时大多数有幸观看纪录片的工作者都被影片所传达的情趣和丰富的人文内涵所吸引。

安东尼奥尼、伊文思的拍摄风格，明显受到了战后西方真实记录电影的影响。他们通过拍摄，让拍摄主体在影片中自己说话，拒绝加入电影制作者的意见，从而提高所摄影像的真实性。[2]

日本纪录片大师牛山纯一拍摄的纪录片《张家宅1978》，记录了1978年上海静安区张家宅居民区一天的生活。有一组从乍浦路桥上向西拍苏州河的镜头，内容有河上运输的船、邮政局、四川路桥，这是改革开放之初上海石库门居民生活最为真实的写照。其中既有买菜、吃早餐、送报纸、街区大扫除等生活场景记录，也有对人物精神状态的特写。片中有一段上海市棉纺十二厂为员工举行退休欢送会的场景，上面记录着当时女工的退休年龄为52岁。工厂还派宣传车欢送光荣退休的员工回家，其中包括了一组在车上过外白渡桥的镜头。这是该时期苏州河工业区工人生活的真实记录（图15、图16）。

图15 《张家宅》中拍摄的石库门里弄居民清晨去菜市场购菜　　图16 《张家宅》中拍摄的上海市棉纺十二厂车间欢送退休职工

1　方方：《中国纪录片发展史》，第285页。
2　[美]罗伯特·C.艾伦：《美国真实电影的早期阶段》，单万里主编：《纪录电影文献》，第95页。

3. 由治污开始的苏州河专题纪录片的出现

苏州河的污染是上海一代人的记忆。苏州河的污染系由沪西工业区的工业污水、沿岸居民生活污水的双重污染所造成。中华人民共和国成立以后，随着苏州河沿岸工厂的发展，周边生活居民日趋增多，苏州河的污染日益加剧，终于超越了其本身的自净能力，成为一条臭河。

从1972年5月由上海电影制片厂制作的专题片《依靠群众改善环境卫生——处理好工业污水和有害气体》开始，苏州河作为一个独立的专题出现在纪录片中，原因在于苏州河污染已经严重到了必须治理的阶段。该片主要讲述治理工业污水、有害气体的问题。有一幕苏州河河口的镜头，站在苏州河北岸拍摄河口、外滩公园等，画面中还有通过"泾渭分界线"的拉货船只。片中还有修建通向苏州河排污管道的镜头，展示了当时向苏州河污水排放的情形。

中央新闻纪录电影制片厂于1982年制作的专题片《愿得广厦千万间》，拍摄了苏州河畔，位于河南路桥东的河滨大楼在楼顶新加三层，解决280户住房需求的故事。该片反映了当时上海的住房紧张问题，记录了当时流行的通过加盖来缓解住房紧张的方式，这是80年代上海人的深刻记忆。

1988年，苏州河治理工程开始，至2008年三期工程结束为止，上海电视台对该项工程做了大量报道，留下了诸多影像资料。

进入20世纪90年代以后，关于苏州河的大型专题纪录片开始制作。

为纪念上海建城700周年，上海科影厂于1991年摄制的纪录片《搏动中的上海》，介绍了上海的经济发展、城市建设、河流污水治理情况等。片中记录了吴淞路闸桥的建成庆典和通行状况，这一工程极大地缓解了外白渡桥的通行压力。片中还有吴淞路闸桥关闸，阻挡千年一遇特大潮汛的镜头。吴淞路闸桥已于2009年拆除，现在，人们只能在影像和照片中看到它当年的形象。片中画外音还概括了苏州河的污染原因，"由于历史原因，生活污水、工业污水，都一股脑地往苏州河中排放"。其中有一组航拍镜头，苏州河、黄浦江交汇处，因污水排放而成为明显的黑白分界。

1992年，作为对历史的记录，上海音像资料馆拍摄了苏州河沿岸的景观与工厂，并由张景岳进行专家解读。当时，摄制组沿着苏州河，坐船一路向西，拍摄沿岸景观及河中往来船只等。进入工业区后，河水泛黑，可见当时污染的严重。摄制组还深入工厂内部，拍摄工厂内景。

1998年，东视纪录片《苏州河最后的渡口》记录了强家角摆渡口的景象。这一摆渡口为两岸居民服务了几十年，1997年12月16日是渡口结束营业的最后一天。以桥代渡，回溯历史，感受变化，展望发展，强家角渡口是一个历史的缩影。

1999年拍摄的纪录片《为了共和国的嘱托——上海工业50年》第1集《中流砥柱》回顾了1949到1978年这30年间上海现代工业的发展历程。在这期间，上海经历了"二六轰炸"、"备战备荒"、工厂内迁、工业大改组，为共和国的工业建设留下了诸多丰功伟绩。片中采访了上海工业发展的见证人，使用了大量珍贵的历史资料，例如上海解放后陈毅主持的产业界人士座谈会、"二六轰炸"对杨树浦发电厂的破坏、公私合营、五六十年代上海工厂车间、劳模英雄等镜头。

2003年问世的《纪录中国：苏州河（1）——水上春秋》介绍了苏州河的由来、河道分布情况和早期货运历史，以及目前苏州河的水上运输和污水治理情况。《纪录中国：苏州河（2）——大桥沧桑》介绍了上海的桥梁建造和改建历程，以及未来的建设规划（片中14分12秒至14分37秒有拥挤的苏州河桥，18分有四行仓库，20分开始有国民党炸毁沪杭铁路桥等影像）。《纪录中国：苏州河（3）——新潮拍岸》介绍了上海开埠以来苏州河两岸公用事业的兴起、西方文化思潮的输入以及苏州河沿岸金融、工业和贸易的发展。《纪录中国：苏州河（4）——远去的工厂》介绍苏州河畔的棉纺厂、面粉厂、印染厂等在上海市政府综合治理苏州河水，进行工业调整时进行拆迁的故事（片中31分45秒有产业调整，用锤子砸掉旧机器，开始转型之路的场景）。《纪录中国：苏州河（5）——两岸人家》介绍了早先居住于苏州河两岸的居民人群和所住房屋的式样。随着苏州河的治理，这些建筑或被保留，或被改造，或被拆除，苏州河两岸的住家和建筑都发生了翻天覆地的变化。《纪录中国：苏州河（6）——河清有日》记录了苏州河的治污过程。苏州河是上海城市发展变化的见证人，100多年来，伴随着上海民族工业的诞生和发展，河水也由清变黑、变臭。改革开放以来，上海为了使母亲河能重新焕发出青春，采取治理措施，使苏州河由黑变清，成为上海一条美丽的金腰带。

2009年，上海电视台又制作了节目《回到苏州河》，共分为《寻找》《问水》《脉动》《文脉》《人和》五部分。

2010年5月10日首播的真实视点节目——《重回苏州河》（共10集，每集24分钟），介绍了上海及苏州河的发展历史、沿岸环境整治、工业区的发展、上海产业结构调整和苏州河工业区的改造、上海本土文化发展的历史现状、上海的移民史和"新上海人"的工作生活情况等。

以上几部以苏州河为主题的大型纪录片，依托于学术研究和历史影像，重回现场，实地拍摄，形成古今对比的效果。

此外，随着拍摄技术的普及，各种民间摄录和航拍等日益出现，影像资料日趋丰富。例如，2000年东视新闻播放的《上海赛艇重回苏州河》，展示了苏州河水质的不断改善，赛艇选手重回苏州河进行比赛。

综合上文所提到的有关苏州河的历史影像，可以归纳出以下特征。

（1）中华人民共和国初期大型纪录片的摄制具有鲜明的苏联特色。这不仅与苏联当时较先进的电影理论和拍摄方法等有关，也体现了当时的政治背景。以1950年中苏合作拍摄的几部片子为代表，合作拍摄的过程也是我国新闻纪录电影工作者向苏联同行学习的过程，这深刻影响了共和国初期新闻纪录片以政治导向为主的拍摄走向，直至20世纪70年代西方、日本来华摄影师带来真实电影的拍摄思路才有所改变。

（2）在中华人民共和国成立后，全国的新闻纪录电影机构掌握在新生的人民政权手中。我国推出了一系列自主拍摄的反映人民生活的新闻纪录片，苏州河在人民生活中的功能成为影片的主要内容。

（3）从苏州河治污工程开始，苏州河作为一个独立的拍摄主题开始出现。在治污工程结束后，伴随着大规模城市拆迁带来的城市肌理变动，几代人记忆中的苏州河形象发生巨大变化。因此，有关苏州河的大型纪录片在20世纪90年代后纷纷出现。当然，此时的拍摄主体已是我国自己的电视机构。

四　结论：影像是城市记忆的重要载体

通过上文100多年来有关苏州河的历史影像素材的梳理与研究，可以发现，苏州河影像贯穿于上海纪录电影发展的整个历史。而涉及苏州河的众多历史镜头，反映了苏州河水体、桥梁、建筑和该区域城市变迁的历史过程。而其中对人们生产生活的拍摄，保存了珍贵的社会记忆。可以说，苏州河的历史影像是近代上海城市记忆的重要组成部分。

近代上海被誉为"东方巴黎"，是远东最大、最发达、最现代的城市。苏州河的历史影像研究，一方面得益于上海在近代独一无二的重要地位，来华摄影师纷纷把上海作为进入中国的第一站，往往也把上海作为中国的代表之一，摄录至宝贵的胶卷中，从而保留了大量珍贵的历史影像。另一方面是近代上海"一市三制"的格局令文化管制相对宽松，使上海成为了近代中国的电影业中心,各种电影公司纷纷成立,有关电影的理论、文化探讨在此纷纷展开。又由于上海的工商业、贸易业发达,人民收入相对较高,有足够的消费人群去电影院观看电影,从而培育了上海的电影市场。产业的支撑令近代上海的电影人才培养、电影制作机构传承有序,为上海在中国电影业占据重要地位奠定了坚实的基础。

纪录电影的拍摄事实上是一种文化记录的范式,随着当代文化发展而不断建构自己对时间、空间的记载。这些纪录影像的制作,包括素材运用的倾向性等,直接关涉创作者的价值观。20世纪30年代的电影从业人员就曾提道:"所以电影比任何娱乐更是重要,发扬国家的强盛,人民文化的进步,都是付诸办电影事业的肩上。"[1]因此,我们要树立用影像来书写"信史"的信念,让历史影像成为城市记忆的重要载体。

---

1 小鹤:《银光业谈》,《影戏生活》1931年第28期。

苏河湾北岸的金融功能与历史遗产

张秀莉*

苏河湾北岸[1]，从区域方位来说，东起罗浮路、武进路、河南北路，与虹口区接壤；西至长寿路桥，与普陀区相邻；南起苏州河，与黄浦区相望；北至交通路、虬江路。全区总面积3.19平方公里，拥有沿河岸线约4.7公里，状如破茧而出的蝴蝶（图1）。苏河湾与外滩、陆家嘴三足鼎立，东侧距外滩只有1 000米，与陆家嘴的直线距离也不过1 600米。从功能定

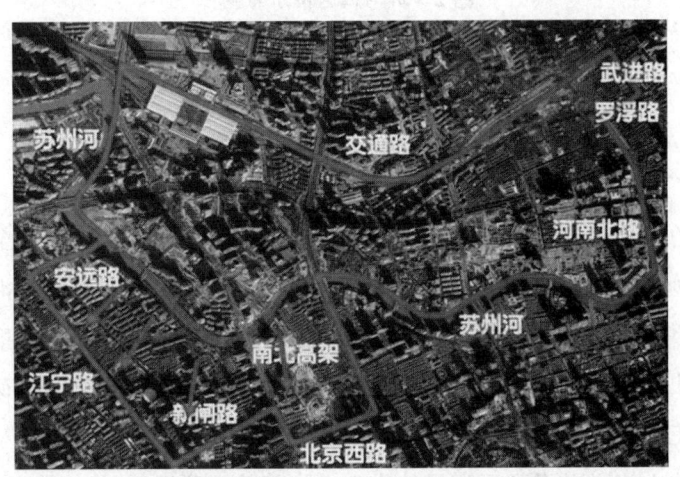

图1　苏河湾整体示意图[2]

---

* 张秀莉，上海社会科学院历史研究所副研究员。
1　关于苏河湾的研究成果有：郑祖安编著：《上海历史上的苏州河》，上海：上海社会科学院出版社，2006年；中国人民政治协商会议上海市闸北区委员会、闸北区苏河湾建设推进办公室编：《百年苏河湾》，上海：东方出版中心，2011年；陈宏主编：《岁月印痕：穿越百年闸北》，上海：上海辞书出版社，2011年；周武等著：《品读苏河湾》，上海：上海人民出版社，2014年。
2　图片来源："上海静安"微信公众号。

位来讲,在近代上海,外滩曾是全国乃至远东的金融中心,而苏河湾北岸可以当之无愧地称为"金融副中心",这里曾是商界精英的发号施令之处,也是新兴金融仓库业的集中之所。

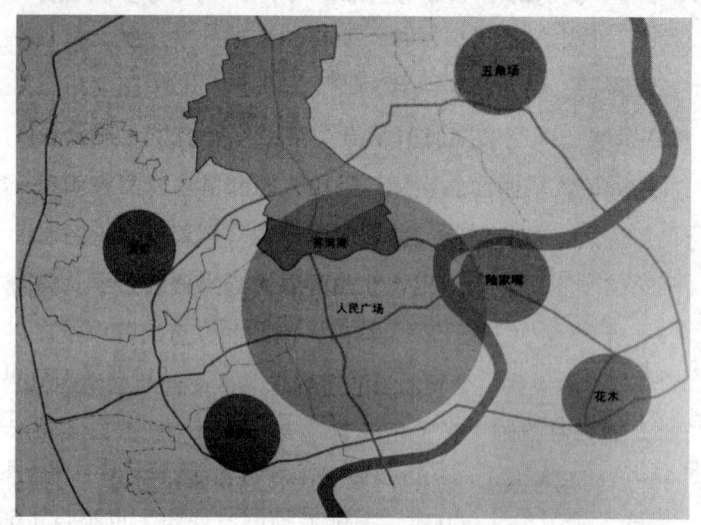

图2　苏河湾区位示意图[1]

一　金融功能的成因

苏河湾北岸曾是金融组织和金融人才荟萃之地。这里有作为上海乃至全国商界领袖的上海总商会,有作为租界钱庄业领袖的北市钱业会馆,有作为票号业领袖的汇业公所,有作为钱业"绍帮"同乡组织的绍兴七县旅沪同乡会。因为这些组织的存在,这里自然也成为近代上海商界名流的出入之所。盛宣怀、严信厚、周晋镳、徐润、祝大椿、朱葆三、聂云台、宋汉章、虞洽卿、王晓籁、冯少山、林康侯、沈联芳、傅筱庵、秦润卿、陈笙郊、谢纶辉、陈炳谦等叱咤于近代上海金融界乃至商界的代表人物都曾在这里活动。甚至可以说,每一个行业的领袖和精英人物都与此地有关,因为上海总商会囊括了各行各业的领袖人物。与这些领袖组织相伴而生的,自然还有他们的住宅,盛宣怀、祝大椿、虞洽卿、徐润都曾在此置有产业,虞洽卿曾在此地长期生活。此外,还有金融界从业人员聚居的均益里、慎余里等。从当时的报端记载中,我们仍可感受到当年这一区域车马喧阗、觥筹交错的商业繁华。

1　图片来源:上海苏河湾投资控股有限公司提供。

那么，为什么会在这里形成金融商界精英汇聚的中心呢？这就要从近代上海的金融地位和苏河湾北岸的地理位置说起。中华人民共和国成立前，上海一度成为全国乃至远东的金融中心。通常作为金融中心的标志有金融机构的数量、总行的数量和货币流通量。中华人民共和国成立前的上海，金融机构密集、资力雄厚、金融市场发达。据统计，至1937年，上海共有54家银行的总行，128家分支行，均占全国各大城市之首。中央、中国、交通、中国农民四大政府银行的总行都在上海，实收资本总额1.675亿元，在全国各地有491个分支机构，放款总额为19.139亿元，占全国各银行放款总额的55.2%，存款总额为26.764亿元，占全国各银行存款总额的58.8%。全国73家商业银行中有36家总行设于上海，实收资本总额达6 210万元，占全国商业银行实收资本总额的74.6%，上海36家商业银行在各地共有278个分支机构，占全国商业银行分支机构总数的68.1%。另有27家外商银行，远远超过香港、天津等口岸城市。国内5家跨地区的储蓄会（局），其总会、总局都设在上海，12家信托公司有10家设总公司于上海，国内最著名的保险公司的总公司也大多设在上海。从纸币流通额来看，据1935年11月实施法币改革前的统计，上海各银行发行的钞票流通总额达3.8亿元，流通地域最广。从20世纪30年代初起，上海又成为全国最大的现银调剂中心和外汇市场。[1] 抗战爆发后，随着金融机构的大量内迁，上海金融业受到重创，但抗战胜利后，南京国民政府抢先"接收"上海。据1946年统计，中央、中国、交通、中国农民四大政府银行的总行都迁回上海。全国190家商业银行，总行设在上海的有67家。其他金融机构，如保险公司，上海占全国的87.3%，信托公司占全国的80%。全国各地较大的地方性银行，也都在上海设立分行或驻沪办事机构。外商银行在上海设立的分行多达40余家。众多的金融机构，同全国各地组成了密切相联的金融网，并同国外大城市的金融市场相联系，使上海成为全国的金融中心，对全国市场资金的调剂融通起着中心枢纽作用，各地的利率、汇率和金、银行市都以上海为依据。上海钱庄的触角也延伸到长江流域南北两翼和全国各地，在内汇市场中发挥举足轻重的作用。[2] 直至中华人民共和国成立前夕，上海尚有官僚资本银行15家、官商合办银行5家、外商银行15家、私营银行114家、钱庄80家、信托公司5家。[3]

正是因为上海金融业的发达，涌现出大批金融界精英。上海的金融机构集中于与苏河湾

---

1 吴景平主编：《上海金融业与国民政府关系研究（1927—1937）》，上海：上海财经大学出版社，2002年，"引言"第11—12页。
2 孙怀仁主编：《上海社会主义经济建设发展简史（1949—1985年）》，上海：上海人民出版社，1990年，第6—7页。
3 中共上海市委统战部、中共上海市委党史研究室、上海市档案馆编：《中国资本主义工商业的社会主义改造 上海卷（下）》，北京：中共党史出版社，1993年，第1083—1089页。

北岸一河之隔的外滩金融中心，从地理分布来说，外商银行集中于外滩黄浦江沿线，钱庄集中于宁波路一带，华商银行集中于江西中路北京路一带。上海总商会选址于苏河湾北岸，是因为这里曾是清政府的出使行辕，上海军政府成立后，把出使行辕划归上海商务公所办公使用，并在此基础上建造了新的议事厅大楼（图3）。钱业的领导机构钱业总公所原设于豫园内园，随着租界的日益发达，县城内的钱庄逐渐迁往租界，形成所谓的"北市"，并且规模超过"南市"，于是在1889年发起组建北市钱业同业组织，并在毗邻租界的河南北路、塘沽路交叉处建造了规模宏伟的北市钱业会馆。票号业也随着在租界内业务的发达，从最初的赁屋办公到集资购买位于河南北路、七浦路交叉处的徐润"未园"作为固定办公场所。于是，3家最重要的金融业领袖组织都集中到了苏河湾，并由此带动了苏河湾北岸的金融功能开发。

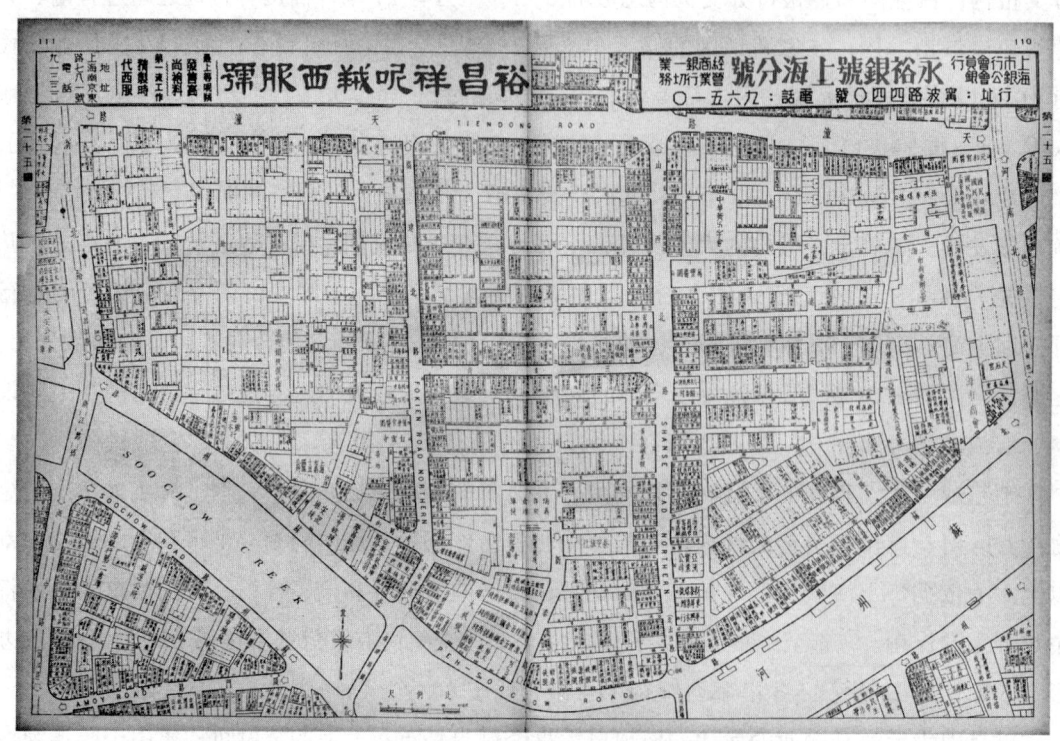

图3　上海总商会地理区位图[1]

---

[1] 图片来源：《上海市行号路图录》，上海：福利营业股份有限公司，1947年，第25图。图中，上海总商会位于北苏州路470号，北市钱业会馆位于河南北路、天潼路转角处，新泰仓库位于新泰路57号。

二 金融仓库的集聚

当人们漫步于今天的苏河湾北岸，肯定会对一幢幢外观宏伟而又空空荡荡的建筑感到好奇。这些建筑究竟是干什么用的？这些建筑就是20世纪二三十年代留下来的金融仓库，迄今已有近百年的历史，风雨洗礼让那些尚未修复的建筑显得有些萧索破败。然而，当年这一区域可是商品吐纳的中心，苏州河里舟船相接，河岸上人声鼎沸，北苏州路、文安路、甘肃路、曲阜路到处都是忙忙碌碌的搬运场景，各类大件商品出仓入仓，把这个区域的马路、水路挤得满满当当。

图4　20世纪40年代末苏河湾区域鸟瞰[1]

从西藏路桥以西的光复路195号向东，依次有交通银行仓库、福源福康钱庄联合仓库、四行仓库、大陆银行仓库、中国银行仓库及货栈、中国实业银行货栈、中一信托公司仓库、滋康钱庄仓库、中国工业银行仓库、浙江兴业银行货栈、聚兴诚银行仓库、江苏农民银行仓库、金城银行仓库、浦东银行仓库、永康银行仓库、四明银行仓库、新华仓库、金源钱庄仓库。其中，银行仓库14家、钱庄仓库3家、信托仓库1家，总计18家（表1）。这些仓库的

---

[1] 图片来源：上海苏河湾投资控股有限公司提供。

容量很大，面积在 5 000 平方米以上的达 13 家，其中 4 家超过 1 万平方米（图 5）。

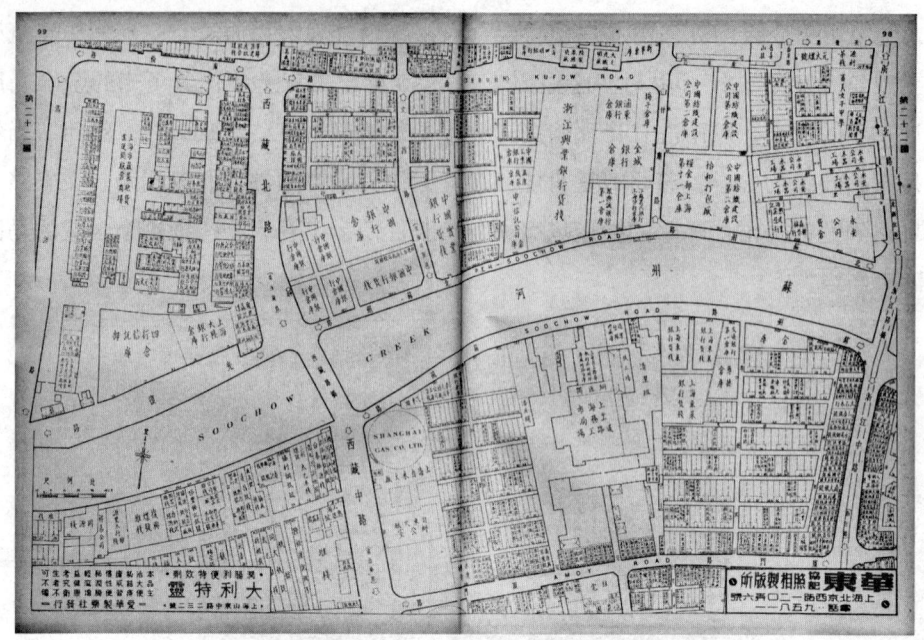

图 5　金融仓库地理分布图 [1]

为什么在苏河湾区域会形成金融仓库区？首先，这一区域与金融机构集中的外滩区域只有一河之隔，业务往来便利，而且地价要比租界低得多，适合占地面积较大的仓库建筑。其次，苏河湾区域拥有得天独厚的地理优势，这里面临苏州河，背靠沪宁沪杭火车站和上海东站，水陆运输方便，有利于储存货物的吞吐和运输。仓储业大量物资的运送都依赖于苏州河的船舶运输，因此沿河而建最为便捷。鼎盛时期，苏州河沿岸的仓库曾达 70 余家。再者，这里有广大的客户来源。20 世纪头 20 年，闸北已成为上海华界民族工业的基地，享有"上海华界工业大本营"之美誉。据统计，至 20 世纪 20 年代末，闸北华界地区有较大工厂 256 家，占全市较大工厂 566 家的 45.23%。据 1930 年上海工业门类调查，闸北华界的纺织、化工、食品、印刷和机电工厂数分别占同业工厂总数的 41.57%、23%、22.38%、29.57% 和 16%。[2] 闸北的大批工厂在资金方面依赖银行贷款。当时不论外资、中资银行，借款总坚持以坐落于公共租界内的地产，或存于公共租界区域内的仓储货物作为担保。这样的融资惯

1　图片来源：《上海市行号路图录》，第 22 图。
2　陈宏主编：《岁月印痕：穿越百年闸北》，上海：上海辞书出版社，2011 年，第 158 页。

表 1　苏河湾北岸金融仓库一览表

仓　名	所在地	创办年月	仓库容量
中国银行仓库	北苏州路 1040 号	1921.05	200 000 平方尺
浙江兴业银行货栈	北苏州路 970 号	1919.08	188 000 平方尺
江苏银行堆栈	光复路	1931.05	粮食 4 万包
金城银行仓库	甘肃路 23 号	1929.04	102 880 平方尺
中国实业银行第一堆栈	北苏州路 1016 号	1925.08	68 000 平方尺
中国实业银行第二堆栈	文极司脱路（今文安路）	1933.01	
中一信托公司仓库	北苏州路 988 号	第一堆栈 1921.10 第二堆栈 1925	32 000 平方尺
大陆银行仓库	光复路 1 号	1931.05	60 000 平方尺
四行信托部仓库	光复路 21 号	1931	129 000 平方尺
交通银行仓库	光复路 195 号	1933.01	60 000 平方尺
福源福康钱庄联合仓库	光复路 113 号	1931	40 000 平方尺
浦东商业储蓄银行仓库	曲阜路	1941.03	
新华仓库[1]	甘肃路 79 号	1925.04	60 000 平方尺
江苏地方银行仓库	北苏州路 944 号	1942 前后	5 000 平方尺
聚兴诚银行仓库	北苏州路 948 号	1946.06	16 000 平方尺
中国工业银行仓库	北苏州路 996 弄 20 号	1942.06	
滋康钱庄仓库	北苏州路 996 弄 16 号	1933	16 000 平方尺
四明银行仓库	曲阜路 130 号	1941	30 000 平方尺
永康银行仓库	北苏州路	1942	
安裕钱庄仓库	北苏州路 740 号		12 000 平方尺
江海钱庄仓库	新闸路 1209 弄 60 号		6 000 平方尺
浙江地方银行第一仓库[2]	北苏州路 996 弄 20 号	1937.04.01	

※ 资料来源：综合中央银行经济研究处编：《仓库经营论》（上海：商务印书馆，1936 年，第 81—82 页），上海市档案馆藏相关档案及《申报》《银行周报》《金融周报》等资料编制而成。

---

1 最初由宝大裕钱庄和五丰钱庄合办，名曰"宝五仓库"，1925 年 4 月开业，1935 年 2 月停业后由英商泰利洋行接手经营，1936 年 4 月，转由新华银行和五丰钱庄共同经营，业务逐步走向鼎盛。
2 后转让给中国工业银行仓库。

例，要求华界工厂需将抵押物资存放于租界之内或靠近租界之地。在这种"信用惯例"的影响下，介于华界工厂区和租界之间的北苏州路和光复路一带便成为仓库和堆栈的首选之地。

或许会有人质疑，金融仓库只是一个存储物品的场所，能算作金融业务吗，金融仓库聚集就可算作金融副中心吗？从金融仓库的经营来看，金融仓库绝不只是一个存储场所，而是近代金融机构的核心业务之一，形成了一系列完善的法律法规条例、组织体系、营业规则，并成为银行盈利的一个部门。

众所周知，银行放款及其所产生的存贷差是银行利润的主要来源之一，与早期钱庄不同的是，银行的放款大部分是抵押放款，用作抵押品的有道契、有价证券，但更多的是贷款企业以自己生产或经销的产品作为抵押品，而这些抵押品就需要保管的场所。随着钱庄营业范围的扩大，在放款中也大大提高了抵押放款的比例。在金融仓库产生以前，这些抵押品通常都存放于贷款的客户那里或者银行指定的商业货栈，银行只是办理一下相应的抵押保证手续。但是，1927 年发生于天津的"协和贸易公司倒闭案"为银行敲响了警钟，改变了银行家对于自办仓库的态度，金融仓库业务迅速推广。

协和贸易公司为华人自办贸易公司之一，办理进出口货物，资本原为 10 万元，后增加至 70 万，声誉甚隆，成立三四年，一跃而为一流贸易公司。该公司总部设于天津，在大连、青岛、上海、汉口等口岸城市均有分公司。该公司向各银行办理抵押贷款竟达 500 万元，担保品都存在与协和公司关系密切的瑞通货栈，事实上该公司的抵押存货远不及抵押贷款之数。但由于银行对其内部情况失察，该公司突然宣布停业清理后，总经理祁礽奚事前早已逃匿。该公司实际资本不及 100 万元，债务竟达 500 余万之巨，其中中华懋业银行 100 余万，中元实业银行 60 余万，中孚银行 30 余万，中南银行 50 余万，中国银行 10 余万，浙江兴业 10 余万，交通银行 10 余万，华威银行 10 余万，中华汇业银行 9 万，各外国银行华账房共 150 万。中元实业银行董事长王弼侯，即协和贸易公司董事长，对于该公司放款额数甚巨，对外宣布，名为 60 余万，其实不止此数，且所有放款，均属信用放款，经此打击已不能维持，随即发出通告，宣布停业。[1] 与此案关系密切的瑞通货栈设于协和贸易公司附近，曾在美领署注册，其洋经理为前驻津美国副领事康纳西（Carnist），对外均由康出面，但其内幕仍为祁所主持，华经理严曰曾，曾经留学美国康奈尔大学，与祁礽奚关系最深，他担任瑞通华经理，亦为祁所引进，协和公司每至周转不灵时，恒以瑞通之存货单向银行抵押借款，各银行对于瑞通亦颇信任，对于存货的实情缺乏严密的考察，最终酿成严重后果。

---

1 《协和贸易公司倒闭案》，《申报》1927 年 7 月 17 日第 9 版。

协和贸易公司的倒闭，使金融界为之一震，由协和贸易公司的遭遇可以看出自营仓库存放抵押品对于保障放款安全的重要性。因此，银行投资创办金融仓库的热情大为提高，至20世纪30年代，苏河湾北岸的金融仓库蔚然兴起，尤其是1937至1939年间，因物资囤积风行，仓库业务极盛。抗战胜利后，又出现新一轮高潮，截至1948年，上海金融仓库共达50余家，计战前原有20家，战后复业者3家，新创者30家。[1] 苏河湾金融仓库区就是在这一时期逐步形成的。

随着金融仓库的发展，上海市银行公会、钱业公会、信托业公会于1933年10月共同制定了《上海市银钱信托业仓库营业规则》，1937年3月进行了修正，1947年3月再次进行修正，金融仓库正式作为金融业务内容走上了规范化管理。不仅如此，金融机构通常设立仓库部或在信托部下专设仓库业务进行专门管理，仓库部主任通常由银行襄理兼任，仓库设有专门的职员进行管理，装卸搬运等事务则另行雇用工人。

银行办理仓储业务，优点有三：一是为降低抵押贷款的风险；二是作为银行的经营业务之一，密切与商界的关系，客商办货，往来各埠，向某行作押汇者，如于货到埠时，存入该行仓库，可使客商感觉手续简便，而该行亦多一重保障，银行往往对以自家仓单抵押放款的客户给予利息优惠，对于客商而言又是一重便利；三是拓展银行业务，如果银行仓库对外信誉卓著，营业发达，存户众多，则对于该行办理押放时，帮助之机会自多，客户与仓库人员，因货物之寄托保管，双方发生联系，仓库人员可择其殷实可靠者，介绍与本行发生业务关系。从金融仓库的实际运作来看，仓库业务已成为银行盈利的来源之一，而不仅仅是用于抵押放款保障的手段。在此意义上说，金融仓库业已成为近代上海金融业的衍生品。当然，不可否认近代上海金融仓库业务的发达也与囤积之风有关，尤其是1937至1939年间以及抗战胜利后的恶性通货膨胀时期。但是，它也为战时的物资与粮食储备，调剂物资、吸收游资、安定社会经济发挥了积极的作用。

三　城区更新中的功能延续与再造

今天的苏河湾北岸，依然保留了不少沿苏州河分布的金融仓库，这是苏河湾的宝贵历史遗产，随着苏河湾商业地位再度崛起，产业聚集功能蓄势待发，如何利用这些保留下来的金

1　沈祖荣：《访新华仓库先生》，《新语》1948年第13期。

图 6　苏河湾北岸金融仓库今貌（鲍世望　摄）

融仓库，重塑这一区域作为金融和高端商务区的功能，对于新静安区乃至上海市而言都是具有划时代意义的重大工程（图 6）。

2017 年 6 月 19 日，静安区出台的苏河湾地区"一河两岸"规划方案中，已提出"东部地区建设金融创新拓展区"，这一开发定位因应了该区域曾有的金融功能和历史遗产。那么，如何接续与外显这一区域的功能，做强"苏河湾"品牌，使之成为继陆家嘴之后的又一地标，就需要整体性、系统性的设计规划。大凡依托特定地理区域的品牌建设，我们都称之为"地"之内涵挖掘。在这里，"地"主要指各类型固定资源，既包括历史故事、历史人物等非物质性资源，也包括建筑物、自然环境等物质性资源。文化与区位、自然环境、历史轨迹等要素的结合，有助于催生无形资产。一般而言，资源富集、区位良好的区域，也往往容易形成具有优势地位的无形资产。无形资产的"品牌化"分为四个阶段。第一阶段是无形资产的社会化阶段。社会化阶段就是从无形资产向无形资产的传播过程，如历史故事、产业基因向品牌的传播过程。通过无形资产的社会化阶段将无形资产进行传递、共享及创新，增强组织的核心竞争力。第二阶段是无形资产的外化阶段。就是将产业定位、优势资源等隐性部分转化为显性部分，并向人们传达，促使消费者和投资者对地区品牌的认识从感性认知提升为理性认识的过程。第三阶段是无形资产的整合阶段。整合阶段就是把无形资产的显性部分与隐性部分不断聚合，相互碰撞、融合，并产生新的理念，最终浓缩为该区域的核心理念，既为本区域认可，也为外区域行为主体所接受。第四阶段为内化阶段。内化阶段中，新创造的理念再次转化为本区域的无形资产，并促使地区产业功能和核心竞争力的提高。

　　落实到开发和产业引入的层面，可以着眼于四个途径。一是讲好苏河湾的历史故事，可以在保留下来的金融仓库或重建的上海总商会中建一座苏河湾博物馆。二是着力引入金融风险防范类的金融机构，将该区域打造为抵押品评估、仓库业指挥中心、金融信息交流中心，作为金融风险管控机构和组织的集聚区。三是由此形成高端金融人才和商界人才的聚集，成为高端会所的集聚地。四是配套相应的休闲、文化、艺术设施与产业，形成文化创意产业集聚区。

保护城市人文遗产要彰显多元化和多样性

汤 亮[*]

今天的中国,正在经历着快速城市化的历史变革过程。在过去30年的经济发展中,包括上海在内的中国城市的格调都在快速现代化,几乎所有的老街区都在迅速翻新改造,或者变成崭新的建筑群。这就产生了一个巨大的矛盾:新的城市建设布局让生活更美好的同时,与保护城市人文遗产形成了激烈的冲突,有的甚至成为令大众舆论备感焦虑的社会问题。

城市的人文遗产都是不可复制的稀缺资源。破坏容易,恢复很难,就算是按照原来的面貌重建,赝品哪能与真迹相提并论!更为重要的是,类似问题如果不再高度重视的话,我们留给子孙后代的城市,就会是一个丧失历史记忆、缺乏文化传统和人文精神的城市。从根本上说,这也有悖于现代化城市建设的初衷。

下面,我与大家分享一下,我对3个问题的思考。

1. 城市历史人文遗产的保护原则是什么

对于一座有着悠久历史传统和文化传统的城市来说,要保护的人文遗产实在太多了。所以也经常听到有人说:保护的道理都懂,但是如果这个不能拆,那个也不能动的话,城市怎么发展?对于城市的规划者和管理者来说,这是一个共同的烦恼,所以我们要首先搞清楚一个保护的原则。

1977年,当中国刚刚走出对传统优秀文化产生巨大破坏力的"文革"噩梦时,世界上优秀的建筑师们就聚集在秘鲁的首都利马,就"城市文物和历史遗产的保护",发表了《马丘比丘宪章》,提出了一个著名的原则:"城市的个性与特征取决于城市的体形结构和社会特

---

[*] 汤亮,奥盛集团有限公司董事长,全国政协委员。

征，因此不仅要保存和维护好城市的历史遗迹和古迹，而且还要继承一般的文化传统。一切有价值的，说明社会和民族特征的文物必须保护起来。"这段话浓缩了"马丘比丘精神"的两个方面：一个是保存历史遗迹和古迹，另一个是保护有价值的，体现社会和民族特征的文物。

对于许多中国城市的现状来说，"保存"文章做得很优秀，"保护"文章做得不及格。为什么？因为人人都知道历史遗迹和古迹有着重要的经济价值，是招徕四方旅游者的聚宝盆，谁都愿意积极保存。但对于"有价值的社会和民族特征的文物"，就搞不明白是什么东西了，淡然漠视并随意毁坏的现象比比皆是。

与此形成鲜明对比的是，我们去欧洲历史上的一些经典旅游城市，就会惊人地发现，他们在保护城市人文遗产上做得非常出色的地方，恰恰就是保护"有价值的社会和民族特征的文物"。与城市发展历史有关的人文遗产，几乎做到了举目可见，甚至触手可及。

对于以世界级大都市定位的上海来说，这个问题更加具有紧迫性。上海城市人文遗产的保护工作起步较早，城市规划也早就嵌入了这个议题，对于开埠以来有名气的历史古迹，应该说都很在意保护，政府的投资力度也很大。但是对于"有价值的社会和民族特征的文物"的保护，我觉得重视力度还不够，空白点还有很多。最近发生的两起人为破坏优秀历史建筑物的案例，就足以给我们敲响警钟。

2. 保护好名人故居是保护上海人文遗产的重要抓手

习近平总书记20多年前主政福州时，对于修缮保护福州的历史之源、文化之根的"三坊七巷"，曾说过这样一段话："评价一个制度、一种力量是进步还是反动，重要的一点是看它对待历史、文化的态度。要在我们的手里，把全市的文物保护、修复、利用搞好，不仅不能让它们受到破坏，而且还要让它更加增辉添彩，传给后代。"总书记为什么对此如此重视，因为他非常清楚，从晚清到民国，三坊七巷中走出了许多名人，几乎浓缩了半部中国近代史，如果把他们的生活痕迹全部抹去，等于给历史留下了空白。

福州如此，上海更有过之而无不及，因为上海是整部中国近代史的一个缩影，从晚清到民国这一段波澜壮阔的历史中，几乎所有的历史名人都曾经在上海生活过。沪上的名人故居之多，恐怕要居全国之首。所以，我认为，对上海这座城市来说，"有价值的社会和民族特征的文物"，除了人们常说的外滩建筑群、百年商业街、石库门建筑和水乡古镇外，上海的众多名人故居也是一个重要内容。

名人故居，群星灿烂，是上海人文遗产的一大特色。但为什么一些名人故居却没有被刻意保护,甚至被随意毁坏,留下很多空白点呢?原因在于评判哪些名人故居需要保护的问题上,我们缺乏一种历史的求实态度,对名人的标准太苛刻,对名人的生平不了解,对名人的故居不敬畏。其实,只要是对历史的进步、城市的文明有过贡献的,在中国近代史上有过作为的,我们都应该尽可能地通过各种方式,保存和保护他们曾经生活过的痕迹,以彰显城市人文遗产的多元化和多样性。

由此,我想起一件事。我曾在上海岳阳路190号宴请朋友,这座小洋楼是民国名医牛惠霖、牛惠生兄弟俩的诊所旧址,如今是一家日餐馆。门口有一块小小铭牌,用短短两句话,记载了这座历史优秀建筑的前生往事。我想顺便看看1927年时,牛惠霖在白色恐怖下为陈赓大将看病的房间,可惜没有标记,也没人知道。更让我感叹的是,当我谈起牛家昆仲时,座中诸公竟然都很茫然。其实,民国名医牛惠霖、牛惠生是值得后人纪念的。牛家是晚清的沪上望族,与宋庆龄家族有数代的交情渊源。兄弟俩是中国最早的国际级名医,既给蒋介石、汪精卫看过病,也给红军将领陈赓动过手术。他们不仅开办了中国第一家骨科医院,还是中山医院的第一任院长,对达官贵人与贫困市民一视同仁,还在炮火纷飞的抗日火线上救助伤员,高尚的医德为世人赞誉。如果我们只是在意保护建筑物,而忽略了与建筑物相连的人物和他们生平事迹的陈列,真是城市人文遗产的一大缺憾。

可以想象一下,如果我们把上海开埠以来的所有名人故居都保护和开发好,既保存历史优秀建筑,也留存这些名人的生平事迹,上海就可能涌现出数以千计的新人文景观。通过不可移动文物,陈列历史名人的生平事迹,不仅可以充实中国近代史,还可以极大地丰富城市人文遗产的内涵。

3. 城市的规划思路要与时俱进,要有"升级版"思考

从改革开放初期到现在,随着城市经济的快速发展,上海的城市规划实际上也在不断修订,规划建设的重点也经历了一个抢先发展城市经济、优先解决市民住房、彻底改变城市布局的过程。最近,市委市政府提出建设一个"令人向往的卓越的全球城市"的新目标。建筑可以阅读,街区适合漫步,城市始终有温度,着力打造"创新之城、人文之城、生态之城"。可以这么说,在未来的城市建设和管理中,必须置顶考虑如何更好地保存城市历史记忆、保护城市人文遗产。

任何人文遗产都是一种文化形态。上海城市发展历史的基本特征是中西文化的融合,上海是一座移民城市,多民族文化在此碰撞交融,给上海带来了浓墨多彩的文化色调,这是城市人文遗产中不可或缺的一部分。这方面也有不少空白点。譬如,我们讲起20世纪前30年

的上海租界文化、上海的"欧风美雨"时,关注的重点往往是英美文化的侵袭,以及他们遗留的历史陈迹,往往忽略上海历史上犹太人和白俄这两大移民群体带来的文化影响力。实际上,上海滩上法兰西格调文化的传播,更多是由当时倾慕法兰西文化的白俄移民完成。上海的第一家洋菜馆、第一家咖啡馆、第一家女性内衣店、第一家西式糕点店等,都是白俄移民所开办。非常可惜的是,在历史传承链上,如今都存在空白的中断。还有20世纪"二战"时,上海曾经接纳过近2万犹太难民,这是上海这座城市的历史闪光点,但是,犹太难民曾经来过这里的痕迹,如今也是陈迹难寻。我觉得,城市规划的"升级版"思考,应该着手考虑解决这些问题。

现代城市的本质是文化,一个没有文化传承的城市是没有品位的城市。我与大家分享这些零碎的思考,就是希望城市人文遗产的研究和保护,更加注重多元文化、多样文化的历史细节保存。只有把这种细节充分挖掘出来,展现在世人面前,上海这座城市才能更加焕发出与众不同的、独特的历史价值和历史魅力。

城市史研究能为旧城更新做什么?

邹 怡*

当下的中国,正经历着前所未有的快速城市化。城市建成区大幅扩展,旧有的街道坊巷翻新改造。在此过程中,经济效率和文化传承发生着激烈的冲突,尤其是在旧城更新领域。目前,绝大多数旧街区在旧城改造中的命运,就是被摧毁推平,重做规划,建设新城,甚至原有的肌理不存一丝痕迹。少数拥有文物保护单位的旧街区,从文物保护和公众展示的角度入手,走上旅游开发之路。但是,达到文物保护等级的旧街区毕竟只是少数,大多数旧街区虽然呈现了当地传统的市井生活,但建筑年代尚不足久远,存世数量尚不及濒危,精美程度亦不及罕有,往往处于拆除和保护的中间地带。在追求建设速度和用地指标有限的压力之下,这逡巡两难的结果一般都向着拆毁推平倾斜。

在国家发出"千城一面"的警示,提出保护历史文化街区的倡议后,地方又开始注重甄选历史文化街区,但保护和利用模式高度雷同,不外乎景区商业开发和引入创意产业等套路。模式的雷同,等价于创意的缺乏,暗含着保护动力的孱弱和价值认识的混沌。

在现代城市建设中,旧街区还有怎样的价值?从这些价值出发,哪些旧街区值得保护?要保护旧街区中的什么,如何让旧街区为城市居民提供更为舒适的生活环境?旧城的妥善更新直接端赖于这些问题的解答。

---

* 邹怡,复旦大学历史地理研究中心副教授。本文删节版曾发表于《文汇报》2017年8月4日"文汇学人",此次收入会议论文集者系修订版。本研究得到教育部人文社会科学基地重大研究项目(16JJD770009)资助。

一　城市本身是历史层累的结果

　　城市，是人类生活的一种容器。人类一直努力地利用和改造自然，营建和改进居住环境。相比农村，城市的人口更为集中。集聚的人口有利于降低各种公共服务的成本，降低人们互相寻找和提供专业服务的成本，从而更为有效地改善人居环境。私家住宅、公共建筑、大小道路、服务设施，在城市中集聚的人口，便利地互相利用各自所能提供的服务，不仅包括衣食住行，也包括权利保护。在城市中，人们不断创造和实现着生活的梦想。

　　人类梦想的实现，是一个基于自然、超越自然的过程。城市，作为一个人工构筑的生活环境，目的在于克服人类裸露于自然时所遭受的一些不利条件，譬如风、雨、寒、热。这些条件，换个角度，同时也就是人类生存所倚赖的空气流通、水分补给和热量交换。所以，城市是人类有限度地调节自然，令其顺应人居的一种装置。各地风土不同，因之对自然进行利用及调节的对象和力度也各有差异，城市为此也呈现出顺应自然的不同风貌。在利用和改造自然的过程中，人们集聚力量，结成合作、保护等各种社会关系。街区、宅形、立面，城市中的各类空间设置，既是对自然的调适，也是对社会秩序的表达。同时，空间的区隔反过来也成为人群交往的通道或是障碍，对社会关系的塑造产生深刻的影响。所以，城市的发展过程是人类憧憬梦想的物质空间和社会关系与现实所直面者之间反复冲突、调和、互动、再生，不断螺旋前进的一个过程。每座城市的样态，便是前述历史过程层累的结果，是地域文明足迹的凝聚集合。

　　当代城市的快速发展，本质上是更快地不断提出新的人居模式。各种新模式的产生速度，快于旧模式的消亡速度，从而加剧了新旧街区的并存，形成更为鲜明的新旧对照。不可否认，新城区的建设，在建筑和街区两个尺度上都有相对于旧城区的优越性。但是，现代交通和通信技术的发达在便利了现代城市建设技术快速传播的同时，也易于导致超越地方风土特性的直接搬用，产生水土不服的现象。这水土不服，可能是对当地水热条件的不适应，也可能是与当地居民生活习惯的不贴合。而在新的社会经济条件下，旧城区的生活样态却时常显露出适应新形势的柔韧性，随着人口密度的变化和现代生活的需求，不断萌生顺时调适的草根智慧。所以，从历史的眼光来看，新旧城区就是不同人居智慧的体现，新旧城区的同时存在，给予了居民比较和选择的可能。他们的关系，更多的是并存互补，而非你死我活。

二 旧城更新中存在的问题

的确,旧街区基础设施相对落后,居住体验缺憾甚多。最简便的改造方法就是将旧城完全推平,凭借强有力的工程机械,以教科书为蓝本,规划和建设配备现代基础设施、符合现代生活需求的新城。这一做法初看并无明显不妥之处,但快速城市化的喧嚣尚未散尽,与之伴生的问题便已逐渐浮现。经由历史长期积淀而成的城市独特风貌被清除,旧城亦被同化为千城一面的新城景观。为改变雷同无趣的城市面貌,人们曾寄希望于拥有丰富想象力的建筑师。然而,一幢幢极具个性的建筑,单体纵有特色,置于周边环境之中,却显突兀粗暴。一座城市,若突兀此起彼伏,则变成了一座供人猎奇的建筑动物园。所谓突兀,就是与城市风土基底的不匹配,与城市居民审美意趣的不和谐。城市风貌的独特样态,蕴含着调适自然风土的历史智慧。城市居民的审美意趣,内化了城市长期积淀的文化品位。两者均隐含着城市居民所期许的生活环境和社会关系。

为容纳涌入城市的大量人口,新城不断建设。然而,在此过程中,新城也没有给进入城市的人们带来预想中那么多的幸福感。人们在享受现代物质生活条件的同时,感到了现代城市空间所带来的人情淡漠。"记住乡愁"正是在这样一种时代氛围中被提出。这一提法,表面上是对往日生活场景的一种怀念,实质上还是对未来舒适生活的一种追求。这种追求以"怀旧"的方式被提出,提醒了我们当前的城市建设仍有不适应人们实际需求的地方,而这些需求在历史上曾有过智慧的解决之道。

在此意义上,依然人来人往的旧街区就是活着的历史智慧。这些智慧,不仅是建筑样式、街区布局,也包括了居民的空间利用、生活样态。并且,因应着居民的多元,这些智慧背后蕴藏的美学和伦理等人文价值也具有鲜明的多元特色。不同居民的知识背景不同、收入层次不同、价值观念不同,他们在长期微观实践中磨合出的居民交往模式和社会生活样态,构成了一种能包容多样价值观的整合形态,成为城市风貌和城市精神的基本物质依托。有怎样的人群聚合,就会建成怎样的城市。城市独有的发展脉络和潜能后劲即蕴藏其中。所以,旧街区需要传承的核心是生活和交往的历史智慧,对建筑和街区等物质形体的妥善安置应当在此观照之下。

但是,实践中的旧城更新大多并没有将居民生活和交往的历史智慧作为传承的核心,将旧城完全拆除推平的做法自不待言,但已顾及文脉传承的旧城更新大多也只是片面地着眼于建筑形体和文化意象,在操作中逐渐异化了旧城更新的核心价值。近年来,各地出现的非全拆型旧城更新,最常见的做法是依托旧街区中的若干文保单位,基于对旧时风貌的想象和市场需求进行街区和宅院改造，强化传统元素表现，增加现代商业设施，建成观光商业街区。另一种常见的做法是依托工业遗产，保留旧建筑的基本框架，重做内部分隔，适配城市产业的升级换代，辟为创意园区。

前述两种模式已成为各地旧城更新的常规思路，但其实施条件其实颇多特殊性，旧城中更多的还是既非文保单位，亦非工业遗产，却具时代特色，居民依然往来的生活街区。路口的点心铺，街角的皮匠摊，楼下的龙门阵，邻里的饭菜香，这是城市中最本真、最具烟火气的地方，也是一座城市社会风貌最为基本的组成部分。此类街区中建筑稍具特色者，已开始被纳入"修旧如旧"的保护和再利用，开发为高级商品房或酒店式公寓、工作室单元。但其中一些具体做法，受到了规划和建筑学者的诟病："修旧如旧"被替换为摹形重建，最终效果几乎等同于推平重建，只是利用了原址旧宅中的一些美学和历史元素，宅形和容积率等均瞄准目标客户发生了不小的变化。不过，笔者认为，这类更新中最大的问题还不在此，而在于更新后的街区完全不以原有居民为目标人群，原有居民亦无经济实力回迁。经过更新的街区，房地价格高企，新入住居民在收入水平、价值理念、生活习惯和人际交往等各方面与原有居民大相径庭，当地原有的生活样态发生了根本的变化。所以，这样的旧城更新实际上是用行政权力对市民居所重做配置，用行政权力改变了旧城中的生活样态。重新配置的结果，表面上看起来符合市场精神——优质区位、高地价区域配置高收入居民，但是，重新配置的过程却没有使用市场渠道，而是借助了行政的强制力，旧城更新行动与原有居民发生的冲突即根源于此。

正因为这类旧城更新的目的是对市民居所重做配置，所以更新设计就并未在乎原有居民的生活样态，而将重点置于建筑形体，甚至只是文化意象，即想象中的街区风情。虽然这样的更新已有了城市人文遗产保护的意识，但被视为城市人文遗产的只是特色建筑，没有包括居民生活。顺此逻辑，迁出居民，整修旧宅，甚至拆除旧宅，利用旧宅的美学元素，辅以对旧日风情的想象，重建适合高收入目标客户的商品住宅，这些做法也就很好理解了。这一过程中，旧街区中的历史元素，包括物质上的建筑形体和精神上的文化意象，均被用作抬升房地价格，吸引高端住户的工具。

既然大多数旧城更新行动并不打算保留原有居民，而是希望在该街区引入另一批居民，更新的规划设计当然不会听取原有居民的想法，原有居民也没有足够动力参与至更新方案的决策和实施中，而只会胶着于得到多少补偿，也就是市场渠道的配置价格。这样的街区更新，脱离了原地居民的生活，实质上切断了城市的人文脉络，用决策者和设计者的历史想象代替了原本传承至今的生活样态，而后者才是一座城市真正的人文脉络。

三　城市史研究能为旧城更新做什么

　　与旧城更新实践不重居民生活样态、只重建筑美学的做法相表里，对旧街区历史价值的认识存在着重大误区：只是单一地从建筑景观角度入手，而没有从城市发展的内在动力、外在条件和社会依托等方面加以综合的体认。一片旧街区得到重视，起因时常是因为街区内存在着精美或独特的建筑景观，随后为着建筑的保护方才引入对其相关历史背景的理解。这么做的结果，一方面，受建筑存留随机性的影响，对城市发展脉络的保护极有可能是片段的，缺乏系统的；另一方面，对建筑和街区价值的理解也缺少对人的活动的足够关怀，尤其是对延续至今的居民生活样态的重视。

　　因此，旧城更新和城市人文遗产保护的思路，就不能以散点分布的建筑保护为起点，而应从记录足迹的城市历史出发。以城市历史为基准，遴选在城市发育进程中曾发挥关键作用的地物和建筑作为保护对象，并且有意识地基于城市历史去寻访、发现和保护具有鲜明时代特色的建筑或街区，从而系统地保留城市发展的历史足迹。当然，并不是所有的旧街区和旧建筑均需要无条件地保存下来。哪些历史遗存需要保留，只有以城市变迁线索为参照进行寻访和筛选，才能克服以散点建筑为起点的保护所导致的碎片化，尽可能地达成城市历史足迹留存的系统性。已脱离现代生活，且数量稀少、无法再生的历史遗迹，需进行原样保护。居民正常生活至今的旧街区，若在城市历史参照下具有存留价值，则应在控制性地保护街区及建筑基本形体的同时，为当地居民提供延续原有生活样态并加以改进的空间，因为那是活着的城市人文脉络。

　　所以，对城市史的理解就不能局限于地方名人故事的串联。从外部区位到内部结构，从名人故事到平民生活，城市选址布局、风貌景观、社会结构和生活样态的演变，揭示了地方民众顺势而为、聚力合作的生存智慧。城市的自然基底条件和人力资本特点，既是城市曾经的动力，也是城市未来的基础。

　　自然地表是城市立足的舞台，城市的选址和缘起，必然与地表形态有关。各种地貌中，河流和山脉对城市选址的影响最大。这两种地表形态，分布广泛，既可能是人类活动的障碍，也能成为人类移动的通道。自然通道的人工修整、加固和确定，便成为道路。城市，是一个人口和资源高密度集中的空间区块，其维持需要外来资源持续不断的输入。一座城市能长久稳定的存在，必因其为腹地提供的服务价值高于周边资源向其集聚的成本。一座城市的基本腹地，必然是与其进行人口、资源交流的方便之地，大多与其所处自然地理单元相契合，并在此基础上，依循人工道路的去向和分布而盈缩。所以，欲明晰一座城市的缘起动力，首先不能拘泥于城市本身，而应放开视野，考察城市所处的地理单元。提到地理单元的界定，这就涉及一个观察尺度的问题，一般应从大尺度入手，逐渐聚焦。恰如从高空俯视地表形势，先抓住最为基本的地貌走势，初步框定城市所处的基本地理单元，再逐渐降低高度，从而更为精细地了解城市周边和内部的局地形势。

不仅理解城市整体的起源和发展，需从地表入手，城市内部的空间结构，同样建基于地表基础之上。在此意义上，人文地理、城市规划和土木建筑等学科的研究对象，本质上都是人类所利用的空间，不过是观察和分析的尺度依次缩小而已。

在明晰了城市所处的地表形态之后，便可进一步引入人的因素，探究人类如何顺应和利用地表形态，发挥人口和资源集聚的威力。这一威力，应对了人类社会的需求，可能是经济性的，或是政治性的、军事性的，也可能综合了多种性质。人类在这一地区为何需要这样一个功能性的据点，这就回答了在这一地区出现此类城市的必然性。在这一地区，人类又能利用哪些地理条件，成就这样的城市，维持这样的城市，这就回答了在这一地区出现此类城市的可能性。以上必然性和可能性，就共同组成了城市的区位条件。

解析城市的区位条件，更多是从城市的外部环境入手，对于城市内部的空间结构，仍可采用与分析区位类似的思路，从作为城市下垫面的地表入手，再分析人的需求和解决之道。在分析城市内部空间结构的过程中，有两点需要注意。第一，相对于大尺度的自然环境，小尺度的城市下垫面，更易受到人工改变，因此必须重视人类对城市内部地貌的局部重塑。第二，在解析城市内部空间结构时，仍需时常纵身一跃，从高空俯瞰大地，关注城市外部区位条件对城市内部空间结构的影响，因为正如前文所述，城市中各种设施的出现和维持，因应了城市腹地的需求，仰赖于城市腹地的保障。第三，城市是一个人口和资源高度集中的空间，行政、习俗等力量在消解人类冲突中发挥了巨大的作用，在分析城市内部空间结构时，不可忽视行政、习俗等制度性力量的作用。

旧城的更新就需要在这样的宏观把握下，确定哪些历史遗迹、哪些自然景观、哪些城市风貌需要妥善保存或是留心表达。但仅有宏观把握还不够，还需要将城市史研究落脚地方、接驳生活，尤其是未曾中断的民间日常。

相比街区住宅等物质实体的调研，生活样态的调研难度更大。家长里短、日常琐碎，一方面谁都有经历，另一方面正因为其平淡无奇，反而少有专门的梳理和思考。在此值得特别一提的是，民间的日用文书，例如日记、账本和票据等，是了解地方生活样态的重要入口。在传统史学看来，这些文字的作者名不见经传，其个人经历在地方历史中也似乎无足轻重，但是，正是这些由芸芸众生书写的文书，真实地留下了一般史料所不记的生活场景。这一类文书史料，流传存世者以近代至现代者居多，但几乎处于藏书家不重、图书馆不藏、档案馆不收的状态，其拥有者则将这些半旧不古的故纸，或视为废纸而丢弃，或知其为家庭记忆，虽有心珍藏却为其保存而发愁，视之为鸡肋。因此，有必要针对此类散处于普通家庭中的史料，建设一个健康、共赢的收集和利用平台。所谓"健康"，是指在资料搜集和利用过程中，保护家庭和个人隐私。"共赢"则指既令研究者得到散处民间的珍贵史料，也为普通家庭珍藏记忆提供服务。

但是，文书毕竟由文字所造就，还有许多人并没有用文字记事的习惯，或没有保存文字记录的习惯，故有大量记忆并不以文字为载体，因此，有必要通过访谈的方式及时保存地方居民对街区生活的记忆和理解。城市史研究者在获得这些文字和口述的资料后，还需参照前述城市区位和时代的宏观背景，梳理出地方民众因应时代的生活样态和生存智慧：他们如何结成社区、维持社区？他们的社会关系为城市发展带来了怎样的活力？目前的生活样态中有哪些因素提升了生活的温度，有哪些因素降低了生活的品质？由此，城市史研究者在调研中连接起历史与现实，在历史的纵深比较中，了解到并表达出当地居民对社区的理解和憧憬。在旧城更新中，这些认识是指导文脉传承和民生改善最为重要的工作指南。

前面已经提到，在快速城市化的背景中，"乡愁"的提出实际上表达了对现代城市生活的一些不满。这些不满集中于现代城市的人情淡漠，但在旧城区中依然洋溢着亲切的邻里氛围。诚然，传统邻里关系的亲近与现代个人隐私的重视之间存在着矛盾，但老街坊们在实践中不断创生出各种生活智慧来平衡这一对矛盾。扪心自问，在旧城更新中，我们真正了解老街坊们的生活实态，了解他们的社会关系吗？我们有没有将他们现在的生活样态作为因应时代的生活智慧来理解？我们有保护这些智慧，并顺应这些智慧来进行旧城更新的意识吗？街区的物质形态是为生活样态服务的，生活样态的存在以社会关系为根基。城市中的各种非血缘社会关系，本质上是因便利地互相利用各自所能提供的服务而结成的关系，依托这些互利关系而创造的社会财富，滋养着街区的存在和更新。倘若只是片面地为着局部的美学元素而保护旧街区，却把原有居民全部迁走，将原有生活样态全部消除，替换为另一批似乎档次更高的居民，实际上已将支撑街区形态的社会、经济基础连根拔除。其结果只能是靠不断的追加投入来尽力维持其原有形态，或者是放任其原有形态为新居民所异化。前者适用于文物保护，却不适用于依然具有生机的街区，后者则从根本上改变了一个街区的性格和风貌。

四 结 语

在中国快速城市化的过程中，城市建设出现了千城一面的弊病，城市生活也浮现出人情淡漠的趋向，人们开始用乡愁来表达对地方特色和温情生活的怀念和向往，地方也开始注意在城市建设中对历史街区的保护和更新。但是，历史街区的保护和更新在操作中也出现了诸多问题，主要表现为以下几个方面：第一，模式单一，多以老街商圈或创意园区为出路；第二，居民迁出，原有的生活样态几乎被全部清除；第三，遗存分散，对城市历史线索的保存缺乏系统。

旧城更新中的这些问题根源于简单地将建筑和街区等物质形体作为工作思路的起点，而没有系统地将凝结地方生存智慧的民间生活样态作为保护和更新的起点与核心。由是之故，不少地方的旧城更新本质上是利用历史元素抬升地价，借助行政力量重做居民配置。旧城的生活样态被消灭，所谓的城市文脉就唯存物质躯壳，甚至物质躯壳亦遭破坏，历史文脉沦为助力地价抬升的一种文化意象，脱离地方智慧的专家臆想成为雷同模式的根源。城市的活力源于高密度人群相互提供服务的便利性，相互提供服务的前提是居民的多样性。更新模式的雷同，目标居民的雷同，会大大削弱城市居民的多样性，给城市生活带来诸多不便，凝滞城市原本具有的多元活力。

解决上述问题的办法是将城市史研究作为旧城更新的工作起点与指南。从外部区位到内部结构，城市历史的梳理有助于筛选出城市发育进程中曾发挥关键作用的地物和建筑作为保护对象，并根据其现状及其在历史中的地位，确定其保护或更新方案。同时，城市历史线索还有助于寻访、发现和保护具有鲜明时代特色的建筑或街区，从而克服遗存发现的随机性，增进城市历史足迹保护的系统性。深入街区，以揭示地方生活样态、生存智慧为己任的城市史研究，还能透过民间文献与口述访谈，在调研中自然地连接起历史与现实，理解支撑城市发展的社会关系，了解当地居民对社区的理解和憧憬。从而令旧城更新一方面继续保存居民亲切的生活状态，另一方面吸收居民的生活智慧，顺势改进已不适应现代生活的街区和宅形，落脚于庶民的日常，实现文脉的传承和民生的改善。旧城更新的最终目标是让更多居民过上更为舒适的物质和精神生活。在此目标观照下，我们需要的就不仅是老街商圈和创意园区，旧城更新的因应对象也不应只是高收入人群。

会议综述

"跨学科背景下的城市人文遗产研究与保护"
国际学术研讨会综述[*]

邹 怡

城市人文遗产对于城市发展的重要性已日益为人们所认识,但是,在当代城市的营建实践中如何保护城市人文遗产并发挥其作用,依然存在着诸多难题。现有实践业已表明,这项工作并非一个学科所能完成,而需历史、建筑和规划等多个学科的对话交流。这项工作也并非一个部门所能完成,而需政府、学界和企业等多个部门的沟通合作。同时,这项工作也是当前世界各国城市建设中共同面临的课题,存在着跨国对话的需要和可能。

2017年7月18、19日在上海社会科学院举行的"跨学科背景下的城市人文遗产研究与保护"国际学术研讨会就是针对这一时代议题而进行的一次跨学科、跨部门、跨国界的讨论和交流。此次会议由上海社会科学院"城市人文遗产研究"创新团队发起,并携手上海文化广播影视集团有限公司版权资产中心暨上海音像资料馆、上海苏河湾投资控股有限公司共同举办。会议邀集了来自中国、美国、法国、日本、澳大利亚和比利时等7个国家的40多名学者进行大会发言,并吸引了政府、学界、企业和媒体各界人士70余人到场参与讨论。

18日上午9时,大会在纪录片《人民的上海:新中国初期的城市记忆》中拉开帷幕。该片由上海音像资料馆、上海社会科学院"城市人文遗产研究"创新团队和上海外滩老建筑投资发展有限公司联合制作,精选珍贵历史影像,集萃于12分钟的影片中,展示了中华人民共和国成立初期上海的城市风貌与市民面貌。这部短小精悍的纪录片包括不少当时的彩色画面,生动地反映了时代的氛围,弥足珍贵。这是继2015年"国际视野中的城市人文遗产研

---

[*] 综述中各位与会学者的报告题名为会议当日所用者,因参会论文在会后又经各位作者修改,故部分题名与本书所收者不尽相同。

究与保护"国际学术研讨会开幕式上首发《世界的外滩》之后，上海音像资料馆与上海社会科学院"城市人文遗产研究"创新团队撷选上海城市发展的关键时点为主题，联合制作推出的第二部纪录片。

会议开幕式由上海社会科学院历史研究所王健所长主持，中国史学会副会长、中国城市史研究会会长、上海社会科学院熊月之教授，上海广播电视台、上海文化广播影视集团有限公司副总裁汪建强先生，同济大学常务副校长伍江教授，上海戏剧学院院长黄昌勇教授先后致辞。熊月之教授强调了近代上海文化多元融合的特性，并结合近期厦门鼓浪屿国际历史社区的申遗成功，指出近代上海城市历史的研究还有颇多值得用力之处。汪建强先生从近代上海建筑的精美谈起，认为城市历史的研究有助于挖掘出城市繁荣背后的运作模式和精神支柱。伍江教授长期耕耘于城市人文遗产保护的一线，他率直地指出，目前的基础研究尚不足以让大众真正理解城市人文遗产的价值并认识到其保护的必要性。当前国内广受关注的申遗活动大多还是带着短视功利的消费意图，城市人文遗产需要得到利用，但利用应有怎样的底线还需各方共同深入探讨。黄昌勇教授提醒大家，相比物质文化遗产，非物质文化遗产的保护更为迫切，大量物质文化遗产遭到破坏实质上是因为其非物质文化内涵未得重视而消逝。他针对近年来文化遗产保护中出现的问题，警示大家必须处理好权力、资本与文化遗产保护工作之间的关系。随后，国际电视资料联合会（FIAT/IFTA）主席、爱尔兰国家电视台（RTÉ）档案部主任杜丽（Brid Dooley）在致辞中高度赞赏了上海举办此次大会所具有的前瞻眼光和责任意识，并向与会者介绍了国际电视资料联合会的历史、宗旨和工作。最后，中国明史学会副会长、南京大学范金民教授在开幕式演讲中介绍了清代前期苏州城内创意纷呈的工商铺店，并向大家讲述了当时著名品牌严防假冒的有趣故事。现在，"列肆招牌，灿若云锦"的苏州街市和历史悠久的品牌意识已经成为苏州最重要的城市人文遗产。

大会的报告共分为四个专题组：跨学科对话；中外城市研究；案例与实践；城市人文遗产研究的多种视角。

"跨学科对话"专题报告在17日上午进行。澳大利亚新南威尔士州立大学建筑学院阮昕教授的报告题为《同形异义/异形同义：一个城市遗产保护的疑点》。他对现代主义建筑设计中"形随功能"这一经典理念提出了反思，从长时段的建筑演变来看，不同功能的建筑采用同一形式的例证屡见不鲜。"形随功能"是现代才有的建筑理念，在进行城市遗产保护时，不可避免地会遇到建筑保留而用途转变的情况，因此，重新深入理解前现代建筑形式与功能间关系的理念对于当下城市遗产保护工作的开展具有启示意义。日本神奈川大学非文字资料研究中心主任、工学部建筑学系教授内田青藏的报告《横滨所见历史建筑的保护方法——

"曳家"手法在日本建筑保护中的运用》介绍了横滨在保护近代建筑时，根据现存建筑情况，结合建筑未来用途所采用的外壁保存、部分保存和整体保存等多种方法。其中，他特别介绍了旧第一银行横滨支店保护工作中采用的日本传统建筑技术"曳家"，也就是通过拖移的方法，实现建筑的整体搬迁。该办法能最大限度地保留建筑的立面和内饰，在移动距离不大的情况下，成本亦较其他方式低廉。比利时建筑师拉格朗日（Charles Lagrange）教授的报告《法国设计师维赛合（Paul Veysseyre）在旧上海法租界建造的艺术装饰风格建筑》向与会者介绍了20世纪二三十年代法国艺术装饰风格建筑大师维赛合在上海的作品及其为中国近代城市建筑带来的新风。维赛合的不少作品至今依然矗立沪上，成为上海作为万国建筑博览会的重要组成部分，维赛合在上海的设计经历也对其日后在法属印度支那和法国本土工作期间艺术装饰风格的日益圆熟有着深远的影响。

除建筑学者，该专题讨论组也安排了来自传媒学界的声音。华南理工大学新闻与传播学院院长苏宏元教授的报告《构建记忆：城市影像档案理论与实践简介》梳理了中国历史上曾经用作记忆保存的各种媒介：甲骨文、简帛和碑刻等，在历史的比较中自然引出影像档案在城市记忆保存中的独特作用。兼具声音和图像的影像档案在打造城市形象、传承城市文脉方面具有远较传统媒介更为鲜明的传播效果，但目前影像档案的搜集和整理还亟待模式的创新和规范的统一。中国高等院校电影电视学会副会长、上海交通大学美国电影研究中心常务副主任、媒体与设计学院李亦中教授为著名导演桑弧之子，熟谙近代电影掌故，他的报告《中国电影在上海》透过一幅幅电影院和制片场的旧照片，娓娓讲述了电影放映业和制作业在上海的发展历程。李亦中教授还曾走街串巷，实地寻访与近代上海电影业相关的旧址遗迹，为上海电影历史遗产的保存留下了宝贵的一手资料。香港理工大学中国文化学系助理教授潘律的报告《人造物和艺术之间：上海四行仓库和"二战"的视觉性在当代中国》解读了上海四行仓库抗战纪念馆在建筑修复过程中的深刻用意。四行仓库一方面修复了它作为一座仓库的面貌，另一方面也对照战时影像复原了枪弹对仓库外墙造成的损坏，通过重建废墟，使之成为一座具有视觉冲击力的战争纪念碑。广东省中山市文联主席胡波教授的报告《图画与影像：城市人文遗产的呈现与解读》指出了城市人文遗产研究中图像与影像资料的重要性。相比研究者习用的文字资料，图画和影像能更为生动、如实地反映社会面貌，尤其是影像，较之图画更富有冲击力和感染力。除了目前已开始受到重视的老照片和旧影像，在数码时代的今天，运用数码技术对城市人文遗产进行及时的全息性数字化、影像化处理，将是未来城市人文遗产保护的必由之路。本次会议跨学科讨论组的报告人以建筑学和传媒学为主，为此，与会者们提出，鉴于城市人文遗产的保护实践与产权息息相关，针对这一议题的跨学科讨论今后还有必要邀请法律界人士参加。

18日下午第二组专题讨论的主题为"中外城市研究"。美国西北大学历史系柯必德（Peter J. Carroll）副教授的报告《考文献而爱旧邦：作为保护的苏州文献展1937与2016》比较了1937年和2016年时隔近一个世纪的两次苏州文献展。两次展览都力图通过地方文献和文物来展示苏州深厚的文化底蕴和对民族国家的认同感，不过，2016年的展览还努力超越地方主义和民族国家叙事，展示苏州文化的全球性。两次文献展反映了策展人对"文献"的不同定义以及利用文献来保存文化的不同手法。7月8日刚刚列入世界文化遗产的鼓浪屿备受世人关注，中国城市史研究会副会长、厦门大学戴一峰教授的报告《人文遗产与历史记忆：鼓浪屿历史建筑里的移民身影》用扎实的史实介绍了鼓浪屿多元建筑风貌的形成过程。鼓浪屿的各种异域风情建筑，通常被认为是近代公共租界时期外国殖民者留下的遗迹，但戴一峰教授考镜源流，指出鼓浪屿被辟为公共租界早期固然不乏外国传教士和殖民官员的建筑，但20世纪以后，鼓浪屿已成为以返乡闽南籍侨民为主体的华人精英群体兴建住宅、展示实力与活力的场所。鼓浪屿传统与现代并存，中式与西式融合的多元风貌主要由返乡侨民所塑造。近代城市可较为方便地进行实地考察，但古代城市遗迹常湮没于历史的风尘之中，甚至身处遗址之上，亦难以辨识。京都大学人间、环境学研究科小方登教授的报告《亚洲历史城市与聚落之立地、形态的类型化考察——基于卫片、地形数据的分析》就展示了利用卫片与地形数据来发现和解析古老城址的基本方法。报告分析了高句丽的丸都城和日本的大野城，古希腊港湾城市阿马苏斯（Amathus）和安条克（Antioch），乌兹别克斯坦丘状遗迹群中的古城鄂库尔干（Er Kurgan）和奥德玛舍海尔（Odirma Shakhar），塔里木盆地东南部的绿洲遗迹米兰和且末。对比各地古城形制，为分析不同区域城市建造的差异和共性，进一步探讨城市建造技术和理念的传播提供了可能。

复旦大学历史地理研究中心王振忠教授的报告《清代徽商与扬州的园林名胜——以〈江南园林胜景〉图册为例》又将与会者的目光从城市的形制分析拉至社会分析。通过对图册所示园林主人交往人脉与所获职衔的细致分析，报告指出，康熙、乾隆南巡时所驻跸的部分扬州园林，虽为盐商所建，但被纳入了皇家园林行宫的范畴。这些园林与一般商家自建的园林不同，它们是淮扬盐商"办公办贡"的产物，反映了盛清时代皇室、盐政与鹾商之间暧昧的关系。同济大学建筑与城市规划学院钱宗灏教授的报告《上海美租界早期土地集中状况及价格变化——杨浦滨江工业区的历史》利用道契资料探讨了近代上海杨浦滨江工业区早期的地价波动。该地块的开发起步仅比外滩晚了10年左右，但1895年之前，当地盛行土地炒卖，波动巨大，泡沫过后，跌值甚多。1895年之后，当地转向工业经济，相对低廉的地价为其转型赢得了先机。不仅外国资本，民族资本亦大量投入该区，发展工业，这比学界通常所认为的"一战"之后的民族资本主义的春天早了约20年。澳大利亚昆士兰大学历史系教授黎志刚的报告《从日常生活研究理论和方法探讨近代中国城市发展》倡导采用自下而上的眼光来分析城市的运作机理。相比传统的宏大视角，从日常生活角度切入的研究能更为贴近城市的真实运作。不过，黎志刚教授也强调，日常生活研究不能理解为单纯地探讨一个人的衣食住行，而需将个人的活动轨迹与宏观的时代环境结合而观，两者之间存在着相互影响的关系。法国里昂东亚研究所合作研究员尹冬茗（Dorothée Rihal）博士的报告《汉口租界与新城市模式的引入》主要考察了汉口租界以外城区的建筑风格和街巷风貌。尹冬茗博士发现，近代武汉租界以外市区的规划和建设模仿了租界区的西方模式，非租界区官员和商人营建的宅邸和公共建筑也大量采用西式风格，因此，租界为中国城市的近代化提供了一种可供模仿和移植的新模式。

18日下午还进行了主题为"案例与实践"的第三组报告。杭州市城市规划设计研究院总工程师杨毅栋教授的报告《历史文化名城保护规划评估体系构建——以杭州市为例》认为：历史文化名城保护规划编制的评估要从三个方面入手，编制覆盖的完整性、编制内容的完整性和规划编制的协调性；规划实施的评估要从两个方面入手，规划实施覆盖的完整性，规划实施的有效性。就杭州而言，要以建设"具有独特韵味，别样精彩的世界名城"为目标，将历史保护与文化传承理念融入杭城的可持续发展战略，完善符合杭州特色的保护规划体系。政府对名城的保护更新和管理运营应逐渐由"主导"转向"引导"，由"管理"转向"治理"，从而理顺政府、市场、居民三方的角色定位。上海市青浦区的青龙镇遗址是近年上海最重要的考古发现，上海博物馆研究馆员何继英的报告《上海丝绸之路的起点——青龙镇》使用丰富的考古现场的照片，向与会者介绍了青龙镇考古所见的房屋基址、河埠遗址、水井遗迹以及大量瓷片堆积。根据目前的考古探测，唐代青龙镇的范围可能南抵隆福寺以南，北至隆平寺与青龙江之间，南北长约3公里，东西宽约2公里，总面积6平方公里有余。遗址所见瓷器残片中不乏带有浓郁西亚和北非风格的纹饰，例如椰枣、胡人、胡乐、狮子、变形莲花和联珠纹等，极有可能是运往中东的外销瓷。因此，青龙镇应当是唐后期至南宋末今上海一带重要的外贸港口。上海博物馆副研究馆员陈凌的报告《吴淞江治理的实证——志丹苑水闸遗址》则介绍了近年上海境内的另一处重要考古发现——志丹苑水闸遗址。该遗址发现于2001年，是目前国内规模最大、做工最精、保存最好的元代水利工程遗址。报告介绍了水闸的基本形制，并参酌各方研究，对志丹苑水闸在元代吴淞江水系中的具体位置做了讨论。上海社会科学院历史研究所研究员马学强的报告《测绘石库门——以苏州河边东斯文里街区为案例的考察》是他与同济大学测绘工程专业毕业生刘源合作的研究。石库门是上海重要的城市人文遗产,早已为建筑史家和社会史家所关注。马学强研究员独辟蹊径,利用主编《上海石库门珍贵文献选辑》时所整理的大量石库门工程文件,从测绘角度入手,探讨了石库门营建和管理过程中,运用测绘来进行城市街区规划和房屋地基确权的基本技术和工作流程。

位于上海城区几何中心的苏河湾是目前上海市正在大力进行旧城更新的一个重要地块,该地块在上海近代史上具有举足轻重的地位,留下了大量城市人文遗产。上海社会科学院历史研究所副研究员张秀莉的报告《苏河湾北岸的金融功能与历史遗产》就聚焦于该区在近代上海城市中的功能定位。上海外滩是当时全国乃至远东的金融中心,外滩以西1 000余米,经由苏州河一水相连的苏河湾区则是与之相辅相成的金融副中心。这里是近代民族资本金融组织和金融人才的荟萃之地,上海总商会、北市钱业会馆、汇业公所等组织均坐落于此。这里也是各大华资金融仓库的集聚之地,中国银行仓库、四行仓库和新华仓库等18家金融仓库密集地分布于苏州河沿岸,在调剂物资、吸收游资、稳定金融和安定社会等方面发挥了积极的作用。在新的上海城市规划中,该地块将作为金融创新拓展区进行旧城更新,这一功能定位因应了该地块的历史渊源,其更新应当妥善地保护和利用区内的近代金融建筑遗存和人文资源。上海苏河湾投资控股有限公司副总经理顾宏伟作为旧城更新实践一线的企业代表也对苏河湾的开发表达了自己的意见,他的报告题为《依托历史建筑遗存,重现苏河湾百年风貌——城市更新中的苏河湾》。他介绍了苏河湾的基本规划,计划系统保存蝴蝶湾—太和坊区域、四行仓库—福新面粉厂滨河空间带内以里弄住宅、滨河银行仓库为特征的街区风貌,打造高端文化艺术场所,建设文化创意产业集聚区。规划的具体实施,将采用应保尽保的保护理念,分类推进保护性开发,并在实践中探索历史建筑保护性开发的模式与机制创新。苏州河沿岸城市人文遗产的保护需要影像资料作为参考,上海音像资料馆编研部汪珉先生的报告《苏州河镜像:中外影像资料解读》就利用珍贵的馆藏资料,梳理了电影技术引入上海后,中外人士拍摄的苏州河影像资料。影像不仅反映了苏州河本身的演变,还展示了上海社会面貌的变迁,记录了工人运动、抗日战争、上海解放、资本主义改造和苏州河污水治理等重要历史场景。为系统延续苏州河沿岸景观历史变迁的影像记录,上海音像资料馆在2004、2012年又专门对苏州河进行了全程记录,并计划今后以10年为一个周期,用影像系统地记录以苏州河为代表的上海城市变迁。

第四组专题报告"城市人文遗产研究的多种视角"于会议第2日,即19日上午进行。美国佐治亚理工学院卢汉超教授的报告《石库门情结:一个世纪的政治、市场与文化的结合》分析了自石库门诞生至今，不同时期、不同阶层人士面对石库门的复杂感情。石库门为应付战争难民而始，又因市场而兴，为中国近代商业住宅之滥觞，是近代上海分布最广泛的商品房，已成为近代上海风貌的一个重要意象。自20世纪90年代开始，因旧城改造，石库门被成片拆除，同时也有部分石库门被改建为时尚商业场所，但其内涵已与原先的石库门风马牛不相及。卢汉超教授认为，石库门文化是由一个特定时期特定的生活方式演变和引申出来的一种市民文化，世易时移，这种文化是难以唤回，也不需要唤回的，真正的石库门文化最终恐怕只能以一种无可奈何花落去的情结终了。上海师范大学人文学院钟翀教授的报告《16世纪以来上海的城市肌理与历史形态变迁——基于〈上海城市地图集成（1504—1949年）〉的观察与解读》介绍了即将于2017年8月19日首发的地图集，该图集网罗了目前见存的明代中叶至近代初期的上海城市地图，而且也较为系统地收录了近代以来工部局、字林西报社、日本堂、至诚堂、商务印书馆等主流上海地图制作机构所刊之图，共计217种。近年，钟翀教授通过对地图版式和内容的分析，整理了这些地图的谱系关系。基于古舆图与近代地图的比对，钟翀教授的报告还梳理了16世纪筑城以前上海的早期城市形态，指出其发生大体经历了一个从列状水路村落到列状水路市镇，再扩展成交叉状水路市镇，发展为复合型水路城镇的过程，在江南水乡城镇的发育中具有典型性。与会学者均对即将出版的地图集表示出极大的兴趣。长期从事杭州城市古地图整理和图集编制的杭州市勘测设计研究院制图分院院长洪钧为与会者带来了有关杭州城市地图的信息，他的报告题为《地图编制和杭州城市演进简析》。报告认为，根据制图方法的不同，杭州城市地图的发展可分为三个阶段：手绘写意鸟瞰形式的古舆图；引入近代实测技术，手工绘制的传统地图；使用现代地理信息技术绘制和维护的数字化地图。不同阶段的地图都直观地反映了当时杭州的城市概况，虽然越是晚近的制图技术越能方便地表现丰富的地图信息，但他们之间也不是一个简单的更新换代关系，比如说，亲和有趣的手绘地图在数字地图时代便依然具有独特的魅力。与手绘地图在数字地图时代的复兴类似，盛行于工业革命之前的步行道在后工业时代也再度受到人们的青睐，杭州市城市规划设计研究院规划七所韦飙所长就介绍了近期他在浙江舟山进行的一项步道规划，他的报告题为《从步道、绿道规划到文化路线的复兴研究——跨学科与国际化视野下的舟山朝圣古道》。中唐以降，普陀山观音信仰兴起，各地信众取道舟山本岛，巡礼观音圣地，形成多条以普陀山为终点、自西向东贯通舟山本岛的朝圣古道，沿途众多僧寺尼庵为朝圣者提供食宿服务，形成独特的佛寺接待文化。新规划的步道对应古道"多通道、网络化"的历史事实，根据"分层次、多元化"的原则，面向未来的服务对象分成了三类：僧侣路线、香客路线和市民路线，从而满足宗教服务、外来旅游和本地休闲等多重需求。该规划还参考了英国、意大利和西班牙等国的步道设计，为步道配置各种食宿、安全设施，并与当地美丽乡村及郊野公园建设紧密结合起来。

随后，同济大学建筑与城市规划学院副教授侯丽又将与会者的视线拉回上海，她的报告《鲍立克与近代上海的战后重建和大都市计划》介绍了德裔建筑师、规划师鲍立克（Richard Paulick）自1933年至1949年间在上海的工作经历。鲍立克信仰马克思主义，受教于现代主义学派。他同情饱受苦难的底层市民，追随欧美现代城市规划理论，参与编制了大上海都市计划，描绘了大上海未来50年的发展蓝图。大上海都市计划中很多规划理念具有超越时代的前瞻性，甚至在今天的上海也能看到"计划"的影子。鲍立克为德裔，然因其政治信仰而成为无国籍人士，流亡多国，常为传统的民族国家叙事所忽视，渐为历史所淡忘，但他这种特殊的身份又恰恰印证了上海国际性和多元性的城市特征。侯丽副教授新近出版的专著《鲍立克在上海：近代中国大都市的战后规划与重建》便从尘封中抉拾起了这段上海不应忘记的历史。上海社会科学院历史研究所研究员宋钻友的报告《赵岐峰、赵灼臣父子生平及赵家花园（虹口宸虹园）的历史价值》唤起了上海滩上的另一段记忆。19、20世纪之交，虹口地区曾有一座名噪一时的私家园林赵家花园，又名宸虹园。长久以来，世人以为该园早已湮圮，未料在2014年虹口区18街坊拆迁中，赵家花园主体建筑被发现依然保存于武进路453—455号弄内。宋钻友研究员的报告介绍了赵家花园创始人旅沪粤商赵岐峰、赵灼臣父子的生平事迹，他们在沪上热衷慈善、兴办义学、创建医院，交游广泛。赵家花园虽风景不如其他名园，但其厅堂敞大，成为清末民初士商名人，尤其是粤籍人士往来沪上的重要社交场所，孙中山就曾三次莅临赵家花园。1905年上海反对美国华工禁约运动的谈判，民初北伐前夕上海军政府的募捐助战等重要历史事件也发生于赵家花园。最后，上海音像资料馆副馆长沈小榆女士介绍了上海音像资料馆在助力城市人文遗产研究与保护中的专业化路径与产品化尝试，她的报告题为《发挥历史音像在保护城市人文遗产中的特殊价值》。报告以专题纪录片《上海石库门》的制作为例，展示了上海音像资料馆依托覆盖全球的同行网络所进行的专业采集工作和面向大众的民间采集工作，两者互相补充，取得了不少令人惊喜的内容和线索。《上海石库门》纪录片的制作，也令资料馆更为深刻地意识到开展专题性音像档案连续记录的必要性和重要性。资料馆自2006年起启动"上海人文历史景观拍摄"项目，通过对豫园民俗灯会、苏州河沿岸石库门建筑群拆迁、吴江路及大中里改造、大世界改造等特定对象的连续性记录，积累了不少珍贵的影像资料，为《上海石库门》纪录片的制作提供了大量专业素材。近年来，上海音像资料馆还积极接引新媒体技术，将馆藏资源转化为文创产品，开发了有声读物《那年今日，听历史说话》，历史不再仅仅是无声的文字，读者在阅读文字的同时，还可聆听与主题相关的历史原音。

四场专题报告之后，大会安排了主题为"城市人文遗产研究与保护展望"的圆桌讨论。全国政协委员、奥盛集团有限公司董事长汤亮先生首先发言，他认为在城市人文遗产保护方面，上海起步较早，也在城市规划中嵌入了这个议题，但思路和视野还存在可提升的空间。上海城市人文遗产的特点是什么，哪些特色文化需要着力保护，均需要更为细致扎实的基础研究来进行解答。上海还应尝试突破经济滋养文化的常规思路，开创可行、有利的城市人文遗产保护新机制。随后，复旦大学历史地理研究中心副教授、上海社会科学院城市人文遗产研究团队研究员邹怡在发言中指出，目前各地的旧城更新存在着模式雷同、创意缺乏等弊病，这背后是城市人文遗产保护动力的孱弱和对其价值认识的混沌。这些问题根源于只是简单地将特色建筑作为工作思路的起点，而没有系统地将凝结地方生存智慧的民间生活样态作为保护和更新的起点与核心。将城市史研究作为旧城更新工作的起点，有助于增进城市历史足迹保护的系统性，还能在居民调研中自然连接起历史与现实，了解居民对社区的理解和憧憬，为兼顾文脉传承和民生改善提供指南。圆桌讨论中，与会人员围绕要保护哪些城市人文遗产、由谁来承担保护费用、天价的赎买成本是否合理等在实际工作中出现的棘手问题进行了热烈的思想碰撞。与会者们认为，如何协调好行政、资本、学术三方力量将是城市人文遗产保护工作中的关键问题。最后，上海社会科学院历史研究所副研究员牟振宇代表"城市人文遗产研究"创新团队向大会汇报了自2014年6月组建以来的工作情况。

19日下午，与会者一行走出会场，实地考察了位于黄浦区复兴中路的思南公馆和黄浦区汉口路的工部局大楼旧址（共和国初期上海市政府大厦）。思南公馆是近年来上海城建部门与城市史研究者通力合作，兼顾历史建筑和人文脉络，以城市人文遗产保护带动旧城更新的重要成果。工部局大楼旧址不仅是旧中国上海公共租界的实际管理中枢所在，也是共和国初期上海市人民政府的首个办公地点。如今，工部局大楼旧址正在进行遗产保护与更新的规划与认证。会议发起方上海社会科学院"城市人文遗产研究"创新团队直接参与了思南公馆和工部局大楼旧址的研究与保护工作。

上海十分重视城市人文遗产的研究和保护，2015年底公布的《上海市城市总体规划（2015—2040）纲要概要》以"追求卓越的全球城市"作为当前发展的总体目标。规划中，深入挖掘上海既有历史文化资源，提出城市历史风貌保护规划的总体框架和实施路径；构建覆盖城乡的特色风貌体系，突出文化传承和特色保护，深化规划控制策略；探索历史保护和风貌建设的创新机制，被共同确定为增强上海城市魅力的重要战略议题，并被概括为"更富魅力：一座幸福人文之城"，列为总体目标之下的三大分目标之一。上海已将城市人文遗产的研究与保护视为彰显城市特色的必要手段，建设全球城市的重要内容，并已在旧城更新中积极着手城市人文遗产的保护工作。实践工作的展开催生实际问题的浮现，问题逻辑的厘清和解决方案的设计，无不提出跨学科和跨部门的务实要求。因此，继 2015 年 7 月组织"国际视野中的城市人文遗产研究与保护"国际学术研讨会，谋求打开国际视野，吸纳世界先进经验之后，上海社会科学院"城市人文遗产研究"创新团队因应保护实践中生发的跨学科和跨部门要求，联手上海音像资料馆等单位举办了这次以"跨学科"为主旨的第二次国际学术研讨会。大会的召开，既有助于促成跨学科、跨部门、跨国界的合作，为上海乃至世界城市人文遗产的研究和保护工作提供更多兼具实践性、科学性和前瞻性的指导意见，也为相关从业者提供了一个交流的平台，将保护工作中呈现的实际问题汇聚一处，用问题来推动研究工作走向深入。

后 记

因应当前城市化过程中出现的地方特色缺失、历史积淀破坏、人文关怀淡漠等问题,上海社会科学院历史研究所在上海社会科学院创新工程项目的资助下,组建了以马学强研究员为首席专家的跨学科、跨部门"城市人文遗产研究"创新团队,尝试对接学术研究与具体实践,从当代城市发展的需求出发来探究城市的历史人文遗产,审视其学术与实践价值,并致力于将研究成果落地于城市更新实践。

在研究过程中,"城市人文遗产研究"创新团队深刻地认识到"国际视野"与"跨学科背景"的重要性。为此,团队联合上海音像资料馆,延请海内外相关学者,于2015年7月4—5日和2017年7月18—19日,分别召开了主题为"国际视野中的都市人文遗产研究与保护"和"跨学科背景下的城市人文遗产研究与保护"国际学术研讨会。第一次会议的与会论文已结集为《国际视野中的都市人文遗产研究与保护论集》,于2017年7月由商务印书馆出版,本论集为第二次会议与会论文的选编结集。

"跨学科背景下的城市人文遗产研究与保护"国际学术研讨会两天的报告交流,共分为五个专题:(1)跨学科对话;(2)中外城市研究;(3)案例与实践;(4)城市人文遗产研究的多重视角;(5)城市人文遗产研究与保护展望。笔者不敏,受马学强研究员委托,承乏论集的具体编辑工作,在汇编与会论文修改稿时,为进一步凸显本次会议的"跨学科"主题,将论文重新整合为两个专题:(1)多学科的基础研究;(2)跨学科的现场实践。前者注重城市历史的基础研究,后者注重城市人文遗产在当代城市更新中的运用案例。少数与会学者的论文,因另有他用,未能收入本论文集,是为遗憾。不过,会议当日每位学者报告的内容梗概,可参见本论集最末的会议综述。

马学强研究员全程主导了团队的活动、会议的召集和本论文集的编辑,何方昱研究员和陆烨博士承担了繁杂的作者联络工作,商务印书馆的鲍静静女士和孙莺女士为本书的定稿和出版付出了大量辛勤的劳动，鲍世望先生承担了会议当日的摄影工作，贾沈朱和李梦悦两位青年学子分担了部分论文的文字润色和论文集清样的校对工作，在此一并致以诚挚的谢意。

城市长远发展、居民福祉增进与资本快速赢利之间的矛盾，在城市建设不断扩大的今天日益尖锐。改变短期政绩挂帅、商人思维主导的城市建设现状，让人文关怀真正成为城市建设的主轴，依然任重而道远。这一转变需要科研单位、职能部门和实操行业各社会分工之间的互相沟通和通力合作，但目前城市建设相关社会分工间的合作，多数只是开始有兴趣互相了解，至多开始留心规划与建筑以外人文学科的意见作为参考和顾问。本论集中的研究与讨论，基本上就是这一现状的反映，以及在此基础上的合作推进尝试，虽然这与实质的合作依然存在差距，但从长远来讲，毕竟已迈出了开局的第一步。

愿这一跨界交流与合作，未来能更多地走出愿景描绘，落地贯穿至从规划到建设、从建设到管理的城市成长全过程，在实践中磨合城市建设、管理和利用三方间的利益龃龉，从而探得有效提升城市居民物质和文化生活质量的多方共赢路径。

邹 怡
2018 年 4 月 12 日